中外哲學典籍大全

中國哲學典籍卷

總主編　李鐵映　王偉光

春秋屬辭

經部春秋類

〔元〕趙汸　著

張立恩　整理

中國社会科学出版社

圖書在版編目（CIP）數據

春秋屬辭／（元）趙汸著；張立恩整理．—北京：中國社會科學出版社，2021.10
（中外哲學典籍大全．中國哲學典籍卷）
ISBN 978－7－5203－9183－2

Ⅰ．①春…　Ⅱ．①趙…②張…　Ⅲ．①中國歷史—春秋時代—編年體②《春秋》—選集　Ⅳ．①K225.04

中國版本圖書館 CIP 數據核字(2021)第 186670 號

出 版 人　趙劍英
項目統籌　王　茵
責任編輯　楊　康
責任校對　趙　威
責任印製　王　超

出　　版　中国社会科学出版社
社　　址　北京鼓樓西大街甲 158 號
郵　　編　100720
網　　址　http://www.csspw.cn
發 行 部　010－84083685
門 市 部　010－84029450
經　　銷　新華書店及其他書店

印　　刷　北京君昇印刷有限公司
裝　　訂　廊坊市廣陽區廣增裝訂廠
版　　次　2021 年 10 月第 1 版
印　　次　2021 年 10 月第 1 次印刷

開　　本　710×1000　1/16
印　　張　41.25
字　　數　488 千字
定　　價　158.00 元

中外哲學典籍大全

「中國哲學典籍卷」

學術委員會

主　任　陳　來　趙汀陽　謝地坤　李存山　王　博

委　員（按姓氏拼音排序）

白　奚　陳壁生　陳　静　陳立勝　陳少明　陳衛平　陳　霞　丁四新　馮顏利

干春松　郭齊勇　郭曉東　景海峰　李景林　李四龍　劉成有　劉　豐　王中江

王立勝　吴　飛　吴根友　吴　震　向世陵　楊國榮　楊立華　張學智　張志强

鄭　開

項目負責人　張志强

提要撰稿主持人　劉　豐　趙金剛

提要英譯主持人　陳　霞

總序

中外哲學典籍大全的編纂，是一項既有時代價值又有歷史意義的重大工程。

中華民族經過了近一百八十年的艱苦奮鬥，迎來了中國近代以來最好的發展時期，迎來了奮力實現中華民族偉大復興的時期。中華民族衹有總結古今中外的一切思想成就，才能並肩世界歷史發展的大勢。爲此，我們須編纂一部匯集中外古今哲學典籍的經典集成，爲中華民族的偉大復興、爲人類命運共同體的建設、爲人類社會的進步，提供哲學思想的精粹。

哲學是思想的花朵，文明的靈魂，精神的王冠。一個國家、民族，要興旺發達，擁有光明的未來，就必須擁有精深的理論思維，擁有自己的哲學。哲學是推動社會變革和發展的理論力量，是激發人的精神砥石。哲學解放思維，净化心靈，照亮前行的道路。偉大的時代需要精邃的哲學。

一　哲學是智慧之學

哲學是什麽？這既是一個古老的問題，又是哲學永恒的話題。追問哲學是什麽，本身就是「哲學」問題。從哲學成爲思維的那一天起，哲學家們就在不停追問中發展、豐富哲學的篇章，給出一個又一個答案。每個時代的哲學家對這個問題都有自己的詮釋。哲學是什麽，是懸疑在人類智慧面前的永恒之問，這正是哲學之爲哲學的基本特點。

哲學是全部世界的觀念形態，精神本質。人類面臨的共同問題，是哲學研究的根本對象。本體論、認識論、世界觀、人生觀、價值觀、實踐論、方法論等，仍是哲學的基本問題和生命力所在！哲學研究的是世界萬物的根本性、本質性問題。人們可以給哲學做出許多具體定義，但我們可以嘗試用「遮詮」的方式描述哲學的一些特點，從而使人們加深對何爲哲學的認識。

哲學不是玄虛之觀。哲學來自人類實踐，關乎人生。哲學對現實存在的一切追根究底、「打破砂鍋問到底」。它不僅是問「是什麽」(being)，而且主要是追問「爲什麽」（why），特别是追問「爲什麽的爲什麽」。它關注整個宇宙，關注整個人類的命運，關注人生。它關心柴米油鹽　醋茶和人的生命的關係，關心人工智能對人類社會的挑戰。哲學是對一切實踐經驗的理論升華，它關心具體現象背後的根據，關心人類如何會更好。

哲學是在根本層面上追問自然、社會和人本身，以徹底的態度反思已有的觀念和認識，從價值理想出發把握生活的目標和歷史的趨勢，展示了人類理性思維的高度，凝結了民族進步的智慧，寄託了人們熱愛光明、追求真善美的情懷。道不遠人，人能弘道。哲學是把握世界、洞悉未來的學問，是思想解放、自由的大門！

古希臘的哲學家們被稱爲「望天者」，亞里士多德在形而上學一书中説，「最初人們通過好奇—驚讚來做哲學」。如果説知識源於好奇的話，那麽産生哲學的好奇心，必須是大好奇心。這種「大好奇心」祇爲一件「大事因緣」而來，所謂大事，就是天地之間一切事物的「爲什麽」。哲學精神，是「家事、國事、天下事，事事要問」，是一種永遠追問的精神。

哲學不祇是思維。哲學將思維本身作爲自己的研究對象，對思想本身進行反思。哲學不是一般的知識體系，而是把知識概念作爲研究的對象，追問「什麽才是知識的真正來源和根據」。哲學的「非對象性」的思想方式，不是「純形式」的推論原則，而有其「非對象性」之對象。哲學之對象乃是不斷追求真理，是一個理論與實踐兼而有之的過程，是認識的精粹。哲學追求真理的過程本身就顯現了哲學的本質。天地之浩瀚，變化之奥妙，正是哲思的玄妙之處。

哲學不是宣示絶對性的教義教條，哲學反對一切形式的絶對。哲學解放束縛，意味著從一切思想教條中解放人類自身。哲學給了我們徹底反思過去的思想自由，給了我們深刻洞察未來的思想能力。哲學就是解放之學，是聖火和利劍。

哲學不是一般的知識。哲學追求「大智慧」。佛教講「轉識成智」，識與智相當於知識與哲學的關係。一般知識是依據於具體認識對象而來的、有所依有所待的「識」，而哲學則是超越於具體對象之上的「智」。

公元前六世紀，中國的老子説，「大方無隅，大器晚成，大音希聲，大象無形，道隱無名。夫唯道，善貸且成」。又説，「反者道之動，弱者道之用。天下萬物生於有，有生於無」。對道的追求就是對有之爲有、無形無名的探究，就是對天地何以如此的探究。這種追求，使得哲學具有了天地之大用，具有了超越有形有名之有限經驗的大智慧。這種大智慧、大用途，超越一切限制的籬笆，達到趨向無限的解放能力。

哲學不是經驗科學，但又與經驗有聯繫。哲學從其作爲學問誕生起，就包含於科學形態之中，是以科學形態出現的。哲學是以理性的方式、概念的方式、論证的方式來思考宇宙人生的根本問題。在亞里士多德那裏，凡是研究實體（ousia）的學問，都叫作「哲學」。而「第一實體」則是存在者中的「第一個」。研究第一實體的學問稱爲「神學」，也就是「形而上學」，這正是後世所謂「哲學」。一般意義上的科學正是從「哲學」最初的意義上贏得自己最原初的規定性的。哲學雖然不是經驗科學，却爲科學劃定了意義的範圍、指明了方向。哲學最後必定指向宇宙人生的根本問題，大科學家的工作在深層意義上總是具有哲學的意味，牛頓和愛因斯坦就是這樣的典範。

哲學不是自然科學，也不是文學藝術，但在自然科學的前頭，哲學的道路展現了；在文學藝術的山頂，哲學的天梯出現了。哲學不斷地激發人的探索和創造精神，使人在認識世界的過程中，不斷達到新境界，在改造世界中從必然王國到達自由王國。

哲學不斷從最根本的問題再次出發。哲學史在一定意義上就是不斷重構新的世界觀、認識人類自身的歷史。哲學的歷史呈現，正是對哲學的創造本性的最好説明。哲學史上每一位哲學家對根本問題的思考，都在爲哲學添加新思維、新向度，猶如爲天籟山上不斷增添一隻隻黃鸝翠鳥。

如果説哲學是哲學史的連續展現中所具有的統一性特徵，那麽這種「一」是在「多」個哲學的創造中實現的。如果説每一種哲學體系都追求一種體系性的「一」的話，那麽每種「一」的體系之間都存在着千絲相聯、多方組合的關係。這正是哲學史昭示於我們的哲學多樣性的意義。多樣性與統一性的依存關係，正是哲學尋求現象與本質、具體與普遍相統一的辯證之意義。

哲學的追求是人類精神的自然趨向，是精神自由的花朵。哲學是思想的自由，是自由的思想。

中國哲學，是中華民族五千年文明傳統中，最爲内在的、最爲深刻的、最爲持久的精神追求和價值觀表達。中國哲學已經化爲中國人的思維方式、生活態度、道德準則、人生追求、精神境界。中國人的科學技術、倫理道德、小家大國、中醫藥學、詩歌文學、繪畫書法、武術拳法、鄉規民俗，乃至日常生活也都浸潤着中國哲學的精神。華夏文化雖歷經磨難而能够透魄醒神，堅韌屹立，正是來自於中國哲學深邃的思維和創造力。

先秦時代，老子、孔子、莊子、孫子、韓非子等諸子之間的百家争鳴，就是哲學精神在中國的展現，是中國人思想解放的第一次大爆發。兩漢四百多年的思想和制度，是諸子百家思想在争鳴過程中大整合的結果。魏晋之際，玄學的發生，則是儒道冲破各自藩籬，彼此互動互補的結果，形成了儒家獨尊的態勢。隋唐三百年，佛教深入中國文化，又一次帶來了思想的大融合和大解放，禪宗的形成就是這一融合和解放的結果。兩宋三百多年，中國哲學迎來了第三次大解放。儒釋道三教之間的互潤互持日趨深入，朱熹的理學和陸象山的心學，就是這一思想潮流的哲學結晶。

與古希臘哲學强調沉思和理論建構不同，中國哲學的旨趣在於實踐人文關懷，它更關注實踐的義理性意義。中國哲學當中，知與行從未分離，中國哲學有着深厚的實踐觀點和生活觀點，倫理道德觀是中國人的貢獻。馬克思説，「全部社會生活在本質上是實踐的」，實踐的觀點、生活的觀點也正是馬克思主義認識論的基本觀點。這種哲學上的契合性，正是馬克思主義能够在中國扎根並不斷中國化的哲學原因。

「實事求是」是中國的一句古話。今天已成爲深遂的哲理，成爲中國人的思維方式和行爲基準。實事求是就是解放思想，解放思想就是實事求是。實事求是毛澤東思想的精髓，是改革開放的基石。只有解放思想才能實事求是。實事求是就是中國人始終堅持的哲學思想。實事求是就是依靠自己，走自己的道路，反對一切絶對觀念。所謂中國化就是一切從中國實際出發，一切理論必須符合中國實際。

二　哲學的多樣性

實踐是人的存在形式，是哲學之母。實踐是思維的動力、源泉、價值、標準。人們認識世界、探索規律的根本目的是改造世界，完善自己。哲學問題的提出和回答，都離不開實踐。馬克思有句名言：「哲學家們只是用不同的方式解釋世界，而問題在於改變世界！」理論只有成爲人的精神智慧，才能成爲改變世界的力量。

哲學關心人類命運。時代的哲學，必定關心時代的命運。對時代命運的關心就是對人類實踐和命運的關心。人在實踐中產生的一切都具有現實性。哲學的實踐性必定帶來哲學的現實性。哲學的現實性就是强調人在不斷回答實踐中各種問題時應該具有的態度。

哲學作爲一門科學是現實的。哲學是一門回答並解釋現實的學問，哲學是人們聯繫實際、面對現實的思想。可以説哲學是現實的最本質的理論，也是本質的最現實的理論。哲學始終追問現實的發展和變化。哲學存在於實踐中，也必定在現實中發展。哲學的現實性要求我們直面實踐本身。

哲學不是簡單跟在實踐後面，成爲當下實踐的「奴僕」，而是以特有的深邃方式，關注着實踐的發展，提升人的實踐水平，爲社會實踐提供理論支撑。從直接的、急功近利的要求出發來理解和從事哲學，無異於向哲學提出它本身不可能完成的任務。哲學是深沉的反思，厚重的智慧，事物的抽象，理論的把握。哲學是人類把握世界最深邃的理論思維。

哲學是立足人的學問，是人用於理解世界、把握世界、改造世界的智慧之學。「民之所好，好之，民之所惠，惠之。」哲學的目的是爲了人。用哲學理解外在的世界，理解人本身，也是爲了用哲學改造世界、改造人。哲學研究無禁區，無終無界，與宇宙同在，與人類同在。

存在是多樣的，發展是多樣的，這是客觀世界的必然。宇宙萬物本身是多樣的存在，多樣的變化。歷史表明，每一民族的文化都有其獨特的價值。文化的多樣性是自然律，是動力，是生命力。各民族文化之間的相互借鑒，補充浸染，共同推動著人類社會的發展和繁榮，這是規律。對象的多樣性、複雜性，決定了哲學的多樣性；即使對同一事物，人們也會産生不同的哲學認識，形成不同的哲學派别。哲學觀點、思潮、流派及其表現形式上的區别，來自於哲學的時代性、地域性和民族性的差异。世界哲學是不同民族的哲學的薈萃，如中國哲學、西方哲學、阿拉伯哲學等。多樣性構成了世界，百花齊放形成了花園。不同的民族會有不同風格的哲學。恰恰是哲學的民族性，使不同的哲學都可以在世界舞臺上演繹出各種「戲劇」。即使有類似的哲學觀點，在實踐中的表達和運用也會各有特色。

人類的實踐是多方面的，具有多樣性、發展性，大體可以分爲：改造自然界的實踐，改造人類社會的實踐，完善人本身的實踐，提升人的精神世界的精神活動。人是實踐中的人，實踐是人的生命的第一屬性。實踐的社會性決定了哲學的社會性，哲學不是脱離社會現實生活的某種遐想，而是社會現實生活的觀念形態，是文明進步的重要標誌，是人的發展水平的重要維度。哲學的發展狀況，反映着一個社會人的理性成熟程度，反映著這個社會的文明程度。

哲學史實質上是自然史、社會史、人的發展史和人類思維史的總結和概括。自然界是多樣的，社會是多樣的，人類思維是多樣的。所謂哲學的多樣性，就是哲學基本觀念、理論學説、方法的異同，是哲學思維方式上的多姿多彩。哲學的多樣性是哲學的常態，是哲學進步、發展和繁榮的標誌。哲學是人的哲學，哲學是人對事物的自覺，是人對外界和自我認識的學問，也是人把握世界和自我的學問。哲學的多樣性，是哲學的常態和必然，是哲學發展和繁榮的内在動力。一般是普遍性，特色也是普遍性。從單一性到多樣性，從簡單性到複雜性，是哲學思維的一大變革。用一種哲學話語和方法否定另一種哲學話語和方法，這本身就不是哲學的態度。

多樣性並不否定共同性、統一性、普遍性。物質和精神，存在和意識，一切事物都是在運動、變化中的，是哲學的基本問題，也是我們的基本哲學觀點！

當今的世界如此紛繁複雜，哲學多樣性就是世界多樣性的反映。哲學是以觀念形態表現出的現實世界。哲學的多樣性，就是文明多樣性和人類歷史發展多樣性的表達。多樣性是宇宙之道。

哲學的實踐性、多樣性，還體現在哲學的時代性上。哲學總是特定時代精神的精華，是一定歷史條件下人的反思活動的理論形態。在不同的時代，哲學具有不同的内容和形式，哲學的多樣性，也是歷史時代多樣性的表達。哲學的多樣性也會讓我們能够更科學地理解不同歷史時代，更爲内在地理解歷史發展的道理。多樣性是歷史之道。

哲學之所以能發揮解放思想的作用，在於它始終關注實踐，關注現實的發展；在於它始終關注著科學技術的進步。哲學本身没有絶對空間，没有自在的世界，只能是客觀世界的映象，觀念形態。没有了現實性，哲學就遠離人，就離開了存在。哲學的實踐性，説到底是在説明哲學本質上是人的哲學，是人的思維，是爲了人的科學！哲學的實踐性、多樣性告訴我們，哲學必須百花齊放、百家争鳴。哲學的發展首先要解放自己，解放哲學，就是實現思維、觀念及範式的變革。人類發展也必須多塗並進，交流互鑒，共同繁榮。采百花之粉，才能釀天下之蜜。

三　哲學與當代中國

中國自古以來就有思辨的傳統，中國思想史上的百家争鳴就是哲學繁榮的史象。哲學是歷史發展的號角。中國思想文化的每一次大躍升，都是哲學解放的結果。中國古代賢哲的思想傳承至今，他們的智慧已浸入中國人的精神境界和生命情懷。

中國共産黨人歷來重視哲學，毛澤東在一九三八年，在抗日戰争最困難的條件下，在延安研究哲學，創作了實踐論和矛盾論，推動了中國革命的思想解放，成爲中國人民的精神力量。

中華民族的偉大復興必將迎來中國哲學的新發展。當代中國必須有自己的哲學，當代中國的哲學必須要從根本上講清楚中國道路的哲學道理。中華民族的偉大復興必須要有哲學的思維，必須要有不斷深入的反思。發展的道路，就是哲思的道路，文化的自信，就是哲學思維的自信。哲學是引領者，可謂永恒的「北斗」，哲學是時代的「火焰」，是時代最精緻最深刻的「光芒」。從社會變革的意義上説，任何一次巨大的社會變革，總是以理論思維爲先導。理論的變革，總是以思想觀念的空前解放爲前提，而「吹響」人類思想解放第一聲「號角」的，往往就是代表時代精神精華的哲學。社會實踐對於哲學的需求可謂「迫不及待」，因爲哲學總是「吹響」這個新時代的「號角」。「吹響」中國改革開放之

「號角」的，正是「解放思想」「實踐是檢驗真理的唯一標準」「不改革死路一條」等哲學觀念。「吹響」新時代「號角」的是「中國夢」，「人民對美好生活的向往，就是我們奮鬥的目標」。發展是人類社會永恒的動力，變革是社會解放的永遠的課題，思想解放，解放思想是無盡的哲思。中國正走在理論和實踐的雙重探索之路上，搞探索没有哲學不成！

中國哲學的新發展，必須反映中國與世界最新的實踐成果，必須反映科學的最新成果，必須具有走向未來的思想力量。今天的中國人所面臨的歷史時代，是史無前例的。十三億人齊步邁向現代化，這是怎樣的一幅歷史畫卷！是何等壯麗、令人震撼！不僅中國歷史上亘古未有，在世界歷史上也從未有過。當今中國需要的哲學，是結合天道、地理、人德的哲學，是整合古今中西的哲學，只有這樣的哲學才是中華民族偉大復興的哲學。

當今中國需要的哲學，必須是適合中國的哲學。無論古今中外，再好的東西，也需要再吸收，再消化，必須要經過現代化和中國化，才能成爲今天中國自己的哲學。哲學是解放人的，哲學自身的發展也是一次思想解放，也是人的一个思維升華、羽化的過程。中國人的思想解放，總是隨著歷史不斷進行的。歷史有多長，思想解放的道路就有多長；發展進步是永恒的，思想解放也是永無止境的，思想解放就是哲學的解放。

習近平説，思想工作就是「引導人們更加全面客觀地認識當代中國、看待外部世界」。這就需要我們確立一種「知己知彼」的知識態度和理論立場，而哲學則是對文明價值核心最精練和最集中的深邃性表達，有助於我們認識中國、認識世界。立足中國、認識中國，需要我們審視我們走過的道路，立足中國、認識世界，需要我們觀察和借鑒世界歷史上的不同文化。中國「獨特的文化傳統」、中國「獨特的歷史命運」、中國「獨特的基本國情」，「決定了我們必然要走適合自己特點的發展道路」。一切現實的，存在的社會制度，其形態都是具體的，都是特色的，都必須是符合本國實際的。抽象的制度，普世的制度是不存在的。同時，我們要全面客觀地「看待外部世界」。研究古今中外的哲學，是中國認識世界、認識人類史，認識自己未來發展的必修課。今天中國的發展不僅要讀中國書，還要讀世界書。不僅要學習自然科學、社會科學的經典，更要學習哲學的經典。當前，中國正走在實現「中國夢」的「長征」路上，這也正是一條思想不斷解放的道路！要回答中國的問題，解釋中國的發展，首先需要哲學思維本身的解放。哲學的發展，就是哲學的解放，這是由哲學的實踐性、時代性所決定的。哲學無禁區、無疆界。哲學是關乎宇宙之精神，是關乎人類之思想。哲學將與宇宙、人類同在。

四　哲學典籍

中外哲學典籍大全的編纂，是要讓中國人能研究中外哲學經典，吸收人類精神思想的精華；是要提升我們的思維，讓中國人的思想更加理性、更加科學、更加智慧。

中國有盛世修典的傳統。中國古代有多部典籍類書（如「永樂大典」「四庫全書」等），在新時代編纂中外哲學典籍大全，是我們的歷史使命，是民族復興的重大思想工程。

只有學習和借鑒人類精神思想的成就，才能實現我們自己的發展，走向未來。中外哲學典籍大全的編纂，就是在思維層面上，在智慧境界中，繼承自己的精神文明，學習世界優秀文化。這是我們的必修課。

不同文化之間的交流、合作和友誼，必須達到哲學層面上的相互認同和借鑒。哲學之間的對話和傾聽，才是從心到心的交流。中外哲學典籍大全的編纂，就是在搭建心心相通的橋樑。

我們編纂這套哲學典籍大全，一是中國哲學，整理中國歷史上的思想典籍，濃縮中國思想史上的精華；二是外國哲學，主要是西方哲學，吸收外來，借鑒人類發展的優秀哲學成果；三是馬克思主義哲學，展示馬克思主義哲學中國化的成就；四是中國近現代以來的哲學成果，特别是馬克思主義在中國的發展。

編纂這部典籍大全，是哲學界早有的心願，也是哲學界的一份奉獻。中外哲學典籍大全總結的是書本上的思想，是先哲們的思維，是前人的足迹。我們希望把它們奉獻給後來人，使他們能够站在前人肩膀上，站在歷史岸邊看待自己。

中外哲學典籍大全的編纂，是以「知以藏往」的方式實現「神以知來」；中外哲學典籍大全的編纂，是通過對中外哲學歷史的「原始反終」，從人類共同面臨的根本大問題出發，在哲學生生不息的道路上，綵繪出人類文明進步的盛德大業！

發展的中國，既是一個政治、經濟大國，也是一個文化大國，也必將是一個哲學大國、思想王國。人類的精神文明成果是不分國界的，哲學的邊界是實踐，實踐的永恒性是哲學的永續綫性，打開胸懷擁抱人類文明成就，是一個民族和國家自强自立，始終佇立於人類文明潮頭的根本條件。

擁抱世界，擁抱未來，走向復興，構建中國人的世界觀、人生觀、價值觀、方法論，這是中國人的視野、情懷，也是中國哲學家的願望！

李鐵映

二〇一八年八月

「中國哲學典籍卷」

序

中國古無「哲學」之名，但如近代的王國維所説，「哲學爲中國固有之學」。「哲學」的譯名出自日本啓蒙學者西周，他在一八七四年出版的百一新論中説：「將論明天道人道，兼立教法的philosophy譯名爲哲學。」自「哲學」譯名的成立，「philosophy」或「哲學」就已有了東西方文化交融互鑒的性質。

「philosophy」在古希臘文化中的本義是「愛智」，而「哲學」的「哲」在中國古經書中的字義就是「智」或「大智」。孔子在臨終時慨嘆而歌：「泰山壞乎！梁柱摧乎！哲人萎乎！」（史記孔子世家）「哲人」在中國古經書中釋爲「賢智之人」，而在「哲學」譯名輸入中國後即可稱爲「哲學家」。

哲學是智慧之學，是關於宇宙和人生之根本問題的學問。對此，中西或中外哲學是共同的，因而哲學具有世界人類文化的普遍性。但是，正如世界各民族文化既有世界的普遍性，也有民族的特殊性，所以世界各民族哲學也具有不同的風格和特色。如果說「哲學」是個「共名」或「類稱」，那麼世界各民族哲學就是此類中不同的「特例」。這是哲學的普遍性與多樣性的統一。

在中國哲學中，關於宇宙的根本道理稱爲「天道」，關於人生的根本道理稱爲「人道」，中國哲學的一個貫穿始終的核心問題就是「究天人之際」。一般說來，天人關係問題是中外哲學普遍探索的問題，而中國哲學的「究天人之際」具有自身的特點。

亞里士多德曾說：「古今來人們開始哲學探索，都應起於對自然萬物的驚異……這類學術研究的開始，都在人生的必需品以及使人快樂安適的種種事物幾乎全都獲得了以後。」「這些知識最先出現於人們開始有閒暇的地方。」這是說的古希臘哲學的一個特點，是與當時古希臘的社會歷史發展階段及其貴族階層的生活方式相聯繫的。與此不同，中國哲學是產生於士人在社會大變動中的憂患意識，爲了求得社會的治理和人生的安頓，他們大多「席不暇暖」地周遊列國，宣傳自己的社會主張。這就決定了中國哲學在「究天人之際」

中首重「知人」，在先秦「百家争鳴」中的各主要流派都是「務爲治者也，直所從言之異路，有省不省耳」（史記太史公自序）。

中國哲學與其他民族哲學所不同者，還在於中國數千年文化一直生生不息而未嘗中斷，中國文化在世界歷史的「軸心時期」所實現的哲學突破也是采取了極溫和的方式。這主要表現在孔子的「祖述堯舜，憲章文武」，删述六經，對中國上古的文化既有連續性的繼承，又經編纂和詮釋而有哲學思想的突破。因此，由孔子及其後學所編纂和詮釋的上古經書就以「先王之政典」的形式不僅保存下來，而且在此後中國文化的發展中居於統率的地位。

據近期出土的文獻資料，先秦儒家在戰國時期已有對「六經」的排列，「六經」作爲一個著作群受到儒家的高度重視。至漢武帝「罷黜百家，表章六經」，遂使「六經」以及儒家的經學確立了由國家意識形態認可的統率地位。漢書藝文志著録圖書，爲首的是「六藝略」，其次是「諸子略」「詩賦略」「兵書略」「數術略」和「方技略」，這就體現了以「六經」統率諸子學和其他學術。這種圖書分類經幾次調整，到了隋書經籍志乃正式形成「經、史、子、集」的四部分類，此後保持穩定而延續至清。

中國傳統文化有「四部」的圖書分類，也有對「義理之學」「考據之學」「辭章之學」和「經世之學」等的劃分，其中「義理之學」雖然近於「哲學」但並不等同。中國傳統文化没有形成「哲學」以及近現代教育學科體制的分科，但是中國傳統文化確實固有其深邃的哲學思想，它表達了中華民族的世界觀、人生觀，體現了中華民族的思維方式、行爲準則，凝聚了中華民族最深沉、最持久的價值追求。

清代學者戴震説：「天人之道，經之大訓萃焉。」（原善卷上）經書和經學中講「天人之道」的「大訓」，就是中國傳統的哲學；不僅如此，在圖書分類的「子、史、集」中也有講「天人之道」的「大訓」，這些也是中國傳統的哲學。「究天人之際」的哲學主題是在中國文化上下幾千年的發展中，伴隨著歷史的進程而不斷深化、轉陳出新、持續探索的。

中國哲學首重「知人」，在天人關係中是以「知人」爲中心，以「安民」或「爲治」爲宗旨的。在記載中國上古文化的尚書皋陶謨中，就有了「知人則哲，能官人；安民則惠，黎民懷之」的表述。在論語中，「樊遲問仁，子曰：『愛人。』問知（智），子曰：『知人。』」（論語顔淵）「仁者愛人」是孔子思想中的最高道德範疇，其源頭可上溯到中國文化自上古以來就形成的崇尚道德的優秀傳統。孔子說：「未能事人，焉能事鬼？」「未知生，焉知死？」（論語先進）「務民之義，敬鬼神而遠之，可謂知矣。」（論語雍也）「智者知人」，在孔子的思想中雖然保留了對「天」和鬼神的敬畏，但他的主要關注點是現世的人生，是「仁者愛人」「天下有道」的價值取向，由此確立了中國哲學以「知人」爲中心的思想範式。西方現代哲學家雅斯貝爾斯在大哲學家一書中把蘇格拉底、佛陀、孔子和耶穌作爲「思想範式的創造者」，而孔子思想的特點就是「要在世間建立一種人道的秩序」，「在現世的可能性之中」，孔子「希望建立一個新世界」。

中國上古時期把「天」或「上帝」作爲最高的信仰對象，這種信仰也有其宗教的特殊性。如梁啓超所說：「各國之尊天者，常崇之於萬有之外，而中國則常納之於人事之中，此吾中華所特長也。……其尊天也，目的不在天國而在世界，受用不在未來（來世）而在現在（現世）。是故人倫亦稱天倫，人道亦稱天道。記曰：『善言天者必有驗於人。』此所以雖近於宗教，而與他國之宗教自殊科也。」由於中國上古文化所信仰的「天」不是存在於與人世生活相隔絕的「彼岸世界」，而是與地相聯繫（中庸所謂「郊社之禮，所以事上帝也」，朱熹中庸章句注：「郊，祀天；社，祭地。不言后土者，省文也。」），具有道德的、以民爲本的特點（尚書所謂「皇天無親，惟德是輔」，「天視自我民視，天聽自我民聽」，「民之所欲，天必從之」），所以這種特殊的宗教性也長期地影響著中國哲學對天人關係的認識。相傳「人更三聖，世經三古」的易經，其本爲卜筮之書，但經孔子「觀其德義而已」之後，則成爲講天人關係的哲理之書。四庫全书總目易類序説：「聖人覺世牖民，大抵因事以寓教……易則寓於卜筮。故易之爲書，推天道以明人事者也。」不僅易經是如此，而且以後中國哲學的普遍架構就是「推天道以明人事」。

春秋末期，與孔子同時而比他年長的老子，原創性地提出了「有物混成，先天地生」（老子二十五章），天地並非固有的，在天地産生之前有「道」存在，「道」是産生天地萬物的總根源和總根據。「道」内在於天地萬物之中就是「德」，「孔德之容，惟道是從」（老子二十一章），「道」與「德」是統一的。老子説：「道生之，德畜之，物形之，勢成之。是以萬物莫不尊道而貴德。道之尊，德之貴，夫莫之命而常自然。」（老子五十一章）老子的價值主張是「自然無爲」，而「自然無爲」的天道根據就是「道生之，德畜之……是以萬物莫不尊道而貴德」。老子所講的「德」實即相當於「性」，孔子所罕言的「性與天道」，在老子哲學中就是講「道」與「德」的形而上學。實際上，老子哲學確立了中國哲學「性與天道合一」的思想，而他從「道」與「德」推出「自然無爲」的價值主張，這就成爲以後中國哲學「推天道以明人事」普遍架構的一個典範。雅斯貝爾斯在大哲學家一書中把老子列入「原創性形而上學家」，他說：「從世界歷史來看，老子的偉大是同中國的精神結合在一起的。」他評價孔、老關係時說：「雖然兩位大師放眼於相反的方向，但他們實際上立足於同一基礎之上。兩者間的統一在中國的偉大人物身上則一再得到體現……」這裏所謂「中國的精神」「立足於同一基礎之上」，就是説孔子和老子的哲學都是爲了解決現實生活中的問題，都是「務爲治者也」。

在老子哲學之後，中庸説：「天命之謂性」，「思知人，不可以不知天」。孟子説：「盡其心者知其性也，知其性則知天矣。」（孟子盡心上）此後的中國哲學家雖然對天道和人性有不同的認識，但大抵都是講人性源於天道，知天是爲了知人。一直到宋明理學家講「天者理也」，「性即理也」，「性與天道合一存乎誠」。作爲宋明理學之開山著作的周敦頤太極圖説，是從「無極而太極」講起，至「形既生矣，神發知矣，五性感動而善惡分，萬事出矣」，這就是從天道講到人事，而其歸結爲「聖人定之以中正仁義而主静，立人極焉」，這就是從天道、人性推出人事應該如何，「立人極」就是要確立人事的價值準則。可以説，中國哲學的「推天道以明人事」最終指向的是人生的價值觀，這也就是要「爲天地立心，爲生民立命，爲往聖繼絶學，爲萬世開太平」。在作爲中國哲學主流的儒家哲學中，價值觀又是與道德修養的工夫論和道德境界相聯繫。因此，天人合一、真善合一、知行合一成爲中國哲學的主要特點。

中國哲學經歷了不同的歷史發展階段，從先秦時期的諸子百家争鳴，到漢代以後的儒家經學獨尊，而實際上是儒道互補，至魏晋玄學乃是儒道互補的一個結晶；在南北朝時期逐漸形成儒、釋、道三教鼎立，從印度傳來的佛教逐漸適應中國文化的生態環境，至隋唐時期完成中國化的過程而成爲中國文化的一個有機組成部分；宋明理學則是吸收了佛、道二教的思想因素，返而歸於「六經」，又創建了論語孟子大學中庸的「四書」體系，建構了以「理、氣、心、性」爲核心範疇的新儒學。因此，中國哲學不僅具有自身的特點，而且具有不同發展階段和不同學派思想内容的豐富性。

一八四〇年之後，中國面臨着「數千年未有之變局」，中國文化進入了近現代轉型的時期。在甲午戰敗之後的一八九五年，「哲學」的譯名出現在黄遵憲的日本國志和鄭觀應的盛世危言（十四卷本）中。此後，「哲學」以一個學科的形式，以哲學的「獨立之精神，自由之思想」推動了中華民族的思想解放和改革開放，中、外哲學會聚於中國，中、外哲學的交流互鑒使中國哲學的發展呈現出新的形態，馬克思主義哲學在與中國的歷史文化傳統、中國具體的革命和建設實踐相結合的過程中不斷中國化而產生新的理論成果。中華民族的偉大復興必將迎來中國哲學的新發展，在此之際，編纂中外哲學典籍大全，中國哲學典籍第一次與外國哲學典籍會聚於此大全中，這是中國盛世修典史上的一個首創，對於今後中國哲學的發展、對於中華民族的偉大復興具有重要的意義。

李存山

二〇一八年八月

出版前言

社會的發展需要哲學智慧的指引。在中國浩如煙海的文獻中，哲學典籍占據著重要地位，指引著中華民族在歷史的浪潮中前行。這些凝練著古聖先賢智慧的哲學典籍，在新時代仍然熠熠生輝。

收入我社「中國哲學典籍卷」的書目，是最新整理成果的首次發布，按照内容和年代分爲以下幾類：先秦子書類、两漢魏晋隋唐哲學類、佛道教哲學類、宋元明清哲學類、近現代哲學類、經部（易類、書類、禮類、春秋類、孝經類）等，其中以經學類占多數。本次整理皆選取各書存世的善本爲底本，制訂校勘記撰寫的基本原則以確保校勘品質。全套書采用繁體竪排加專名綫的古籍版式，嚴守古籍整理出版規範，並請相關領域專家多次審稿，整理者反復修訂完善，旨在匯集保存中國哲學典籍文獻，同時也爲古籍研究者和愛好者提供研習的文本。

文化自信是一個國家、一個民族發展中更基本、更深沉、更持久的力量。對中國哲學典籍進行整理出版，是文化創新的題中應有之義。中國社會科學出版社秉持「傳文明薪火，發時代先聲」的發展理念，歷來重視中華優秀傳統文化的研究和出版。「中國哲學典籍卷」樣稿已在二〇一八年世界哲學大會、二〇一九年北京國際書展等重要圖書會展亮相，贏得了與會學者的高度讚賞和期待。

點校者、審稿專家、編校人員等爲叢書的出版付出了大量的時間與精力，在此一並致謝。由於水準有限，書中難免有一些不當之處，敬請讀者批評指正。

趙劍英

二〇二〇年八月

整理説明

春秋屬辭十五卷，元趙汸（一三一九—一三六九，字子常，號東山，休寧人）撰。此次對春秋屬辭進行了標點整理，體例如下：

一、本書以臺灣商務印書館景印文淵閣四庫全書本春秋屬辭爲底本。

二、書名、篇名用書名綫標注。文中出現的「經」「傳」「注」等，除特殊情形，一律不加書名綫。凡公羊傳、穀梁傳之簡稱「公」「穀」皆加書名綫。

三、凡人名、地名、水名、朝代用專名綫標注。

四、凡「已」「巳」「己」或「日」「曰」混用者，皆據文意直接改正，不再説明。

五、古人引書往往爲行文之便改動原文或對原文有所節略，本書中凡引前人之説，無論是否完整引用，皆加引號。

六、保留原書目録，並添加現代著作式目録。

七、凡原書中雙行小注，一律放在括號中。

八、凡原書中分隔號「○」，依文義改爲現代標點。

張立恩

二〇二一年八月

目録

四庫全書春秋屬辭提要

臣等謹案：春秋屬辭十五卷，元趙汸撰。汸於春秋用力至深。至正丁酉，既定集傳初稿，又因禮記經解之語，悟春秋之義在於比事屬辭，因復推筆削之旨，定著此書。其爲例凡八：一曰存策書之大體；二曰假筆削以行權；三曰變文以示義；四曰辨名實之際；五曰謹内外之辨；六曰特筆以正名；七曰因日月以明類；八曰辭從主人。其説以杜預釋例、陳傅良後傳爲本，而亦多所補正。汸東山集有與朱風林書曰：「謂春秋隨事筆削，决無凡例，前輩言此亦多，至丹陽洪氏之説出，則此段公案不容再舉矣。其言曰：『春秋本無例，學者因行事之迹以爲例，猶天本無度，曆家即周天之數以爲度。』此論甚當。至黄先生，則謂魯史有例，聖經無例。非無例也，以義爲例，隱而不彰。則又精矣。今汸所纂述，却是比事屬辭法。其間异同詳略，觸事貫通，自成義例，與先儒所纂所釋者殊不同。

然後知以例説經固不足以知聖人，爲一切之説以自欺，而漫無統紀者，亦不足以言春秋也。是故但以『屬辭』名書。」又有與趙伯友書曰：「承筆削行狀作黄先生傳，特奉納師説一部，屬辭一部。尊兄既熟行狀，又觀師説，則於六經復古之學，艱苦之由，已得大概。然後細勘屬辭一過，乃知區區拖此二十餘年，非得已不已，强自附於傳註家以徼名當世之謂也。其書參互錯綜，若未易觀，然其大處衹是屬辭比事法，無一義出於杜撰」云云。其論義例頗確，其自命亦甚高。今觀其書，删除繁瑣，區以八門，較諸家爲有緒。而目多者失之糾紛，目少者失之强配，其病亦略相等。至日月一例，不出公、穀之窠臼，尤嫌繳繞，故仍爲卓爾康所譏（語見爾康春秋辨義），蓋言之易而爲之難也。顧其書，淹通貫串，據傳求經，多由考證得之，終不似他家之臆説。故附會穿鑿不能盡免，而宏綱大旨則可取者爲多。前有宋濂序，所論春秋五變，均切中枵腹游談之病，今並録之，俾憑臆説經者知情狀不可掩焉。乾隆四十六年，十一月，恭校上。

總纂官 臣紀昀、臣陸錫熊、臣孫士毅

總校官 臣陸費墀

春秋屬辭原序

春秋，古史記也，夏、商、周皆有焉。至吾孔子，則因魯國之史，修之以爲萬代不刊之經。其名雖同，其實則异也。蓋在魯史，則有史官一定之法；在聖經，則有孔子筆削之旨。自魯史云亡，學者不復得見，以驗聖經之所書，往往混爲一塗，莫能致辯。所幸左氏傳尚存魯史遺法。公羊、穀梁二家，多舉書、不書以見義，聖經筆削，粗若可尋。然其所蔽者，左氏則以史法爲經文之書法，公、穀雖詳於經義，而亦不知有史例之當言，是以兩失焉爾。左氏之學既盛行，杜預氏爲之註，其於史例推之頗詳。杜氏之後，唯陳傅良氏因公、穀所舉之書法，以考正左傳筆削大義，最爲有徵，斯固讀春秋者之所當宗。而可憾者，二氏各滯夫一偏，未免如前之蔽。有能會而同之，區以别之，則春秋之義昭若日星矣，奈何習者多忽焉而勿之察，其有致力於此而發千古不傳之秘者，則趙君子常其人乎！

子常蚤受春秋於九江黃先生楚望。先生之志，以六經明晦爲己任，其學以積思自悟、必得聖人之心爲本，嘗語於子常曰：「有魯史之春秋，則自伯禽至於頃公是已。有孔子之春秋，則起隱公元年至於哀公十四年是已。必先考史法，然後聖人之筆削可得而求矣。」子常受其說以歸，晝夜以思，忽有所得，稽之左傳杜註，備見魯史舊法粲然可舉，亟往質諸先生，而先生殁已久矣。子常益竭精畢慮、幾廢寢食如是者二十年，一旦豁然有所悟入，且謂春秋之法在乎屬辭比事而已。於是離析部居，分別義例，立爲八體，以布列之，集杜、陳二氏之所長，而弃其所短，有未及者，辯而補之，何者爲史策舊文，何者是聖人之筆削，悉有所附麗。凡暗昧難通，歷數百年而弗決者，亦皆迎刃而解矣。遂勒成一十五卷而名之曰春秋屬辭云。嗚呼！世之說春秋者，至是亦可以定矣。濂頗觀簡策所載說春秋者，多至數十百家，求其大概，凡五變焉：其始變也，三家競爲專門，各守師說，故有墨守、膏肓、廢疾之論。至其後也，或覺其膠固已深而不能行遠，乃倣周官調人之義而和解之，是再變也。又其後也，有惡其是非淆亂而不本諸經，擇其可者存之，其不可者舍之，是三變也。又其後也，解者衆多，實有溢於三家之外。有志之士會粹成編，而集傳、集義之書愈盛焉，是四變也。又其後也，患恒説不足聳人視聽，争以立异相雄，破碎書法，牽合條類，譁然自以爲高，甚者分配易象，逐事而實之，是五變也。五變之紛擾不定者，蓋無他焉，由不知經文史法之殊，此其説愈滋，而其旨愈晦也歟！子常生於五變之後，獨能别白二者，直探聖人之心於千載之上，自非出類之才、絶倫之識，不足以與於斯。嗚呼！世之説春秋者，至是亦可以定矣。如濂不敏，竊嘗從事是經，辛勤鑽摩不爲不久，卒眩衆説，不得其門而入。近獲締交於子常，子常不我鄙夷，俾題其書之首簡，濂何足以知春秋！間與一二友生啟而誦之，見其義精例密，咸有據依，多發前賢之所未發，譬猶張樂廣厦，五音繁會，若不可以遽定，細而聽之，則清濁之倫，重輕之度，皆有條而不紊，子常可謂深有功於聖經者矣！濂何足以知春秋，輒忘僭踰而序其作者之意如此，若夫孔子經世大旨，所以垂憲將來者，已見子常之所自著，兹不敢勦説而瀆告之也。子常，姓趙氏，名汸。子常，字也。歙休寧人。隱居東山，雖疾病，不忘著書，四方學子尊之稱爲東山先生。子常别有春秋師説三卷，春秋左氏傳補註十卷，春秋集傳十五卷，與屬辭並行於世。前史官金華宋濂謹序。

春秋屬辭序[一]

六經同出於聖人，易、詩、書、禮、樂之旨，近代説者皆得其宗，春秋獨未定於一，何也？學者知不足以知聖人，而又不由春秋之教也。昔者聖人既作六經以成教於天下，而春秋教有其法，獨與五經不同，所謂「屬辭比事」是也。蓋詩、書、禮、樂者，帝王盛德成功已然之迹，易觀陰陽消息以見吉凶，聖人皆述而傳之而已。春秋斷截魯史，有筆有削，以寓其撥亂之權，與述而不作者事异。自弟子高第者如游、夏尚不能贊一辭，苟非聖人爲法以教人，使考其异同之故以求之，則筆削之意，何由可見乎？此屬辭比事所以爲春秋之教，不得與五經同也。然而聖人之志則有未易知者，或屬焉而不精，比焉而不詳，則義類弗倫，而春秋之旨亂，故曰屬辭比事而不亂者，深於春秋者也。有志是經者，其可

[一] 題目爲整理者所加。

舍此而他求乎？左氏去七十子之徒未遠，而不得聞此，故雖博覽遺文，略見本末，而於筆削之旨無所發明，此所謂知不足以知聖人，而又不由春秋之教者也。公羊、穀梁以不書發義。啖、趙二氏纂例以釋經，猶有屬辭遺意，而陳君舉得之爲多，庶幾知有春秋之教者，然皆泥於褒貶，不能推見始終，則聖人之志豈易知乎？若夫程、張、邵、朱四君子者，可謂知足以知聖人矣，而於屬辭比事有未暇數數焉者，此五經微旨所以暗而復明，春秋獨鬱而不發也。自是以來，説者雖衆，而君子一切謂之虚辭。夫文義雖隽而不合於經，則謂之虚辭可也，而亦何疑於衆説之紛紛乎？善乎莊周氏之言曰：「春秋經世，先王之志，聖人議而弗辯。」此制作之本意也。微言既絶，教義弗彰，於是自議而爲譏刺，自譏刺而爲褒貶，自褒貶而爲賞罰。厭其深刻者，又爲實録之説以矯之，而先王經世之志荒矣，此君子所謂虚辭者也。故曰春秋之義不明，學者知不足以知聖人，而又不由春秋之教也，豈不然哉？間嘗竊用其法以求之，而得筆削之大凡有八，蓋制作之原也。春秋，魯史也，雖有筆有削，而一國之紀綱本末未嘗不具。蓋有有筆而無削者，以爲猶魯春秋也，故其一曰存策書之大體。聖人撥亂以經世，而國書有定體，非假筆削無以寄文，故其二曰假筆削以行權。然事有非常，情有特异，雖筆削有不足以盡其義者，於是有變文、有特筆，而變文之别爲類者曰「辯名實」、曰「謹中外」，故其三曰「變文以示義」，其四曰「辯名實之際」，其五曰「謹中外之辯」，其六曰「特筆以正名」。上下内外之殊分，輕重淺深之弗齊，雖六者不能自見，則以日月之法區而别之，然後六義皆成，無微不顯，故其七曰「因日月以明類」。自非有所是正，皆從史文，然特筆亦不過數簡，故其八曰「辭從主人」。是皆所謂議而弗辯者也。雖然，使非是經有孔門遺教，則亦何以得聖人之意於千載之上哉？乃離經辯類，析類爲凡，發其隱蔽，辯而釋之爲八篇，曰春秋屬辭，將使學者由春秋之教以求制作之原。制作之原既得，而後聖人經世之義可言矣，安得屬辭比事而不亂者相與訂其説哉？新安趙汸序。

春秋屬辭原目録

五，事之繫日者，遇晦、朔，則書晦、朔。

六，喪以月斷者，遇閏，則書閏。

七，凡天災、物异，無不書。外災，告，則書。慶祥，唯年豐、麟瑞，則書。

卷二

存策書之大體第一之二

八，卜郊不從，牛災，猶三望，郊不時，皆書。

九，天災，鼓，用牲于社。

十，大雩，不時。

十一，禘必因事而書。義在用禘稱禘，義不在用禘稱事。

十二，嘗祀用夏時，過則書。

十三，飾廟踰制，作主後時，立已毁之宫，皆書。

十四，大室屋壞。

十五，納賂鼎于大廟。

十六，不告月。
十七，考宫，用舞，初定羽數。
十八，當祭，大夫卒。猶繹，去樂。
十九，内逆女，夫人至，無姑，至稱夫人，有姑稱婦。
二十，覿夫人，男女同贄。
二十一，逆后，魯主昏則書，過我則書。
二十二，魯主王女昏書歸，同内女。
二十三，世子生則書。
二十四，大夫來逆妻，公自主之則書，内女來逆婦書。
二十五，娣姪不與適俱行則書。國亡，反其宗祀所在則書。
二十六，來媵踰制則書。

卷三

存策書之大體第一之三

二十七，凡公薨，書地。弑，則諱而不地。未成君，書卒。不成喪，不書葬。

二十八，夫人薨，不書地。殺于外，則諱之而書地。不用夫人禮，卒不稱夫人。不成喪，不書葬。

二十九，公服母喪書卒。

三十，妾母用夫人禮稱夫人，書薨書葬。

三十一，凡天王崩、諸侯卒，來赴、往吊，則書崩、書卒。不赴、不吊，不書。會葬，則書。葬不會，不書。

卷四

存策書之大體第一之四

三十二，内女爲諸侯夫人，書卒、書葬。不吊，不書卒。不會，不書葬。許嫁，書卒。來歸，以夫人禮成喪，書卒。

三十三，主王姬之昏，爲之服，書卒。

三十四，内大夫書卒，不書葬。君不與小斂，不書日。有加命，兼書字。卒于外，書地。不以卿禮終，不書卒。諱殺成喪書卒。
三十五，天子大夫卒，書同内大夫，葬則舉謚、稱公。
三十六，公母弟卒，書弟、書字。
三十七，外弑君，從赴告。
三十八，殺他國君。
三十九，内殺大夫言刺。
四十，外殺大夫稱國、稱名。討亂，稱人。不在位，不稱大夫。篡公子去屬，衆殺稱人。
四十一，夫人出書歸。
四十二，公、夫人出奔言孫。
四十三，諸侯出奔。
四十四，公子入國。
四十五，外大夫以邑叛。

四十六，以地來奔，非卿，亦書。
四十七，出奔大夫入國、賊其國稱復入。
四十八，諸侯相執。
四十九，盟主執諸侯。
五十，中國執外裔之君。
五十一，外裔會而執中國之君。
五十二，外裔相執。
五十三，大夫見執，則書至。非專使，不稱行人。從公還，不書至。
五十四，王臣見執，自我而行則書。還，接我，書至。
五十五，外大夫見執，非專使，不稱行人。非卿，雖殺之，不書。
五十六，外放大夫。
五十七，外裔滅中國而放其大夫。
卷五

存策書之大體第一之五

五十八，公朝覲，始行則書，皆稱如。既成禮，則稱朝。在道而還，書其復。

五十九，公外如，非朝，則直言其事。

六十，夫人越境，始行則書，皆言如。以事往，言其事。

六十一，諸侯相如告則書。

六十二，内大夫出聘，始行則書，皆言如。

六十三，内大夫以其事出者，言其事。事不可書，但言如。非卿，不書名氏。

六十四，凡諸侯來朝，皆成禮而後書，故言來朝。

六十五，諸侯以事來，言其事，事不可書，但言來。外裔言來。

六十六，王使來聘，皆稱使。以事來者，言其事。在喪，不稱使。

六十七，外臣來聘，皆稱使。私相爲好，不稱使。

六十八，外臣以事來者，言其事。事不可書，但言來。

六十九，外微者以事來，但書人。

七十，事無專使，不言來。公在外受之，言歸我。

卷六

存策書之大體第一之六

七十一，内特相盟，内爲志書及，外爲志書會。

七十二，内參盟以上皆稱會，伯者之盟稱會，蒙及會言諸侯盟，苟無主盟稱及。

七十三，公如伯國受盟稱及。

七十四，公與王臣、外臣會盟稱會，特相盟稱及。

七十五，公會諸侯使大夫盟。

七十六，公與外裔盟稱及，特會而後與盟稱及。

七十七，内大夫特與諸侯盟，稱及、稱會，與君同。

七十八，内大夫盟諸侯，參以上稱會，伯者之盟稱會，與君同。出疆遂盟，稱及。非卿，不稱名氏。

七十九，内大夫特與外臣盟，稱及、稱會。非卿，不稱名氏。

八十，内大夫與外臣盟，參以上稱會。伯者之會，別盟後至者稱及以及。既會而盟稱及。盟于師稱及。

八十一，内大夫與戎盟稱會。

八十二，自外來魯盟，稱來盟。自魯往他國盟，言莅盟。

八十三，公特會諸侯，自參以上必言故，苟從可知不言故。伯主之會不言故。避不主會，言及以會。

八十四，公特會外裔。

八十五，公會諸侯，殊會外裔，言會以會。不殊會，言會以及。

八十六，公會杞伯姬。

八十七，公及夫人會齊侯。

八十八，諸侯迎會公。

八十九，公會外師。

九十，公會外大夫。

九十一，王臣會諸侯。

九十二，內大夫會諸侯。

九十三，內大夫會外大夫，苟非天下之事則言故。

九十四，內大夫特會外裔。

九十五，內大夫會外大夫，殊會外裔，言會以會。同受命，直言會之。

九十六，君大夫出會諸侯，無成事亦書。

九十七，公及諸侯相遇。

九十八，公行無成事，書次。

九十九，公失國，書次、書如、書至、書居、書唁、書圍邑、取邑。

卷七

存策書之大體第一之七

一百，內師，公將稱公，大夫稱名氏，微者不言將。

百一，內勝外師言敗，勝敗相當言戰。大崩言敗績，微者戰言及。

百二，内圍國邑，及外師圍國。
百三，内入國邑，公及諸侯入國。
百四，公會伐、會侵、會圍、會而及戰。
百五，大夫會伐、會侵、會圍、會而及戰。
百六，微者會伐言及。
百七，内救、公會救、公會臣及救、臣會救。
百八，公追。
百九，師次、會次。
百十，内大夫會城。
百十一，王師令必及魯而後書。
百十二，外師加魯四境言某鄙，直逼國都言伐我。
百十三，外師來戰。
百十四，内伐國、取田邑，言伐、言取。不用師，但言取。有來歸之者，言入。已滅之國，言取。不絶其祀，不言滅。
百十五，外取我田、邑，言取。雖我歸之，亦言取。諱易田，言假。
百十六，外滅國必書，不絶其祀言取，迫之使服曰降，移其民人社稷曰遷。
百十七，凡土功無不書。都邑備制曰城，不備制曰築。
百十八，浚川。
百十九，墮毁。
百二十，新作門，觀新廄。
百二十一，時田，用夏時，越禮則書。
百二十二，火田。
百二十三，觀魚。
百二十四，大閲、治兵，异常。
百二十五，軍制作、舍。
百二十六，加賦税。

百二十七，分器失得。
百二十八，肆大眚。
百二十九，書亂、亡，不由赴告。
百三十，闕文。
百三十一，日月差繆。
卷八
假筆削以行權第二
序
假筆削以行權第二之一
一，公如大國恒書至，則不書至以見義。
二，公會諸侯恒不書至，則書至以見義。
三，公會伯主恒不書至，則書至以見義。
四，公會盟主恒書至，則不書至以見義。

五，公會外大夫不書至，會師則書至。

六，公會吴、楚不書至，有中國之君則書至。盟戎書至。

七，公特將不書至，則書至以見義。

八，公會伐，恒書至。爲會言故，不書至。

九，公會伯國侵伐恒書至，則不書至以見義。

十，公會外大夫伐國不書至，君將稱人則書至。

十一，夫人違禮而行不書至，必歸寧得禮而後書至。

十二，公行不書所在，書在楚、在乾侯。

十三，公不視朔不書，有爲則書。

十四，送王姬不書，必主仇昏而後書。

十五，諸侯女歸京師不書，必魯主昏而後書。

十六，内女適諸侯，恒書歸。苟來歸，則不書歸。

十七，内女歸寧不書，必有故而後書。

十八，國君來逆女不書，卿爲君逆則書。
十九，繼故不書立，必賊討而後書立。
二十，篡位不書立，必不能討而後書立。
二十一，天王蒙塵復辟不書，苟自取之則書。其出，必亂未弭、賊未討而後悉書之。
二十二，天王出入，有以之者不書，未成尊則書。
二十三，未成君，出入不書，必有辯於名實而後書。
二十四，執君歸不書，必伯主釋有罪而後書。
二十五，弑君以納君不書，必所弑稱君而後書。
二十六，内大夫出奔，非其罪不書，必有罪而後書。
二十七，王卿士奔，復之不書，必不反而後書。
二十八，王子奔，非其罪不書。以叛奔，卒討之，不書。必佚賊而後書。
二十九，公子奔，非其罪不書，必有故而後悉書之。
三十，外大夫出奔不書，必有關於一國之故而後書。

三十一，内大夫來歸，非其罪不書，以伯主之盟復之則書。

三十二，奔大夫、公子復之，不書，必挾外援以歸而後書。苟以叛出，書。

三十三，諸侯逃不書，必逃中國而後書。

三十四，外大夫逃，不書，齊桓之初則書之。

三十五，王討簒立者，不書。雖殺卿士，不書。必殺無罪而後書。

三十六，諸侯討亂，殺公子，不書。雖殺世子、母弟，不書。必殺之非其罪而後書。

三十七，兩下相殺不書。雖殺太子，不書。必譏不在相殺而後書。譏不在相殺，雖無君，書。雖盜殺，書。

三十八，諸侯反國，殺大夫、公子以簒入者，不書，必治以君臣之禮而後書。

三十九，簒弑者以奔爲義，雖卒討之，不書。

四十，叛臣以出奔爲義，雖討以諸侯之師，不書。

四十一，外納不書。宜納，雖伐，不書。苟不宜納，則書伐、書戰，甚則書伐、書入。必不克納而後書納。唯外裔間中國悉書之。

四十二，内邑叛不書，鄆潰則書之。

卷九

假筆削以行權第二之二

四十三，外特相盟會，不書。雖參以上，不書。必有關於天下之故而後書。

四十四，外胥命相遇書，與特相盟會同。

四十五，平不書，有關於天下之故則書。

四十六，王臣會盟，有所諱，則不書。

四十七，王臣會伐，非有關於天下之故，不書。

四十八，大夫會、城，干位尋盟不書。

四十九，大夫會而不能分災，譏不在魯，不書魯大夫。

五十，中國、外裔特相盟會不書，雖參以上不書，必有關於天下之故而後書。疑於盟主，雖公會之盟不書。城下之盟，雖内不書。

五十一，諸侯勤王不書，必無功而後書。

五十二，外次不書，必有關於天下之故而後書。

五十三，凡戍不書，必有關於天下之故而後書。

五十四，内乞師不書，乞諸外裔則書。

五十五，外乞師不書，必伯主而後書。

五十六，公及小國戰，不言我師敗績。納所宜納，與大國戰，言我師敗績。

五十七，外言戰、言敗績，義不繫於伐者但書及。戰必義繫於伐而後兼言之，苟略之，言伐不言戰敗績。

五十八，王師敗績于中國不書，敗于戎則書之。

五十九，外相敗不書，唯晋特書之。

六十，中國敗外裔不書，唯晋特書之。

六十一，外裔敗中國不書，唯荆特書之。

六十二，外裔交相敗、獲不書，必敗其從中國者，若中國之從外裔者而後書，必其君以敗卒而後書。

六十三，公追戎，不言其來與弗及。

六十四，外伐國、取邑，不書。雖取諸我，不書。春秋之初，則書之。

六十五，外取師，不書侵伐，必伐與取异事而後悉書之。

六十六，外入郛不書，唯齊特書之。

六十七，外伐國，不書圍邑，有關於天下之故則書之。

六十八，諸侯滅畿内國不書，爲外裔所滅則書。

六十九，諸侯被兵出奔者不書，必國滅而後書。

七十，遷國不書，避難而遷則書。

七十一，諸侯連兵，伯主有事，舉重，不悉書。

七十二，凡救，不悉書。伯者救中國，必足以示名義而後書。諸侯相救，以叛伯、無伯書。楚救，必不能而後書。狄救中國以無伯書。

七十三，兵事言遂，不悉書，必有關於天下之故而後書。

七十四，春秋之初，外裔侵諸國，不書，自有伯而後書。以之伐與國，不書。苟有召之者，亦不書。

卷十

變文以示義第三

序

一，文同禮失，王不稱天。

二，諱公與王卿士盟，不書公，同微者。

三，諱公與外大夫盟，不書公，同微者。以大夫盟公，去其族。

四，諱公爲仇人役，變公將稱師。

五，諱公與仇人狩，外稱人，同微者。

六，諱公與仇會伐，外稱人，同微者。

七，妾母爲昏主，婦姜不稱氏。

八，夫人不稱姜氏。

九，凡執恒稱人，必伯討而後稱君。

十，國君反國不言自，必自京師、自楚而後言自。苟殺其大夫、公子而後歸，則不言自京師。苟能興滅繼絶，則不言自楚。
十一，奔君自外入邑，伯國逆之，則不名。
十二，大夫奔，非君出之，不名。
十三，公子反國，非有罪，不名。
十四，大夫見殺，非君臣，不名。苟殺當其罪則去族。
十五，無君相殺稱國。
十六，内師加小國言伐，加大國言侵。苟納所宜納，雖大國，言伐。用楚師言伐。諱公及小國戰，但言及。亟戰大國，但言敗。
十七，非寇不言敗，亟戰不言及。戰與伐异事，更以伐者及之。曲在外，言來戰。黨惡會戰，不言地。戰拒伯討，不言地。
十八，重取畿内邑言滅，内滅國不言師。

卷十一

辯名實之際第四

序

一，天下無王，則桓公春秋闕不書王。

二，中國無伯，則晉靈公之盟會諸侯不序。

三，征伐在諸侯，則君將稱君，大夫稱人，用衆稱師。苟略其恒辭，則雖君將，稱人、稱師，一役而再有事稱人、稱師，以喪行稱人。

四，征伐在大夫，則大夫將書大夫，微者稱人，用衆稱師。苟略其恒稱，則雖大夫將，稱人、稱師。

五，征伐，君、大夫將，稱人，不足以盡意，則但稱國。

六，外盟會，恒稱君、大夫，微者稱人，内微者但稱會。苟奪其恒稱，則外君、大夫俱稱人，内稱會，同微者。一役再有事，稱人。

卷十二

謹内外之辯第五

序

一，荆始伐中國以號舉。

二，中國有伯，楚君、大夫將同稱人，唯會得稱君。

三，中國無伯，則楚君將稱君，略之而後稱人，疑於討賊稱師。

四，楚君將稱君，而後大夫將稱大夫，略之則稱人。

五，楚君、大夫主盟會，悉從其恒稱，唯公及大夫盟則人之。

六，荆始來聘稱人。

七，楚臣來盟于師稱名氏，不言使。來獻捷言使，不稱君。必中國無伯而後來聘稱君使。

八，楚君會而執中國諸侯不別言執之者。

九，楚君殺中國之君書名，其自相殺不名。

十，諱外裔執王臣言伐，獲國君言以歸，中國、外裔不言戰。

十一，吴征伐，恒舉號，唯爲中國討罪得稱君。

十二，中國會而會吴，恒舉號。雖吾君、大夫特會之，舉號，必以諸侯之禮接而後稱君。

十三，越舉號，從其恒稱。

十四，徐見敗、伐國，皆以號舉，國滅則書君奔而名之。

卷十三

特筆以正名第六

序

一，諱會天王以王狩書。

二，嗣王在喪稱王配名，卒稱子。

三，嗣君出奔，復歸稱世子。

四，所納應立，雖未在位，稱子。

五，以庶孽易適嗣，未逾年見弑，稱殺其君之子。

六，妾母繼室卒，稱君氏。

七，王人救列國，兼稱字。
八，諸侯滅吾同宗之國，稱名。
九，宋昭公之大夫特書官。
十，諸侯會圍邑繫國，戍邑繫國。圍其父所居邑，雖外大夫主兵，不繫國。
十一，諸侯敵王命，敗績稱人。
十二，師及齊師戰，書「公圍成」。
十三，城成周，晋人執宋大夫以歸，書「執于京師」。
十四，鄭伯之弟段出奔，書「鄭伯克段」。
十五，紀侯出奔，書去國。
十六，鄭高克出奔，師潰，書「鄭弃其師」。
十七，楚君殺弑君者别稱人。
十八，戰稱楚人，敗稱楚師，書入郢。

卷十四

因日月以明類第七

序

一，著例。

二，疑例。

三，變例。

四，例要。

五，災祥類。

六，郊廟類。

七，婚姻類。

八，喪紀類。

九，禍福類。

十，朝聘類。

十一，盟會類。

卷十五
辭從主人第八

六，喪紀類。
七，禍福類。
八，朝聘類。
九，盟會類。
十，戰爭類。
十一，師田類。
十二，興作類。
十三，賦税類。
十四，内辭類。
十五，從赴告類。
十六，變例類。
十七，無費辭類。
十八，辭費以其故類。

右春秋屬辭目録，凡八篇，篇各有序，序所以釋其名篇之義也。始汸聞諸師，曰：「春秋本魯史成書，故必先考史法，而後聖人之法可求。」嘗退而考諸左氏傳以盡。夫爲其學者之説，則魯史遺法大略可見，而惜其不知經。既又考之公羊、穀梁二傳，以及陳氏後傳諸書，又知筆削之法端緒可求，而惜其不知史。因悟三傳而後，諸家紛紜之失，不越此二端。蓋八篇之名，由是而立，而述作之體見矣。至正戊子歲初，集諸説之有合於經者，作春秋傳，閲十載未克成，竊思倫類區别，爲義至精，參互錯綜，易相矛盾，苟不屬辭比事以通之，豈無遺憾？此八篇之書所爲作也。其前六篇，篇目即是義例。其終二篇，義例自見篇中。第一篇有筆無削與第二篇有筆有削者相對，第三篇至第六篇，皆變文，與第八篇從史文者相對，而與前二篇相爲經緯，其第七篇則又一經之權衡也。大抵史法相承而一定，故雖詳密而可盡，經則隨事而取衷，故法若簡妙，而難窮其間，義例雖多，皆以經、傳反覆相證，而得其可見者如此，學者苟能於此盡心焉，則其不可見者，當自得於言意之表矣。顧恐其間可見者，猶或不能無遺爾。先儒著書，雖老尚冀有進，故或終身未嘗示人。如汸者衰瘵日深，昏塞多忘，夫復何言？姑出以授共學之士，爲集傳先容。若夫因其所可見者，以足其所未備，達之於其不可見者，以盡聖人之志，則有望於君子云，歙諸生趙汸子常私識於東山精舍。

春秋屬辭卷一

存策書之大體第一

策書者，國之正史也。傳述祝佗之言，謂魯公分物有備物典策，而韓宣子見易象與魯春秋曰：「周禮盡在魯矣。」班固藝文志因謂：「魯，周公之國，禮文備物，史官有法。」杜元凱亦以備物典策爲春秋之制，而孔穎達以爲若今官程、品式之類，皆謂魯之舊史有周公遺法在焉。自伯禽以來，無大喪亂，史官前後相蒙，有非他國可及者。然古者非大事不登於策，小事則簡牘載之，故曰國之正史也。今以春秋所書，準西周未亂之時，其書於策者，不過公即位、逆夫人、朝聘會同、崩薨卒葬、禍福告命、雩社禘嘗、蒐狩城築、非禮不時與夫災异慶祥之感，而一國紀綱本末略具，善惡亦存其中。蓋策書大體不越乎此而已。東遷以來，王室益微，諸侯背叛，伯業又衰，外裔縱横，大夫専政，陪臣擅命，於是伐國、滅國、圍、入、遷、取之禍交作，弑君、殺大夫、奔、放、納、入之變相尋，而策書常法始不足盡其善惡之情矣。故孔子斷自隱公，有筆有削，以寓其撥亂之志。其所謂策書之大體，而一國本末具焉者，皆有筆而無削，使不失魯國正史之常，所謂存策書之大體者也。夫春秋，當代之史也。使仲尼筆削之際，不復存其大體，魯之君臣能無駭乎？是故有筆有削，以行其權；有筆無削，以存其實。實存而權益達，權達而實愈明，相錯以暢其文，相易以成其義者也。然自左氏不知有筆削之旨，爲公羊學者，遂以春秋爲夫子博采衆國之書，通脩一代之史者，於是褒貶之説盛行。又有以爲有貶無褒者，又有以一經所書皆爲非常而常事不書者，有謂黜周王魯者，有謂用夏變周者，其失在不知有存策書大體之義而已，説經昧其源委，一至是哉！故今特取聖人所存有筆而無削者，悉著於篇，其舊説之甚失義類者，亦或離析而辯正焉。

存策書之大體第一之一

一，嗣君踰年即位，書「元年，春，王正月，公即位」。不行即位禮，不書即位，告朔、朝正，書王正月。

隱公：元年，春，王正月。

桓公：元年，春，王正月，公即位。

莊公：元年，春，王正月。

閔公：元年，春，王正月。

僖公：元年，春，王正月。

文公：元年，春，王正月，公即位。

宣公：元年，春，王正月，公即位。

成公：元年，春，王正月，公即位。

襄公：元年，春，王正月，公即位。

昭公：元年，春，王正月，公即位。

哀公：元年，春，王正月，公即位。

以上書「元年，春，王正月，」不書即位者四。書「元年，春，王正月，公即位」者七。古者天子建諸侯，皆得世其爵，踐其位，臣妾其民人；皆有史官，以記一國之政令，而奉天子之正朔。故諸侯薨，既殯，嗣子定位於柩前。踰年，正月，朔日，乃先謁廟，以明繼祖。還，就阼階之位，見百官，以正君臣。國史因書「元年，春，王正月，公即位。」若春秋書桓、文、宣、成、襄、昭、哀是也。或有故，不行即位禮，則不書即位。猶朝廟、告朔，故書王正月，若春秋書隱、莊、閔、僖是也。隱攝若位，不行即位禮。莊、閔、僖以繼弑君，不行即位禮。桓、宣亦繼弑君，而行即位禮者，桓、宣躬負簒逆，欲自同於遭喪繼位者，以欺天下後世也。蓋即位乃已見羣臣，故有所隱避，則其禮可廢。朝廟、告朔乃新君見祖禰、奉王教之始，禮不可廢也。此在周人，必有故事，魯史脩辭，亦有成法，故杜氏、啖氏據周書與春秋經、傳定著其説如此，而近代説者，往往不同，有謂以夏時冠周月者。夫四時始春終冬，所以成歲。三代雖正朔不同，而正月之必爲歲首。歲首之爲孟春，其序皆一定而不可易也。今既曰周月，則春秋所書正月爲建子之月矣。謂建子之月爲春，何夏時之云？又有見殷、周古書書月則不書時，以春秋書月又書時爲夫子特筆者，蓋古書乃簡牘記言之體，得以從略。春秋策書，國之正史，以事繫日，以日繫月，以月繫時，以時繫年，蓋三代正史遺法也。借令不書時，則事有不得書月者，當何所繫乎？又有以不書公即位爲夫子所削者，蓋由不信左氏之過，左氏知魯史有不書之例，而考之不詳，於隱公不書即位曰「攝也」，是矣。於莊公不書即位曰文姜出故也，閔公不書即位曰「亂也」，僖公不書即位曰「公出故也」，不舉其大而舉其細，隨事爲説而義不相通，故説者得以排之，唯穀梁謂「繼故不稱即位，正也。」「先君不以其道終，則子弟不忍即位。」此説必有所傳，而學者不能折衷，故即位一也，書亦有罪，不書亦有罪，而義愈不通矣，由學者皆不知有存策書大體之法，故其失多類此。凡即位，必在朔日，春秋日事志晦朔，此皆不書者，夫子所削也。存策書之大體，但謂不没其事爾。若夫事有常變，法有异同，上下分殊，内外勢异，猶以日月别之。公即位在正月，爲得常，故略之以明變也。凡日月法，自爲一篇見後以創通其義，特隨事釋之，使相發云。

二，即位不在正月，故不書正月。

定公：元年，夏，六月，戊辰，公即位。

以上書六月即位者一。凡公不行即位禮，亦書正月，以猶朝正也。是年昭公喪未至，嗣子未定，魯國無君，故自以王三月繫事。史雖追書元年，以繫前半年之月日，實與他公元年不同。定公受國於季氏，待昭公喪至，既殯而後即位，故即位在六月，亦與他公繼世者异，此策書之大體，不待筆削而義已明者也。夫子以季氏出其君，薨又絶其家嗣，喪不得以時反，於是魯國無君者半年，定公安於得國，而不知爲之變，故凡公即位在正月者，皆不日，而定之即位，獨日以异之。蓋不日以爲恒，則日以爲變也。公羊氏乃以定無正月爲春秋微辭，凡二傳不知筆削本末而以意説經，失皆類此。

三，歲首必書王月，無繫月之事，不書王月。

隱三年，王二月。四年，王二月。七年，王三月。十年，王二月。

桓二年，王正月。三年，□正月。四年，□正月。五年，□正月。六年，□正月。七年，□二月。八年，□正月。十年，王正月。十一年，□正月。十二年，□正月。十三年，

□二月。十四年，□正月。十五年，□二月。十六年，□正月。十七年，□正月。十八年，王正月。

莊二年，王二月。三年，王正月。四年，王二月。五年，王正月。六年，王正月。八年，王正月。十年，王正月。十一年，王正月。十二年，王三月。十六年，王正月。十八年，王三月。十九年，王正月。二十年，王二月。二十一年，王正月。二十二年，王正月。二十四年，王三月。二十八年，王三月。三十年，王正月。

閔二年，王正月。

僖二年，王正月。三年，王正月。四年，王正月。六年，王正月。八年，王正月。九年，王三月。十年，王正月。十二年，王三月。十五年，王正月。十六年，王正月。十八年，王正月。十九年，王三月。二十四年，王正月。二十五年，王正月。二十六年，王正月。三十年，王正月。三十二年，王正月。三十三年，王二月。

文二年，王二月。三年，王正月。五年，王正月。八年，王正月。十年，王三月。十二年，王正月。十三年，王正月。十四年，王正月。十八年，王二月。

宣二年，王二月。三年，王正月。四年，王正月。九年，王正月。十一年，王正月。十六年，王正月。十七年，王正月。

成三年，王正月。五年，王正月。六年，王正月。七年，王正月。九年，王正月。十一年，王三月。十四年，王正月。十五年，王二月。十六年，王正月。十八年，王正月。

襄二年，王正月。四年，王三月。六年，王三月。八年，王正月。十一年，王正月。十二年，王三月。十四年，王正月。十六年，王正月。十七年，王二月。十九年，王正月。二十年，王正月。二十一年，王正月。二十二年，王正月。二十三年，王二月。二十六年，王二月。二十九年，王正月。三十年，王正月。三十一年，王正月。

昭三年，王正月。四年，王正月。五年，王正月。六年，王正月。七年，王正月。十年，王正月。十一年，王二月。十五年，王正月。十八年，王三月。二十年，王正月。二十一年，王三月。二十三年，王正月。二十四年，王二月。二十六年，王正月。二十八年，王三月。三十年，王正月。三十一年，王正月。三十二年，王正月。

定元年，王三月。二年，王正月。三年，王正月。四年，王二月。五年，王三月。六年，王正月。七年，王正月。八年，王正月。九年，王正月。十年，王三月。十五年，王正月。

哀二年，王二月。四年，王二月。八年，王正月。九年，王二月。十年，王二月。

以上書王正月九十一，王二月二十四，王三月十九，歲首必書王月，明奉王朔也。事繫正月，書王正月。正月無事，而事繫二月，則書王二月。正月、二月俱無事，而事繫三月，則書王三月。月爲繫事書也。孔氏曰：二月，殷之正也。三月，夏之正也，故皆書王以别之。吴先生曰：「此侯國之史，故於月上加王。若王朝之史，則月上不必加王也。」二説皆得之。其十一公，元年所書王正月，爲朝正即位書，非常年繫事之比，兼他義故不入此例，唯定公元年書王三月繫事與常年同，即位在六月故也。此皆魯史成法也。近代或有以書王爲夫子特筆者。案殷人鍾銘有「唯正月王春吉日」之文，可見時月稱王乃三代恒辭。其加王於春，又可爲改時之證。由時月皆王者所改，故得上下言之以便文必正史然後王不先，春本王者欽奉天時之義也。隱公自元年而後無正月，穀梁傳曰：「隱十年無正，隱不自正也。」説者曰：「隱謙不朝正也」。案隱元年後，書二月繫事三，書三月繫事一。

其他如二年春，會戎於潛；五年春，矢魚於棠；九年春，宋公、衛侯遇垂之類，或筆削之法不書月，或史本不月，穀梁知日月有義，而不能辯也。若桓公十八年中，書正月不書王者十，書二月不書王者三，則夫子所削也，而杜氏以爲由王室不頒曆，故劉炫規之曰，昭公二十三年以後，王室有子朝之亂，諸侯不知所奉，復有何人頒曆？何故經皆書王？蓋杜氏不知有筆削之義故也。如歲首無繫月之事，則但書春。王爲月書，既不書月，不嫌無王也。凡史文皆有其義，總說在辭從主人篇。

四，一時無事，書首月。

隱六年，秋七月。九年，秋七月。

桓元年，冬十月。九年，夏四月。秋七月。十二年，春正月。十三年，秋七月。冬十月。十八年，秋七月。

莊四年，秋七月。五年，春王正月。十一年，春王正月。十二年，夏四月。十三年，秋七月。十五年，冬十月。十六年，春王正月。十八年，冬十月。十九年，春王正月。夏四月。二十年，秋七月。二十一年，春王正月。二十二年，夏五月。三十年，春王正月。

僖六年，春王正月。十年，秋七月。十二年，秋七月。二十四年，春王正月。秋七月。三十年，春王正月。三十一年，秋七月。三十二年，春王正月。文八年，春王正月。夏四月。十三年，春王正月。

宣六年，夏四月。冬十月。十一年，春王正月。十二年，秋七月。十八年，夏四月。成元年，冬十月。十年，冬十月。十一年，冬十月。十二年，冬十月。

襄二十二年，夏四月。三十一年，春王正月。昭十年，春王正月。十二年，秋七月。十四年，夏四月。二十年，春王正月。二十九年，秋七月。三十二年，秋七月。

定二年，春王正月。三年，夏四月。七年，春王正月。夏四月。冬十月。九年，春王正月。十一年，夏四月。

哀八年，秋七月。九年，冬十月。

以上無事書四時首月六十。歷一時無事，則書首月，具四時以成歲也。公羊傳曰：「春秋編年，四時具，然後爲年。」此蓋三代正史遺法，春以正月爲首，夏以四月爲首，秋以七月爲首，冬以十月爲首。或謂春秋書時爲夫子所加者，謬可知矣。唯莊公二十二年書夏五月，非首月，蓋夫子既削其事，因留其時月以備一時，見魯史於此本非有闕，然不改五月爲四月者，明其文則史，有筆削而無增益也。

五，事之繫日者，遇晦、朔則書晦、朔。

僖十五年，九月，己卯，晦，震夷伯之廟。

成十六年，六月，甲午，晦，晉侯及楚子、鄭伯戰於鄢陵。

僖十六年，春，王正月，戊申，朔，隕石于宋五。二十二年，十一月，己巳，朔，宋公及楚人戰於泓。

以上書晦者二，書朔者二，其日食書朔別見。趙氏曰：「古史之法應合書日而遇晦朔，必書之以爲曆數之證。」

六，喪以月斷者，遇閏則書閏。

哀五年，冬，叔還如齊。閏月，葬齊景公。

以上書閏者一，葬節以月斷，合數閏，故書閏月也。襄二十八年，十二月，甲寅，天王崩。乙未，楚子昭卒。甲寅距乙未四十二日，此閏月明矣。不書閏者，喪事以年斷，則不數閏也。

七，凡天災、物异，無不書。外災，告，則書。慶祥，唯年豐、麟瑞，則書。

隱三年，春，王二月，己巳，日有食之。

桓三年，秋，七月，壬辰，朔，日有食之，既。十七年，冬，十月，朔，日有食之。

莊十八年，春，王三月，日有食之。二十五年，六月，辛未，朔，日有食之。二十六年，冬，十二月，癸亥，朔，日有食之。三十年，九月，庚午，朔，日有食之。

僖五年，九月，戊申，朔，日有食之。十二年，春，王三月，庚午，日有食之。十五年，夏，五月，日有食之。

文元年，二月，癸亥，日有食之。十五年，六月，辛丑，朔，日有食之。

宣八年，秋，七月，甲子，日有食之，既。十年，夏，四月，丙辰，日有食之。十七年，六月，癸卯，日有食之。

成十六年，六月，丙寅，朔，日有食之。十七年，十二月，丁巳，朔，日有食之。

襄十四年，二月，乙未，朔，日有食之。十五年，秋，八月，丁巳，日有食之。二十年，冬，十月，丙辰，朔，日有食之。二十一年，九月，庚戌，朔，日有食之。冬，十月，庚辰，朔，日有食之。二十三年，春，王二月，癸酉，朔，日有食之。二十四年，秋，七月，甲子，朔，日有食之，既。八月，癸巳，朔，日有食之。二十七年，冬，十二月，乙亥，朔，日有食之。

昭七年，夏，四月，甲辰，朔，日有食之。十五年，六月，丁巳，朔，日有食之。十七年，夏，六月，甲戌，朔，日有食之。二十一年，秋，七月，壬午，朔，日有食之。二十二年，十二月，癸酉，朔，日有食之。二十四年，夏，五月，乙未，朔，日有食之。三十一年，十二月，辛亥，朔，日有食之。

定五年，春，王三月，辛亥，朔，日有食之。十二年，十一月，丙寅，朔，日有食之。十五年，八月，庚辰，朔，日有食之。

以上日食三十六，書日書朔者二十六，書日不書朔者七，書朔不書日者一，不書日不書朔者二。左氏傳曰：「不書日，官失之也。天子有日官，諸侯有日御。」則其意謂王朝日官失之，非指魯人明矣。公羊傳曰：「某月某日朔，日有食之者，食正朔也。其或日或不日，或失之前，或失之後。失之前者，朔在前也。失之後者，朔在後也。」蓋以爲司曆失之，致日食不在正朔，故春秋削其朔日之謬者。杜氏釋例以長曆推校經傳，明隱三年二月己巳是二月朔，不書朔，史失之，又與左氏日官失之者相違，然長曆所推春秋日食亦不盡得，不可據以釋經。漢書律曆志叙西漢日食多在晦，亦有先晦一日者，公羊此義必有所受，蓋聖人以日食不在正朔，苟書於經，非治曆明時之意，故或去朔、或去日以示義，詳見日月篇。今考自文以後無不書日者，自襄以後無不書朔日者，周曆交朔之法，東遷以後失之，至是月，大小乃得其度爾，又何疑乎？又案春秋二百四十二年，日食三十六。公羊傳曰：「記异也。」何氏又悉舉其後事變以當之。今考前漢二百一十二年，日食五十三；後漢百九十六年，日食七十二；魏晋一百五十年，日食七十九；唐二百八十九年，日食九十三；宋止嘉定十六年，日食一百二十。大抵世愈降，而日食愈數，此大運盛衰之候也。自漢惠帝而後，日有一歲再食，晋世至三食，亦春秋所未有，與其他災异不同，必欲指某事爲應，恐非經旨。

莊七年，夏，四月，辛夘，夜，恒星不見。夜中，星隕如雨。

文十四年，秋，七月，有星孛入于北斗。

昭十七年，冬，有星孛于大辰。

哀十三年，冬，十一月，有星孛于東方。

以上星變四。凡日食、星變，皆爲天下記异，非一國之志。梁山、沙鹿崩，亦非一國之志，以待告而書，故別見。案左氏傳曰：「星隕如雨，與雨偕也。」公羊傳曰：「如雨者，非雨也。不脩春秋曰：『雨星不及地尺而復。』君子脩之曰：『星霣如雨』。」所謂不脩春秋，謂魯史舊文，公羊僅於此一處及之，亦口傳之語，但左氏讀如作，而義遂相遠，未知何據。又案漢志永始中，「星隕如雨，長二丈，繹繹未至地滅。」不及地尺而復，即未至地滅也。古今星變固有如此者，其所隕者，星之光魄，故雖多而不見在地之形。說者謂積氣消散所致，比他异尤重，蓋王運至此而終矣。又案昭十七年，申須曰：「彗，所以除舊布新也。」公羊、杜預、郭璞俱以孛、彗爲一星，今知不然者，漢書注文潁曰：「彗、孛、長三星，其占略同，而形少异。孛星光芒短，其光四出，蓬蓬孛孛。然彗星光芒長，參參如掃帚。長星光芒有一直，或竟天，或十丈，或三十丈。」史記，彗出東井，齊景公以爲憂。晏子曰：「君高臺深池，賦歛如弗得，刑罰恐弗勝，孛星將出，彗何懼乎？」然則孛甚彗也。經書星變，唯此四事。以其時考之，皆大异也。桓、莊之際，諸侯無王，伯者出而天下大權歸於齊、晋，人情絶望於周，此王室一大變也。文、宣之間，晋失伯而楚興，中國敝於征伐，自是王室愈卑，又一大變也。夫子於莊十二年、十七年，莊王、僖王崩、葬不書。文公十四年，頃王崩、葬不書。説見辯名實篇。平丘而後，晋不復能主夏盟。春秋治在夷狄，子朝之亂，諸侯無勤王者，五年而後反正，此又一大變也。經書「王室亂」，則自入春秋以來史文所未有也。哀公之時，東方諸侯更制於吴、越，天下將變爲六國，春秋絶筆於獲麟矣。天象、人事脗合如此，而筆削之法，亦相爲終始，春秋不徒記异也。左氏傳載叔服、梓慎論星孛，唯以大國災咎當之。當時流俗之論，上不知有王室，下不知有天下大勢，其所知者，唯二三大國而已。天文書言，北斗爲帝車，大辰者，天子之正位，亦非二子所知也。

桓十四年，秋，八月，壬申，御廩災。

僖二十年，五月，乙巳，西宫災。

成三年，二月，甲子，新宫災。三日哭。

定二年，夏，五月，壬辰，雉門及兩觀災。

哀三年，五月，辛卯，桓宫、僖宫災。四年，六月，辛丑，亳社災。

以上火災六。御廩者，公親耕以奉粢盛之倉。西宫者，别寢也。何氏曰：「禮，夫人居中宫，少在前。右媵居西宫，左媵居東宫，少在後。」新宫者，宣公之宫主新入廟也。雉門、兩觀説見後。桓宫、僖宫親盡而不毁亳社者，殷社諸侯有之，以戒亡國，有屋，故災。

桓元年，秋，大水。十三年，夏，大水。

莊七年，秋，大水。二十四年，秋，大水。二十五年，秋，大水。

宣十年，秋，大水。

成五年，秋，大水。

襄二十四年，秋，大水。

以上大水八。凡災异在一國者，以經所書本國人事考之，則儆告之意可見。董仲舒曰：「水者，陰氣也。」春秋緯曰：「陰盛臣逆，民悲情發，則水出。」蓋桓公弑立而好亂，三家之所自出，莊公國母淫恣不能制，宣公簒適，成公幼弱，而三家之勢成。至襄公之末，季氏益專，此皆陰盛臣逆之應也。程子曰：「春秋所書災异，皆天人響應。但人淺見以爲無應，其實皆應也。由漢儒言災异，皆牽合不足信，儒者因盡廢之。」

隱九年，三月，癸酉，大雨，震電。庚辰，大雨雪。

桓八年，冬，十月，雨雪。

僖十年，冬，大雨雪。十五年，九月，己夘，晦，震夷伯之廟。二十九年，秋，大雨雹。

昭三年，冬，大雨雹。四年，春，王正月，大雨雹。

以上大雨、震電、震廟各一。雨雪、雨雹各三。胡侍講曰：「雷未可出，電未可見，而大震電，此陽失節也。雷電，則雪不當復降，而大雨雪，此陰氣縱也。陰陽運動有常，凡失其度，人爲感之也。雹者，戾氣也。陰侵陽，臣侵君之象。」何氏曰：「大雪者，陰盛之氣也。」

桓十四年，春，無冰。

成元年，春，無冰。

襄二十八年，春，無冰。

以上無冰三。何氏曰：「周之正月，夏十一月，周之二月，夏十二月，法當堅冰。無冰者，温也。」尚書曰：「豫，恒燠若。」無冰，時襄二十八年著例。

成十六年，春，王正月，雨木冰。

以上雨木冰一。高氏曰：「雨著木而成冰，上温而下寒也。」劉向謂：「木者少陽，貴臣卿大夫之象。」後世雨木冰多應在大臣。

僖三十三年，十二月，隕霜不殺草，李梅實。

定元年，冬，十月，隕霜殺菽。

以上霜變二。月令：「季秋之月霜始降。」草木黄落，謂夏九月也。周十二月，夏之十月，霜當重而不能殺草，李梅再花而實。周十月，夏之八月，霜不當重而殺菽，皆非常之災。李堯俞曰：「菽之爲物，易長而難殺者。」穀梁傳曰：「未可以殺而殺，舉重。可殺而不殺，舉輕。其曰菽，舉重也。」范氏曰：「舉殺豆則殺草可知。」又案韓非子書載哀公問於仲尼曰：「春秋隕霜不殺草，何爲記之也？」仲尼對曰：「此言可殺而不殺也。夫宜殺而不殺，則李梅冬實。天失其道，草木猶干犯之，而况君乎？」此非夫子之言也。當僖公薨，文公在喪，宜殺不殺之義何所取乎？借如哀公又問：「隕霜殺菽，何爲記之也？」則將對曰：「此言不可殺而殺也。」於定公繼故之後，復何取乎？昭公以討季氏不克而出夫子，豈使哀公履其覆轍乎？觀夫子責宰我使民戰栗之對，譏季康子殺無道以就有道之問，則非之妄明矣。此乃非欲託聖人之言，以飾其刑名之術，不可通於春秋。

莊三十一年，冬，不雨。

僖二年，冬，十月，不雨。三年，春，王正月，不雨。夏，四月，不雨。六月，雨。

文二年，自十二月不雨，至于秋七月。十年，自正月不雨，至于秋七月。十三年，自正月不雨，至于秋七月。

以上不雨書時者一，書四時首月者三，書歷時者三，書雨者一。一時不雨書時，踰時不雨書首月。僖公比書首月不雨，乃書六月雨，可見以告廟書。踰三時不雨，總書之，雖得雨，不書，其不告廟，亦可見矣。穀梁傳曰：「不雨者，勤雨也。一時而言不雨者，閔雨也。歷時而言不雨，文不憂雨也。」得時史之情矣。

僖二十一年，夏，大旱。

宣七年，秋，大旱。

以上大旱二，言旱不言饑，歲猶有入也。

宣十年，冬，饑。十五年，冬，饑。

襄二十四年，冬，大饑。

以上饑二，大饑一。凡饑皆書於冬者，當西成之時，五穀皆無，民已乏絶，國貧不能賑恤也。

莊七年，秋，無麥苗。二十八年，冬，大無麥禾。

以上無麥苗一。杜氏曰：「秋，大水，漂殺熟麥及五稼之苗也。」大無麥禾一。胡氏曰：「書於冬者，有司計歲入之多寡，然後知倉廩之竭也。」劉氏曰：「經無水旱之變，忽無麥禾，由魯不務蓄積，日損月削，以至麥禾皆盡，而後覺之，非今歲之事也。」高氏曰：「劉向春秋説以爲土氣不養，稼穡不成也。」沈約宋志謂：「吴孫皓時嘗有之，苗稼豐美而實不成，闔境皆然，百姓以饑，所謂大無麥禾者也。」汸案，周之冬，正五穀皆入之時，使歲事稍稔，雖蓄積無素，何至麥禾皆盡，其爲歲祲明矣。劉侍讀之説必兼高氏，其義乃備。

桓五年，秋，螽。

僖十五年，八月，螽。

文八年，冬，十月，螽。

宣六年，秋，八月，螽。十三年，秋，螽。十五年，秋，螽。

襄七年，八月，螽。

哀十二年，冬，十二月，螽。十三年，九月，螽。十二月，螽。

以上螽十。公羊傳曰：「記災也。」范氏曰：「蚣蝑之屬。」禮月令曰：「仲冬行春令，則蝗蟲爲敗。」今案爾雅：「草螽，負蠜。蜇螽，蜙蝑也。」阜螽即蝗也，一生八十一子，或云一生九十九子。錢氏曰：「詩螽斯，斯，乃助語，如鷽斯、鹿斯之類，非蜇螽也，毛、鄭誤以蚳螽解螽斯，先儒因指爲蜙蝑，非也。蜙或作蚣字，書云省文也。」

宣十五年，冬，蝝生。

以上蝝生一。杜氏曰：「蝝，螽子。以冬生，遇寒而死，故不成螽。」今案，杜氏知不成螽者，蓋成螽則自書螽也。螽穿地遺卵，如蛹，兩端有細蟲，導之上下，中若魚子，始化類蠶。所謂蝝也，遇大雪，則入地深，或大雨水，皆不成螽。石虎時，河朔大蝗，初穿地而生，二旬則化狀若蠶，七八日而卧，四日蜕而飛，蓋飛乃名螽。蝗初生皆然。李巡云：「蝝，蝗子也。」郭璞云：「蝗子未有翅者。」其説皆是。凡蝝生，未爲災，本不書。此爲一歲再生，紀异也。使成螽則亦不書，蝝生而又書螽。如哀十三年，十二月，螽之例矣。後漢安帝永初六年，三月，去蝗處復蝗子生，即蝝生也。凡秋螽不月者，皆七月也。螽始出則爲災，災不止此一月也。蝝生不月者，災不在此月也。

隱五年，九月，螟。八年，九月，螟。莊六年，秋，螟。

以上螟三。公羊傳曰：「記災也。」爾雅：「食苗心，螟。食葉，蟘。食節，賊。食根，蟊。」羅鄂州爾雅翼曰：「五行傳以螟螣爲蠃蟲之孽。」漢孔臧蓼蟲賦曰：「爰有蠕蟲，厥狀似螟。」是螟無足蟲也。今食苗心者，乃無足小青蟲，江東謂之横，音若横逆之横。高氏曰：「春秋書螟者三，隱二、莊一。書螽者十有一，桓一，餘皆僖公之後。蓋螟食苗心，螽無所不食。其爲災也，螟輕而螽重。春秋之初，災之輕者亦書之，及其久也，輕者不勝書，書其重者爾。不然，豈隱、莊之後二百年間皆無螟耶？」

莊十七年，冬，多麋。

以上多麋一。何氏曰：「言多者，以多爲异也。」五行志曰：「劉向以爲麋蓋牝獸之淫者。」時莊公將取齊之淫女，其象先見。爾雅翼曰：「麋與鹿相反。鹿，陽獸。夏至得陰氣而解角，從陽退之象。麋，陰獸。冬至得陽氣而解角，從陰退之象。今海陵至多，千百爲群，多牝少牡。」汸案，杜氏謂麋多害稼，然爲災輕，當以記异爲重，有蜮、有蜚亦然。

莊十八年，秋，有蜮。二十九年，秋，有蜚。

以上有蜮一，有蜚一，皆魯地所無，今忽有之，故曰「有」。公羊傳曰：「記异也。」穀梁傳曰：「蜮，射人者也。」陸璣云：「一名射景，或謂含沙射人。」孔氏曰：「五行傳云：蜮如鼈，三足，南越婦人多淫，故其地多蜮。蜚，青色，近眚也，非中國所有，南越淫風所生爲蟲，臭惡。時公取齊淫女爲夫人。」汸案，高氏以蜮爲蟘，即食苗葉者，爾雅翼以蜚爲蟲食稻花者，其失相同。蓋食稻之蟲所在有之，經不當言有，故孔氏據郭璞云蜚即負盤。臭蟲諸作負蠜者，草蟲歲時常有，由相涉誤爲盤爾。劉侍讀據山海經，謂蜚狀若牛，一目虵尾，見則大疫，恐非春秋之蜚。若文姜、哀姜以小君相繼縱淫，氣類感召，如五行傳之說宜也。

昭二十五年，夏，有鸜鵒來巢。

以上鸜鵒來巢一。穀梁傳曰：「來者，來中國也。鸜鵒穴者而曰巢。」公羊傳曰：「記异也。」五行志曰：「劉向以爲有蜚有蜮，不言來者，氣所生，所謂眚也。鸜鵒言來者，氣所致，所謂祥也。」顏師古曰：「今之鸜鵒，中國皆有之，亦巢居，不皆穴處。」汸案，劉子政又以不穴而巢爲昭公出奔之祥，蓋兼用左氏之謬，若顏注之疑，乃春秋所書以爲异者。考工記曰：「鸜鵒不踰濟。」今在處有之，實自春秋所書始，乃地氣推遷使然，中國治亂之候也。宋治平間，邵子居洛陽，聞杜鵑聲曰「洛陽」，舊無杜鵑，今始至矣。

或問曰：「何也？」曰：「天下將治，地氣自北而南。將亂，自南而北。今南方地氣至矣。禽鳥氣類，得氣之先者也。春秋書六鷁退飛，鸜鵒來巢，氣使之也。」蓋先王所以觀天下之妖祥者，非一端，周禮在魯，故時史於鸜鵒始至猶能謹而書之，說者多弗察也，若邵子可謂得春秋經世之旨矣。

宣十六年，夏，成周宣榭火。

莊二十年，夏，齊大災。

襄九年，春，宋災。三十年，五月，甲午，宋災。宋伯姬卒。

昭九年，夏，四月，陳災。十八年，夏，五月，壬午，宋、衛、陳、鄭災。

莊十一年，秋，宋大水。

以上外災七，成周火一，齊災一，宋災二，大水一，陳災一，宋、衛、陳、鄭同日災一。凡外災，告，則書。昭十八年傳曰，宋、衛、陳、鄭皆來告火是也。莊十一年傳：宋大水，公使吊焉，曰：「天作淫雨，害於粢盛。若之何不吊。」蓋既來告，則有吊禮，所以書也。唯昭九年書陳災在陳亡後，時叔弓會楚子于陳，或叔弓歸言陳有災而書，或楚人告宋伯姬以災卒。四國同日災，故皆書日，以异其事。

僖十六年，春，王正月，戊申，朔，隕石于宋五。是月，六鷁退飛過宋都。

以上外异二。傳曰：隕石于宋五，星也。六鷁退飛過宋都，風也。亦以來告而書。書是月，嫌與上事同日，且著月例。周官：「保章氏掌天星，以志日月星辰之變動，以觀天下之遷，辯其吉凶。以星土辯九州之地所封，封域皆有分星，以觀妖祥。」以十有二風察天地之和，命乖别之祥，以詔救政訪序事。此星隕石，風退鷁，所以害隣國，而史皆書之也。

文三年，秋，雨螽于宋。

以上外异一。公羊傳曰：「死而隊也，記异也。」今案後代史志，蝗有遇風而墮者，有因大雨而墮者，有墮而死者，有復爲災者。

文九年，九月，癸酉，地震。

襄十六年，五月，甲子，地震。

昭十九年，夏，五月，己夘，地震。二十三年，八月，乙未，地震。

哀三年，夏，四月，甲午，地震。

以上地震五。外傳曰：「陽伏而不能出，陰遁而不能烝，於是有地震。」王氏曰：「春秋五書地震，唯於文、襄、昭、哀見之，皆陽微陰盛、君弱臣强之所致也。文公怠惰，政在大夫，襄公外役於楚，内脅於其臣，若昭、哀則遂失國矣。」

僖十四年，秋，八月，辛夘，沙鹿崩。

成五年，夏，梁山崩。

以上外崩二。沙鹿，晋地名。公羊以爲，河上之邑陷入于地中。漢書元后傳云：「元城郭東有五鹿之虚，即沙鹿地。」蓋地陷也，視山崩爲變尤重，故詳其月日以别之。梁山亦在晋，皆以告而書。古者名山大川不以封，山崩川竭，非一國之故，故不繫國。公羊傳曰：「爲天下記异也。」何氏曰：「土地者，民之主。沙鹿崩，象齊桓將卒，伯道毁，外兵動，宋襄承其業，爲楚所敗也。山者，陽精象，德澤所由生，君之象。山崩，象王道絶，諸侯失勢，大夫擅恣，爲諸國害。」

桓三年，冬，有年。

宣十六年，冬，大有年。

哀十四年，春，西狩獲麟。

以上年豐二，麟瑞一。天道有災異，則有慶祥。天災、歲豐繫生民之休戚，物异、祥瑞關世道之否泰，故史皆書之於策，然天災、物异無不書，而慶祥必年豐、麟瑞然後書，其淺深詳略之間，教義明矣。天災、歲豐，各爲其國書之。物异則有爲一國志者，有爲天下志者。日食、星變，爲天下記异也。隕石、鷁飛、有蜮、有蜚，爲一國記异也。麟爲王者嘉瑞，自文武受命，至於夫子而後見之，則又不止爲天下書矣，是又非可一概論者。後世人君喜功好名，有見一草木、一羽毛之异而君臣相誇以爲瑞者，識者非之，故爲春秋志災不志祥之説以矯其失，而釋經者遂以有年、獲麟均爲記异，則亦過矣。蓋學者知春秋有常事不書之法而失其本旨，凡一經所書，皆謂之非常，於是有以桓、宣行惡而得有年爲异者，有以他公不書有年而二公獨書爲异者。夫天道，有變則有復，水旱饑饉其變也，有年、大有年其復也。雖非有年，而亦不至於饑饉者，其常也。有年、大有年，史欲屢書而不可得，乃生民休戚所繫，非天所以賞罰人君，説者乃因一人行惡而遂欲災及萬民，於是天道有反常之譏，而春秋爲遷怒之筆矣。自公羊以麟非中國之獸爲异，而或者亦以麟出於亂世爲獵人所獲爲异。夫麟爲聖人出也，世雖亂而有聖人在焉，則麟出固不爲异矣。因其出而見獲，遂欲使之與蜚、蜮、鸜鵒同科，是欲循反常之論而不知其詭激之過也。春秋性命之書也，詭激非性命之正，故不可以言春秋。唯趙伯循以有年、大有年、獲麟均爲慶瑞，爲得春秋之旨。然其説曰：符祥者，天地所以答人君也，是以志之。又曰：凡豐年告於廟，故書之，記是以著非，知他年不告廟爾。是又遂以史法爲聖法，而不告廟之説亦未當，由不知有存策書大體之義故也。子丑月，皆夏之冬，冬狩得其時，大野又魯之狩地，虞人舉常禮，史本不書，此以獲麟書，故言西狩而不言其地也。

春秋屬辭卷二

存策書之大體第一之二

八，卜郊不從，牛災，猶三望，郊不時，皆書。

僖三十一年，夏，四月，四卜郊，不從，乃免牲，猶三望。

宣三年，春，王正月，郊牛之口傷，改卜牛。牛死，乃不郊。猶三望。

成七年，春，王正月，鼷鼠食郊牛角，改卜牛。鼷鼠又食其角，乃免牛。夏，五月，不郊，猶三望。（蒙上朝月）十年夏，四月，五卜郊，不從，乃不郊。

襄七年，夏，四月，三卜郊，不從，乃免牲。十一年，夏，四月，四卜郊，不從，乃不郊。

定十五年，春，王正月，鼷鼠食郊牛，牛死，改卜牛。（蒙上朝月）夏，五月，辛亥，郊。

哀元年，春，王正月，鼷鼠食郊牛，改卜牛。（蒙上事月）夏，四月，辛巳，郊。

成十七年，九月，辛丑，用郊。

以上書郊祀非禮者九。四卜郊，不從，猶三望者一。牛傷，不郊，猶三望者二。三卜、四卜、五卜，不從，不郊者各一。牛傷，改卜牛，五月郊者一。四月郊者一。九月用郊者一。郊者，祈穀于上帝之祭也。除地於郊以行禮，故即其祭處名之。月令「孟春之月，天子乃以元日祈穀于上帝」是也。孟春謂夏正建寅之月，元日謂上辛。上帝，大微之帝也。郊後，望祭四方，謂之四望。魯僭郊禮，唯祀蒼帝，而三望不敢用，上辛同常祀。三卜，不從，則不郊，盖雖僭而猶不敢盡同於天子也。其禮牛卜吉則爲牲，牛傷則改卜。帝牛有變卜稷牛，稷牛唯具，是爲卜牲。卜三月上辛不吉，則卜中辛；卜中辛不吉，則卜下辛。三卜皆不吉，則不郊，是爲卜日。不郊則卜免牲，卜吉則免，不吉則繫而待明年具牲時卜用，是爲卜免牲。盖卜牲與免牲皆周禮也，因卜日以決郊之從否，則魯君自知其僭，明不敢專也。然春秋無書三月郊者，盖牛不傷卜而從郊。以建寅之月，得郊之時，不從，不郊，不敢强卜，得禮之當，故皆不書。其書者，皆志變异與非禮也：變异之事一，牛傷也，改卜牛，又傷，异之甚也。非禮之事有四，强卜，過時，猶三望，用郊也。穀梁傳曰：「郊，三卜，禮也；四卜，非禮也；五卜，强也。」公羊傳曰：「求吉之道三。」此言强卜之非禮也。月令：天子祈穀而後躬耕帝籍。左氏傳曰：「郊祀后稷，以祈農事，故啓蟄而郊，郊而後耕。」此言過時之非禮也。傳又曰：「望，郊之細也。不郊亦無望，可也。」此言猶三望之非禮也。九月言用郊者，用其禮以祈福而不爲農事也。成公以國有内難，君臣外見執辱，而頻年出師未已，故竊天子類造之意，用郊祀以告事而祈焉，在魯郊中尤爲僭妄，此用郊之非禮也。魯郊本非禮，然既歲卜而郊，則史不勝書，故於非禮中記其又失禮者，如此其言免牲，不言不郊者，從可知也。言免牛復言不郊者，閒有事也。言牛死則言不郊，牛傷得再卜須言不郊，義乃盡也。不言免牛而言不郊者，卜不吉，不免也。然三傳所説失禮之事，往往不同，左氏、穀梁初不言魯郊爲僭，公羊傳曰：「卜郊非禮也。卜郊何以非禮？魯郊，非禮也。天子祭天，諸侯祭土。」何氏曰：「禮，天子不卜郊。魯郊非禮，故卜爾。」左氏殊不知此義，乃曰「禮不卜常祀，而卜其牲日。牲成而卜郊，上怠慢也。」是謂牲既成，不當更卜也。魯人自知郊爲非禮，故雖牲成而不敢必祭，猶假卜以聽於神。左氏乃以常祀議之，由不知其爲僭也。劉侍讀則曰：卜郊者，卜日之吉凶，非卜郊之可否。是以周禮大祭祀，卜日同論而不察其不從，則不郊之异也。據大司樂，圜丘、方澤月令四郊各用其節日祈穀，用上辛，皆無事於卜。何氏謂「天子不卜郊」是也。凡言前期卜日，謂如國有大故，天子將出，皆依郊禮祀上帝及四望，類造非常祀則卜日爾，是豈有不從不郊之事乎？傳謂啓蟄而郊者，爲三代正朔不同，故舉寅月節氣言之，下言龍見、始殺、閉蟄，皆是約夏正四孟月，不復舉節氣，非謂凡祀以節不以月也。杜氏乃謂月前節却雖四月可郊，則春秋四月卜郊，不從、不郊者三，改卜牛而郊者一，何必書乎？四月宜郊，而郊與不郊皆書，則三月郊與不郊，何不書也？又違左氏「過則書」之義矣。穀梁傳曰：「郊自正月至于三月，郊之時也。」公羊傳亦曰：「用正月上辛」。非唯不詳魯事，且失郊之時義矣。雜記孟獻子曰：「正月日至，可以有事於上帝。七月日至，可以有事於祖。」曰可以者，獻子以此二月宜郊禘，知前此未嘗用此二月也。春秋唯僖八年書七月禘，而正月牛傷皆以在滌書，獻子欲以正月日至祀天而以對月，日至祀祖僭且异矣，宜不行也。明堂位言「魯以孟春祀帝于郊。」鄭氏曰：「孟春，建子之月，魯之始郊日以至。」則由不察明堂位之妄而以郊特牲「周始郊」之文屬之魯也。用郊之義二，傳唯譏非時，則九月豈復祈穀也哉？或曰懼卜而不從，故不卜而直用其禮。則是歲初無卜郊不從之事，何以怠至九月乃不卜而郊也？若或者釋用與用之之用同，則幾於誣矣。魯郊祀后稷以配天，而欲以宋襄次睢、楚虔岡山爲比，豈人情乎？雖説經好奇，一至於此，然於史文詳略後先之閒，亦不察矣。夫魯郊僭竊之罪，豈待加一辭哉？顧其變亂禮法，悉見于經，則學者所當深考爾。凡言魯重祭爲天子所賜者，皆本明堂位、祭統，然明堂位言成王命魯世世祀周公以天子之禮樂，遂言是以魯君孟春乘大路，載弧韣旂，十有二旒。日月之章，祀帝于郊，配以后稷。則是言魯人因有大廟重祭而僭郊，郊非成王賜之也。僖公作頌，以郊爲誇，其言曰「錫之山川，土田附庸」而已，不言有天子禮樂。下文即言「周公之孫，莊公之子。龍旂承祀。皇皇后帝，皇祖后稷。」使果成王之賜作頌者，當顯稱之以釋其僭竊，不當直自僖公言之也。其他如傳載祝佗言魯公分物甚詳，使有天子禮樂，不當但言備物典策而已。唯吕氏春秋言魯惠公使宰讓請郊廟之禮於天子，天子使史角往，魯人止之。近代學者多從其説，然東遷之後，諸侯僭天子，大夫僭諸侯，其事多矣，未必皆嘗請于天子，而天子賜之也。

九，天災，鼓，用牲于社。

莊二十五年，六月，辛未，朔，日有食之。鼓，用牲于社。秋，大水，鼓，用牲于社、于門。三十年，九月，庚午，朔，日有食之。鼓，用牲于社。

文十五年，六月，辛丑，朔，日有食之。鼓，用牲于社。

以上日食，書鼓，用牲于社者三。大水，書鼓，用牲于社、于門者一。社者，地示之祭。記曰：「家主中霤而國主社，示本也。唯爲社事，單出里。唯爲社田，國人畢作。唯社，丘乘共粢盛，所以報本反始也。」諸侯祭社有常禮，史不書，此爲日食伐鼓于社僭天子，又不用幣而用牲，志非禮也。左氏舉叔孫昭子之言曰：「日有食之，天子不舉，伐鼓于社。諸侯用幣于社，伐鼓于朝。」又曰：「凡天災有幣無牲，非日月之眚不鼓。」其説是也。唯莊二十五年傳曰：「日有食之。鼓，用牲于社，非常也。唯正月之朔，慝未作，日有食之，於是用幣于社，伐鼓于朝。」則又仍季平子之失。故劉氏辯之曰：「夏書記季秋月朔，亦有伐鼓之事，豈必正陽之月哉？」胡氏曰：「禮：諸侯旅見天子，入門不得終禮者四，而日食與焉。古者固以是爲大變。故周官鼓人：『救日月，則詔王鼓。』大僕贊之。」蓋時周禮久廢，左氏隨所見聞傳著其說，類多不合如此。

十，大雩，不時。

桓五年，秋，大雩。

僖十一年，秋，八月，大雩。十三年，秋，九月，大雩。

成三年，秋，大雩。七年，冬，大雩。

襄五年，秋，大雩。八年，秋。九月，大雩。十六年，秋，大雩。十七年，九月，大雩。二十八年，秋，八月大雩。昭三年，八月，大雩。六年，秋，九月。大雩。八年，秋，大雩。十六年，九月，大雩。二十四年，秋，八月，大雩。二十五年，秋，七月，上辛，大雩。季辛，又雩。

定元年，九月，大雩。七年，秋，大雩。九月，大雩。十二年，秋，大雩。

以上書大雩者二十，又雩一，又雩不言大，承上文可知也。雩，旱祭也。月令：「仲夏之月，天子命有司爲民祈祀山川百源。大雩帝，用盛樂。」鄭氏曰：「陽氣盛而常旱，山川百源，能興雲雨者也。雩，吁嗟求雨之祭也。雩帝，謂爲壇南郊之旁，雩五帝之精，配以先帝也。鞀鞞、琴瑟、管簫、干戚、羽毛、竽笙、鐘磬皆作曰盛樂。凡他雩用歌舞而已。春秋傳曰：『龍見而雩』。雩之正，當以巳月。凡周之秋三月之中而旱，亦脩雩禮以求雨。天子雩上帝，諸侯以下雩上公。周冬及春夏雖旱，禮有禱無雩。」此鄭氏言天子諸侯雩祭之别也。魯諸侯之國，當雩境内山川，請雨於上公，有歌舞而無樂，既僭郊以祈穀，遂僭天子盛樂以雩上帝，過則雩於秋又甚，則雩於冬，於僭禮之中，又有失焉。史皆書之，志非常也。杜氏曰：「雩，夏祭，所以祈甘雨。始夏純陽用事，防有旱災而祈之。至於四時之旱，則又脩其禮。」此説本鄭氏。又曰「雖秋雩非過」，則誤矣。雩當以首夏爲正，四時之旱，當禱而已，用雩皆過也。左氏釋大雩曰「旱也」，凡八處。杜氏謂以别過雩，亦非。左氏釋經，先後詳略，本無義例，何以見不釋者之非旱而爲過乎？昭二十五年，一月而再雩，釋曰「旱甚也」。定七年，一時而再雩，謂非旱甚，可乎？乃獨以爲過，何也？又曰：「雩而獲雨，故書雩而不書旱」，「雩不得雨，則書旱，以明災成。」此說本穀梁，爲得史氏之義，經書不雨、大旱，皆雩而不雨故也。今考春秋，不書六月大雩與不書三月郊同，然郊必書日，雩不書日者，魯雩於秋以禱旱也，故過祀節，未遠者不月，遠者則月，見閔雨之勤怠也。必一月再雩然後日，著其瀆也。苟甚遠，則又不月，异冬雩也。春秋雖書大雩之僭，猶以閔雨勤怠見義，不以非禮而忘民也。傳曰：「凡祀啟蟄而郊，龍見而雩，始殺而嘗，閉蟄而烝。」過則書，實魯史舊法。公羊傳於桓八年，正月，「烝」，發常事不書之例，義與此同，而誤以爲筆削之旨。今考獲麟後，一書秋八月大雩，而郊廟常祀皆不書，不待聖人然後削之也。然公羊常事之例，唯時祀時田言之，以其皆有常時故也。穀梁於親迎言之，猶未失本意，而未嘗泛及他事。至近代說者，遂以一經所書皆爲非常，而常事不書，則非二家之過矣。

十一，禘必因事而書。義在用禘稱禘，義不在用禘稱事。

僖八年，秋，七月，禘于大廟，用致夫人。

文二年，八月，丁卯，大事于大廟，躋僖公。

宣八年，夏，六月，辛巳，有事于大廟，仲遂卒于垂。壬午，猶繹，萬入，去籥。

閔二年，夏，五月，乙酉，吉禘于莊公。

昭十五年，二月，癸酉，有事于武宮。籥入，叔弓卒，去樂卒事。

定八年，冬，從祀先公。

以上禘于大廟者三，書禘者一，書大事者一，書有事者一，禘于羣公者三，書吉禘者一，書有事者一，書祀者一。禮，不王不禘。東遷，諸侯僭用天子禮樂，於是有禘。其禘以代祫，爲常祀，史不悉書，唯於非禮之中記其又非禮者，以詳事變，而僭竊之罪固不待悉書而後見矣。哀姜通慶父，與弑閔公，齊人取而殺之，不可祔于宗廟。既越八年，僖公卒用禘而致之。莊公喪未闋而言吉禘于莊公，是用禘於其主也。即此二簡，而魯僭王禮爲常祀，又用以致不當，祔之夫人，既用禘於羣公，又用於未祔之主，其罪非一端矣。所謂義在用禘，則稱禘是也。閔，君也。僖，臣也。臣受國於君，如子受國於父，而文公因禘而逆祀升僖於閔上，陽虎祈亂順祀而禘于僖公，皆直書其故而不言禘，然言「大事」，言「躋僖公」，言「從祀先公」，則禘可知矣。仲遂卒，猶繹，叔弓卒，去樂，爲記變禮得失，故略言有事而已，所謂義不在禘，則稱事是也。記禮者，言成王賜魯以天子禮樂，使祀周公。今謂之僭者，明堂位、祭統言魯禮多誣，使成王果有以康周公，亦未必盡如其說。郊特牲云：「諸侯之宮縣，而祭以白牡，擊玉磬，朱干設錫，冕而舞大武，乘大路，諸侯之僭禮也。」故傳言魯有禘樂，晋有禘祀，當時諸侯僭天子禮樂，不唯魯也，豈皆有天子之賜哉？魯儒欲以四代禮樂誇魯而諱其僭竊，故託言皆成王所賜，使若不與他國僭竊者同，實不足據也。然明堂位言「以禘禮祀周公於大廟」而已，初不言成王之賜有禘，其所自出之禮也，若魯頌言「皇皇后帝，皇祖后稷」，又言「周公皇祖」，則是遂及文王矣。衛蒯聵稱「皇祖文王，烈祖康叔」，則魯頌所稱「皇祖」謂文王，「烈祖」謂周公，明矣。當時諸侯祖天子，故稱始封之君爲烈祖，所自出之王爲皇祖，而魯有周廟，鄭有厲王廟，晋盟稱先王、先公，既僭重祭，又及其所自出，不唯魯也，謂皆天子賜之，可乎？鄭康成謂：「天子、諸侯喪畢，合先君之主於祖廟而祭之，謂之祫。」後因以爲常。魯禮，三年喪畢而祫，明年春，禘於羣廟。自後五年一祫、一禘。今謂以禘代祫者，禘與祫皆合祭。天子有禘、有祫，諸侯有祫無禘。魯用天子禮樂，故以禘代祫。閔二年吉禘于莊公，文二年大事于大廟，即是喪畢之祭。既喪服將闋，於莊公稱禘，則大事于大廟，非祫可知，豈有明年禘於羣廟之事乎？晉人亦曰，「以寡君之未禘祀」，則當時以禘爲三年喪畢之盛祭，明矣。蓋五年第二禘，不見于經。僖八年，禘于大廟；宣八年，有事于大廟；定八年，從祀先公，則第三禘也。此與三年喪畢後因以爲常之禮合，既於是年稱禘，則從祀非祫可知，亦不合五年再殷祭之數。鄭氏謂「喪畢合先君之主於祖廟而祭」，其説得禮意，但謂魯禮喪畢而祫，明年禘於羣廟，則惑於左傳禘于僖公、襄公之文，而不考其年之不合也。禮經有「禘于大廟」篇名，則禘于大廟周制也，僖八年禘于大廟是也。謂魯祫于大廟，不言禘，可乎？魯既以禘合祭，又以祫合祭乎？諸侯五廟，四時分祭、合祭，事體煩重，已不易行，又三年一盛祭，不可復加矣，其謂五年再殷祭，一祫、一禘，則又惑於王制「諸侯礿，犆；禘，一犆一祫」之文也。且既以春礿、夏禘爲夏、殷禮也，則禘一犆、一祫，乃時祫之一爾，謂魯之盛祭一祫、一禘，何所考邪？左氏去春秋時未遠，而魯未滅亡，當時祭禮大略，必有可考者，故「有事于武宮」，「從祀先公」，傳皆以爲禘。杜氏因謂禘爲三年大祭之名，所以審諦昭穆，又曰：「雖非三年大祭，而書禘，用禘禮也。」「傳曰：『禘于襄公，亦其義也。』」蓋不以鄭説爲然也。公羊傳曰：「大事，大祫也。」先儒因謂有事爲時祫，今知不然者，當時既以禘代祫，且用之羣公，則必不舍禘而祫于大廟。魯用天子禮樂，則雖祫亦曰禘而已，時祫則時享之。合食，其禮只及有廟之主，如王制言：「嘗祫烝」，祫當書時祭之名，故凡言大事、有事，皆禘無疑也。公羊釋大事爲大祫，而不釋禘爲何祭，蓋不知當時祭法變革之由，唯見經有「大」字而遂以爲大祫爾。范甯解穀梁，亦以禘爲三年大祭之名。皆本左氏傳言之，但三年一禘之期雖合，而或禘于太廟，或禘于羣公，此先儒之所未通者。蓋禘于大廟，其常也。禘于羣公，則弑逆之慶父、雍徹之三家、盜竊之陽虎所爲，詎可以其不合禮意而他爲之説乎？趙伯循曰：「以其不追配，故直言莊公，而不言莊宫，明用其禮物爾。不追配也。」蓋趙氏謂，王者禘其祖之所自出於始祖之廟，以其始祖配之，而不及羣廟之主，故魯禘唯於周公廟，追配文王，雖本大傳而不得其立言之意。大傳曰：「王者禘其祖之所自出，以其祖配之。諸侯及其大祖。大夫、士有善，省於其君，于祫，及其高祖。」蓋以禘與祫對言，則大夫、士及其高祖，諸侯及其大祖，王者則又上及其祖之所自出，其禮皆合食可知矣。若謂魯於周公廟禘文王，則三傳及記禮者皆無其説。王者之所自出無廟，則宜於大廟追配。魯既有周廟，安得虚而不祭，但爲藏主之室乎？據魯頌言「皇皇后帝，皇祖后稷，享以騂犧。」既推文王之祭與郊祀並言，而次章别言「白牡騂剛」，則不與大廟同合祭之禮，明矣。黄先生謂，於周廟單祭文王，以周公配食，證以魯頌，尤信。曰「皇祖后稷」，以尊同牲同也；曰「降福既多」，自郊祀言也；曰「周公皇祖，亦其福女」，自配食所自出之廟言也；曰「白牡騂剛，孝孫有慶」，乃承周公、魯公言之，其言有序如此，凡禘皆日，致夫人不日，從祀以家臣祈亂不月，志惡之淺深也。

十二，常祀用夏時，過則書。

桓八年，春，正月，己卯，烝。夏，五月，丁丑，烝。十四年，秋，八月，乙亥，嘗。以上時祭三，書正月烝一，五月烝一，八月嘗一。公羊傳曰：「春曰祠，夏曰禴，秋曰嘗，冬曰烝。」常事不書，此周制四時祭宗廟之名，詩小雅曰「禴祠烝嘗，于公先王」是也。詩協韻，故顛倒言之。周雖改時、月、正朔，至於四時之祭，皆用夏時本月，故左氏曰：「始殺而嘗，閉蟄而烝。過則書。」順天道，從物宜也。周正月即夏仲冬，冬烝常事不書，爲五月再烝非禮，故追書正月烝，以見其瀆。嘗以嘗新爲名。烝，衆也，可以薦者衆也。烝、嘗蓋豐於祠礿，烝又豐於嘗，而烝、嘗皆祫，又與祠、礿不同，故禮或有闕也，以其有闕而再烝，愈失之矣。然既用五月再烝，則祠、禴必廢一祭，蓋古者諸侯烝則不礿之義也。始殺謂建酉之月，陰氣始殺，嘉穀始熟也。周八月建未爲夏時之夏，而嘗，失其時，制取具而已，故書之。壬申，御廩災，間二日而嘗，穀已出廩，謂譏不易災餘而嘗，非也。記災自是一義，災與祭適相近在數日間爾。史不書祠、礿者，春夏之祭，時物未成，犆祀從簡，無先時之取具，後時之黷禮，故不見於春秋，嘗烝物成禮備，又皆祫祭，故有以非禮書者。王制言「諸侯礿，犆；禘，一犆、一祫；嘗，祫；烝，祫。」周人以礿代禘，則春夏二祭皆犆也。

十三，飾廟踰制，作主後時，立已毀之宮，皆書。

莊二十三年，秋，丹桓宮楹。二十四年，春，刻桓宮桷。（爲下葬月）

文二年，春，王二月，丁丑，作僖公主。

成六年，二月，辛巳，立武宮。

定元年，九月，立煬宮。

以上丹楹刻桷各一，作主者一，立宫者二，皆非禮也。凡宫廟有一定之制，作主有一定之時。已毁之廟，不再立。故十二公作主、立宫、飾廟，皆不書于策。有司遵其時制，於事無所勸懲故也。莊公特飾禰廟，以夸夫人，踰諸侯祖廟之制。文公欲躋僖公，作主於十五月之後，失虞練易主之時。季文子以搴之功自多而立武宫，意如以昭公之出，禱於煬公，而立煬宫，一立已毁之廟以旌伐齊之功，一立已毁之廟以報不臣之禱。史記變禮踰制之始而已，飾宫當月，立宫當日。經於丹楹刻桷不月，明不當以非禮加之宗廟。於立煬宫不日，明事出叛臣，又與立武宫不同也。

十四，大室屋壞。

文十三年，秋，七月，大室屋壞。

以上大室屋壞一。穀梁傳曰：「大室，猶世室也。」公羊傳曰：「世室，魯公之廟也。謂之世室，世世不毁也。」吴先生曰：「周之王業，自文、武始，故文、武廟謂之世室，與大廟皆百世不毁，此天子之禮，非諸侯所得用也。魯人以伯禽廟爲世室，如周之文、武，以尊魯公，僭也。文公怠慢，久不修廟，遂至屋壞。春秋書之，因見世室非禮。」

十五，納賂鼎于大廟。

桓二年，夏，四月，取郜大鼎于宋。戊申，納于大廟。

以上取郜鼎，納于大廟者一。郜國文王子所封大鼎，其重器也。公羊謂：「宋始以不義得之。」豈郜嘗迫於宋而以爲賂，或宋嘗入郜而取之乎？桓公喜得郜之重器，以薦於大廟，而不知取弒君者賂而釋其罪，不義甚矣，况又陳諸祖廟，是無復羞惡之心也。史因告廟而書，比諸上文「成宋亂」而桓公之惡自見，乃所謂策書之大體也。取之於會，故不言來歸。陳氏以書取爲蔽罪於魯，贅矣。

十六，不告月。

文六年，冬，閏月，不告月。猶朝于廟。

以上不告月，猶朝廟者一。周禮大史：「頒告朔于邦國。」鄭玄曰：「天子班朔于諸侯，諸侯藏之祖廟。至月朔，則用特羊告廟，請而行之，謂之告朔。其日又以禮祭于宗廟，謂之朝享。其歲首爲之，則謂之朝正。此諸侯奉王教、敬祖考之常禮。」何氏曰：「先受朔政，乃朝廟，明王教尊。朝廟，私也。」孔氏曰：「朝廟亦曰朝享，即月祭是也。

天子告朔于明堂，朝享於五廟。諸侯告朔於大廟，朝享自皇考以下三廟。皆先告朔，後朝廟，朝廟小於告朔也。」告朔即告月也，文公以閏非常月，闕不告朔，猶朝于廟，廢其大而行其小，故書以記其失。

十七，考宮，用舞，初定羽數。

隱五年，九月，考仲子之宮。初獻六羽。

以上考宮，初獻六羽者一。考者，宮廟初成，安主而祭之也。其祭有常禮，其樂舞有常數，故皆不書。仲子，惠公再娶之夫人，祔於廟，則禮無二適，又不可祔於妾祖姑，乃别爲立宮以祭之，而定其羽數，不得同於羣廟，皆以義起，故史書之，志禮之變也。成風以下，妾母薨、葬，皆用夫人禮，而不言立宮，則適妾並祔矣。

十八，當祭，大夫卒。猶繹，去樂。

宣八年，夏，六月，辛巳，有事于大廟。仲遂卒于垂。壬午，猶繹，萬入，去籥。

昭十五年，二月，癸酉，有事于武宮，籥入，叔弓卒，去樂，卒事。

以上當祭，大夫卒，書猶繹者一，書去樂者一。禮樂者，先王大典，其節文之末，皆精義所存，諸侯不得妄有損益。王制：「變禮易樂者爲不從，不從者君流。」故祭畢，聞大夫卒，則宜廢繹。當祭而莅事，大夫卒，則宜去樂。一失一得，史皆書之，明禮樂王者一代之定制，雖有大故，不敢輒變，以謹亡失之漸也。

十九，内逆女，夫人至，無姑，至稱夫人，有姑稱婦。

桓三年，秋，公子翬如齊逆女。九月，齊侯送姜氏于讙。公會齊侯于讙，夫人姜氏至自齊。

莊二十四年，夏，公如齊逆女。秋，公至自齊。八月，丁丑，夫人姜氏入。

文四年，夏，逆婦姜于齊。

宣元年，春，公子遂如齊逆女。三月，遂以夫人婦姜至自齊。

成十四年，秋，叔孫僑如如齊逆女。九月，僑如以夫人婦姜氏至自齊。

以上魯逆夫人五。桓夫人文姜，齊僖女。莊夫人哀姜，先儒以爲齊襄女。僖夫人聲姜，先儒以兩會齊桓，證爲桓女。文夫人出姜，齊昭之女，魯子叔姬所生。宣夫人穆姜，齊惠女。成夫人齊姜，蓋齊頃之女。桓公使卿逆，而齊侯送女于讙，公會齊侯于讙，故書夫人至自齊，而不書翬以夫人至。莊公親逆而夫人不與公俱入，故書公至自齊，而別書夫人入。文公使微者逆，故不書其人，且不書夫人至，是致當時有貴聘賤逆之譏。由叔姬無寵於齊昭，故魯人不使卿逆。稱婦者，有姑之辭也。凡無姑，則以夫人禮至，有姑則以婦禮至。或謂逆婦姜者，公自逆也，蓋不思君舉必書之義，豈有國君親逆女而史不書者乎？況文公春方至自晋，必不能夏又如齊也。宣成使卿逆女，書以夫人至，乃史策常法，凡昏禮，先納采、問名、納吉，乃納幣，又請期，乃逆女。納采、問名、納吉、納幣、請期，皆微者之事，史不書。所書者，唯逆女、夫人至二事，而納幣必使卿或國君親行然後書之。夫子脩春秋以國君取夫人同任社稷宗廟之重，雖諸侯親迎之禮久廢，而逆女、夫人至皆不可不書，所以存策書之大體也。若諸侯来逆女，則以得禮不書，詳内以見實，則略外以明義也。説者見僖、襄、昭、定、哀五公皆不書逆夫人，遂以爲彼皆親迎，得禮，故不書，而此所書者，皆非禮也，蓋蔽於穀梁之説。莊二十四年，書公如齊逆女。穀梁傳曰：「親迎，恒事也，不志。此其志，何也？不正其親迎於齊也。」不知春秋治内與治外异，若吾君逆夫人，雖得禮，亦書也。或疑僖公不書逆女，襄夫人逆與至、薨、葬皆不見於春秋，何也？今考僖公，聲姜，盖爲公子時所取齊女。襄公之世有齊怨，齊靈女既爲靈王后，故魯不得繼其世昏。宋共卒之，明年襄公始生，應亦無遺女可取。杞昏于晋，而薛不復通，一時難得嘉耦，亦可見國君取女之難。傳言公薨，立胡女敬歸之子，卒，立敬歸之娣齊歸之子，不言適夫人無子，則襄盖終身未嘗取正適，故薨葬皆不見于經。昭公取於吴，爲同姓，經諱不書，在存策書大體中，自爲變例。孔氏曰：「坊記云：『魯春秋去夫人之姓曰吴，其死曰孟子卒。』同姓不得稱姬，舊史盖直云夫人至自吴，是去夫人之姓，直書曰吴而已。仲尼脩春秋以犯禮明著，全去其文，故今經無其事。」定夫人姒氏，亦爲公子日所取，傳言哀公以公子荆之母爲夫人，而以荆爲大子，則哀公固以妾爲夫人矣。若隱公則以攝君故，夫人卒，不成喪，不書婦姜，不氏。說見變文篇。

二十，覿夫人，男女同贄。

莊二十四年，八月，丁丑，夫人姜氏入。戊寅，大夫宗婦覿，用幣。

以上大夫宗婦覿，用幣一。何氏曰：「禮，夫人至，大夫皆郊迎。明日，大夫宗婦皆見。」今案，覿夫人常事，史本不書。宗婦用幣，非禮，故書之。

二十一，逆后，魯主昏則書，過我則書。

桓八年，冬，祭公来，遂逆王后于紀。

以上三公来，遂往逆后一。凡大昏，皆賓主相對行禮。王者至尊，無敵體之義，故天子取於諸侯與王姬下嫁，皆使同姓諸侯主之。時桓王取后于紀，命魯主昏，嘗使家父来聘，則其事前定矣。既已納幣契成，故祭公来，受辭于主昏者，而往迎后于紀，皆禮之宜也。天子不自主，故祭公不稱使。成使于我，故言遂。諸家泥於常事不書之説，謂書来、書遂爲非常，於是譏祭公，罪魯、紀，而議及天王，坐以虚文説經，而不以天子昏禮推原之也。

襄十五年，春，劉夏逆王后于齊。

以上王臣逆后，過魯一。傳曰：「官師從單靖公逆王后于齊。卿不行，非禮也。」杜氏曰：「天子不親昏，使上卿逆而公監之。劉夏獨過魯告昏，故不書單靖公。官師，劉夏也。非卿，故書名。」

二十二，魯主王女昏書歸，同内女。

莊元年，冬，王姬歸于齊。十一年，冬，王姬歸于齊。

以上魯主王姬昏，書歸者二。凡主王姬之昏，則有姊妹之恩，故書歸，同内女，以尊敬王命，亦所謂存策書之大體。其莊公與仇人爲昏主，則實録而意自見。説者乃并其主齊桓之昏，一切謂之非常，則亦誤矣。諸内女書歸，有筆削，別見。

二十三，世子生則書。

桓六年，九月，丁卯，子同生。

以上書世子生一。凡世子生，必書于策。所以尊宗廟，重正統，盖國史遺制，春秋因之，以存策書之大體也。禮記内則：「子生，夫告宰名，書曰『某年、某月、某日，子某生』而藏之。宰告閭史，閭史書其二，其一獻諸州史。」盖卿大夫以下子生皆書，況國君生子，史宜謹志之，但國君世子生，其禮甚隆，自世子而下爲適子，爲庶子，爲衆子，其禮每降，自宜不得與世子同書于策。杜氏曰：「十二公唯子同是適夫人長子。」孔氏曰：「文公、哀公其母並無明文，未知是適與否。據公衡之年，成公又非穆姜所生。盖其父未爲君之前已生，縱令是適，亦不書。」其考之詳矣。胡氏曰：「備用大子之禮，載于史策，名分一定，則自始生至受誓爲世子，其物采等衰固殊絶矣，匹適奪正之事，無所從起。」

其於策書言外之旨，亦已得之。若夫穀梁疑故志之之云，正所謂齊東野人之語，而諸家猶有引而申之者，則學者厭常喜新之過也。

二十四，大夫来逆妻，公自主之則書，内女来逆婦書。

莊二十七年，冬，莒慶来逆叔姬。

宣五年，秋，齊高固来逆子叔姬。（據下書「及子叔姬来」，明左氏文闕「子」字，當從公、穀經文。爲下卒月。）

僖二十五年，夏，宋蕩伯姬来逆婦。

以上大夫来逆妻二，内女爲大夫妻来逆婦一。穀梁傳曰：「諸侯之嫁子於大夫，主大夫以與之。来者，接内也。」范氏曰：「接内，謂與君爲禮也。」劉氏曰：「蕩伯姬嫁不見經，蓋内女雖親，體不敵，不書于策，所以尊君也。今君以愛易典，主大夫之昏，是卑朝廷而慢宗廟，非安上治民之節也。」今案，傳言公如齊，高固使齊侯止公，請叔姬焉。公在齊成昏，則自主之説明矣。公自主，故史書之。内女非夫人，歸寧不書。蕩伯姬以逆婦書。

二十五，娣姪不與適俱行則書。國亡，反其宗祀所在則書。

隱七年，春，王三月，叔姬歸于紀。

以上娣歸一。杜氏曰：「叔姬，伯姬之娣也。至是歸者，待年於父母國，不與適俱行，故書。」蓋姑、娣、妹適諸侯爲夫人、爲娣姪，雖有貴賤，其爲先君遺體則一而已。

莊十二年，春，王三月，紀叔姬歸于酅。

以上娣歸宗祀所在者一。叔姬始從紀侯去國，至是紀侯卒，而紀季以酅事齊爲附庸，猶存其宗祀，乃歸于酅以終焉。由魯去，故告于廟而書之。古者婦人有歸宗之義，叔姬不終于魯而歸酅者，齊襄既弑紀侯，必得反葬王姬歸齊，魯爲昏主則齊、魯之怨亦釋，故叔姬歸酅以奉紀侯之祀稱歸者，從来寧反國之文也。公羊傳謂「徒歸于叔」，言之不詳。杜氏以歸爲初嫁之文，不考婦人始終書歸之義，好异者遂誣叔姬以罪，則亦誤矣。来不書，國滅，非歸寧也。

二十六，來媵踰制則書。

成八年，冬，衛人来媵。九年，夏，晋人来媵。十年，夏，齊人来媵。

以上来媵者三。公羊傳曰：「諸侯取一國，則二國往媵之。」三國来媵，非禮也。傳曰：「凡諸侯嫁女，同姓媵之，异姓則否。」今案，媵常事，史不書。書衛、晋者，爲下齊人异姓来媵，過九女之制也，與書正月烝爲五月再烝見黷例同。

春秋屬辭卷三

存策書之大體第一之三

二十七，凡公薨，書地。弑，則諱而不地。未成君，書卒。不成喪，不書葬。

隱十一年，冬，十一月，壬辰，公薨。

桓十八年，夏，四月，丙子，公薨于齊。丁酉，公之喪至自齊。冬十二月，己丑，葬我君桓公。

莊三十二年，八月，癸亥，公薨于路寢。冬十月，己未，子般卒。

閔元年，夏，六月，辛酉，葬我君莊公。閔二年，秋，八月，辛丑，公薨。

僖三十三年，十二月，乙巳，公薨于小寢。

文元年，夏，四月，丁巳，葬我君僖公。文十八年，春，王二月，丁丑，公薨于臺下。

六月，癸酉，葬我君文公。冬，十月，子卒。

宣十八年，冬，十月，壬戌，公薨于路寢。

成元年，二月，辛酉，葬我君宣公。成十八年，八月，己丑，公薨于路寢。十二月，丁未，葬我君成公。

襄三十一年，夏，六月，辛巳，公薨于楚宫。秋，九月，癸巳，子野卒。冬，十月，癸酉，葬我君襄公。

昭三十二年，十二月，己未，公薨于乾侯。

定元年，夏，六月，癸亥，公之喪至自乾侯。秋，七月，癸巳，葬我君昭公。定十五年，夏，五月，壬申，公薨于高寢。九月，丁巳，葬我君定公。雨，不克葬。戊午，日下昃，乃克葬。

以上公薨十一。薨而書地、書葬者九。實弒，書薨，不地且不葬者二。未踰年，不成君，書卒，不地且不葬者三。凡公薨，必書其地者，詳内事，重凶變也。薨于路寢，正也。别宫，皆非正也。隱、閔實弒，書薨者，史有諱國惡之義，臣子不忍斥言。不書地者，既諱其弑，則并没其所弑之地也。然書薨不言地，則雖諱而實亦不可掩矣。不書葬者，隱以攝主遇弑，閔幼而遇弑，皆不以君禮成其喪，故其葬不書也。桓戕于齊，既諱且書其地者，爲薨在外，不可没也。僖、文而下，薨葬皆以君禮。昭公客死于外而以喪至，然定公必殯而後即位。季孫雖不臣，猶不敢不成其君喪也。嗣君未踰年，書卒，不地，且不得以君禮葬，降成君也。子般、子赤實弑而諱，同成君也。未葬則用父前子名之義，子般、子野是也。既葬不名，無所屈也，子赤是也。此皆魯史遺法，有不待筆削而義已明者，所謂策書之大體也。公羊、穀梁不達斯義，見春秋弑君不書葬者之多，而不得其説，乃爲之辭曰：「君弑，賊不討，不書葬。」以爲無臣子也，然内於桓公書葬而辭窮，則又遁其辭曰「讎在外也」，外於許悼書葬而辭窮，則又遁其辭曰「是君子之赦止也」，至於蔡景書葬，則無以爲辭矣，於是又有爲之説者，曰：「遍刺天下之諸侯也」。學者習聞其辭義之雋，而未有能辯其失者。陳氏有取於左氏不成喪之説，而又誤以爲脩春秋者不成之爲君，則並左氏所以爲言之意失之，由不知有存策書大體之義故也。今考之經傳，以求魯史策書之法，則内之葬，以成喪而後書，不成其喪，則不告於諸侯，諸侯亦不来會，故不書也。傳曰：「改葬惠公。公弗臨，故不書。」「衛侯来會葬，不見公，亦不書。」盖公辟不爲喪主，則禮不成，皆不成禮不書之類也。外之葬，以我往會而後書，或彼不成喪而不来告，或来告而此不會，皆不書也。左氏於齊、晋、鄭君弑不成喪者，每記其實，苟無得於聖人之旨，則詳述其跡，使學者自求之，古人用意深厚如此。禮：「諸侯五月而葬」。速則不懷，緩則怠，考諸時月可見。

二十八，〔一〕夫人薨，不書地。殺于外，則諱之而書地。不用夫人禮，卒不稱夫人。不成喪，不書葬。

莊二十一年，秋，七月，戊戌，夫人姜氏薨。二十二年，春，王正月，癸丑，葬我小君文姜。

僖元年，秋，七月，戊辰，夫人姜氏薨于夷，齊人以歸。十二月，丁巳，夫人氏之喪至自齊。二年，夏，五月，辛巳，葬我小君哀姜。

文十六年，秋，八月，辛未，夫人姜氏薨。十七年，夏，四月，癸亥，葬我小君聲姜。

〔一〕「二十八」，原文闕，據前文目録補。

襄二年，夏，五月，庚寅，夫人姜氏薨。秋，七月，己丑，葬我小君齊姜。九年，五月，辛酉，夫人姜氏薨。秋，八月，癸未，葬我小君穆姜。定十五年，秋，七月，壬申，姒氏卒。九月，辛巳，葬定姒。

哀十二年，夏，五月，甲辰，孟子卒。

以上書夫人薨葬者五，書夫人卒者二，卒不稱夫人二，不書葬者一。文姜者，桓公夫人。哀姜者，莊公夫人。聲姜者，僖公夫人。穆姜者，宣公夫人。齊姜者，成公夫人。孟子者，昭公夫人。姒氏者，定公夫人。杜氏曰：「夫人喪禮有三：薨則赴於同盟之國，一也；既葬，日中自墓反虞於正寢，所謂反哭于寢，二也；卒哭而祔於祖姑，三也。若此則書夫人某氏薨，葬我小君某氏。其或不赴、不祔，則爲不成喪，故死不稱夫人，薨不言葬我小君某氏。反哭則書葬，不反哭則不書葬。子氏赴而不反哭，故稱夫人而不書葬。定姒則反哭而不赴，故書葬而不稱夫人。薨不稱夫人，故葬不言小君。」今案杜氏所述夫人喪禮本隱三年傳例，然哀姜殺於外，不可言赴，八年然後致，不可言祔，其薨葬無异文，何也？盖喪有服，葬有制，事有异常，史有變法，左氏亦言其大概爾。定姒從夫謚，哀公親適母也，必無不祔之理，傳言不祔，妄矣。春秋之時，周禮久廢，故有妾母用夫人禮者，有適夫人而不用夫人禮者。用夫人禮，則雖妾母而書夫人，不用夫人禮，則雖適夫人不書夫人，策書實録而已矣。夫人薨不地者，啖氏曰：「婦人無外事，薨有常處也。」趙氏曰：「公、夫人在外薨，不以有故無故皆當書地。」

二十九，公服母喪書卒。

隱三年，夏，四月，辛卯，君氏卒。

以上妾母書卒者一。娣姪之喪本不登于策，此以吾君服其母喪，不可不書。曰君氏者，夫子特筆。説見第六篇。

三十，妾母用夫人禮，稱夫人，書薨、書葬。

隱二年，十二月，乙卯，夫人子氏薨。

文四年，冬，十一月，壬寅，夫人風氏薨。五年，三月，辛亥，葬我小君成風。

宣八年，夏，六月，戊子，夫人嬴氏薨。冬，十月，己丑，葬我小君敬嬴。雨，不克葬。庚寅，日中而克葬。

襄四年，秋，七月，戊子，夫人姒氏薨。八月，辛亥，葬我小君定姒。

昭十一年，五月，甲申，夫人歸氏薨。九月，己亥，葬我小君齊歸。

以上妾母書夫人薨者五，書葬者四。儀禮喪服傳：「大夫以上，爲庶母無服。」服問：「君之母非夫人，則羣臣無服。」蓋庶子爲君，爲其母無服者，所以重宗廟也。魯昭公欲喪其慈母，有司曰：「古之禮，慈母無服，今君爲之服，是逆古禮而亂國法也。若終行之，則有司將書之，以遺後世，無乃不可乎！」況國君以夫人禮喪其妾母，固史氏所當詳也。子氏者，惠公再取之夫人。諸侯不再取，再取亦妾也。隱爲桓故，成其母喪，以赴諸侯，然葬不備夫人之禮，故不書葬。既不可祔廟，又不可祔妾祖姑，故別爲之宮。隱以攝君喪大子之母，猶有節也。自文公追崇成風，王室又爲歸含、賵、會葬以成之，其後妾母皆僭夫人禮，薨葬備書，與適無异，而不別爲之宮，則並祔於廟矣。夫子以喪紀國之大典，非筆削所加，將令學者屬辭比事以觀之。既書夫人姜氏薨于夷，又書夫人風氏薨；既書夫人姜氏歸于齊，又書夫人嬴氏薨；既書夫人姜氏薨，又書夫人姒氏薨，則適妾之分已明，黷亂之私亦著矣。自公羊不明經義，創爲母以子貴之説，漢哀帝因得託以尊其藩邸所生父母及其祖母，卒加大號以干正統，而貽後禍。説經失義，其弊一至是哉。

三十一，凡天王崩、諸侯卒，来赴、往吊，則書崩、書卒。不赴、不吊，不書。會葬，則書。葬不會，不書。

隱三年，三月，庚戌，天王崩。　平王

桓十五年，三月，乙未，天王崩。

莊三年，五月，葬桓王。（莊十二年，莊王崩。莊十七年，僖王崩。）

僖八年，冬，十二月，丁未，天王崩。　惠王

文八年，秋，八月，戊申，天王崩。冬，公孫敖如京師，不至而復。九年，二月，叔孫得臣如京師。辛丑，葬襄王。（文十四年，頃王崩。）

宣二年，冬，十月，乙亥，天王崩。三年，春，王正月，葬匡王。

成五年，冬，十一月，己酉，天王崩。　定王

襄元年，九月，辛酉，天王崩。二年，春，王正月葬簡王。二十八年，十二月，甲寅，天王崩。　靈王

昭二十二年，夏，四月，乙丑，天王崩。六月，叔鞅如京師，葬景王。冬，十月，王子猛卒。

以上天王書崩者九，書葬者五，不書葬者四，卿吊喪者一，會葬者二，不書崩葬者三，書子卒者一。傳例曰：「凡崩、薨，不赴，不書。」此天子崩、諸侯卒，来赴則書之例也。故襄二十八年傳曰：「十一月，癸巳，天王崩。未来赴，亦未書。」「十二月，王人来告喪，問崩日，以甲寅告，故書之以徵過也。」此又崩日從赴之例。會葬，則書。葬不書者，魯不往也。公羊傳曰：「我有往則書。」蓋知有葬不會不書之例，平王、惠王、定王、靈王書崩、不書葬是也。吊葬，不書其人，微者，非卿也。傳曰：「靈王崩，鄭簡公在楚，上卿守國，使印段如周吊。伯有曰：『弱，不可。』子産曰：『與其莫往，弱不猶愈乎？』」此微者吊喪之證也。文八年，秋，襄王崩，公孫敖如京師。傳曰：「穆伯如周吊喪。」九年，叔孫得臣如京師，葬襄王。此吊葬使卿則書之例也。凡吊喪者，必歸含襚賵且臨，皆同日畢事。雜記言諸侯之禮甚詳，鄭康成記：「禮，天子於二王後，含爲先，襚次之，賵次之，賻次之；於諸侯，含之、賵之。諸侯相於如天子於二王後。」以此推之，則諸侯於天子可知。故隱三年，武氏子来求賻，公孫敖奔莒，傳言其以幣奔是也。古者天子崩，諸侯皆親奔喪，顧命所記詳矣。春秋之世，遣微者吊喪如列國，而又有不往者，其能親送天子之葬乎？劉侍讀曰：「公親會則不書葬。」既昧書法，亦非事實矣。文公以襄王嘗使大夫會僖公葬，又成其妾母之喪，魯既使卿共晋、襄葬事，由是使卿如周吊喪，不至，乃使卿會葬。昭公之世，亦以兩使卿會晋侯葬，而後使叔鞅葬景王，則魯人之情見矣。王猛未踰年，書子卒，與諸侯未成君之禮同。吴先生曰：「天子、諸侯嗣位而未踰年者稱子，子上加王者，表其爲天王未踰年之子，以别於諸侯未踰年之子也。」此與王子虎、王子朝以屬書不同，敬王崩在春秋後。傳曰：「天子七月而葬，同軌至。」考崩葬之歲月，則淹速之罪自見。觀志崩而不志葬，則諸侯之不臣可知。至尊當謹志崩日，唯葬不及禮則不日，必備禮而後日。王室貧於列國，故唯襄王書日，此在國史必有定法。左氏唯知大夫卒有不日之例，而於天子、諸侯喪紀則失其傳，故學者不復考，詳見日月篇。趙伯循曰：「王后、世子卒、葬之不書，何也？王室不告，諸侯不吊也。」策書之大體存而得失著矣。若夫莊王、僖王、頃王崩、葬皆不書，乃筆削之旨，在存策書大體中自爲變例，而左氏學者往往妄爲之辭。今考莊十一年，魯主王姬之昏。冬，王姬歸於齊。明年，莊王崩，王室無不告諸侯之理。十四年，單伯會伐宋。冬，會于鄄。十六年，王使虢公命曲沃伯以一軍爲晋侯。明年，僖王崩，王室亦無不告諸侯之理。惠王即位，傳言：「春，虢公、晋侯朝王，王饗醴，命之宥，皆賜玉五瑴，馬三疋。虢公、晋侯、鄭伯使原莊公逆王后于陳。」經傳所録莊、僖、惠三王之際，其事如此，而杜氏乃以爲王室微弱不能自通于諸侯，可謂誣矣。且是時，齊桓方假王命以示大順，魯人其有不吊葬天子者乎？文十年，公及蘇子盟于女栗。傳曰：「頃王立故也。」十四年，春，頃王崩，王室無不告魯之理。是年傳曰：「襄仲使告于王，請以王寵求昭姬于齊。冬，單伯如齊。」使魯不吊葬天子，其敢有請於王室乎？然則曰周公閲與王孫蘇爭政故不赴者，其妄明矣。傳記天王崩，有秘不發喪，定位而後来赴者，惠王也；有緩告者，靈王也；有王室亂，雖不成尊亦赴者，王子猛也。豈有二臣爭政，遂不告王喪之理乎？時王朝猶有尹氏、芮伯、毛伯、蘇子之屬，皆世臣也，以大喪詔諸侯，乃大行人之職，不當以二臣爭政而廢。傳又言：「周公將與王孫蘇訟于晋，王使尹氏、聃季訟周公于晋，趙宣子平王室而復之。」使王室不告喪於諸侯，而唯使晉人平二臣之訟，可乎？亦豈有赴于晉而不赴于魯者乎？左氏知史有不赴不書之例，而妄意其事，以釋書法，顧弗思爾。竊嘗有考於辯名實之説，而後知三王崩葬不書爲夫子所削，無可疑者。春秋之初，諸侯不王，夷狄外叛，故伯者之興，得以尊王室、攘夷狄爲功，然其業有崇卑，事有得失，則其功罪不可無辯，此春秋所由作也，故曰「其事則齊桓、晉文」，蓋自平王東遷以來，朝覲獄訟不至，貢賦不歸，諸侯所以事天子者，唯吊喪送葬同列國而已。伯者雖知假尊王以示名義，而不能身率諸侯享覲于王庭，史書崩葬無异文也。方伯之所以置力王室，如斯而已乎？春秋當有伯之初，諸侯吊葬天子僅存於策者書之不爲少變，則是以尊王爲虚文而名實亂矣，是故莊、僖崩葬特削而不書。晉伯中衰，王臣自出以盟諸侯，齊商人弑其君，執天子之使，諸侯恬不爲動，則楚君以其僭號加中國，盟諸侯而惑民聽，豈有能正之者？自有伯以来，天下之勢又一大變，而王室亦以無伯而愈卑矣，雖區區吊葬之禮僅存，君子以爲猶不吊葬也。春秋當無伯之日，而天王崩葬書之以爲常，則是以有伯爲虚文，而名實亂矣。是故頃王崩葬特削而不書，皆所以辯名實之際，而定伯者之功罪也。其法與正月不書王、會盟不序諸侯相表裏，蓋屬辭比事之教如此，詳見辯名實篇。然此不以入筆削類者，以其在存策書中，特有所删，爲變例之二，與一筆一削略彼明此者不同也。

隱三年，八月，庚辰，宋公和卒。冬，十二月，癸未，葬宋穆公。

（桓二年，春，王正月，戊申，宋督弑其君與夷。）　殤公

莊二年，冬，十二月，乙酉，宋公馮卒。三年，夏，四月，葬宋莊公。（十二年，秋，八月，甲午，宋萬弑其君捷。）　閔公

僖九年，春，王三月，丁丑，宋公御説卒。　桓公

二十三年，夏，五月，庚寅，宋公兹父卒。　襄公

文七年，夏，四月，宋公王臣卒。　成公

（十六年，冬，十一月，宋人弑其君杵臼。）　昭公

成二年，八月，壬午，宋公鮑卒。三年，二月，乙亥，葬宋文公。十五年，夏，六月，宋公固卒。秋，八月，庚辰葬宋共公。

昭十年，十二月，甲子，宋公成卒。十一年，春，王二月，叔弓如宋，葬宋平公。二

十五年，十一月，己亥，宋公佐卒于曲棘。二十六年，春，王正月，葬宋元公。

以上宋公書卒者九，書葬者六，不書葬者三，弑而不書葬者三。凡諸侯卒，彼来赴而此往吊，則書。不吊，雖来赴，不書卒，於杞德公、伯姬之事見之。盖史書卒葬，所以志邦交厚薄，喪紀敬慢，不徒録外事也。但齊等以上大國，魯多不敢慢，苟非見弑，無不書卒者。考宋、齊、晋三國可見。殤公與夷，公子馮所讎，閔公捷弑後國亂，昭公杵臼國人不君，皆遇弑而不以禮葬，如齊之懿莊、晋之厲公，則諸侯不會，無可疑者，唯桓公御説卒，不書葬，盖迫於葵丘之會，不及以禮致諸侯之送葬者也。襄公師敗身傷而卒，成公卒後國亂，皆不備禮，周末文繁，禮備或有闕，則不敢以葬期告諸侯。禮坊記曰：「子云：『死，民之卒事也，吾從周。』以此坊民，諸侯猶有薨而不葬者。」謂不成喪也。是故諸侯不書葬，非皆由魯不會。苟其國葬不以禮，而不以葬期来告，亦無由往會之爾。凡諸侯卒，日。吊不以禮，則不日。苟赴不以時，則又不月。宋成卒後國亂，宋共亦必有爲，故皆不日。宋、齊等之國，王者之後，魯不敢慢，其不以禮，必有故矣。凡諸侯葬，得禮則月，不及禮不月；必厚葬擬天子而後日，著其僭也。穆公葬日，與夷德其傳國於己，而厚葬以報之。文共俱日，則皆華元不臣之所爲也。景公頭曼卒在春秋後。

桓十四年冬，十二月，丁巳，齊侯禄父卒。十五年，夏，四月，己巳，葬齊僖公。

（莊八年，冬，十一月，癸未，齊無知弑其君諸兒。）莊九年，秋，七月，丁酉，葬齊襄公。

僖十七年，冬，十二月，乙亥，齊侯小白卒。十八年，秋，八月，丁亥，葬齊桓公。

二十七年，夏，六月，庚寅，齊侯昭卒。秋，八月，乙未，葬齊孝公。

文十四年，夏，五月，乙亥，齊侯潘卒。

昭公

（九月，齊公子商人弑其君舍。）

（十八年，夏，五月，戊戌，齊人弑其君商人。）

懿公

宣十年，夏，四月，己巳，齊侯元卒。六月，公孫歸父如齊，葬齊惠公。

成九年，秋，七月，丙子，齊侯無野卒。冬，十一月，葬齊頃公。

襄十九年，秋，七月，辛卯，齊侯環卒。冬，葬齊靈公。（二十五年，夏，五月，乙亥，齊崔杼弑其君光。）

莊公

哀五年，秋，九月，癸酉，齊侯杵臼卒。冬，叔還如齊。閏月，葬齊景公。（六年，秋，齊陳乞弑其君荼。）十年，三月，戊戌，齊侯陽生卒。五月，葬齊悼公。

以上齊君書卒者九，書葬者八，不書葬者一，弑而書葬者一，不書葬者四。桓公入立而葬襄公，魯方伐齊納糾，猶不忘會其葬，古人重喪紀如此。齊孝公卒，傳曰：「有齊怨，不廢喪紀，禮也。」又可爲吊贈書卒之證。齊昭以五月卒，七月，公子商人弑舍，告以九月，則昭公必不成喪。傳記：閻職、邴歜弑懿公，納諸竹中。崔氏側莊公於北郭，葬諸士孫之里。四翣，不蹕，下車七乘，不以兵甲，齊滅崔氏。乃遷莊公，殯于大寢。又明年葬于北郭，不入兆域。此二君見弑，不以君禮成喪之實也。陽生亦弑而書葬者，國人諱弑，既以卒赴，自宜以禮成喪也。外弑君書卒者三，陽生與鄭伯髡頑、楚子麇也。魯史承赴而書，辟不敏也。夫子因而不革，存策書之大體也。後之作傳者，於齊、鄭二君之卒，則曰不使夷狄之民加乎中國之君，於楚子書卒而不通，則曰申之會，十三國諸侯在焉。恐貽後世之譏，故不革其僞赴者，爲之諱也。説經若是，聖人之志荒矣，由不知有存策書大體之義故也。齊君書卒皆日，姻隣大國往来素厚也，葬書日者四，皆孝公以前鼎盛僭侈之時。齊靈黜大子光而使高厚、夙沙衛傳牙爲大子。莊公立，執牙，殺高厚，於是有夙沙衛之亂。十一月，齊侯圍高唐，則靈公葬不書月，由不及禮明矣。舍與荼皆未成君而弑，凡未成君，皆不成喪。簡公壬春秋後卒。

僖九年，九月，甲子，晋侯佹諸卒。　獻公

（冬，晋里克殺其君之子奚齊。十年，春，晋里克弑其君卓。）

二十四年，冬，晋侯夷吾卒。　惠公

三十二年，冬，十二月，己卯，晋侯重耳卒。三十三年，夏，四月，癸巳，葬晋文公。

文六年，八月，乙亥，晋侯驩卒。冬，十月，公子遂如晋，葬晋襄公。

（宣二年，秋，九月，乙丑，晋趙盾弑其君夷皐。）　靈公

宣九年，九月，辛酉，晋侯黑臀卒于扈。　成公

成十年，五月，丙午，晋侯獳卒。　景公

（十八年，春，王正月，庚申，晋弑其君州蒲。）　厲公

襄十五年，冬，十一月，癸亥，晋侯周卒。十六年，春，王正月，葬晋悼公。

昭十年，秋，七月，戊子，晋侯彪卒。九月，叔孫婼如晋，葬晋平公。十六年，秋，八月，己亥，晋侯夷卒。九月，季孫意如如晋。冬，十月，葬晋昭公。三十年，夏，六月，庚辰，晋侯去疾卒。秋，八月，葬晋頃公。

以上晋君書卒者十，書葬者六，不書葬者四，弑而不書葬者四。獻公卒而國亂。惠公以前年九月卒。文公以正月入國，戊申，殺懷公于高梁，不告。是年冬，乃書晋侯夷吾卒而不月。杜氏謂，文公定位而後来告，則二公皆不得以禮會葬可知。宣公事齊而不事晋。黑壤之會，晋人止公，故晋成之葬，魯人不會。晋人謂魯貳於楚，止魯君送葬，諸侯莫在，魯人辱之，故晋景之葬，成公親送而不書。靈公之弑，趙盾使穿逆公子黑臀于周而立之。壬申，朝于武宫，必不復成喪。厲公之弑，晋人葬之翼東門外，以車一乘，不待踰月，此不成喪之實也。卿共伯主之葬，自襄公始。傳記鄭子大叔之言曰：「先王之制，諸侯之喪，士吊，大夫送葬。」（昭三十年傳文）又曰：「文、襄之伯，君薨，大夫吊，卿共葬事。」（昭三年傳文）然考當時事迹，往往不合，豈伯業有盛衰，列國情有戚疏，事有緩急，不得皆同乎？悼公之喪，鄭子西吊，子蟜送葬，此大夫吊，卿共葬之制也。而魯葬悼公，不使卿，非定制明矣。少姜之喪，魯君親吊，不納。季孫往襚，鄭印段吊，游吉送葬，蓋晉既以少姜之喪告諸侯，則不得不往，是又以時君之意而爲禮者。頃公卒，鄭游吉吊且送葬，一卿兼二事，晉人雖詰之而不復討者，禮過於古，既有所加，則時有所損，終不可爲定制也。晉至獻公已爲同姓大國，文公以後，世爲盟主，故卒無不日。自襄公以後，皆三月而葬，昭以踰月葬，既不及節，必無踰制。唯文公五月而書日，伯業既成，且嘗請隧，其厚葬有由矣。惠公實前年九月卒，史即告時書之，自不容書月。定公午春秋後卒。

（隱四年，春，王二月，戊申，衛州吁弑其君完。）五年，夏，四月，葬衛桓公。

桓十二年，冬，十一月，丙戌，衛侯晋卒。十三年，三月，葬衛宣公。

莊二十五年，夏，五月，癸丑，衛侯朔卒。　惠公

（閔二年，狄人入衛，傳遂言滅衛，衛侯赤不言死所。）　懿公

僖二十五年，夏，四月，癸酉，衛侯燬卒。秋，葬衛文公。

宣九年，冬，十月，癸酉，衛侯鄭卒。　成公

成二年，八月，庚寅，衛侯速卒。三年，春，王正月，辛亥，葬衛穆公。十四年，冬，

十月，庚寅，衛侯臧卒。十五年，春，王二月，葬衛定公。

（襄二十六年，春，王二月，辛卯，衛甯喜弑其君剽。）　殤公

襄二十九年，夏，五月，庚午，衛侯衎卒。秋，九月，葬衛獻公。

昭七年，秋，八月，戊辰，衛侯惡卒。十二月，癸亥，葬衛襄公。

哀二年，夏，四月，丙子，衛侯元卒。冬，十月，葬衛靈公。

以上衛君書卒者九，書葬者七，不書葬者二，弑而書葬者一，不書葬者一。衛人既討州吁，又能以禮葬其君，會諸侯之送者，故雖君弑而書葬。甯喜弑剽而復衛侯衎，衎豈成剽之爲君者，故葬不以禮，則不會，而不書葬。然魯嘗會諸侯，納惠公，三與成公同盟，而皆不會其葬，何也？齊桓方假王命以霸諸侯，而衛人伐周以立子頹，故魯不敢復親衛，觀齊桓將伐衛，而先會公于城濮，意可見矣。衛成通魯以會晋，而晋人止公于黑壤，宣公豈無憾於衛乎？喪紀之薄，則有由矣。然魯、衛兄弟之國，禮尚往来，故卒無不日。文公大布之衣，大帛之冠，以立國於破亡之餘，其葬不及禮宜也。穆公葬獨日者，當鞌戰勝齊，晋三子自往吊焉，哭於大門之外，衛人迎之，婦人哭於門内，送亦如之，遂常以葬。

蓋衛人欲因勝敵變禮，以旌先君之伐，其儀物必有踰制者，而不知其非也。襄公卒，衛人告喪于周，請命其葬，必特從厚以彰示諸侯。懿公赤國滅死不赴。出公輒卒在春秋後。

隱八年，夏，六月，己亥，蔡侯考父卒。八月，葬蔡宣公。

桓十七年，六月，丁丑，蔡侯封人卒。秋，八月，癸巳，葬蔡桓侯。

（莊十九年，蔡侯獻舞卒于楚。）　哀侯

僖十四年，冬，蔡侯肸卒。　穆公

（文十五年，蔡侯甲午卒。）　莊公

宣十七年，春，王正月，丁未，蔡侯申卒。夏，葬蔡文公。

（襄三十年，夏，四月，蔡世子般弒其君固。）襄三十年，冬，十月，葬蔡景公。

（昭十一年，夏，四月，丁巳，楚子虔誘蔡侯般，殺之于申。）昭十三年，冬，十月，葬蔡靈公。

昭二十年，十一月，辛卯，蔡侯廬卒。二十一年，春，王三月，葬蔡平公。二十三年，夏，六月，蔡侯東國卒于楚。　悼公

（哀四年，春，王二月，庚戌，盜殺蔡侯申。）哀四年，冬，十二月，葬蔡昭公。

以上蔡君書卒者六，書葬者四，不書葬者二，弒殺而書葬者三，不書葬者二。蔡侯見執于楚，而蔡人會于北杏，故荆入蔡，蔡自是折而事楚，不與齊桓會盟，故蔡侯卒于楚不書。穆公書卒，而不月、不葬。城濮楚敗，蔡始從晉。厥貉之次，蔡復從楚。新城之盟，陳、鄭服而蔡不来。文十五年，晋郤缺帥師入蔡。冬，十一月，扈之盟，傳言蔡侯在焉，而甲午之卒不書，是歲魯亦有齊難，故莊公卒、葬皆不暇恤。宣公末年，外欲徼好于楚，而内制于晋，及會于宋，始兩事晋、楚，故自蔡文而後，若景弒於子，靈戕於楚，昭殺於盜，彼能以禮葬其君，則魯皆會其葬而不敢忽，畏楚故重其與國也。春秋弒君賊以禮葬其所弒君者，唯蔡般，盖以子弒父而代之位，非他當國者比也。東國卒于楚，不日、不葬，喪歸自遠，禮不備也。春秋之初，蔡序衛上，蔡季歸而葬，桓公必有過厚者。其後見役于楚，死葬宜不備物。然不書月者，唯文公。盖古人以送死爲大事，苟可勉焉，不敢不盡也。成公朔卒在春秋後。

桓五年，春，正月，甲戌，己丑，陳侯鮑卒。夏，葬陳桓公。十二年，八月，壬辰，

陳侯躒卒。　厲公

莊元年，冬，十月，乙亥，陳侯林卒。二年，春，王二月，葬陳莊公。

僖十二年，冬，十二月，丁丑，陳侯杵臼卒。十三年，夏，四月，葬陳宣公。二十八年，六月，陳侯欵卒。　穆公

文十三年，夏，五月，壬午，陳侯朔卒。　共公

（宣十年，五月，癸巳，陳夏徵舒弒其君平國。）十二年，春，葬陳靈公。

襄四年，春，王三月，己酉，陳侯午卒。秋，七月，葬陳成公。（蒙上事月）

昭八年，夏，四月，辛丑，陳侯溺卒。冬，葬陳哀公。

定四年，春，王二月，癸巳，陳侯吴卒。六月，葬陳惠公。八年，秋，七月，戊辰，陳侯柳卒。九月，葬陳懷公。

以上陳君書卒者十，書葬者七，不書葬者三，弒而書葬者一。陳君卒多日，以其往来者厚也。桓公卒而國亂，故再赴而再書日，其葬必不得備禮。自厲公卒，至明年春，魯以宋、鄭之故，盟會征戰無虛月，遂不會其葬。陳既與楚踐土之盟，穆公獨後會期，歸踰月

而卒，不書日，薄於吊贈，無足疑者。共公背殯出會諸侯于温，遂圍許。明年春，還，又即會翟泉，則穆公之葬不會，賓主皆有所不暇也。共公卒，陳與蔡、鄭方從楚，是歲冬，公如晋，宜不得往會矣。靈公葬於楚人討賊踰年之後，宜不得以備禮書月。哀公卒後國亡，葬於輿嬖，殺馬毀玉，加絰於顙而逃，豈有會葬之事？蓋楚既滅陳，以放陳公子招，殺陳孔奂，葬陳哀公，来告而書，與書齊侯葬紀伯姬同。閔公越卒在春秋後。

桓十一年，夏，五月，癸未，鄭伯寤生卒。秋，七月，葬鄭莊公。

莊二十一年，夏，五月，辛酉，鄭伯突卒。冬，十二月，葬鄭厲公。

僖三十二年，夏，四月，己丑，鄭伯捷卒。　文公

宣三年，冬，十月，丙戌，鄭伯蘭卒。葬鄭穆公。

（四年夏，六月，乙酉，鄭公子歸生弑其君夷。）　靈公

成四年，三月，壬申，鄭伯堅卒。夏，葬鄭襄公。六年，夏，六月，壬申，鄭伯費卒。　悼公

襄二年，六月，庚辰，鄭伯睔卒。　成公。

七年，十二月，鄭伯髡頑如會，未見諸侯，丙戌，卒于鄵。八年，夏，葬鄭僖公。

昭十二年，三月，壬申，鄭伯嘉卒。五月，葬鄭簡公。

定九年，夏，四月，戊申，鄭伯蠆卒。六月，葬鄭獻公。

以上鄭君書卒者十，書葬者七，不書葬者三，弑而不書葬者一。始，鄭貳於楚，晋人、秦人圍鄭，秦伯背晋，使大夫戍鄭而去之。鄭既不事晋，又受秦戍，故文公之葬，不得以禮會諸侯。宣十年傳言，鄭人討幽公之亂，斲子家之棺，逐其族，改葬幽公，謚曰靈。此歸生弑君，不以禮葬之實也。悼公卒之年，楚伐鄭，冬，晋救鄭。成公卒之年，晋、楚爭鄭，晋乘鄭喪而伐之。諸侯之大夫會于戚，以謀討鄭。則二公皆以難故，不備禮也。鄭介晋、楚之間，而强於陳、蔡，其往来者又厚，故鄭君卒，無不日者。穆公卒時，晋、楚爭鄭，無歲不受兵。襄公自楚子入鄭後，終身不敢從晋，子費既葬父即稱君以伐許。僖公見弑，故三君皆葬不及禮。觀陳、鄭之葬無日者，而曹、杞以下小國多不月，則日月之例可謂明矣。聲公勝卒在春秋後。

桓十年，春，王正月，庚申，曹伯終生卒。夏，五月，葬曹桓公。

莊，二十三年，冬，十一月，曹伯射姑卒。二十四年，春，王三月，葬曹莊公。（蒙上事月）（三十二年，曹伯赤卒。）　僖公

僖七年，秋，七月，曹伯班卒。（蒙上盟月）冬，葬曹昭公。

文九年，秋，八月，曹伯襄卒。冬，葬曹共公。

宣十四年，夏，五月，壬申，曹伯壽卒。秋，九月，葬曹文公。（蒙上事月）

成十三年，夏，曹伯廬卒于師。冬，葬曹宣公。

襄十八年，冬，曹伯負芻卒于師。十九年，春，王正月，葬曹成公。（蒙上事月）

昭十四年，三月，曹伯滕卒。秋，葬曹武公。十八年，春，王正月，曹伯須卒。秋，葬曹平公。二十七年，冬，十月，曹伯午卒。二十八年，春，王三月，葬曹悼公。（三十二年，曹伯野卒。）　聲公

（定四年，曹伯通卒。）　隱公

定八年，三月，曹伯露卒。秋，葬曹靖公。

以上曹君書卒、書葬者十一，不書卒、葬者三。僖公亦以莊三十二年卒，是歲公薨國

亂，宜不克吊葬。聲公野以昭三十二年卒，是歲曹人會城成周，公薨于乾侯。隱公通以定四年卒，是歲曹伯會召陵侵楚。二君卒葬亦不書，小國無可考。曹伯陽哀八年國亡。案曹桓嘗使子来朝，曹文来朝者再，二君之卒皆日。射姑於莊公之世不朝，武公於昭公之世不朝，則皆不日。其他皆不朝于魯，是魯人於曹君唯来朝者備禮以吊，不朝者不備其禮也。宣公雖嘗来朝，然與負芻皆卒于師，凡卒于師，卒于會，則赴吊必不得如禮，故不月，許男新臣其著例也。

僖二十三年，冬，十一月，杞子卒。成公

襄六年，春，王三月，壬午，杞伯姑容卒。秋，葬杞桓公。二十三年，三月，己巳，杞伯匄卒。夏，葬杞孝公。

昭六年，春，王正月，杞伯益姑卒。夏，葬杞文公。二十四年，秋，八月，丁酉，杞伯郁釐卒。冬，葬杞平公。

定四年，夏，杞伯成卒于會。秋，葬杞悼公。

哀八年，冬，十二月，癸亥，杞伯過卒。九年，春，王二月，葬杞僖公。

以上杞君書卒者七，書葬者六，不書葬者一。杞，夏之裔也。桓公之世，朝會皆稱侯。至莊公時，德公始取于魯，乃降而稱伯以朝，而德公、伯姬之卒，皆不書，直由魯素卑杞来朝不敬，輙加以兵，是時又必有惡於魯，故雖告而不吊爾。不然杞小魯大，乃敢匿其女與婿之喪而不告乎？成公即伯姬所朝之子也，畏魯人少恩，終身不復敢朝，故其卒降而稱子，且不會葬。杞文有歸田之隙，魯人於其来盟，亦降而稱子。二君之卒皆不日，由不以禮吊贈明矣。悼公卒于會，不可以上事月爲疑，然杞自桓公結昏于晋以来，其卒多日，而葬無不會，則魯人所以爲禮者，視勢之崇卑而已，杞、魯之交詳見杞君来朝下。閔公維卒在春秋後。

莊三十一年，夏，四月，薛伯卒。

昭三十一年，夏，四月，丁巳，薛伯穀卒。秋，葬薛獻公。

定十二年，春，薛伯定卒。夏，葬薛襄公。

（十三年，冬，薛弑其君比。）

哀十年，夏，薛伯夷卒。秋，葬薛惠公。

以上薛君書卒者四，書葬者三，不書葬者一，弑而不書葬者一。傳言周公、武公取于薛，則薛，魯舅甥之國也。隱公之世，薛侯一来朝，後不復與魯通，不知何時降而稱伯。莊之末年，薛伯書卒，而不會其葬，由再世不朝于魯，故魯人慢之。襄三年傳，晋知武子曰：「滕、薛、小邾之不至，皆齊故也。」則薛盖事齊。定元年傳，宋仲幾曰：「滕、薛、郳，吾役也。」則薛又事宋。小國既不来朝，則吊贈必薄，故卒不日，又或赴不以時，故不月。昭公在外而薛伯穀卒，以同盟之故，始赴以名，於是卒獨日，且初會其葬，則意如之私也，同盟赴以名，説在辭從主人篇。比不書葬，小國君弑，葬不告爾。

文十八年，春，王二月，秦伯罃卒。（蒙上薨月）康公

宣四年，春，王正月，秦伯稻卒。（蒙上事月）共公

成十四年，冬，秦伯卒。　桓公

昭五年，秋，秦伯卒。六年，春，王正月，葬秦景公。（蒙上卒月）

定九年，秋，秦伯卒。冬，葬秦哀公。

哀三年，冬，十月，癸卯，秦伯卒。四年，春，王二月，葬秦惠公。（蒙上事月）

以上秦君書卒者六，書葬者三，不書葬者三。秦入春秋，自文公歷五世，至穆公任好結昏于晋，納晋惠公。僖十五年，晋侯及秦伯戰于韓，獲晋侯，始見于經。既納晋文公。城濮之戰，温、翟泉之盟，秦人皆在。明年，晋侯、秦伯圍鄭，而秦伯中背晋侯，戍鄭而去之。此秦、晋起禍之端也。文六年，穆公卒，春秋不書，喪紀之交，未及於魯也。康公繼修晋怨，既来歸僖公、成風之襚，又使術来聘，且言伐晋，於是告喪吊贈之使始行。至景公，始會其葬，則以南北之從，交相見也。其卒皆不日者，有襚而無含、賵，如其所施也。惠公卒，獨書日，其從厚之由不可考，其不月，則以遠於魯，而或有故則告不以時也，但卒葬言蒙上月多疑例，其中雖有不月者，亦不可考矣。

隱七年，春，王三月，滕侯卒。（蒙上事月）

滕子卒。

滕子卒。　宣公

宣九年，八月，滕子卒。

成十六年，夏，四月，辛未，滕子卒。　文公昭三年，春，王正月，丁未，滕子原卒。夏，叔弓如滕。五月，葬滕成公。二十八年，秋，七月，癸巳，滕子寧卒。冬，葬滕悼公。

哀四年，秋，八月，甲寅，滕子結卒。冬，十二月，葬滕頃公。（蒙上葬月）

十一年，秋，七月，辛酉，滕子虞母卒。冬，十一月，葬滕隱公。

以上滕君書卒者七，書葬者四，不書葬者三，不書卒、葬者二。滕，近魯小國而侯爵，文王之後。隱七年，稱侯、書卒、不日者，不知何君。稱侯以朝隱，而稱子以朝桓者，卒，不書。僖十九年，爲宋人所執者，名嬰齊，謚宣公，卒，不書。宣九年卒者，嘗来朝文公，而卒不日，玉帛之將不如曹，則魯人吊贈之禮亦薄也。成十六年卒者，未嘗朝魯而卒日，以其施於我者或厚，則不得不視施爲報也。以上皆不會其葬，亦不知其名謚。自滕成来朝襄公，與襄公同晋悼之盟會，且又来奔喪，於是魯亦遣大夫會其葬，而終春秋皆會其葬矣。後滕頃嘗来會定公葬。

莊十六年，冬，十二月，邾子克卒。（蒙上會月）

二十八年，夏，四月，丁未，邾子瑣卒。

文十三年，夏，五月，邾子蘧蒢卒。（蒙上卒月）

成十七年，十二月，邾子貜且卒。（蒙上事月）定公

襄十七年，春，王二月，庚午，邾子牼卒。　宣公

昭元年，六月，丁巳，邾子華卒。秋，葬邾悼公。

定三年，二月，辛卯，邾子穿卒。秋，葬邾莊公。

以上邾君書卒者七，書葬者二，不書葬者五。邾本魯之附庸也，入春秋已强大，王命列於諸侯。魯屢渝盟伐之，故儀父閱魯三世，弗一来朝，其吊贈之禮宜薄也。瑣亦不朝于莊，而卒獨日，則以莊公謹事齊桓，而稍厚其所與也。邾後世昏于齊，每恃齊以抗魯。僖公伐邾者三，文公伐邾者一。傳曰：「邾文公之卒也，公使吊焉，不敬。邾人来討伐我南鄙。」其薄於禮可知，而魯常卑邾，邾不畏魯，皆此類也。定公以魯宣事齊之故朝魯者再世，而卒不日。宣公朝魯者亦再世，而以滅鄫興戎，其卒初書日，則孟獻子之恭也。狐駘見敗，而聘邾以脩平，意可見矣，其葬皆不會，亦視施爲報爾。齊景公立，齊魯之好復通，邾子亦来朝，故始會其葬。至隱公益来朝、来奔喪，事魯愈謹，而三家侵奪之不已，

後至入郲，以郲子来，則以齊景無能爲以死，而郲日以弱故也。魯既歸郲子，吴人執之而立大子革，郲子復来奔，又奔齊，卒在春秋後。汲冢竹書言，「魯隱公及郲莊公盟于姑蔑」，則郲子穿不應襲其始受命之君之號，不可考也。

（文十八年，冬，莒弑其君庶其。）　紀公

成十四年，春，王正月，莒子朱卒。　渠丘公

（襄三十一年，十一月，莒人弑其君密州。）　犂比公

昭十四年，八月，莒子去疾卒。　著丘公

以上莒君書卒者二，弑者二，皆不書葬。莒，少昊之後，武王所封，雄於東夷，入春秋即爲諸侯患。隱、桓、僖三公，皆嘗與之同盟。文七年，徐伐莒，莒来請盟。公孫敖如莒涖盟，而庶其之弑始来告而書之。宣公事齊，嘗及齊侯平莒，及郯伐莒，取向，莒恃晋不事齊，又會齊伐莒。成公與莒子馬陵、蒲皆同盟，始書莒子朱卒。襄公之世，魯事晋，莒與齊更伐魯，而密州之弑、去疾之卒皆書，則以同伯主之盟會故也。先儒謂莒從夷俗，無謚，以號爲稱，故不書葬，然莒與魯積不相下，會葬與否無所考，其卒之不日，從可知

矣。著丘公卒，國人出其子郊公，而立其弟庚輿即共公也。國人出庚輿，齊人納郊公，事在昭二十三年，而郊公卒不知在何歲？獲麟後有莒子狂卒。

僖四年，夏，許男新臣卒。秋，八月，葬許穆公。（月閒上事會伐楚月，至無其義。）

文五年，冬，十一月，甲申，許男業卒。六年，春，葬許僖公。

宣十七年，春，王正月，庚子，許男錫我卒。夏，葬許昭公。

襄二十六年，八月，壬午，許男甯卒于楚。冬，葬許靈公。

（昭十九年，夏，五月，戊辰，許世子止弑其君買。）冬，葬許悼公。

（定六年，春，王正月，癸亥，鄭游速帥師滅許，以許男斯歸。）

哀十三年，夏，許男成卒。秋，葬許元公。

以上許君書卒、書葬者五，弑而書葬者一。許，大岳之後，國小而近鄭。隱公嘗與齊、鄭入許，許莊公奔衛，鄭分許西偏，使許叔居之，國幾亡。後因忽、突之亂，許叔入于許，桓公又會齊侯謀定許。或曰許叔即穆公也，穆公始從齊桓盟會，晉之世伯，許服于楚，至吴入郢，鄭人因楚敗而滅許，以許男斯歸。哀元年，許男從楚子圍蔡，蓋楚復封之，自許叔入許之後，無惡於魯，又以楚故，喪紀之往来者不怠，故卒多書日。新臣卒于師，成繼絶於滅亡之後，其不月者也。傳曰：「許穆公卒于師，葬之以侯。」故得書月葬。悼公弑而書葬者，止出奔，斯繼，故以禮成喪也。

隱八年，夏，六月，辛亥，宿男卒。

以上宿君書卒者一。宿，微國，而服于宋，故隱元年魯、宋盟於其國。其卒，日，以嘗受地主之供而備禮以吊也。國微，魯不會葬。莊十年，宋人遷宿之後，不復列於諸侯矣。

（文元年，冬，十月，丁未，楚世子商臣弑其君頵。）成王

（十三年，楚子商臣卒。穆王）

宣十八年，秋，七月，甲戌，楚子旅卒。莊王

襄十三年，秋，九月，庚辰，楚子審卒。共王

二十八年，十二月，乙未，楚子昭卒。康王

昭元年，冬，十一月，己酉，楚子麇卒。郟敖

（十三年，夏，四月，楚公子比自晉歸于楚，弑其君虔于乾谿。）靈王

二十六年，九月，庚申，楚子居卒。平王

哀六年，秋，七月，庚寅，楚子軫卒。昭王

以上楚君書卒者六，弑者二，不書卒者一，皆不書葬。楚熊通十九年入春秋，桓公之世，始僭稱王，事見史記。六年傳始記其侵伐小國，莊四年卒，子文王熊貲立。十年，荆敗蔡師，以蔡侯歸，始見于經。十三年，入蔡。十六年，伐鄭。傳記其十九年伐黄而卒。子成王頵立。二十三年，荆人来聘，始通于魯，故文元年世子商臣弑君，来赴而書。晉靈公少，不在諸侯。楚於是滅江、滅六、伐鄭以圖北方，使椒来聘，殺宜申来告，次厥貉，伐麇，始皆書楚子，而十三年卒不書，則以魯方謹於事晉，雖或赴而不吊也。莊王以後，晉、楚狎主夏盟，始皆書日卒而不書葬，蓋葬當順臣子之辭，策書不可從其僭號，言葬楚某王也。坊記曰：「春秋不書楚、越之王喪，恐民之惑也。」穀梁傳亦曰：「吴、楚之君不書葬，辟其僭號也。」蓋以爲筆削之旨。今知不然者，當時諸侯雖屈於楚，亦以小事大而已，魯號秉周禮，國史何至書其僭號？襄公在楚，楚人使其親襚，魯人以桃茢先祓殯，

此豈心悅誠服者？況魯史書事有法乎？昭二年，韓宣子来聘，觀書於大史氏，見易象與魯春秋，曰：「周禮盡在魯矣。」使書吳、楚僭號，謂之周禮，可乎？此實策書大體，然既爲夫子所取，即是聖人之法，孔子蓋曰「其文則史，其義則丘竊取之矣。」但求筆削之旨，則不可不知其本原爾。惠王章卒在春秋後。

襄十二年，秋，九月，吳子乘卒。（壽夢）

二十五年，十二月，吳子遏伐楚，門于巢，卒。諸樊

（二十九年，夏，閽弒吳子餘祭。一名戴）

昭十五年，春，王正月，吳子夷末卒。一曰餘昧

二十七年，夏，四月，吳弒其君僚。

定十四年，五月，吳子光卒。闔閭

以上吳君書卒者四，弒者二，皆不書葬。吳至壽夢始僭稱王。成公之世，晉始通吳于中國，晉厲、晉悼皆與吳會，晉平遂嫁女于吳，雖同姓而不顧，皆欲結之以撓楚也。故壽夢以後，吊喪之禮遂交於魯。至昭公，亦取于吳。其後，魯賦於吳八百乘，職貢同於事

晋，则以晋伯既衰，欲倚吴以敵齊、楚也。吴用夷禮，吊贈必不如制，故不日、不書葬，義與楚同。夫差卒在春秋後。

春秋屬辭卷四

存策書之大體第一之四

三十二，内女爲諸侯夫人，書卒、書葬。不吊，不書卒。不會，不書葬。許嫁，書卒。來歸，以夫人禮成喪，書卒。

莊四年，三月，紀伯姬卒。六月，乙丑，齊侯葬紀伯姬。

僖十六年，夏，四月，丙申，鄫季姬卒。

襄三十年，五月，甲午，宋災。宋伯姬卒。秋，七月，叔弓如宋葬宋共姬。

以上魯女爲諸侯夫人，書卒者三，書葬者二。禮：諸侯絶旁期，姑姊妹女子子嫁於國君者，尊與己同，故爲之服大功九月，而吊喪、會葬皆書于策。宋共姬葬書月者，從諸侯得常之例。紀伯姬獨書日，葬於仇人，异其事也。其不書葬者，魯不會也。杞伯姬卒，亦不書者，魯不吊也。杞畏魯暴之，敢不告其女之喪乎？

僖九年，秋，七月，乙酉，伯姬卒。

以上魯女未嫁書卒者一。禮：姊妹在室，期。出嫁，大功。未嫁其夫不爲服，則兄弟不爲降。諸侯絶旁期。此許嫁諸侯，故服其本服，而書其卒，不書葬者，在室葬，不以夫人禮也。

文十二年，二月，庚子，子叔姬卒。

成八年，冬，十月，癸夘，杞叔姬卒。

以上魯女出而書卒者二。子叔姬既絶於杞，故不書國。杞叔姬歸老於魯，非杞絶之，故書國。魯君皆爲之服，而喪以夫人之禮，故書卒。子叔姬不書葬，同於在室也。杞伯來逆叔姬之喪以歸，亦不書葬，魯不會也。齊子叔姬非罪出而與郯伯姬皆不書卒者，宣、成之世，恩有厚薄，皆不得以夫人禮成喪也。

莊二十九年，冬，十二月，紀叔姬卒。三十年，八月，癸亥，葬紀叔姬。

以上魯女爲娣，書卒、書葬者一。娣卒，史不書，此以國亡君没，無爲主後，故魯君爲服姑姊妹之服，而吊喪會葬皆用殊禮，故史書于策，以明叔姬婦節之高，見莊公恤典之厚，是亦所謂存策書之大體者，而儒者不察，反有責叔姬待終于酅爲非禮者，蓋坐以非常求之也。葬日者，國亡而葬於叔，故异之也。

三十三，主王姬之昏，爲之服，書卒。

莊二年，秋，七月，齊王姬卒。

以上王姬書卒者一。禮記檀弓曰：「齊告王姬之喪，魯莊公爲之服大功。」此禮所未有，魯人以我主其昏，欲以説齊爾。公爲之服姑姊妹之服，故書卒，同内女，亦策書之大體所當存也。後齊桓王姬亦魯主之，而卒不書，可見主昏脩服之非禮，而桓公不可以非禮説，故弗爲也。

三十四，内大夫書卒，不書葬。君不與小斂，不書日。有加命，兼書字。卒于外，書地。不以卿禮終，不書卒。諱殺成喪書卒。

隱元年，冬，十二月，公子益師卒。（蒙上事月）五年，冬，十二月，辛巳，公子彄卒。八年，冬，十二月，無駭卒。九年，三月，挾卒。（蒙上事月）

莊三十二年，秋，七月，癸巳，公子牙卒。

僖十六年，三月，壬申，公子季友卒。秋，七月，甲子，公孫茲卒。

文十年，春，王三月，辛卯，臧孫辰卒。十四年，九月，甲申，公孫敖卒于齊。

宣五年，秋，九月，叔孫得臣卒。（月閒上事）八年，夏，六月，辛巳，有事于太廟，仲遂卒于垂。壬午，猶繹，萬入，去籥。

成四年，夏，四月，甲寅，臧孫許卒。十五年，三月，乙巳，仲嬰齊卒。十七年，十一月，壬申，公孫嬰齊卒于貍脤。

襄五年，十二月，辛未，季孫行父卒。十九年，八月，丙辰，仲孫蔑卒。二十二年，秋，七月，辛酉，叔老卒。二十三年，八月，己卯，仲孫速卒。三十一年，秋，九月，己亥，仲孫羯卒。

昭四年，冬，十二月，乙卯，叔孫豹卒。七年，冬，十一月，癸未，季孫宿卒。十五年，二月，癸酉，有事于武宮，籥入，叔弓卒，去樂，卒事。二十一年，八月，乙亥，叔輒卒。二十三年，春，王正月，癸丑，叔鞅卒。二十四年，春，王二月，丙戌，仲孫貜卒。

二十五年，冬，十月，戊辰，叔孫婼卒。二十九年，夏，四月，庚子，叔詣卒。

定五年，六月，丙申，季孫意如卒。秋，七月，壬子，叔孫不敢卒。

哀三年，秋，七月，丙子，季孫斯卒。

以上魯大夫書卒者三十，不書日者四，卒于外書日、書地者二，當祭而卒者二。皆卿也。禮：王於三公、六卿、諸侯、大夫、士皆有服。君於卿大夫將葬吊於宮，比葬不食肉，比卒哭不舉樂，以有服也。故大夫卒，史必書之。然傳曰：「公不與小斂，故不書日。」則不徒記臣子之喪而已，兼欲志恤典厚薄，以見君臣始終之義焉，故當祭卒而猶繹、去樂，必書，况公不與小斂，則恤典必不備，宜有以見之也。杜氏曰：「禮：卿佐之喪，小斂、大斂，君皆親臨之。始死，情之所篤，故以小斂爲文。至於但臨大斂及不臨喪，亦同不書日。」襄五年，冬，十二月，辛未，季孫行父卒。傳曰：「大夫入斂，公在位。」是公與小斂，則書日之事也。然公孫敖卒于齊，已絶卿位而書日卒者，惠叔毀請於朝，感子赦父，雖公不與小斂，恩賓過厚，故書日也。公子牙卒時，公有疾；叔孫婼、叔詣卒時，公孫在外；公孫嬰齊卒于貍脤，皆書日卒，禮不責人以所不得備，爲其有故，非不欲臨，故皆書日。大夫卒于境外則書地，境内不地。傳稱「季平子行東野，卒于房」是也。今案春秋之初，政不在大夫，故恤典有厚薄，而史亦得用其法。成、襄而後，大夫權重，君恩過厚，雖有故不臨小斂與恩薄者不同，故一切書日，此史之變例也。兼書字者二：季友，僖之叔父，而有功於僖；仲遂，宣之叔父，而有功於宣。其喪葬皆有殊禮。傳言「季友受費以爲上卿」，蓋宣之仲遂恩視季友，皆賜以三命，而使之世爲卿也。厥後，叔孫昭子三命踰父兄，當時以爲非禮，則以其先未有三命如二氏者也。或謂此蓋生而賜族，使世爲卿，然叔牙不書叔，亦世爲卿，叔肸之子嬰齊仍稱公孫，則叔非氏也。案杜氏注：公子彄，孝公子也，謚僖伯。臧孫辰，彄之孫，哀伯達之子，謚文仲。臧孫許，辰之子，謚宣叔。是爲臧孫氏。季友，莊公母弟。季孫行父，友之孫，謚文子。季孫宿，行父之子，謚武子。意如，宿之子，謚平子。季孫斯，意如之子，謚桓子。是爲季孫氏。公子牙，莊公庶弟。公孫兹，牙之子。叔孫得臣，牙之孫，謚莊叔。叔孫豹，得臣之子，僑如之弟，謚穆叔。叔孫婼，豹之子，謚昭子。不敢，婼之子，謚成子。是爲叔孫氏。公孫敖，慶父之子，謚穆伯。仲孫蔑，慶父之孫。文伯，穀之子，謚獻子。仲孫速，蔑之子，謚莊子。仲孫羯，速之子，謚孝伯。仲孫貜，謁之子，謚僖子。是爲孟孫氏。仲遂，莊公子也，字襄仲。仲嬰齊，遂之子，歸父之弟。公孫嬰齊，宣公弟，叔肸之子，謚聲伯。叔老，肸之子，字齊子。叔弓，叔老之子，謚敬子。輒，弓之子，字伯章。叔鞅，亦弓之子。叔詣，輒之子。無駭，展禽之先也。蓋師俠不知其世，王制：「大國，三卿，皆命於天子；次國，三卿，二卿命於天子，一卿命於其君；小國，二卿，皆命於其君；皆下大夫五人，上士二十七人。」周禮：「公、侯、伯之卿三命；其大夫再命；其士一命；子、男之卿再命；其大夫一命；其士不命。」大夫以下，名氏不見于策。凡事于策，皆卿也，故卿卒則書。王制：「諸侯之大夫，不世爵禄。」避賢也。春秋時，晋、鄭皆六卿，魯專於三桓，見于策者四卿，齊國、高，宋華、向，皆父卒子立，策書之體存，而世卿之失見矣。又豈待以書某氏卒爲譏也哉？卿不書卒者六，公子翬、公子慶父、柔、溺、公子結、叔彭生，皆不以卿禮終也。若公子牙實殺，而以卿禮成喪，亦書卒，史緣一時君臣隱諱之情而録之。春秋存策書之大體而已。公羊謂「善季子」，陸氏謂「書其自卒以示無譏」，皆失經旨。公孫歸父、叔孫僑如出奔，不書卒。仲孫何忌、叔孫州仇卒在春秋後。

三十五，天子大夫卒，書同内大夫，葬則舉謚、稱公。

文三年，夏，五月，王子虎卒。

定四年，秋，七月，劉卷卒。（蒙公至月）葬劉文公。

以上天子大夫書卒者二，書葬者一。來赴而往吊也。凡王人皆以内辭書之，故書卒同内大夫。王子虎，踐土、翟泉嘗主諸侯，劉文公合諸侯于召陵。傳曰「來赴吊如同盟，禮也。」二子身佩周室安危，諸侯之合散繫焉，其來赴往吊，皆有不容已者，不可以常禮論也。葬舉謚稱公者，王卿士有封國，得置臣屬，如諸侯也。不月者，禮不備也。

三十六，公母弟卒，書弟、書字。

宣十七年，冬，十一月，壬午，公弟叔肸卒。

以上公弟書卒者一。肸，宣公母弟也。傳曰：「凡大子之弟，公在曰公子，不在曰弟，凡稱弟，皆母弟也。」此謂春秋所書之弟，皆是時君同母之弟，蓋史文實録之法，非以爲加親也。肸非見大夫，卒不當書，宣公以庶簒適，喪其母弟，恩視季友、仲遂，而使世爲卿，比桓、莊之族，故稱弟、稱字而書卒，同於見大夫，策書實録，而宣公之情不可掩矣。若稱公子則嫌於見大夫，且無以見宣公寵愛之私，史非不知异母之不當踈外也。陸氏諸儒辯之過矣。

三十七，外弑君，從赴告。

隱四年，春，王二月，戊申，衞州吁弑其君完。

莊八年，冬，十一月，癸未，齊無知弑其君諸兒。

宣二年，秋，九月，乙丑，晋趙盾弑其君夷皋。四年，夏，六月，乙酉，鄭公子歸生弑其君夷。十年，五月，癸巳，陳夏徵舒弑其君平國。

襄二十五年，夏，五月，乙亥，齊崔杼弑其君光。二十六年，春，王二月，辛夘，衞甯喜弑其君剽。

昭十三年，夏，四月，楚公子比自晋歸于楚，弑其君虔于乾谿。

以上弑君稱名氏者八。凡大夫不書氏，未賜族也。公子、公孫不書屬，非見大夫也。雖弑君者當國，得告以名者，國猶有臣子，不皆逆賊之黨也。非手弑而歸罪者，以首惡書也。趙盾、歸生事，三傳同，而先儒疑之，必欲定爲手弑，然後合於經，此不以禮法斷之也。史記録晋人之言曰：「盾雖不知，猶爲賊首。」此先王所以明臣妾之禮，杜弒逆之原，其來已久，非董史甫創其義也。歸生爲正卿而與謀，其首惡無足异者。春秋以禮法脩辭，學者弗深考爾。楚虔弒君而比出，比歸國而虔縊，事與趙盾、歸生不同，故書其屬，而經不日以別之。陳氏曰：「春秋之法，苟有逆意於其君，雖自殺也，亦書弒。」竊謂周監二代，放弒其君，必有成憲，國史書罪，亦有定法，非脩春秋時，始造斯律也。

桓二年，春，王正月，戊申，宋督弒其君與夷，及其大夫孔父。

莊十二年，秋，八月，甲午，宋萬弒其君捷，及其大夫仇牧。

僖十年，春，晋里克弒其君卓，及其大夫荀息。

哀六年，秋，齊陳乞弒其君荼。

以上弒君及其大夫三，庶孽初立見弒二。君弒而大夫死節，必大臣之能與其君存亡者也，故得與其君同稱弒而言及。弒君者稱名氏例與上同。晋獻公殺其世子，逐羣公子而立奚齊，里克弒之，荀息立卓子，里克又弒之。克之弒君，爲重耳也。齊景公逐羣公子而立荼，陳乞召陽生立之而荼弒，故陳乞爲逆首。二君皆以庶孽見弒，與他君遇弒者不同，故經不月以异之，非弑君者有輕重也。

文十四年，九月，齊公子商人弑其君舍。（蒙上事月）

僖九年，冬，晋里克殺其君之子奚齊。

以上弑未踰年君一，不稱君者一。未踰年君見弑，稱君，所以正其名，待猶君之義也。經不日，别成君也。奚齊庶孽，國人不君，故經特筆稱其君之子，而又不月以异之，其説别見。

文十六年，冬，十一月，宋人弑其君杵臼。十八年，夏，五月，戊戌，齊人弑其君商人。

襄三十一年，十一月，莒人弑其君密州。

以上弑君稱人者三。凡稱人，皆微者，史從赴書之。宋人弑君，賊由君祖母。莒人弑君，賊由公子展輿，事與齊邴歜、閻職不同，故經不日以别之。

文元年，冬，十月，丁未，楚世子商臣弑其君頵。

襄三十年，夏，四月，蔡世子般弑其君固。

昭十九年，夏，五月，戊辰，許世子止弑其君買。

以上世子弑君三。蔡侯般淫而不父，與他國子禍不同，故不日以别之。許止非故弑而與商臣同書日，則弑逆者罪無輕重明矣。又案許止事，三傳皆見，止非故弑，而左氏記事尤詳，先儒亦疑之，必欲定爲故弑而後合於經，此亦不以禮法斷之也。張主一曰：「止之所以异於商臣、蔡般者，過與故爾。然春秋一施之者，以臣子於君父不可過也。」蘇子由曰：「今律：和御藥不如法者，死。蓋春秋遺意，皆足以斷斯獄矣。」

文十八年，冬，十月，莒弑其君庶其。

成十八年，春，王正月，庚申，晋弑其君州蒲。

昭二十七年，夏，四月，吴弑其君僚。

定十三年，冬，薛弑其君比。

以上弑君稱國者四，告不以名氏，故但稱國以弑。必弑君者當國，國人皆逆賊之黨，故無能以名氏告者，若欒書、中行偃是也。莒僕以其寶玉來納諸公，故魯史不著其罪，然莒僕因國人以弑父而出奔，公子光弑君而自立，其事與晋欒書、中行偃當國者异，而亦皆稱國以弑，故不日以别之。唯薛弑不月與晋里克、齊陳乞同，傳無事實不可考。

襄二十九年，夏，五月，閽弑吴子餘祭。（蒙公至月。傳序其事亦在五月。）

哀四年，春，王二月，庚戌，盗殺蔡侯申。

以上閽弑國君一，盗殺國君一。閽，賤隸，盗，竊賊，不可律以臣禮，故不言其君。閽猶在官，故得言弑，然殺蔡侯者實諸大夫之公孫翩也。蔡人既殺翩，而以盗赴，經賤閽，故略不書日，蔡實非盗，故詳其日以别之。孟子曰「世衰道微，邪説暴行有作，臣弑其君者有之，子弑其父者有之。孔子懼，作春秋。」此春秋書弑君之義也，是故凡言弑其君者，不以君有道、無道异辭，所以正弑逆之罪，其或文同而事异、事同而文异者，則以日月之法别之。左氏不知經意，見弑君者或稱名氏，或稱國，或稱人，求其説而不得，遂定爲例，曰「凡弑君稱君，君無道也，稱臣，臣之罪也。」蓋溺於邪説，而不見正於孔氏之徒者也。傳記師曠對晋侯論衛人出君，史墨對趙簡子論魯人出君，皆釋臣而歸罪於君，劉向説苑記齊人弑君，魯襄公曰：「孰臣而敢殺其君乎？」師懼曰：「夫齊君治之不能，任之不肖，縱一人之欲，以虐萬夫之性，非所以立君也。其身死，自取之也。」與師曠、史墨之言，如出一口，皆當時之邪説也。晉靈之弑，史狐以首惡書重，蓋王者之法，而猶有託爲夫子之言，謂趙盾爲良大夫者，自大夫專政，士民皆知有大夫，而不知有君，是以君多謗，而臣多譽，邪説之行，有自來矣。此夫子所爲懼，春秋所由作也。且見弑之君無道者，莫甚於齊襄、莊、晉靈、楚虔，經皆書弑者名氏，而議不及其君，宋昭公非有四君之惡也，獨以無道稱，而弑者免於討，是豈春秋撥亂之法乎？爲左氏學者，既以陷於邪説，而何休、范甯又推以釋二傳，其不可爲訓，抑有甚焉，而唐啖、趙、宋陳氏諸儒亦皆因襲其説，而未有悟其非者，是亂臣賊子雖知懼於一時，而卒見釋於千萬世也。由赴告策書之法，左氏考之不詳，而又不知聖人有存策書大體之義，故其失至此。諸實弑而以卒告者，説已見前卒葬類中。

三十八，殺他國君。

宣十八年，秋，七月，邾人戕鄫子于鄫。

昭十一年，夏，四月，丁巳，楚子虔誘蔡侯般，殺之于申。

十六年，春，楚子誘戎蠻子殺之。

以上微者戕他國之君一，蠻荊之君殺諸國之君一，自相殺一。邾人者，邾大夫。戕者，殘也。蓋邾使大夫往殘賊之。傳例曰：「自虐其君曰弒，自外曰戕。」孔氏曰：「弒者，伺候閒隙，試犯其君。戕者，卒暴而來，殘賊殺害。弒、戕皆是弒也。所以別内外之名爾。」不日者，异内弒也。凡諸侯卒，則名，謹終事，詳凶變也，故見殺、見弒皆名之。既名蔡侯，亦名楚子，又特書日，所以謹内外之辯。蔡侯嘗弒君且明非討罪也。其自相殺則不月，略之也。詳見變文篇。

三十九，内殺大夫言刺。

僖二十八年，春，公子買戍衛，不卒戍，刺之。

成十六年，十二月，乙酉，刺公子偃。

以上内刺公子二，義取周禮三刺之法。公子買，蓋公子之爲大夫者，不言殺其大夫，内事以君命爲重，故不以專殺爲義，所以明臣禮也。晉文之興，魯欲與楚，故戍衛。其殺公子買，懼晉也，曰「不卒戍」，乃欺楚之辭，史實其誣而罪見矣。穆姜、僑如之謀，公子偃所不知，雖加之罪，而事不可書，故但言刺而已。穆姜指偃與鉏曰：「是皆君也。」

蓋欲激公，使逐二家，非真有廢立之意。季孫歸而殺偃，遷怒也，不及鉏者，鉏幼，公不忌也。杜氏謂「鉏不與謀」，非事實矣。啖氏謂：「直書刺者，罪當殺。」不知書法詳略之由也。

四十，外殺大夫稱國、稱名。討亂，稱人。不在位，不稱大夫。篡公子去屬。衆殺稱人。

莊二十六年，夏，曹殺其大夫。

僖七年，夏，鄭殺其大夫申侯。十一年，春，晉殺其大夫丕鄭父。二十五年，夏，宋殺其大夫。二十八年，夏，楚殺其大夫得臣。文十年，夏，楚殺其大夫宜申。

宣九年，冬，陳殺其大夫洩冶。十三年，冬，晉殺其大夫先穀。十四年，春，衛殺其大夫孔達。

成八年，夏，晉殺其大夫趙同、趙括。十五年，秋，宋殺其大夫山。十六年，夏，楚殺其大夫公子側。十七年，冬，晉殺其大夫郤錡、郤犨、郤至。十八年，春，晉殺其大夫胥童。（爲下弒月）齊殺其大夫國佐。

襄二年，冬，楚殺其大夫公子申。五年，秋，楚殺其大夫公子壬夫。十九年，秋，齊殺其大夫高厚。鄭殺其大夫公子嘉。二十年，秋，蔡殺其大夫公子變。二十二年，冬，楚殺其大夫公子追舒。二十三年，夏，陳殺其大夫慶虎及慶寅。

昭二年，秋，鄭殺其大夫公孫黑。五年，春，楚殺其大夫屈申。十二年，夏，楚殺其大夫成熊。二十七年，夏，楚殺其大夫郤宛。

哀二年，冬，蔡殺其大夫公子駟。四年，夏，蔡殺其大夫公孫姓、公孫霍。

以上外殺大夫稱國者二十八。孟子曰：「君之視臣如土芥，則臣視君如寇讎。」此春秋書殺大夫之義也。古者諸侯、大夫皆天子所置，凡卿大夫之獄，大司寇以邦法斷之，諸侯不得專殺，故君殺臣，皆書殺其大夫以志專殺，而有罪、無罪悉名之，以明臣禮、示恭順。公羊傳曰：「稱國以殺者，君殺大夫之辭也。」何氏曰：「凡君殺大夫，以專殺書。」其説皆是，唯左氏以大夫不名爲非其罪，而凡書名者，皆求其罪以實之，若洩冶以直言見殺，公子變以謀去楚歸晉見殺，皆不得免焉。孔氏引家語論洩冶，「以區區之身，欲止一國之淫昏，死而無益，可謂狷矣，而不得爲仁。」劉侍讀亦曰：「洩冶安於淫亂之朝，至廢男女之節，然後言之，則其從君於昏者多矣。」其論人臣進退大節則善矣，然春秋豈於其直言見殺而議其罪，與悖亂者同科乎？若公子燮之事，則内外相亂，説者不辨久矣，其或不名與去族，皆筆削之旨。說見變文篇。

僖十年，夏，晋殺其大夫里克。

襄二十七年，夏，衛殺其大夫甯喜。

以上外殺大夫嘗弑君者二。二君利其弑以除害，又以忌克殺之，非討罪，故史無异文。

僖三十年，秋，衛殺其大夫元咺及公子瑕。

以上殺大夫專廢立者一，及所立公子一。瑕稱公子，以元咺稟伯主之命立之，异於他篡者，故書元咺及之而不去其屬。

襄二十三年，冬，晋人殺欒盈。三十年，秋，鄭人殺良霄。

以上殺大夫自外復入者二，皆稱人以殺，以其稱兵犯國，非士師之所能治，而必以國人討之也，皆不書其大夫，以去位而復入爲亂，非其大夫也。

文九年，春，晋人殺其大夫先都。晋人殺其大夫士穀及箕鄭父。

昭八年，秋，陳人殺其大夫公子過。

以上外殺大夫稱人者三。先都、士穀、箕鄭父作亂殺先克，公子招、公子過殺陳世子偃師，公子招又歸罪於公子過而殺之，皆以討亂告，故亦稱人以殺。在位，故稱其大夫。

隱四年，九月，衛人殺州吁于濮。

桓六年，秋，蔡人殺陳佗。

莊九年，春，齊人殺無知。

以上殺簒立者三。諸簒立者，諸侯定其位，則列於會而稱爵，故未會諸侯者皆名之，不成之爲君也。皆稱人以殺者，以其弑君代立，非有司法守之所能治，而國人得而討之也。傳言州吁求寵於諸侯以和其民，又曰州吁未能和其民，厚問定君於石子，是州吁之簒，國人皆不與也，所以石碏得信討賊之義。蔡人殺五父而立其所出，雍廩殺無知以報其虐，名雖公而事則私，其稱蔡人亦與稱國人義异，春秋君弑而能以義討賊者，唯衛人爲正，故特書月以別之。

文七年，夏，宋人殺其大夫。八年，冬，宋人殺其大夫司馬。

以上外殺大夫稱人者二。此稱人者，衆辭。傳謂穆襄之族及戴氏之族是也。詳見變文、特筆二篇。

四十一，夫人出書歸。

文十八年，冬，十月，夫人姜氏歸于齊。（蒙上子卒月）

以上魯夫人歸于父母之國者一。傳曰：夫人「出曰歸于某」。文夫人以襄仲殺其子而立宣公，故歸其父母之國而老焉，與罪出者不同，然亦絶于魯，故曰歸。事與内女非罪出書「來歸」同，當同書月。

四十二，公、夫人出奔言孫。

昭二十五年，九月，己亥，公孫于齊。

莊元年，三月，夫人孫于齊。

閔二年，九月，夫人姜氏孫于邾。

以上公孫一，夫人孫二。啖氏曰：「公、夫人不可斥言奔。」公羊傳曰：「内諱奔謂之孫。」今案夫人尊與君同，故同稱孫，然婦人非罪不奔，與國君見出於其臣者不同，故經不日以別之。

四十三，諸侯出奔。

桓十五年，五月，鄭伯突出奔蔡。十六年，十一月，衞侯朔出奔齊。

莊四年，夏，紀侯大去其國。

僖二十八年，夏，四月，衞侯出奔楚。（蒙上事月）

文十二年，春，王正月，郕伯來奔。

襄十四年，夏，四月，己未，衞侯出奔齊。

昭三年，冬，北燕伯款出奔齊。二十一年，冬，蔡侯朱出奔楚。二十三年，秋，莒子庚輿來奔。（爲下日敗月）

哀十年，春，王二月，邾子益來奔。

以上諸侯出奔六，來奔三，去其國一。有所辨則名，去國不反名，皆從史文。不言出奔，言去其國，乃特筆，其説皆別見諸侯出奔月。衞侯衎，臣出君，特書日。紀侯大以下失國者皆不月。

桓十一年，秋，鄭忽出奔衛。

莊二十四年，冬，曹羈出奔陳。

昭元年，秋，莒展輿出奔吴。

以上未踰年諸侯出奔一，失位喪國，故不稱子。踰年出奔一，微弱不能自定，國人以名赴。弑君篡位出奔一，未會諸侯，故不稱爵。皆不月，异成君也。凡國滅君奔，别見大夫出奔，有筆削，見後篇。

四十四，公子入國。

桓十五年，夏，許叔入于許。

莊九年，夏，齊小白入于齊。

昭元年，秋，莒去疾自齊入于莒。

哀十年，秋，齊陽生入于齊。

以上公子入國四。穀梁傳曰：「以好曰歸，以惡曰入。」今案許叔以繼絶入，故稱字，説在變文篇。齊小白、陽生、莒去疾以篡入，故不稱公子，皆從史文。

四十五，外大夫以邑叛。

襄二十六年，春，衛孫林父入于戚以叛。

昭二十一年，夏，宋華亥、向寧、華定自陳入于宋南里以叛。

定十一年，春，宋公之弟辰及仲佗、石彄、公子地自陳入于蕭以叛。秋，宋樂大心自曹入于蕭。十三年，秋，晉趙鞅入于晉陽以叛。冬，晉荀寅、士吉射入于朝歌以叛。

以上外大夫書入邑以叛者四，入國以叛者一。（樂大心不言叛者，蒙上文從可知也。）

四十六，以地來奔，非卿，亦書。

襄二十一年，春，邾庶其以漆閭丘來奔。

昭五年，夏，莒牟夷以牟婁及防、兹來奔。三十一年，冬，黑肱以濫來奔。

以上邾、莒大夫以地來奔者三。傳曰：「庶其非卿也，以地來，雖賤，必書，重地也。」又曰：「牟夷非卿而書，尊地也。黑肱賤而書名，重地故也。」今案，邾，小國，雖其卿，名氏亦不登于策，此皆以受其叛邑書。若郕伯來奔則以稱君故，不書其地，義各有所重，史不徒録實也。

四十七，出奔大夫入國、賊其國稱復入。

襄三十年，秋，鄭良霄出奔許，自許入于鄭。

成十八年，夏，宋魚石復入于彭城。

襄二十三年，夏，晉欒盈復入于晉，入于曲沃。

以上大夫自外入國者一，復入邑者一，復入國、入邑者一。鄭良霄志復私讎，宋魚石、晉欒盈挾仇敵害宗國，故書之不同，説見末篇。

四十八，諸侯相執。

僖五年，冬，晉人執虞公。十九年，春，王三月，宋人執滕子嬰齊。夏，六月，己酉，邾人執鄫子，用之。

哀四年，春，宋人執小邾子。

以上諸侯相執四，用之一。周官：「大司寇掌建邦之三典，以佐王刑邦國、詰四方。凡諸侯之獄訟，以邦典定之。」諸侯無相執之道，故凡執，恒稱人。晉獻公襲執天子三公，而滅其封國，罪大於相執，齊桓伯略不及西，莫能正也。宋襄圖伯而執滕子，用鄫子，以宣其虐，故子魚謂其得死爲幸。小邾世服於宋，於是見執，而春秋將終，世無盟主久矣，以策書大體所當存示録小國而已。

四十九，盟主執諸侯。

僖二十八年，三月，丙午，晋侯入曹執曹伯，畀宋人。冬，晋人執衛侯，歸之于京師。

成九年，秋，晋人執鄭伯。十五年，春，晋侯執曹伯歸于京師。

襄十六年，春，晋人執莒子、邾子以歸。十九年，春，晋人執邾子。

以上盟主執諸侯六。盟主有討罪之義，故雖稱人以執，與諸侯相執同文而事异，其道有得失，故筆削之旨或稱侯以執，説見變文篇。唯襄二十六年，晋人爲衛孫氏故，會澶淵執甯喜，衛侯如晋，晋人執之，而經不書者，爲臣執君，不可以訓，故削而不録，在存策書大體中爲變例之三。

五十，諸國執外裔之君。

哀四年，夏，晋人執戎蠻子赤，歸于楚。

以上諸國執外裔之君一。歸于楚者，楚人圍蠻氏，蠻子赤奔晋，楚人有辭，且以師臨上雒，故趙孟執蠻子，歸之。楚雖敗亡之餘，羣臣能輯睦以事其君。晋外失諸侯而强家内訌，自知非楚敵也。

五十一，外裔會而執諸國之君。

僖二十一年，秋，宋公、楚子、陳侯、蔡侯、鄭伯、許男、曹伯會于盂，執宋公以伐宋。以上外裔會而執諸國之君一，宋公一會而虐二國之君，又不度德量力，而致楚子于盂，於是見執而國受兵，蓋不知有出爾反爾之戒者也，於楚曷足議焉？凡會執，别稱人，此蒙諸侯言之。

五十二，外裔相執。

昭四年，夏，楚人執徐子。以上外裔會而相執一。此申之會也，徐服楚久矣，既世事楚，而又服于吴，徐子又吴出也，故楚人執之。

五十三，大夫見執，則書至。非專使，不稱行人。從公還，不書至。

昭二十三年，春，王正月，晋人執我行人叔孫婼。（蒙日卒月）二十四年，春，婼至自晉。

以上大夫出疆見執書至一。傳曰：「行人，言使人也。」婼如晉，謝取邾師見執故稱行人，凡大夫行不書至，降於君也，被執則書至，謹事變，重國卿也。

成十六年，九月，晉人執季孫行父，舍之于苕丘。

昭十三年，八月，晉人執季孫意如以歸。（蒙上事月）十四年，春，意如至自晉。

以上大夫從公見執者二。不稱行人，非專使也。凡大夫從公不書。伐鄭之役，行父從公，以僑如之譖見執而書。平丘之會，意如從公，以邾、莒之訴見執而書。雖見執也，苟從公歸，則不書。行父從公歸，意如踰年乃得歸也。凡大夫出入從公不書，執則書，與公將不言帥師，敗則稱師義同，皆國史成法。行父執書月，著例。

五十四，王臣見執，自我而行則書。還，接我，書至。

文十四年，冬，單伯如齊，齊人執單伯。十五年，夏，單伯至自齊。

以上王臣書如、書執、書至者一，單伯以王命爲魯請子叔姬如齊，見執，還，又過魯，故書之一如吾大夫。

隱七年，冬，戎伐凡伯于楚丘以歸。

以上戎執王臣以歸一。由魯聘，還，見執，故書。變執言伐，乃修春秋之辭，説見變文篇。

五十五，外大夫見執，非專使，不稱行人。非卿，雖殺之，不書。

桓十一年，九月，宋人執鄭祭仲。

莊十七年，春，齊人執鄭詹。

僖四年，夏，齊人執陳轅濤塗。

襄二十六年，秋，晋人執衛甯喜。

定元年，春，王三月，晋人執宋仲幾于京師。

以上外執大夫五。鄭祭仲，宋人誘而執之；鄭詹，齊人以伯令召而執之；陳轅濤塗執于師；衛甯喜執于會；宋仲幾執于京師，故皆不稱行人。宋執祭仲，使立庶簒適。城成周，宋仲幾不受功，晋人專執于京師，皆書月以异之。

襄十一年，秋，楚人執鄭行人良霄。十八年，夏，晋人執衛行人石買。

定六年，秋，晉人執宋行人樂祁犂。七年，秋，齊人執衛行人北宫結以侵衛。

以上外執大夫四。良霄如楚，告將服于晉見執；石買如晉，以伐曹見執；樂祁犂如晉，以宋久不來聘見執；衛侯欲叛晉，使北宫結如齊，而私使執之以侵我，皆以專使往，故稱行人。

昭八年，夏，楚人執陳行人干徵師，殺之。

以上楚執行人殺之一。陳公子招、公子過殺悼大子偃師而立公子留，干徵師赴于楚，且告有立君，楚人執而殺之。

宣十四年，鄭人殺楚使申無畏。不書，非卿也。

五十六，外放大夫。

宣元年，夏，晉放其大夫胥甲父于衛。

哀三年，秋，蔡人放其大夫公孫獵于吴。

以上外放大夫二。放謂弃置於此而不得他適，「舜放驩兜于崇山」，蓋古有此法。薛氏曰：「諸侯不得專放，書放其大夫，僭天子之事也。」吕氏曰：「稱國以放，君與大夫咸與焉。稱人以放，國亂無政而衆人擅放之。」

五十七，外裔滅中國而放其大夫。

昭八年，冬，十月，壬午，楚師滅陳，執陳公子招，放之于越。

以上楚滅中國而放其大夫一。招殺陳世子，楚子志在取陳而已，故不能正其罪。書師者，經變文。説見謹華夷篇。

春秋屬辭卷五

存策書之大體第一之五

五十八，公朝覲，始行則書，皆稱如。既成禮，則稱朝。在道而還，書其復。

成十三年，三月，公如京師。

以上成公如京師者一，朝天王也。周禮：「大宗伯以賓禮親邦國，春見曰朝，夏見曰宗，秋見曰覲，冬見曰遇，時見曰會，殷見曰同。」大行人：「侯服，歲一見；甸服，二歲一見；男服，三歲一見；采服，四歲一見；衛服，五歲一見；要服，六歲一見。」凡諸侯之邦交，世相朝而已。東遷，諸侯不臣，小國朝大國，大國朝盟主，而不復朝天王。魯君再書朝王所一，書如京師，皆以晉故，而非特朝也。成公將會諸侯，假道京師伐秦，不可過天子而不朝，故始行則書如京師。凡内出朝聘，但書如，始行則書之，未成禮之辭也。據魯君如晉至河而復者六，魯臣如京師、如齊不至而復者各一，始行不果，彼國必成其禮也，此杜氏説得之。或謂魯之朝聘非誠、非禮，故但書如，由不知策書之體也。春秋存策書之大體，以屬辭比事見得失，而不以褒貶偹辭，此下書「公自京師，遂會諸侯伐秦」，則非特朝可見。通十二公，唯成公一如京師，則魯君久闕朝覲之禮亦可見，不待變文而後爲譏也。如京師，特書月，明朝王爲正，與他如不同。

僖二十八年，五月，癸丑，公朝于王所。（蒙上盟日）冬，壬申，公朝于王所。

以上僖公朝王所者二。晉文踐土、温二會皆以天子在焉，而諸侯就朝，既成禮而後書，故言朝。凡朝王例日。壬申，其著例也。踐土不日者，與盟同日也。温會不月，故朝王有日而無月也。春秋有爲下事月者，此不爲朝王月，以見因會而朝，非會則不朝也。

僖十年，春，王正月，公如齊。十五年，春，王正月，公如齊。三十三年，冬，十月，公如齊。

以上僖公如齊者三，二朝伯主，一繼齊好也。東遷，諸侯大行人「殷聘世朝」之禮久廢，唯以小朝大而已，故隱、桓、莊之世，小國之君往往來朝於魯，而魯未嘗往朝大國，以當時大國皆齊等故也。桓公創霸之初，未遑定制，故莊公三如齊，皆以事行。至僖七年，公子友如齊。十年，公如齊。十三年，公子友如齊。十五年，公如齊。合傳三歲而聘、五歲而朝之法，蓋齊桓伯業既成之後，會于甯母，始定其制，以爲諸侯朝伯主之禮，與尚書周官「六年，五服一朝」相類，不自知其僭也。僖十七年，桓公卒，故僅再朝而已。晉文公伯業甫定而卒，故僖公未嘗朝晉。晚年一朝齊昭復修齊好也。凡公外如不月，以四時首月行則書之。不書至，乃筆削之法，説在後篇。

文三年，冬，公如晉。十三年，冬，公如晉。

以上文公如晉者二，朝伯主也。傳言晉文公季年，諸侯朝晉，衛成不朝，故文公元年，晉襄伐衛。二年，亦以不朝來討。公如晉，晉人使陽處父盟公，魯人耻之，經没公如晉不書，而處父去族。以晉文伯業之盛，踐土之盟，温之會，僖公皆在焉，又嘗受其曹田，嘗使大夫一聘一拜田，而弗身朝之，晉文卒乃朝。齊文公即位，亦聘齊以圖昏，而不通晉好，於是見討而朝以取辱，則亦比而不周之過也。此在存策書大體中爲變例之四，説見變文篇。三年，晉人悔其無禮於公，請改盟，公如晉。五年，公孫敖如晉。六年，行父如晉。八月，襄公卒。其後，公一如晉朝靈公。十五年，行父以齊難故如晉者再，而晉侯受賂，不克伐齊，公遂舍晉而屈於齊矣。此魯君於文、襄世伯朝聘之實也。而昭三年傳，子大叔曰：「文、襄之霸，令諸侯三歲而聘，五歲而朝。」豈文、襄嘗舉齊桓之典，而主盟日淺，故諸侯有不盡從其令者乎？文十五年，曹伯來朝。傳曰：「禮也。諸侯五年再相朝，以脩王命，古之制也。」所謂古制，既與周禮不合。春秋之世，小國朝魯，魯朝大國，近或一二年，遠或十餘年，或閒世不朝，遲速皆無常準，左氏唯見十一年曹伯來朝，至此又來，適合子大叔五歲之數，遂以其説爲傳，而不知其制實始於齊桓爾。又昭十三年，叔向曰：「明王之制，使諸侯歲聘以致業，閒朝以講禮，再朝而會以示威，再會而盟以顯昭明。」杜氏謂：「三年一朝，六年一會，十二年一盟。凡八聘四朝再會，王一巡守，盟于方岳之下。」其朝聘之節大數，故先儒以周禮大行人所職爲得中，蓋成周之禮，非唯左氏不能詳，當時名大夫如叔向亦不得其真也。

宣四年，秋，公如齊。五年，春，公如齊。九年，春，王正月，公如齊。十年，春，公如齊。夏，公如齊。

以上宣公如齊者五，四朝一奔喪。齊惠非盟主比，值晉伯中衰，宣公簒立，以濟西田賂齊爲平州之會，以定其位，故終身謹於事齊，不朝聘于晉。黑壤之會，晉人止公，以賂免，不得與盟，既葬敬嬴，則比歲朝齊。齊歸其所賂田，又親奔喪。晚歲不悦齊頃，乃背齊好晉，反覆皆以私也。

成三年，夏，公如晉。四年，夏，公如晉。十年，秋，七月，公如晉。十八年，春，公如晉。

襄三年，春，公如晉。四年，冬，公如晉。八年，春，王正月，公如晉。十二年，冬，公如晉。二十一年，春，王正月，公如晉。二十八年，十一月，公如楚。

以上成公、襄公如晉者九，朝盟主也。襄公如楚者一，晉、楚之從，交相見也。成公即位，爲齊故，臧孫許及晉景盟于赤棘。二年，齊侯伐我，值郤克有齊怨，魯四卿同出會晉師，大敗齊師于鞌，盟于袁婁。晉由此復振，諸侯叛者皆服，而魯自是専事晉矣。成公朝景者三，三年拜汶陽之田，四年特朝。晉侯見公不敬，歸而欲結楚以叛晉，季文子不可而止。蓋以齊侯既朝晉，晉厚齊則薄魯也。八年，晉侯果使韓穿來言汶陽之田，歸之于齊。十年，吊喪。晉厲新立，疑公貳於楚，止公送葬，俟使楚者還驗實，公請受盟而歸。晉悼立，公聞其賢，遽往朝之，甫歸而士匄來拜朝。襄公即位，晉又先來聘，故公朝悼者四。三年，始朝。四年，朝而聽政。八年，聽朝聘之數。晉侯亦使士匄來拜公之辱。蕭魚之後，晉來拜師，公復往朝，悼公待諸侯有禮故公謹於事晉也。晉平爲魯故，合諸侯，同圍齊，執邾子，削其田以歸魯，故二十一年，公如晉拜師及取邾田。末年，晉、楚合成，趙武、屈建會諸侯之大夫盟于宋，請二國之從諸侯交相見，公遂朝楚，而及陳、鄭、許之君送楚康之葬于西門之外。晉伯日衰，而華夷相亂矣，故如楚特書月以异之。

昭二年，冬，公如晉，至河乃復。五年，春，公如晉。七年，三月，公如楚。十二年，夏，公如晉，至河乃復。十三年，冬，公如晉，至河乃復。十五年，冬，公如晉。二十一年，冬，公如晉，至河乃復。二十三年，冬，公如晉，至河有疾乃復。

定三年，春，王正月，公如晉，至河乃復。

以上昭公如晉者二，昭公、定公如晉，至河乃復者六，昭公如楚者一，皆朝也。昭公之世，晉衰以甚，然不敢不朝者，晉承世伯之餘威，其强猶足以軋諸侯也。楚靈章華之召，亦不敢不往者，晋既以諸侯予楚，魯不能拒也，然公當晋平末年再如晋一不納者，辭吊少姜也。三朝晋昭，再不見納，再朝晋頃，復不見納，則以晋政多門，而魯之土地人民皆三家有之，晋人謂公不能爲有無也。據昭十二年穀梁傳曰：「季孫氏不使遂乎晋也。」左氏謂：「南蒯、公子慭謀季氏。慭告公，而遂從公如晋。晋人以取鄆故辭公。南蒯懼不克，以費叛如齊。子仲還，及郊，奔齊。」使晋人但以莒故，二子何懼之甚？唯季孫覺二子之謀，恐公愬己于晋，故私屬晋人，使不納公，此二子者所以叛且奔也。穀梁此説，必有所傳，可補左氏之闕。後公孫于齊，一再如晋，次于晋地之乾侯，而晋人終不肯助公反國，則由晋大夫知有季孫而不知有公故也。定公受國季孫，其見卑於晋也宜。自是終春秋，魯君無外朝矣。

五十九，公外如，非朝，則直言其事。

桓十八年，春，公與夫人姜氏遂如齊。

莊二十二年，冬，公如齊納幣。二十三年，夏，公如齊觀社。

以上桓公與夫人如齊者一，莊公託事如齊者二。古者諸侯非朝覲會同不踰境。春秋之初，齊、魯同等之國不相朝。齊桓始伯，亦不能得諸侯之朝。桓公牽於淫妻，莊公急取齊女，故皆如齊。傳曰：「君舉必書，書而不法，後嗣何觀？」策書實録而善惡見矣。此外唯莊公親迎，以合禮入内逆女類。昭公失國在外，如齊者再，如晋者再，非朝別見。

六十，夫人越境，始行則書，皆言如。以事往，言其事。

文九年，春，夫人姜氏如齊。

以上夫人歸寧者一。禮：父母在，歲一歸寧。文公夫人出姜，齊昭之女，當父母在而歸，得禮之正。然内女來寧得禮，經皆不書，夫人尊與君同，故出入必書，所謂存策書之大體也。雜記言諸侯夫人奔喪之禮甚詳。春秋夫人無以奔喪書者，而每以他事書，如内女亦多以他事書來，蓋周衰禮廢久矣。

莊五年，夏，夫人姜氏如齊師。十五年，夏，夫人姜氏如齊。十九年，秋，夫人姜氏如莒。二十年，春，王二月，夫人姜氏如莒。

以上夫人如齊師一，如齊一，如莒二。文姜，桓公夫人，莊公之母也。禮：婦人無外事。傳曰「書姦也」。凡夫人行，不月，苟以王月行則書之。

莊二年，冬，夫人姜氏會齊侯于禚。（爲下事月）四年，春，王二月，夫人姜氏享齊侯于祝丘。七年，春，夫人姜氏會齊侯于防。冬，夫人姜氏會齊侯于穀。

以上夫人以事行者四，時莊公幼，不知有不共戴天之讎，夫人因得託國事會齊侯，内以愚其子，外以遂其姦。魯之臣子軏於强齊之勢，而不敢議，此敝笱、載驅之詩所由作也。金氏曰：「慶父、叔牙、季友皆桓公子，而季友之祥，慶父之材，皆不在人下也，故齊襄殺桓而以立莊爲德。文姜又挾舅氏援立以固莊，莊公而讎齊制母焉，則三公子皆君也。是以莊公俛首帖耳，唯徇其母之欲，蓋制於其母以立己爲齊之德而不讎也。

僖十七年，秋，夫人姜氏會齊侯于卞。

以上夫人以事行者一。淮之會，魯取項，齊人止公，聲姜會桓公于卞，雖以國事行，非文姜比，而會諸侯非婦人之事，故皆不以入盟會類。

六十一，諸侯相如，告則書。

桓五年，夏，齊侯、鄭伯如紀。冬，州公如曹。

以上諸侯相如者二。外相如不告，兩君之好，非有禍福勝敗之事也，苟皆告而書之，則亦不勝書矣。齊侯、鄭伯如紀，欲以襲之。紀，魯婚姻國，欲求援於魯，故具其事以告。州公如曹，國危不復，爲將來魯，故亦先以告焉。皆與相朝以爲好者事异，而州公失國與紀侯去國則同，史皆承赴書之，所以見二國危亡之故，而不在於相朝也。説又見末篇。

六十二，内大夫出聘始行則書，皆言如。

僖三十年，冬，公子遂如京師，遂如晋。

文元年，夏，叔孫得臣如京師。

宣九年，夏，仲孫蔑如京師。

襄二十四年，冬，叔孫豹如京師。

以上内大夫如京師者四，三聘一拜，錫命也。周制：諸侯於天子有見、有貢而無聘問。「見」謂大宗伯朝覲以下六禮，「貢」謂小行人「春入貢」也。聘問者，上之所以交乎下也。東遷，小國於大國，有朝則無聘，諸侯不朝貢天子，而以聘禮上問，如邦交諸侯之伉也。觀傳記晋韓宣子聘于周，辭曰：「晋士起將歸時事于宰旅。」王曰：「辭不失舊」。則諸侯於天子言聘非舊制可知。由周室既衰，雖聘問之禮，亦不能常，故左氏不復辨，然不失爲實録也。鄭氏因以釋周官時聘、殷覜，誤矣。隱、桓之世，王室來聘者五，來賵者一，來求者二，錫桓公命一，而魯君臣三世不享覲於王庭。至僖公二十八年，因晋文盟會，始兩朝王所。又明年，天王使宰周公來聘，而魯始聘京師，遂聘晋。是魯之朝聘天子，皆以晋故也。文公元年，王使來會葬僖公，又來錫公命，故得臣如京師拜，而王使又來含賵成風，來會葬矣。八年，公孫敖如京師吊喪，不至，以幣奔莒，而毛伯來求金，於是得臣如京師，葬襄王。宣公之世，王使來徵聘，故蔑如京師。明年，王季子已爲報聘來矣。外傳載成公將朝王，使叔孫僑如先聘，且告，而史不書者，大夫從公，例不書，此爲公行告朝，非實聘，傳言其享覲之禮薄是也。觀春秋所書，則王室懷諸侯有過於成周，而魯之事周不能比齊、晋，蓋下陵上替之日久矣。自成至哀五君，唯襄公末年，叔孫豹一如京師；昭公末年，叔鞅葬景王而止。中國無伯，則諸侯復散，不復知有王室，而王室亦絶意於諸侯也。然説春秋者，唯知朝聘不行爲有罪，而不知聘問亦非諸侯事天子之禮，則豈聖人制作之意哉？凡魯臣爲吊喪會葬如京師者三，别見。

莊二十五年，冬，公子友如陳。

以上内大夫如陳者一，初交聘也。周禮：「諸侯之邦交，歲相問也，殷相聘也。」東遷，禮廢。隱、桓之世，無交相聘者，凡爲結盟、致夫人、通嗣君而聘者，左氏猶有所考，然皆不報，非交聘，其禮不備，故不答也。齊桓始伯，魯與陳皆同盟于幽，而陳相原仲與季友有舊，故二十五年春，陳女叔來聘，而冬季友即如陳報聘。傳曰：「始結陳好也。」春秋之初，唯二國之聘，得邦交遺意。

文十一年，秋，公子遂如宋。

成五年，春，仲孫蔑如宋。

襄二年，秋，叔孫豹如宋。二十年，冬，季孫宿如宋。

以上内大夫如宋者四，皆聘也。一爲言蕩意諸而往，故宋不答。成五年，報宋聘。襄二年，通嗣君。二十年，報宋聘。凡通嗣君，不答聘，故宋元公立，亦來聘，以通嗣君也。

襄七年，秋，季孫宿如衛。

以上内大夫如衛者一，報元年之聘也。文、成之世，衛皆嘗一來聘，此年冬又來聘，魯皆不報，以其有故而非專聘也。詳見衛使來聘。

襄六年，冬，叔孫豹如邾。

以上内大夫如邾者一。傳曰：「聘而脩平也。」邾自宣、成以來世朝于魯。襄四年，魯屬鄫而邾人、莒人伐鄫，臧紇救鄫、侵邾，敗于狐駘。六年，莒卒滅鄫。魯知外患未已，故釋怨以脩好于邾。時襄公幼，孟獻子、叔孫穆叔爲政，庶能克己者矣。

僖七年，秋，公子友如齊。十三年，冬，公子友如齊。二十八年，秋，公子遂如齊。

文元年，冬，公孫敖如齊。十七年，冬，公子遂如齊。

成十一年，秋，叔孫僑如如齊。

襄二十年，秋，叔老如齊。

昭九年，秋，仲孫貜如齊。

定十年，冬，叔孫州仇如齊。

以上内大夫如齊者九。僖公初年，二如齊，聘伯主也。末年及文元年，二如齊，雖事晋，猶不忘齊好，且求昏也。文末年，一如齊，晋伯中衰，齊懿要公爲穀之盟，故遂往拜盟也。宣公之臣如齊者，别見成公。自鞌戰後，齊頃屢同盟會，故僑如請脩前好，齊復叛晋，見伐，魯亦會晋圍齊，齊怨深矣，而齊莊新立，同盟澶淵，故叔老聘齊，釋怨脩好也。襄公之末年，齊景新立即使慶封來聘，以通嗣君，自是禮意久曠。故昭公初年，孟僖子如齊，傳曰「殷聘，禮也」。至夾谷之會，齊來歸田，侯犯之叛齊，又致郈，故州仇如齊。其後，叔還葬景公。蓋景公末年，更結魯以叛晋也。凡魯臣以吊喪會葬出者別見。齊，大國，近魯而世爲姻。魯雖事晋，不忘齊好，事之宜也，恃晋而慢齊，以來侵伐，非禮、非義，危國喪師之道也。至於叛晋，則非一國之故矣。

莊三十二年，冬，公子慶父如齊。

文十八年，秋，公子遂、叔孫得臣如齊。冬，季孫行父如齊。

宣元年，夏，季孫行父如齊。公子遂如齊。八年，夏。（爲下卒月）公子遂如齊，至黄乃復。十年，秋，季孫行父如齊。冬，公孫歸父如齊。

以上内大夫如齊者八。莊公薨，慶父弑子般，如齊爲自託之計。文公薨，遂與得臣如齊，爲殺適立庶之謀。宣公立，行父如齊納賂以請會，既會于平州，而公位以定，遂又如齊拜成。此四臣六如齊，皆非爲聘問出也，爲其事不合書，故但言如。時魯卿唯挾齊以固寵柄國，而不脩晋好，故黑壤之會，晋人止公。公還，事齊愈篤，既身奔喪，又使貴卿會其葬。行父既聘新君，歸父又如齊謝伐邾而謀莒，汲汲然自結於齊，以有惡於晋故也。此魯臣之如齊，與他公事盟主、厚姻隣者不同，故別見于此。

僖三十年，冬，公子遂如京師，遂如晋。三十一年，春，公子遂如晋。

文五年，夏，公孫敖如晋。六年，秋，季孫行父如晋。十五年，春，季孫行父如晋。秋，季孫行父如晋。

宣十八年，秋，公孫歸父如晋。

成六年，夏，公孫嬰齊如晋。冬，季孫行父如晋。十一年，夏，季孫行父如晋。

襄四年，夏，叔孫豹如晋。五年，夏，叔孫豹、鄫世子巫如晋。六年，冬，季孫宿如晋。九年，夏，季孫宿如晋。十六年，冬，叔孫豹如晋。十九年，春，季孫宿如晋。二十四年，春，叔孫豹如晋。二十八年，秋，仲孫羯如晋。二十九年，冬，仲孫羯如晋。

昭二年，夏，叔弓如晋。冬，季孫宿如晋。六年，夏，季孫宿如晋。八年，夏，叔弓如晋。二十三年，春，叔孫婼如晋。（爲下日卒月）

定六年，夏，季孫斯、仲孫何忌如晉。

以上内大夫如晉二十五。僖之末年一如晉，聘晉文也。一如晉，拜曹田也。文五年、六年二如晉，既改盟，亟聘晉襄也。十五年，一再如晉，爲齊難故，告于晉，而晉靈受齊賂，不克伐齊，魯遂屈於齊矣。宣公爲齊所立，不復聘晉，其薨之年，歸父一如晉，欲以晉去三桓也。成公立，遂背齊盟晉，既敗齊于鞌，於是君臣堅於事晉。六年，一如晉，命伐宋也。一如晉，賀遷也。十一年，晉厲新立，一如晉，報郤犨之聘且涖盟也。晉悼公立，既使士匄來聘，拜成公之朝。襄公即位，晉又先來聘，故襄公事晉尤謹，其臣凡九如晉。四年，報元年荀罃之聘。五年，覲鄫世子於晉，而鄫卒爲莒滅。六年，如晉，聽命也。九年，報士匄拜朝之聘。十六年，會平公溴梁之後聘晉且言齊故也。十九年，同圍齊之後拜師也。二十四年，賀克欒氏也。二十八年，告將爲宋之盟故如楚也。二十九年，報士鞅之聘也。昭公之世，三家益專，公不得爲政，其臣五如晉。二年，報韓起之聘也，致少姜之襚也。六年，拜莒田也。八年，賀虒祁也。二十三年，爲取邾師，晉人來討，而往聽命也。定公之世，家臣柄國，二卿如晉，一獻鄭俘，一報夫人之聘，陽虎爲之也。凡拜田、告難、聽命，雖伯國，皆言如，爲其事不合書也，以皆從伯之事，故不别見。

昭六年，冬，叔弓如楚。

以上内大夫如楚者一。莊、文、襄之世，楚皆一來聘，而魯不報，説見後。昭公之世，晋益不競，楚圍驕侈，求諸侯於晋，以會于申，而魯不至，於是使叔弓聘焉。明年，薳啓疆來召公矣。如楚乞師别見。

六十三，内大夫以其事出者，言其事。事不可書，但言如。非卿，不書名氏。

莊二十七年，秋，公子友如陳，葬原仲。二十八年，冬，臧孫辰告糴于齊。

文二年，冬，公子遂如齊納幣。

成九年，夏，季孫行父如宋致女。

以上内大夫以事外如者四。大夫越境葬外大夫，納幣、致女使卿行，皆非禮。國無儲積而至於告糴，其失政可知。然事皆可書，故直書以見其失。納幣，史不書，使卿，則書之。杜氏曰：「成公逆夫人，最爲得禮，而無納幣者，文闕絶也。」蓋不知此義，説見後宋使來納幣下。

僖五年，夏，公孫茲如牟。

文六年，夏，季孫行父如陳。

成八年，春，公孫嬰齊如莒。

昭二十五年，春，叔孫婼如宋。

以上内大夫外如非聘而不言事者四。傳曰：「公孫茲如牟，娶焉。臧文仲以陳、衛之睦也，欲求好於陳。夏，季文子聘于陳，且娶焉。聲伯如莒，逆也。季公若之姊爲小邾夫人，生宋元夫人，生子以妻季平子。昭子如宋，聘且逆之。」今考陳自季友、女叔交聘之後，未嘗繼好，使魯人果以脩好而聘，陳無不報之禮。襄公之世，聘宋者二，一通嗣君，一報其聘。昭十二年，宋元公立來聘，以通嗣君而已。昭公之世，三家分魯，聘晉、聘楚之外，無脩好姻隣之禮，何能專聘于宋？如季孫如陳，叔孫如宋，或因逆而私覿，或因逆而聘，則有之。蓋季孫所娶者，宋公之女，則假君命以聘而逆焉，亦因逆而聘也。左氏謂二子皆因聘而逆，非事實矣。古無大夫冠禮而有其昏禮，則大夫昏禮與士不同，其書已亡，不知得親迎與否。禮重大昏，而國卿非一人，以君命行，宜不爲過。禮：大夫非君命不越境。請於公而行，故書于策，見國卿出入之重也。然不可直書逆女者，嫌爲君逆也。季孫，人臣，而使卿逆，强僭甚矣。以其事不可會，故但言如也。杜氏於兹與嬰齊亦皆言因聘而逆，乃非。左氏之失，魯於齊等之國，非報聘、結盟、通嗣君，未嘗專聘，牟、莒小國，何聘之有？内臣書如，不必皆聘，明矣。

定五年，夏，歸粟于蔡。

以上歸粟者一。不稱名氏者，諸大夫非卿，名氏不登于策，則直書所爲之事而已。蔡侯與諸侯同盟于皋鼬，而能以吴子敗楚師入郢時，吴尚在楚，魯以同盟，故歸粟于蔡。

六十四，凡諸侯來朝，皆成禮而後書，故言來朝。

隱十一年，春，滕侯、薛侯來朝。

桓二年，春，滕子來朝。

文十二年，秋，滕子來朝。

襄六年，秋，滕子來朝。

哀二年，夏，滕子來朝。

以上滕君朝魯者五。自隱至襄，滕之書卒者三君。隱七年卒者，未嘗來朝。來朝隱桓者，不見書卒。以國小禮薄，故自降而稱子。宣九年卒即來朝文公者，成十六年卒者，不朝于魯。其後，朝襄公而與襄公同三駕之會，且來奔喪者，滕成公也。於是魯亦使卿會其葬。滕悼公在位二十五年而不朝于魯，昭公失政故也。定公卒，滕頃又來會葬。朝哀公者，滕隱也。終三君，魯皆會其葬。周制：諸侯朝覲，玉帛以命數爲節。滕，侯爵，國微不能備禮，而又近於魯，不可不朝，其大國之當朝者尚多，故自貶其爵以來朝，則當時小國所以事大者可知矣。是時，若杞、薛皆自貶其爵，既貶其爵以事大國，又能量力以供伯主之政，令每盟會則滕、薛、杞以次序莒、邾下，而滕最後亡，唯薛自一朝隱之後，終春秋不復朝魯。

桓二年，秋，杞侯來朝。（爲下會月）

莊二十七年，冬，杞伯來朝。

僖五年，春，杞伯姬來朝其子。二十七年，春，杞子來朝。

文十二年，春，杞伯來朝。

成四年，春，杞伯來朝。十八年，秋，杞伯來朝。

以上杞君朝魯者六，母來朝子者一。杞侯來朝，魯人以爲不敬而入杞。明年，杞求成，公會杞侯于郕，又會杞侯、莒子盟于曲池。莊二十五年，伯姬歸杞爲德公夫人。二十七年，德公將來朝，而先之以伯姬，虞不敬也，於是始降而稱伯。僖公五年，伯姬來朝其子，蓋德公欲朝嗣君，而懼不見禮，故姬與子來，欲託其子於魯。是年德公卒，魯不吊，伯姬所朝之子是爲成公，終身不敢朝魯，卒又降而稱子矣。二十七年，其弟桓公來朝。傳曰：「惡無禮，故曰子。公卑杞，杞不共也。秋，公子遂帥師入杞，責無禮也。」據晋女叔侯曰：「杞，夏餘而處僻陋。」杞人以爵尊國貧，不能成禮，事或有之，然魯人所謂不共、無禮者，直以其玉帛之將不備爾。明年，伯姬又來釋怨，求平也。杞雖先代之後，蓋微於滕、薛，每從盟會，皆序滕、薛下。入春秋即爲莒人伐，取其邑。其後，非齊桓城緣陵以遷之，國幾亡於淮夷，豈有財貨可以爲禮者？其來朝魯，將以庇社稷也，而魯反以兵入其國，魯豈能庇杞者乎？伯姬拳拳相其夫，託其子於魯，庶幾魯能篤舅甥之好也，當其身國且見破，況後世乎？僖公號賢君，且不念姑姊妹，況他君乎？而僖之末年，伯姬又來求婦。當時小國之自結于大國者類如此，亦可哀矣。於是僖公女叔姬歸杞爲桓公夫人，而伯姬之卒亦不吊。文十二年，桓公爲絶叔姬來朝，再娶魯女，亦稱叔姬。後，宣公以杞不朝伐之。成四年，爲叔姬欲歸魯，來朝，叔姬來歸而卒，又來逆叔姬之喪以歸。成公末年自晋還，杞桓復來朝，問晋，故公以晋君語之，杞伯於是驟朝于晋，而請爲婚。後晋以悼夫人故，合諸侯城杞，又使魯歸杞侵田，於是杞文公來盟。傳曰：「書曰子，賤之也。」蓋始終稱伯者，杞君自貶抑之意，稱於他國皆然。其間或稱子者，魯人之所卑也，然杞自桓公而後稍能自强，既昏于晋，世從盟主征伐，雖不朝魯，而終春秋六君，魯皆會其葬，不敢侵暴之矣。

桓六年，冬，紀侯來朝。

以上紀君朝魯者一。紀國近齊，而紀侯娶於魯。時齊、鄭合謀襲紀。六年，夏，紀侯會公于成，以謀齊難。公不能救，於是乎來朝，請王命以求成于齊。公又告不能。無何紀季姜歸爲天王后，而魯主其昏。蓋魯爲紀謀，意謂齊人必不敢滅王后之家爾。齊僖雖强横，猶知有天子，終身不復圖紀。其子兇惡無極，故紀卒亡於齊，魯亦無如之何也。

桓九年，冬，曹伯使其世子射姑來朝。

文十一年，秋，曹伯來朝。十五年，夏，曹伯來朝。

成七年，夏，曹伯來朝。（爲下事月）

襄二十一年，冬，曹伯來朝。

以上曹君來朝者四，使其世子來朝一。射姑來朝之明年，曹伯卒，魯會其葬。自是終春秋，書卒、書葬者十一君。射姑即莊公也。赤簒羈。莊三十二年卒，不書。凡三世不朝于魯，以方從齊桓之盟會也。一再朝文公，曹文也。朝成公者，曹宣也。又一世爲負芻，不來朝。朝襄公者，曹武也。自後至國亡凡六世，皆不朝魯，而昭、定之世，不卒、不葬者二君。曹國於晉、宋、衞、鄭之間，自從齊桓盟會，即班莒上鄭下，其朝事於魯如此，則於諸大國可知矣。而文十五年，齊侯侵我，遂伐曹，入其郛，討其來朝於我也。其後，卒滅於宋，則當時小國之不亡者，亦幸而已。

桓七年，夏，穀伯綏來朝，鄧侯吾離來朝。

以上穀、鄧之君朝魯各一。穀、鄧皆近楚小國。二年，蔡、鄭懼楚，嘗會于鄧以謀之。

遂慕上國，同時來朝，書名，説見末篇。鄧後爲楚所滅，穀不知所終。

僖十四年，夏，六月，季姬及鄫子遇于防，使鄫子來朝。

以上鄫君見使來朝者一。鄫子雖娶于魯而不敢來朝者，微陋不能成禮也。於是僖公因季姬來寧，責以鄫子不朝，止季姬而絶之，故季姬遇鄫子，使之來朝。明年，季姬再歸于鄫。又明年，卒。鄫雖與魯爲婚，而卒、葬不見於經，鄫君再世，戕于邾人，蓋小國之最微者。然魯後嘗屬鄫，而鄫卒爲莒滅，魯亦不能存之也。魯之力不足以存姻隣小國，而唯責其不朝，來朝者，又責以不敬，策書實録，而僖公不仁可見矣。凡諸侯來朝，恒不書月。其有月者，皆爲下事書。唯此特月以异之。又説見第二篇。

僖二十年，夏，郜子來朝。

以上郜君朝魯者一。傳言：「郜，文王之子，聃季之弟。」後不知所終。

襄七年，春，郯子來朝。

昭十七年，秋，郯子來朝。

以上郯君朝魯者二。郯，少皡氏之後也。宣四年，及齊侯平莒及郯，莒人不肯，則郯近莒小國。十六年，郯伯姬來歸，則亦嘗結昏于魯，故宣公爲之伐莒、取向也。成七年，吳伐郯，郯成。八年，晋以郯事吳，會諸侯伐之。晋悼公既以諸侯會吴人于戚，於是郯子始來朝也。

宣元年，秋，邾子來朝。

成六年，夏，邾子來朝。（爲下日卒月）十八年，秋，邾子來朝。（爲下日薨月）

襄元年，秋，邾子來朝。二十八年，夏，邾子來朝。

定十五年，春，邾子來朝。（爲下事月）

以上邾君朝魯者六。邾本魯附庸，而國日以强。隱公初立，及儀父爲蔑之盟，既而爲宋伐邾。桓八年，伐邾。十五年，邾與牟、葛同朝于魯。十七年，公及儀父盟于趡，既而及宋伐邾。故僖、文之世，邾不來朝。僖伐邾者三，文伐邾者一，而後邾亦伐我南鄙。宣公之世，小國諸侯朝魯者皆不至，而邾子獨釋怨來朝者，時諸侯皆事晋，而宣公爲齊所立，不事晋而事齊，邾子貜且，齊出也，故獨來朝焉。後又朝成以繼好，邾宣既立，即來朝。明年，又來朝嗣君。蓋自宣以來，於是再世無間於魯也。四年，臧紇救鄫，侵邾，敗於狐駘。六年，叔孫豹如邾，聘且脩平。邾人閒我有齊莒之難，伐我南鄙。晋爲溴梁之會，爲我故，執邾子、莒子，邾子歸而卒。邾悼立，邾人復與齊，更伐我。晋既合諸侯圍齊，乃再執邾子，取邾田以歸魯，而邾自是不敢窺魯矣。二十二年，邾畀我來奔。二十七年，齊景公使慶封來聘。明年，邾子亦來朝。昭元年，悼公卒，魯會其葬。昭之末年，邾快來奔，黑肱以濫來奔。邾莊公立三十四年不朝于魯。定三年卒，魯會其葬，大蒐于比蒲也。邾子來會公。明年，隱公來朝，夏來奔喪。隱、桓之世，其曲在魯，以衆暴寡也。襄之初年，其曲在邾，恃齊也，邾既削而其臣多叛，齊亦日衰。定、哀之閒，邾雖自卑以事魯，而三家伐邾不已，入邾，以邾子益來。春秋之世，苟强足以兼弱，則無所不至也。非齊與吴伐魯以救邾，則邾滅於此時矣。

莊五年，秋，郳黎來來朝。

僖七年，夏，小邾子來朝。

襄七年，夏，小邾子來朝。

昭三年，秋，小邾子來朝。十七年，春，小邾子來朝。

以上小邾之君朝魯者五。小邾者，邾之别封，未命已來朝，既受命又來朝。間兩世乃來朝襄公。而伯主盟會征伐，無役不同矣。昭三年，傳曰：「小邾穆公來朝。季武子欲卑之，穆叔不可，曰：『滕、曹、二邾實不忘我，好敬以逆之，猶懼其貳，又卑一睦，焉逆羣好也？其如舊而加敬焉。』季孫從之。」觀此，則當時大國之接小國，一崇一庳，在其好惡而已。小邾微陋，名謚無所考，唯傳此年見之。後又一來朝，而止如知武子、宋仲幾之言，則小邾蓋服於齊、宋。

桓十五年，夏，邾人、牟人、葛人來朝。

以上邾、牟、葛世子同時來朝稱人者一。杜氏曰：「三人皆附庸之世子也。其君應稱名，故其子降稱人。牟國今泰山牟縣，葛國在梁國寧陵縣東北。」今案郳黎來來朝稱名，蕭叔朝公稱字，知此稱人必非其君。凡朝必以禮接於廟，非諸侯不言朝。曹伯使其世子來朝，杞伯姬來朝其子，皆是子代父來行禮，知此稱人者，亦是其世子。凡來朝，同時俱至，必以先後行禮，若滕侯、薛侯是也。陳氏、項氏皆謂此與滕、薛皆譏旅見，自參以上貶，人之，非也。傳言滕、薛爭長，明非旅見。隱以攝君，不以禮即位，不爵命大夫，衛侯來會葬不敢見，而謂隱僭天子之禮，非人情也。桓雖非賢，然次齊饋，則用周班，賓曹大子，則以上卿。當時號魯秉周禮，謂桓僭天子之禮，亦非人情也。如楚雖僭王肆暴，其會諸侯亦曰用齊桓而已，楚猶不敢僭天子之禮以臨諸侯，而況魯乎？魯君朝而稽首於伯主，晋人曰：「天子在而君辱稽首，寡君懼矣。」齊侯稽首於魯君，魯君拜，齊人怒，魯人曰：「非天子，寡君無所稽首。」稽首猶且不敢，而况旅朝乎？學者不知春秋有存策書大體之義，泥於一字褒貶而失其情實，去春秋遠矣。

莊二十三年，夏，公及齊侯遇于穀。蕭叔朝公。

以上蕭君朝公者一。蕭，宋附庸。叔者，其君之字。未王命稱字，若邾儀父是也。蕭於魯本無朝事之禮，時齊桓公與公在穀，而蕭去穀近，蕭君來就穀朝伯主，因並朝公。公在外，故不言來。國史主記君禮，苟與吾君接，雖在外必書，或謂交譏之，過矣。

莊三十一年，六月，齊侯來獻戎捷。

六十五，諸侯以事來，言其事，事不可書，但言來。外裔言來。

以上齊君來獻捷者一。齊桓欲身下諸侯以成伯業，故假獻捷，至與國，以成兩君之好。

説者謂齊侯實使人來，非也。若使人來，當書齊人。若其卿來，當書名氏。春秋以禮法脩辭，苟非齊侯身來成禮，安敢直書齊侯來乎？史亂名實，應不至此。經特書月，亦所以异之也。

襄三十一年，冬，滕子來會葬。（爲下葬月）

定十五年，夏，邾子來奔喪。秋，滕子來會葬。（爲下葬月）

以上諸侯來奔喪者一，來會葬者二。喪禮，諸侯相於遣人吊喪會葬而已。奔喪，臣子所施於君父，助葬必執紼，故非天子諸侯不親奔喪會葬。東遷，諸侯以事天子之禮事大國，故魯宣公奔齊惠之喪，晋、楚皆嘗止魯君送葬。子大叔對士景伯曰：「晋之喪事，敝邑之間，先君有所助執紼矣。」則鄭伯嘗送晋侯之葬。魯、鄭既以此事齊、晋，則小國如邾、滕亦以此事魯，無足怪者。然滕子來會葬，而魯亦遣卿會其葬。邾子來奔喪，而魯反侵暴之已甚。魯長滕卑邾，有自來矣。

成九年，春，王正月，杞伯來逆叔姬之喪以歸。

以上杞君來逆妻喪者一。叔姬無罪而自絶于杞，失婦人從一之義。杞伯以事魯，故違禮逆出妻之喪以歸。皆書月者，异其事也。

隱元年，冬，十二月，祭伯來。

以上畿内諸侯來者一。祭與魯同出周公，故非王命而來其宗國。魯以王臣之禮接之，故不言朝。王臣無外交，來不言朝，與來聘不言使同，皆禮之所不得言也。凡畿内諸侯，來皆書月，以别於列國之君及他言來者。

桓五年，冬，州公如曹。六年，春，正月，寔來。

以上畿内諸侯自外來者一。以王臣接，故不言朝。復於曹，故不言來奔。承上文，故不言州公。古史簡奥若此，傳言如曹，遂不復，則寓於曹也。杜氏云「留魯不去」，非。

僖二十九年，春，介葛盧來。冬，介葛盧來。

襄十八年，春，白狄來。

以上近魯小國來者二，白狄來者一。外裔不能以朝禮見，魯不廟受，故不言朝。書來與祭伯同而義异，春秋不嫌同辭。介葛盧不見公亦書，説在辭從主人篇。

六十六，王使來聘，皆稱使。以事來者，言其事。在喪，不稱使。

隱七年，冬，天王使凡伯來聘。九年，春，天王使南季來聘。

桓四年，夏，天王使宰渠伯糾來聘。五年，夏，天王使仍叔之子來聘。八年，春，天王使家父來聘。

僖三十年，冬，天王使宰周公來聘。

宣十年，秋，天王使王季子來聘。

以上天王使聘魯者七。聘隱、桓者，桓王也。周禮：「天子時聘以結諸侯之好。」東遷，諸侯不共王職，而王室乃屢下聘，雖下聘猶不享覲，於是乎有求賻、求車之使矣。莊公再主王姬之昏，莊王嘗錫命桓公，而僖王無使至魯。聘僖公者，襄王也。僖公兩朝王所，而王使其冢宰兼三公者來聘，於是魯始上聘京師，則以晉文之伯也。文公之世，襄王錫公命，歸成風含且賵，且來會葬，故不復下聘，於是王未葬來求金矣。頃王、匡王無使至魯。定王來徵聘，宣公乃使仲孫蔑如京師。明年，王季子來報仲孫蔑之聘也。成公之世，定王志崩、不志葬，而簡王且來錫公命，靈王、景王無使。於襄、昭、定公之末，敬王使來歸脤而已。

定十四年，秋，天王使石尚來歸脤。

以上王使來歸脤者一。周禮·大行人：「歸脤以交諸侯之福。」入春秋無歸脤者，蓋屢聘而不來，錫命而不朝，賵妾母、會之葬而王命愈褻，固無以歸脤爲也。自王季子來聘後，王臣不至於魯，則幣帛之將命者不給，而褒恤之典亦不足懷諸侯矣，於是敬王使來歸脤，王室之情可見也。以歸脤之書，見春秋於王命無不書者矣，來聘、歸脤皆王者所得以交於下，故皆不月，以别於錫命、來求弔葬之非禮。

莊元年，冬，十月，王使榮叔來錫桓公命。（蒙陳侯卒月）

文元年，夏，四月，天王使毛伯來錫公命。（蒙葬僖公月）

成八年，秋，七月，天王使召伯來錫公命。

以上王使來錫命三。錫桓公者，追錫也。禮：諸侯嗣位，喪畢，以士服朝天子，天子賜之黻冕圭璧，謂之受命。周官「王命諸侯」，則大宗伯「儐」是也。末世，諸侯喪畢不朝，有請命者，而後有來錫命。有生不請命者，而後有追錫之命。追錫桓公者，莊王也。

桓不朝聘天子而王追錫之者，桓身戕於齊，而天子使魯主王姬之昏。夏，王姬至魯，秋，築王姬館于外，於是齊、魯之仇始聞于天子，故王追錫桓公命以振恤之。錫文公命者，襄王也。錫成公命者，簡王也。襄、昭而後，無復錫命。而傳載：襄十二年，靈王使劉定公賜齊侯命。昭七年，衛齊惡告喪于周，且請命景王，使成簡公如衛吊，且追命襄公。他國猶有其事也。其追命之辭曰：「叔父陟恪，在我先王之左右，以佐事上帝。余敢忘高圉、亞圉？」則追錫桓公亦此類。錫成公命，書月，著例也。凡蒙上事月者，以著例決之。他皆倣此。

隱元年，秋，七月，天王使宰咺來歸惠公、仲子之賵。

文元年，春，二月，天王使叔服來會葬。五年，春，王正月，王使榮叔歸含且賵。三月，辛亥，葬我小君成風。王使召伯來會葬。

以上王使來吊喪者二，會葬者二。周禮宰夫：「凡邦之吊事，掌其戒令，與其幣器財用。」則諸侯告喪，王室來吊，有常制矣，而春秋所書唯此四事者，魯不以時告喪也。惠公之喪，王室聞之而後來吊，故緩且並歸仲子之賵者，黃先生曰：「惠公再娶時，嘗請命于朝，故王室知有仲子。惠公薨，魯人不告喪于京師。隱公攝立，亦不請于天子。故王室並歸仲子之賵，以警告之。明其子之貴，當立也。」僖公嘗朝聘，故王使來會葬。文公欲追崇妾母，而以成風之喪告于天子，故成風薨在前年十一月，而正月王使即至，又來會葬也。魯於天王葬有不會，而成風之喪，王汲汲然吊而會其葬，以此見魯君之喪，或不告，或告不以時，則王室亦不以禮來吊爾。王不稱天説在變文篇。歸賵含書月，著例。

隱三年，秋，武氏子來求賻。

桓十五年，春，二月，天王使家父來求車。

文九年，春，毛伯來求金。

以上王使來求者三。穀梁傳曰：「歸死者曰賵，歸生者曰賻。」求賻，以平王崩而魯人遂不復會葬。求車，以桓王將崩備喪具也。而桓王七年始葬，求金之歲，叔孫得臣始會葬。襄王以後，無來求者矣。求車，書月，求賻、求金不月者，非王命也。

六十七，外臣來聘，皆稱使。私相爲好，不稱使。

莊二十五年，春，陳侯使女叔來聘。

以上陳使聘魯者一。説見前公子友如陳。

莊二十三年，春，祭叔來聘。

以上祭叔聘魯者一。祭與魯同出周公，故來聘魯。祭叔者，祭公之弟，不言天王使，則非王命矣。不言祭公使者，王臣無外交，無其禮，則不得襲其文，與卿爲君逆不稱使同。或概言王臣私相爲好，非也。自非天子諸侯不得言聘。祭，畿内諸侯，故得以聘，書，志其實也。

隱七年，夏，齊侯使其弟年來聘。

桓三年，冬，齊侯使其弟年來聘。

僖三十三年，春，齊侯使國歸父來聘。

宣十年，冬，齊侯使國佐來聘。

襄二十七年，春，齊侯使慶封來聘。

以上齊使聘魯者五。齊僖聘魯者再。隱七年，結艾之盟；桓三年，致夫人，故魯皆不答聘。齊昭來聘一，報公子遂之聘也。齊惠受賂立宣公，其結援以私而不交聘。齊頃來聘一，宣十年即位而魯往聘，故來報也。齊靈與魯有怨，朝聘禮絶。齊莊新立，魯始脩好于齊而莊不報，齊伐晋而魯爲晋侵齊故也。齊景襄二十七年立即來聘，通嗣君也。成三年，冬，晋侯使荀庚來聘。（爲下盟月）八年，冬，晋侯使士燮來聘。十一年，春，晋侯使郤犨來聘。十八年，夏，晋侯使士匄來聘。

襄元年，冬，晋侯使荀罃來聘。八年，冬，晋侯使士匄來聘。十二年，夏，晋侯使士魴來聘。二十六年，夏，晋侯使荀吴來聘。二十九年，夏，晋侯使士鞅來聘。

昭二年，春，晋侯使韓起來聘。二十一年，夏，晋侯使士鞅來聘。

以上晋使聘魯者十一。晋景來聘二，成三年尋盟，八年言伐郯。晋厲來聘一，十一年冬，涖盟。晋悼來聘四，十八年即位而拜朝，襄元年聘嗣君，八年拜公之辱，十二年拜師。晋平來聘三，二十六年召公討衞，二十九年拜城杞，昭二年韓宣子爲政而聘與國也。頃公二十一年即位來聘，通嗣君也。晋自景而後始來聘魯，文、襄之伯，雖受魯朝聘而不報也。

成四年，春，宋公使華元來聘。八年，春，宋公使華元來聘。

襄十五年，春，宋公使向戌來聘。

昭十二年，夏，宋公使華定來聘。

以上宋使聘魯者四。共公來聘二，四年，通嗣君，時成公立未久，故報其聘。八年，聘共姬爲將納幣因聘而納采也，故魯不報。襄十五年，平公來聘，尋盟。元公，昭十一年即位，來聘，通嗣君也。

文四年，秋，衛侯使甯俞來聘。

成三年，冬，衛侯使孫良夫來聘。

襄元年，冬，衛侯使公孫剽來聘。七年，冬，衛侯使孫林父來聘。（爲下盟月）

以上衛使聘魯者四。成公來聘一，成公見執於伯主，幾不免焉。僖公爲請於王與晉侯而釋之，數年之間，衛罹外患未已，於是衛始服於晉，國勢稍安而武子來聘，以拜僖公之賜，故魯不報。衛定，成三年立，來聘，且尋盟。衛獻來聘新君，故七年報之，而林父來聘，且尋盟。凡尋盟之聘，不報也。

襄五年，夏，鄭伯使公子發來聘。

以上鄭使聘魯者一。鄭僖以二年即位，來聘，通嗣君也。終春秋，魯未嘗聘鄭。

文十二年，秋，秦伯使術來聘。

以上秦使聘魯者一。秦穆既使人來歸僖公、成風之襚，於是又來聘，且言伐晋，故張氏謂其用遠交近攻之術。終春秋，魯不聘秦。

莊二十三年，夏，荆人來聘。

文九年，冬，楚子使椒來聘。

襄三十年，春，王正月，楚子使薳罷來聘。

以上楚使聘魯者三。楚成即位，欲窺上國，故來聘，使介辭命，未能成禮，魯不廟受，故稱人。齊桓方有事於楚，故魯不報。楚穆欲圖中國，於是伐鄭，而魯會晋救鄭，故來聘始能成禮，故書之同中國。魯方事晋，故不報。襄公二十八年如楚，楚康卒，郟敖立，又明年來聘，以聘報朝也。嫌於伯者，故特書月以异之。詳見謹内外篇。

襄二十九年，夏，吴子使札來聘。

以上吴使聘魯者一。晋既通吴，吴子餘祭欲窺上國，故來聘，未至魯而吴子弑於閽。

魯後雖服於吳，然有職貢而無聘。

六十八，外臣以事來者，言其事。事不可書，但言來。

隱八年，三月，鄭伯使宛來歸祊。

以上鄭使來歸魯地一。凡來歸田邑，皆不月。鄭莊以其先祖助祭之賜邑易田，結魯爲亂，故月以异之。

成八年，春，晉侯使韓穿來言汶陽之田，歸之于齊。

以上晉使來言者一。晉景既得齊，故使魯反所取田于齊，歸田本合書，史直文，爲韓穿來言故也。凡來乞師，有筆削，别見。

成八年，夏，宋公使公孫壽來納幣。

以上宋使來納幣一。昏禮有六：一納采，二問名，三納吉，四納徵，五請期，六親迎。請期以上五者，皆不應使卿，亦不書于策。當時以納幣方契成，或有重其事而使卿者，在春秋唯宋、魯各一見，蓋史以國卿納幣踰制書，而非爲志婚禮也。傳釋華元來聘曰：「聘共姬也。」釋公孫壽來納幣曰：「禮也」。杜氏因謂婚聘不應使卿，納幣應使卿，皆循傳爲説而非經意。夫六禮之外，豈復别有昏聘？蓋華元因聘而納采，既以聘行，則重在聘，自合使卿。魯桓、宣、成皆娶于齊，不書卿納幣，苟應使卿而不使，寧不獲戾于大國乎？觀傳記晋侯執陳無宇之事可見矣。

僖二十一年，冬，楚人使宜申來獻捷。

以上楚使來獻捷一。楚成執宋公，伐宋，使來獻捷以威魯，楚子變文稱人，筆削之法也。凡變文皆别爲篇。

閔元年，冬，齊仲孫來。

以上齊臣來者一。時吾君幼，不以賓禮接，故不言使。季友以兩臣相見，故不書名。傳言其情曰「省難」，史録大體，但言來。比而觀之，則齊桓不早平魯亂，以致閔公再弑，其失自見。

宣五年，冬，齊高固及子叔姬來。

以上外大夫及吾女來者一。内女非夫人，歸寧，不書。此以高固偕子叔姬反馬非禮書。

杜氏曰：「禮：送女，留其送馬，謹不敢自安。三月廟見，遣使反馬。」孔氏曰：「士昏禮：「婦車出於夫家。諸侯嫁女，自乘其家之車，故大夫以上有留車反馬之事。留車，妻之道也；反馬，壻之義也。唯高固不宜親行爾。」啖氏曰：「大夫非公事與妻出境非禮也。時叔姬初嫁，未合歸寧。」

六十九，外微者以事來，但書人。

文九年，冬，秦人來歸僖公、成風之禭。

以上秦人來歸禭一。策書之法，凡大國之下大夫，小國之卿，皆稱人。二傳謂之微者。秦穆始假吊贈以通好于魯。來者非卿，故書人。凡書人來，皆不言使，不以賓禮接也。

莊六年，冬，齊人來歸衛俘。

以上齊人來歸俘一。文姜請于齊襄以説魯。

文十五年，十二月，齊人來歸子叔姬。

以上齊人來歸吾女爲其夫人者一。齊人終以王故，許單伯請，而來歸子叔姬，史録其事，與單伯如齊相爲本末，故與直出者异文。

定十年，夏，齊人來歸鄆、讙、龜陰田。

以上齊人來歸田一。齊景會夾谷之後，歸魯田，結叛晋也。傳言夾谷之會，魯要齊歸汶陽之田，故齊人來歸三邑。杜氏曰：「三邑即汶陽田也。」

七十，事無專使，不言來。公在外受之，言歸我。

文十五年，夏，齊人歸公孫敖之喪。

宣十年，春，齊人歸我濟西田。

哀八年，冬，齊人歸讙及闡。

以上齊歸内大夫喪一，歸田二。仲遂、公孫嬰齊皆卒于外，喪至不書者，本以使出，喪還無假君命。公孫敖以奔出，必有君命，喪乃得還，史以君命書之，而世卿之彊可見矣。齊人爲孟氏謀飾棺，置諸堂阜，惠叔請于朝，取而殯之，故言歸，不言來。孔氏曰：「非有專使持來是矣。」齊惠以宣公事齊之專，故還所賂之田，公在齊受之，故言歸我。齊悼以魯入邾，以邾子益歸，故取二邑。至是，魯歸邾子益及齊平，齊、魯交遣人涖盟而歸二邑於魯，無專使故亦言歸而已。或生他義者，非。

春秋屬辭卷六

存策書之大體第一之六

七十一，内特相盟，内爲志書及，外爲志書會。

隱元年，三月，公及邾儀父盟于蔑。

桓元年，夏，四月，丁未，公及鄭伯盟于越。

文十七年，六月，癸未，公及齊侯盟于穀。

以上公及諸侯盟者三。周官大司寇：「凡邦之大盟約，涖其盟書，而登之于天府，大史、内史、司會及六官皆受其貳而藏之。司盟掌盟載之法，凡邦國有疑，會同，則掌其盟約之載及其禮儀。」汸謂周監二代，立法常闕盛衰，故盟約之禮掌於秋官而不廢。春秋之有離盟，則大司寇之所涖；其伯者之盟，則假會同之禮而爲之，皆私相要結而不請於王朝，亂世之事也。隱攝位而欲求好於邾，故盟；桓弒隱而自結于鄭，故盟；文公以齊侯見伐，使襄仲請受盟，皆魯志也。穀梁傳曰「及者，内爲志焉爾。」於内特相盟得之。凡盟書日者，從其恒辭也。魯與邾有疆場之交，以大求小，脩好息民，乃事之宜，故蔑盟不日，以別於穀盟之詘志與他盟之非義者。凡公及伯主盟于其國，及外臣盟，及戎盟，文同義异，皆別見。

隱六年，夏，五月，辛酉，公會齊侯盟于艾。

桓十二年，冬，十一月，丙戌，公會鄭伯盟于武父。十七年，二月，丙午，公會邾儀父盟于趡。

莊十三年，冬，公會齊侯盟于柯。二十三年，十二月，甲寅，公會齊侯盟于扈。

定十二年，冬，十月，癸亥，公會齊侯盟于黄。

以上公會諸侯盟者六，齊僖方合諸侯以樹黨，故隱公會之盟。明年，又使其弟年來聘以結之，則艾盟齊志也。宋辭平，而公會鄭伯盟以伐宋，則武父之盟，亦鄭志也。邾既來朝，又尋蔑盟，而公會之盟，則趡盟邾志也。齊桓結諸侯以圖伯，師次于郎，而魯不服，既會于北杏，公始會之盟，則柯之盟齊志也。公既如齊納幣，及齊侯遇穀，而又會之盟于扈，則扈之盟亦齊志也。齊景結魯以叛晋，既會于夾谷，而公又會之盟，則黄盟亦齊志也。故皆稱會。穀梁傳曰：「會者，外爲志焉爾。」於内特相盟得之。凡盟以日、不日見義，唯魯桓之盟，日月皆從其恒辭。説見公會下。柯盟魯無信，特不月以异之。扈盟從齊之志始定，然離盟非伯主之事，故書日。

七十二，内參盟以上皆稱會，伯者之盟稱會，蒙及會言諸侯盟，苟無主盟稱及。

桓十二年，夏，六月，壬寅，公會杞侯、莒子盟于曲池。秋，七月，丁亥，公會宋公、燕人盟于穀丘。十七年，春，正月，丙辰，公會齊侯、紀侯盟于黄。

僖二十五年，冬，十二月，癸亥，公會衞子、莒慶盟于洮。二十六年，春，王正月，己未，公會莒子，衞甯速盟于向。

昭二十六年，秋，公會齊侯、莒子、邾子、杞伯盟于鄟陵。

僖二十一年，十二月，癸丑，公會諸侯盟于薄。二十七年，十二月，甲戌，公會諸侯盟于宋。

以上公會二國盟者五，四國盟者一，會諸侯盟不序者二。凡盟自參以上皆稱會，彼爲盟而我會之也，故齊侯爲鄟陵之盟，雖爲公故，亦稱會而已。謀納公而不克，故不月，與及齊大夫盟蒧同，异其事也。

莊二十七年，夏，六月，公會齊侯、宋公、陳侯、鄭伯同盟于幽。

僖七年，秋，七月，公會齊侯、宋公、陳世子欵、鄭世子華盟于甯母。八年，春，王正月，公會王人、齊侯、宋公、衛侯、許男、曹伯、陳世子欵盟于洮。九年，夏，公會宰周公、齊侯、宋子、衛侯、鄭伯、許男、曹伯于葵丘。九月，戊辰，諸侯盟于葵丘。十五年，三月，公會齊侯、宋公、陳侯、衛侯、鄭伯、許男、曹伯盟于牡丘。二十八年，五月，癸丑，公會晋侯、齊侯、宋公、蔡侯、鄭伯、衛子、莒子盟于踐土。

文七年，秋，八月，公會諸侯、晋大夫盟于扈。十四年，六月，公會宋公、陳侯、衛侯、鄭伯、許男、曹伯、晋趙盾，癸酉，同盟于新城。

宣十七年，六月，己未，公會晋侯、衛侯、曹伯、邾子同盟于斷道。

成五年，十二月，己丑，公會晋侯、齊侯、宋公、衛侯、鄭伯、曹伯、邾子、杞伯同盟于蟲牢。七年，秋，公會晉侯、齊侯、宋公、衛侯、曹伯、莒子、邾子、杞伯救鄭。八月，戊辰，同盟于馬陵。九年，春，王正月，公會晉侯、齊侯、宋公、衛侯、鄭伯、曹伯、莒子、杞伯同盟于蒲。十五年，三月，癸丑，公會晉侯、衛侯、鄭伯、曹伯、宋世子成、齊國佐、邾人同盟于戚。十七年，夏，公會尹子、單子、晉侯、齊侯、宋公、衛侯、曹伯、邾人伐鄭。六月，乙酉，同盟于柯陵。

襄三年，六月，公會單子、晉侯、宋公、衛侯、鄭伯、莒子、邾子、齊世子光。己未，同盟于雞澤。九年，冬，公會晉侯、宋公、衛侯、曹伯、莒子、邾子、滕子、薛伯、杞伯、小邾子、齊世子光伐鄭。十二月，己亥，同盟于戲。十一年，夏，公會晉侯、宋公、衛侯、曹伯、齊世子光、莒子、邾子、滕子、薛伯、杞伯、小邾子伐鄭。秋，七月，己未，同盟于亳城北。十八年，冬，十月，公會晉侯、宋公、衛侯、鄭伯、曹伯、莒子、邾子、滕子、薛伯、杞伯、小邾子同圍齊。十九年，春，王正月，諸侯盟于祝柯。二十年，夏，六月，庚申，公會晉侯、齊侯、宋公、衛侯、鄭伯、曹伯、莒子、邾子、滕子、薛伯、杞伯、小邾子盟于澶淵。二十五年，夏，公會晉侯、宋公、衛侯、鄭伯、曹伯、莒子、邾子、滕子、薛伯、杞伯、小邾子于夷儀。秋，八月，已巳，諸侯同盟于重丘。

昭十三年，秋，公會劉子、晉侯、齊侯、宋公、衛侯、鄭伯、曹伯、莒子、邾子、滕子、薛伯、杞伯、小邾子于平丘。八月，甲戌，同盟于平丘。公不與盟。

以上公會伯者合諸侯之盟二十一，會而不與盟者一。凡伯者之盟亦稱會，伯者爲盟而公會之也，故悉從外爲志例。其事略序見後篇。凡桓、文之盟不日，葵丘、踐土皆功業最盛之時，故曰晉主夏盟恒日。其不日者，皆有故也。

僖五年，秋，八月，諸侯盟于首止。

以上諸侯盟不言公及者一。承上文及會，從可知也。王世子不與盟，故言諸侯。齊桓不主會而主盟，故不言公及諸侯會王世子，序見後。

定四年，三月，公會劉子、晉侯、宋公、蔡侯、衛侯、陳子、鄭伯、許男、曹伯、莒子、邾子、頓子、胡子、滕子、薛伯、杞伯、小邾子、齊國夏于召陵，侵楚。五月，公及諸侯盟于臯鼬。

以上公會王臣，合諸侯，侵楚，及諸侯盟者一。是會劉子之志，晉不復主盟，而劉子復不與盟，故稱公及諸侯盟，與葵丘但言諸侯盟，平丘但言同盟者异文，其不日亦以别於有伯之盟也。

七十三，公如伯國受盟稱及。

閔元年，秋，八月，公及齊侯盟于落姑。

文三年，冬，公如晋。十二月，己巳，公及晋侯盟。十三年，冬，公如晋。十二月，己丑，公及晋侯盟。

襄三年，春，公如晋。夏，四月，壬戌，公及晋侯盟于長樗。

以上公及伯主盟者四。莊公薨，魯亂，閔公幼，季子在外，齊桓以伯令召閔公至齊地盟，以復季子。其稱及者，從受盟例也。晋襄以魯不朝，使陽處父盟公，既而請改盟，故公如晋，及晋侯盟。十三年，公如晋朝靈公且尋盟，皆盟於其國都，故不書地。襄公即位，晋悼即使人來聘，故明年公朝而請盟。晋侯去其國都，以禮於公，皆受盟於伯主，故稱及。季子身繫魯國社稷安危，盟以復之，事之宜也，故落姑之盟不日，以别於他君之受盟者。

七十四，公與王臣外臣會盟稱會，特相盟稱及。

僖二十九年，夏，六月，會王人、晉人、宋人、齊人、陳人、蔡人、秦人盟于翟泉。以上公會王臣、外大夫盟一。王子虎尋踐土之盟，故稱會。内没公而王臣與外大夫皆稱人，諱公與王子盟也。不日，别於踐土也。凡内諱公，外稱人，與後處父去族，皆説見變文篇。

文十年，秋，七月，及蘇子盟于女栗。以上公及王臣盟一。晉伯中衰，頃王新立，使大夫下盟列國。凡公與大夫盟，雖没公，猶書日，譏其伉也。王臣非伉，故不日。

文二年，三月，乙巳，及晉處父盟。以上公如伯國及其臣盟者一。傳曰：「晉人以不朝來討，公如晉，晉人使陽處父盟公以耻之。」處父去族説在變文篇。凡大夫伉盟書日者，譏若兩君，然爲諱不書公，見實也。

成三年，冬，十一月，晉侯使荀庚來聘，衛侯使孫良夫來聘。丙午，及荀庚盟。丁未，及孫良夫盟。十一年，春，王三月，晉侯使郤犨來聘。己丑，及郤犨盟。

襄七年，冬，十月，衛侯使孫林父來聘。壬戌，及孫林父盟。十五年，春，宋公使向戌來聘。二月，己亥，及向戌盟于劉。

以上外臣聘魯而尋盟者四。晉景使荀庚來聘且尋盟，衛定使孫良夫來聘且尋盟。晉厲疑公貳於楚，故使郤犨來聘且涖盟。衛獻使孫林父來聘且尋盟。公皆與之盟于國都，故不言地。若去其國都而盟諸侯，乃晉悼公所以謙接吾君者也。宋共使向戌來聘且尋盟，公去其國都與向戌盟于劉。三家專，魯君弱，戌自以爲君矣。比事考之，則所尋之盟可見。

莊二十二年，秋，七月，丙申，及齊高傒盟于防。

以上公及外臣盟者一。齊桓以魯莊請昏，而先以高傒盟公于防，譏在外，故没公。杜氏不知筆削之旨，謂稱及爲内微者。當齊桓伯業已隆，其貴卿何事與魯微者盟于魯地乎？當從二傳爲是。

隱八年，九月，辛卯，公及莒人盟于浮來。

莊九年，春，公及齊大夫盟于蔇。

以上公及外臣盟稱及者二。隱公特盟小國之臣，譏在内，故書公，均爲伉，故書日。

當齊無君，大夫盟納子糾事，非所諱，故書公。既而桓公入，子糾殺，故不月，以异之。

七十五，公會諸侯使大夫盟。

襄十六年，三月，公會晋侯、宋公、衛侯、鄭伯、曹伯、莒子、邾子、薛伯、杞伯、小邾子于溴梁。戊寅，大夫盟。

以上公會諸侯而大夫盟者一。穀梁傳曰：「諸侯會而大夫盟，正在大夫也。」公羊傳曰：「信在大夫也。」大夫專盟會久矣，而未有諸侯會而大夫盟者，案左傳則大夫者晋荀偃、宋向戌、魯叔孫豹、衛甯殖、鄭公孫蠆也，是皆彊家專國者，故雖君會而大夫自盟，以其君不能爲有無也。二傳之言，蓋得春秋言外之旨。不言諸侯之大夫者，閒無异事。

七十六，公與外裔盟稱及，特會而後與盟稱及。

隱二年，秋，八月，庚辰，公及戎盟于唐。

桓二年，九月，公及戎盟于唐。

以上公及戎盟者二。凡外裔舉號，君臣同辭，雖戎請盟，亦稱及者，不屈中國從外裔，故以公及之。隱盟則日，桓盟不日者，桓弑隱，嫌繼隱好，故不日以别之。

成二年，十一月，丙申，公及楚人、秦人、宋人、陳人、衛人、鄭人、齊人、曹人、邾人、薛人、鄫人盟于蜀。

以上公及楚人、諸侯、大夫盟者一。蒙公會于蜀，文言及傳曰：「初，宣公使求好于楚，莊王卒，宣公薨，不克作好。公即位，受盟于晋，會晋伐齊。衛人不行使于楚，而亦受盟于晋，從於伐齊，故楚令尹子重爲陽橋之役以救齊。冬，楚師侵衛，遂侵我師于蜀。孟孫請往賂之，以請盟，楚人許之。十一月，公及楚公子嬰齊、蔡侯、許男、秦右大夫說、宋華元、陳公孫寧、衛孫良夫、鄭公子去疾及齊大夫盟于蜀。」說見變文篇。

七十七，内大夫特與諸侯盟，稱及、稱會，與君同。

文十六年，六月，戊辰，公子遂及齊侯盟于郪丘。

成元年，夏，臧孫許及晋侯盟于赤棘。

定三年，冬，仲孫何忌及邾子盟于拔。

哀二年，春，王二月，癸巳，叔孫州仇、仲孫何忌及邾子盟于句繹。

以上内大夫特與諸侯盟稱及者四。公子遂盟齊懿，以緩伐魯之師。臧孫許爲齊難故盟晉景，結好求援。二盟皆魯欲之。定公即位，邾子益新立，何忌盟以求好。三家既同帥師伐邾，取其田，二子又盟邾子以要之，故四盟皆稱及。凡内大夫盟諸侯，皆不月。鄫丘，軋於齊；句繹，三家轢邾已甚，故皆日，以异之。

昭十一年，夏，仲孫貜會邾子盟于祲祥。

以上内大夫特與諸侯盟稱會者一。邾悼既釋怨來朝，而魯會之葬，於是貜會邾子盟，則是盟邾志也，故稱會。

七十八，内大夫盟諸侯，參以上稱會，伯者之盟稱會，與君同。出疆遂盟，稱及。非卿，不稱名氏。

桓十一年，九月，柔會宋公、陳侯、蔡叔盟于折。（蒙上事月）

以上内大夫與三國之君盟稱會者一。魯始黨齊、鄭，既皆來戰于郎，鄭莊卒，宋、陳、蔡盟于折而柔會之。

文二年，夏，六月，公孫敖會宋公、陳侯、鄭伯、晉士縠盟于垂隴。

成十八年，十二月，仲孫蔑會晉侯、宋公、衛侯、邾子、齊崔杼同盟于虛朾。

以上內大夫與伯者之盟稱會二。晋人既以處父盟公，魯人耻之，故垂隴之盟，宋、陳、鄭之君皆在而魯獨以大夫往。晋悼公初立，楚納宋魚石于彭城，又侵宋，悼公會諸侯于虚朾以謀救宋。時成公薨未葬，故魯獨以大夫往。

莊十九年，秋，公子結媵陳人之婦于鄄，遂及齊侯、宋公盟。

以上內大夫出疆，遂盟諸侯，稱及者一。公子結以送女至鄄，遇齊、宋將伐魯，遂與二君盟以緩師，故稱及。大夫遂盟諸侯，故不月。

莊十六年，冬，十二月，會齊侯、宋公、陳侯、衛侯、鄭伯、許男、滑伯、滕子同盟于幽。

以上內微者與伯主之盟稱會一。公既盟齊侯于柯，而二鄄之會不至，此同盟于幽，諸侯皆在，而魯猶以微者行，是以有公子結之盟，三國西鄙之伐。公羊作公會。陳氏又謂，「諱不言公」。以經傳事理推之，皆非是。

七十九，內大夫特與外臣盟，稱及、稱會。非卿不稱名氏。

成十六年，十二月，乙丑，季孫行父及晋郤犨盟于扈。

以上内大夫特與外大夫盟稱及者一。晉以僑如之譖執季孫行父，舍于苕丘，於是赦之，而季孫及郤犨盟于扈，故稱及。

隱元年，九月，及宋人盟于宿。

以上内微者及外微者盟稱及者一。魯求成於宋，故稱及。穀梁傳曰：「及，内卑者也。宋人，外卑者也。」

文八年，冬，十月，壬午，公子遂會晉趙盾盟于衡雍。

襄二十年，春，王正月，辛亥，仲孫速會莒人盟于向。

以上内大夫會外大夫盟稱會者二。扈之盟，公後至，晉人來討，襄仲會趙孟盟于衡雍，報扈之盟，則是晉志也。莒與邾更伐魯溴梁之會。晉以魯故，執莒、邾之君。同圍齊之後，又執邾子。於是齊靈卒，齊莊與晉成，莒失其恃而爲向之盟，故皆稱會。

八十，内大夫與外臣盟，參以上稱會。伯者之會，別盟後至者稱及以及。既會而盟稱及。盟于師稱及。

僖十九年，冬，會陳人、蔡人、楚人、鄭人盟于齊。

以上内大夫與四國之臣盟稱會者一。陳穆公請修好於諸侯，以無忘齊桓之德，故爲是盟，而魯會之。

襄三年，六月，戊寅，叔孫豹及諸侯之大夫及陳袁僑盟。二十七年，秋，七月，辛巳，豹及諸侯之大夫盟于宋。

以上内大夫因諸侯會盟，别盟大夫後至者，稱及以及者一。既會諸侯之大夫，而後與盟稱及者一。皆蒙上文，其事别見。

八十一，内大夫與戎盟稱會。

成二年，秋，七月，齊侯使國佐如師。己酉，及國佐盟于袁婁。

以上内大夫會戰盟于師稱及者一。不言及以及，閒無异事。鞌之戰序見後。

文八年，冬，十月，乙酉，公子遂會雒戎，盟于暴。

以上魯臣會戎盟者一。臣降於君，故雖盟戎稱會。

八十二，自外來魯盟，稱來盟。自魯往他國盟，言涖盟。

襄二十九年，夏，杞子來盟。以上杞君來盟者一。杞伯既因晋悼夫人治魯歸田，懼魯之見惡，於是親來盟，魯人賤之，故降其爵。

桓十四年，夏五，鄭伯使其弟語來盟。

宣七年，春，衛侯使孫良夫來盟。

以上來盟稱使者二。鄭厲與公會于曹而未盟，故使其弟來盟。衛成欲謀會晋，故使良夫來盟。夏五説見後闕文類。來盟著例，不月。

閔二年，冬，齊高子來盟。

文十五年，三月，宋司馬華孫來盟。

以上來盟不稱使者二。閔公弑，齊桓使高子來盟，立僖公。時魯無君，季友接之，以二臣相見，故不言齊侯使，無所致命也。公羊傳曰：「不稱使，我無君也。」宋人將弑昭公而立公子鮑，華孫爲公子鮑來盟，非其君使來，故不言宋公使，無所受命也。凡來盟，不月。華孫結魯輔篡，故特書月以异之。

僖三年，冬，公子友如齊涖盟。

文七年，冬，公孫敖如莒涖盟。

昭七年，春，叔孫婼如齊涖盟。

定十一年，冬，叔還如鄭涖盟。

以上魯臣往他國涖盟者四。凡涖盟皆盟其君，來盟亦然。齊桓公爲公不會陽穀來尋盟，故公子友如齊盟。莒人來請盟，故公孫敖如莒盟。昭公將如楚，故使叔孫婼如齊盟。魯及鄭平，故叔還如鄭盟。凡來盟五，涖盟四，皆無交涖者。唯哀八年，臧賓如齊涖盟，齊閭丘明來涖盟。二人皆非卿，雖交涖，史不書。凡涖盟，不月，與來盟同。

八十三，公特會諸侯，自參以上必言故，苟從可知不言故。伯主之會不言故。避不主會，言及以會。

隱九年，冬，公會齊侯于防。十一年，夏，公會鄭伯于時來。

桓元年，三月，公會鄭伯于垂。三年，春，正月，公會齊侯于嬴。六月，公會杞侯于郕。九月，公會齊侯于讙。六年，夏，四月，公會紀侯于成。十一年，九月，公會宋公于夫鍾。冬，十二月，公會宋公于闞。十二年，八月，公會宋公于虛。冬，十一月，公會宋公于龜。十四年，春，正月，公會鄭伯于曹。十五年，五月，公會齊侯于艾。（蒙上事月）

十八年，春，王正月，公會齊侯于濼。

以上公特會諸侯者十四，皆春秋之初，伯者未興，諸侯起亂之事。防爲伐宋，時來爲伐許，垂假許田，郕杞受兵而求成，成紀來謟謀齊難，夫鍾、闞、虚、龜皆爲平宋鄭，曹與鄭突脩好，艾謀定許，皆非爲國爲民。嬴成昏于齊，讙受姜氏，濼與夫人如齊，皆公妃匹失禮之事。凡内離會不月，唯魯桓之會皆月。桓内弑其君兄而外構亂，身戕隣國，其盟會之失，皆不足復議，故從其恒法，以别异之。

宣元年，夏，公會齊侯于平州。

定十年，夏，公會齊侯于夾谷。

以上公特會諸侯者二。宣公奪適，以賂請會于齊，以定其位，而不事晋。夾谷，齊結魯叛晋。

隱十年，春，王二月，公會齊侯、鄭伯于中丘。

桓二年，三月，公會齊侯、陳侯、鄭伯于稷，以成宋亂。十五年，冬，十一月，公會宋公、衛侯、陳侯于袲，伐鄭。十六年，春，正月，公會宋公、蔡侯、衛侯于曹。

以上公會諸侯參以上四。稷曰成宋亂，袲曰伐鄭，皆爲會言故，中丘、曹下即有會伐之事，從可知也。凡内參會皆月，有大夫則不月。

定十四年，五月，公會齊侯、衞侯于牽。（蒙上事月）

哀十二年，秋，公會衞侯、宋皇瑗于鄖。

以上公參會諸侯者二。時諸侯皆叛晋，牽謀救范、中行氏，鄖辭吴而竊盟，事可知也。

莊二十七年，冬，公會齊侯于城濮。

僖元年，八月，公會齊侯、宋公、鄭伯、曹伯、邾人于檉。十三年，夏，公會齊侯、宋公、陳侯、衞侯、鄭伯、許男、曹伯于鹹。十六年，冬，十二月，公會齊侯、宋公、陳侯、衞侯、鄭伯、許男、邢侯、曹伯于淮。二十八年，冬，公會晋侯、齊侯、宋公、蔡侯、鄭伯、陳子、莒子、邾人、秦人于温。

宣七年，冬，公會晋侯、宋公、衞侯、鄭伯、曹伯于黑壤。

成十二年，夏，公會晋侯、衞侯于瑣澤。

襄五年，秋，公會晉侯、宋公、陳侯、衛侯、鄭伯、曹伯、莒子、邾子、滕子、薛伯、齊世子光、吴人、鄫人于戚。七年，十二月，公會晉侯、宋公、陳侯、衛侯、曹伯、莒子、邾子于鄬。十一年，秋，公會晉侯、宋公、衛侯、曹伯、齊世子光、莒子、邾子、滕子、薛伯、杞伯、小邾子伐鄭，會于蕭魚。十六年，春，公會晉侯、宋公、衛侯、鄭伯、曹伯、莒子、邾子、薛伯、杞伯、小邾子于溴梁。二十一年，冬，公會晉侯、齊侯、宋公、衛侯、鄭伯、曹伯、莒子、邾子于商任。二十二年，冬，公會晉侯、齊侯、宋公、衛侯、鄭伯、曹伯、莒子、邾子、薛伯、杞伯、小邾子于沙隨。二十四年，八月，公會晉侯、宋公、衛侯、鄭伯、曹伯、莒子、邾子、滕子、薛伯、杞伯、小邾子于夷儀。（蒙上事月）二十五年，夏，五月，公會晉侯、宋公、衛侯、鄭伯、曹伯、莒子、邾子、滕子、薛伯、杞伯、小邾子于夷儀。（蒙上事月）

以上公與伯者之會十有五。凡伯者之會不言故，從可知也，其事皆別見。凡公與盟主之會不月，必無成事而後月。詳見下篇及日月篇。

僖五年，夏，公及齊侯、宋公、陳侯、衛侯、鄭伯、許男、曹伯會王世子于首止。

以上公及諸侯會王世子者一。王世子以儲君之尊出臨諸侯，故齊桓避不敢主會，而率諸侯以會于世子，故書及以會，皆實録也。

八十四，公特會外裔。

哀七年，夏，公會吴于鄫。十二年，夏，公會吴于橐皋。

以上公特會吴者二。是時，魯有職貢於吴而猶以號舉者，不以諸侯之禮相接也。

隱二年，春，公會戎于潜。

以上公會戎者一。

成二年，冬，公會楚公子嬰齊于蜀。（爲下盟月）

以上公會楚大夫者一，事見變文篇。

八十五，公會諸侯，殊會外裔，言會以會。不殊會，言會以及。

襄十年，春，公會晋侯、宋公、衛侯、曹伯、莒子、邾子、滕子、薛伯、杞伯、小邾子、齊世子光會吴于柤。

以上公會諸侯，殊會外裔一。凡言會吴者，皆其君，從舉號例，以其稱號不典，未能以中國諸侯之禮相接，故諸侯自相與爲會，然後會之，所謂會又會也。自晋厲公以大夫會吴，至悼公遂以諸侯會之，皆欲通吴以撓楚。

哀十三年，夏，公會晋侯及吴子于黄池。

以上公會晋侯、吴子不殊會者一。以諸侯之禮相接，故得稱吴子。兩主之，故言及。傳言吴、晋爭先，則不可言吴主會。言魯職貢於吴有豐於晋，將半邾以事吴，而如邾以事晋，則魯蓋兩事吴、晋。凡會吴，詳見謹内外篇。

八十六，公會杞伯姬。

莊二十七年，春，公會杞伯姬于洮。

以上公會其女爲杞夫人者一。伯姬以前二年歸杞，至此會公于洮。冬，乃歸寧。皆爲杞伯來朝，先爲之地也。説者但譏莊公不當出會其女，而不知大不字小之失，以至於此。

八十七，公及夫人會齊侯。

僖十一年，夏，公及夫人姜氏會齊侯于陽穀。

以上公及夫人會齊侯者一。夫人雖齊女，然兩君相見而婦人參其間，非禮也。

八十八，諸侯迎會公。

文十三年，冬，公如晉，衛侯會公于沓。公還自晉，鄭伯會公于棐。

以上諸侯迎會公者二，皆欲因公請成于晉。

定十四年，大蒐于比蒲，邾子來會公。

以上諸侯來會公者一。魯既結齊叛晉，邾主齊，故來會公以脩好。杜氏曰：「來而不用朝禮，故曰會。」

八十九，公會外師。

定八年，夏，公會晉師于瓦。

以上公會外師者一。齊師伐我，晉士鞅、趙鞅、荀寅救我，齊師已去，公遂會三卿于瓦。卿非期會，故以師爲重。成二年傳言，公會晉師于上鄍，不書者，四卿出師會晉衛以報齊怨，幸而一戰勝齊，遂使禽鄭逆公勞師，以臣召君，不可爲訓，故削之以全國體，在存策書中爲變例之五。

九十，公會外大夫。

襄二十六年，夏，公會晉人、鄭良霄、宋人、曹人于澶淵。

以上公會外大夫者一。凡公與外大夫盟，則諱不言公。此會則不諱者，盟則君臣同歃，故諱公以遠恥；會則君臣各在其位，故直書以見其失而已。外大夫書人，皆説見變文辯名實篇。

九十一，王臣會諸侯。

莊十四年，冬，單伯會齊侯、宋公、衛侯、鄭伯于鄄。

以上王卿士會諸侯一。齊桓公始合諸侯，假王命以示大順。凡王臣有諸侯之事，皆以内辭書。杜氏謂赴以單伯會諸侯爲文，非也。

九十二，内大夫會諸侯。

文元年，秋，公孫敖會晉侯于戚。

宣十四年，冬，公孫歸父會齊侯于穀。十五年，春，公孫歸父會楚子于宋。

昭九年，春，叔弓會楚子于陳。

以上内大夫特會諸侯者四，皆以事往。晋侯疆戚田，故公孫敖往會之。楚子在宋，歸父先會齊侯而後會楚子于宋者，宣公方事齊，故先謀於齊而後會楚也。楚師滅陳，故叔弓會楚子于陳。

襄八年，夏，季孫宿會晋侯、鄭伯、齊人、宋人、衛人、邾人于邢丘。

以上内大夫會伯主者一。悼公復伯，使諸侯、大夫聽朝聘之數。

九十三，内大夫會外大夫，苟非天下之事則言故。

文十一年，夏，叔仲彭生會晋郤缺于承筐。

宣十五年，秋，仲孫蔑會齊高固于無婁。

成五年，夏，叔孫僑如會晋荀首于穀。

昭三十一年，春，季孫意如會晋荀躒于適歷。

以上内大夫特會外大夫者四。彭生會郤缺，謀諸侯之從楚者。蔑會高固，則齊、魯既皆通楚，而晋將徵會于諸侯也。荀首如齊逆女，僑如餫諸穀。意如出君，晋人不能討，使荀躒召意如至適歷，欲其奉公以歸。

襄二年，秋，仲孫蔑會晋荀罃、宋華元、衛孫林父、曹人、邾人于戚。（爲下葬月）冬，仲孫蔑會晋荀罃、齊崔杼、宋華元、衛孫林父、曹人、邾人、滕人、薛人、小邾人于戚。十四年，冬，季孫宿會晋士匄、宋華閲、衛孫林父、鄭公孫蠆、莒人、邾人于戚。十九年，冬，叔孫豹會晋士匄于柯。二十七年，夏，叔孫豹會晋趙武、楚屈建、蔡公孫歸生、衛石惡、陳孔奂、鄭良霄、許人、曹人于宋。三十年，冬，晋人、齊人、宋人、衛人、鄭人、曹人、莒人、邾人、滕人、薛人、杞人、小邾人會于澶淵。宋災，故昭元年春，叔孫豹會晋趙武、楚公子圍、齊國弱、宋向戌、衛齊惡、陳公子招、蔡公孫歸生、鄭罕虎、許人、曹人于虢。十一年，秋，季孫意如會晋韓起、齊國弱、宋華亥、衛北宫佗、鄭罕虎、曹人、杞人于厥憖。二十五年，夏，叔詣會晋趙鞅、宋樂大心、衛北宫喜、鄭游吉、曹人、邾人、滕人、薛人、小邾人于黄父。

以上内大夫會外大夫者九，一言故。澶淵之會，叔孫豹不書而外大夫稱人，乃筆削之旨。

九十四，内大夫特會外裔。

哀六年，夏，叔還會吴于柤。

以上内大夫特會外裔者一。

九十五，内大夫會外大夫，殊會外裔，言會以會。同受命，直言會之。

成十五年，冬，十一月，叔孫僑如會晋士燮、齊高無咎、宋華元、衛孫林父、鄭公子鰌、邾人會吴于鍾離。

襄十四年，春，王正月，季孫宿、叔老會晋士匄、齊人、宋人、衛人、鄭公孫蠆、曹人、莒人、邾人、滕人、薛人、杞人、小邾人會吴于向。

以上内大夫會外大夫殊會外裔者二，義與公會諸侯殊、會外裔同。凡内大夫會外大夫不月，必會而又會外裔然後月。

襄五年，夏，仲孫蔑、衛孫林父會吴于善道。

以上内大夫、外大夫會外裔者一。不曰會以會者，二國之卿同受命于晋，不自期會也。

九十六，君大夫出會諸侯，無成事亦書。

桓十年，秋，公會衛侯于桃丘，弗遇。

成十六年，秋，公會晋侯、齊侯、衛侯、宋華元、邾人于沙隨，不見公。

昭十三年，秋，公會劉子、晉侯、齊侯、宋公、衛侯、鄭伯、曹伯、莒子、邾子、滕子、薛伯、杞伯、小邾子于平丘。八月，甲戌，同盟于平丘，公不與盟。

文十六年，春，季孫行父會齊侯于陽穀。齊侯弗及盟。

以上公會諸侯弗遇者一，不見公者一，不與盟者一，大夫會諸侯，不見與盟者一。雖無成事，史猶謹書之，所以尊君重國也。劉氏曰：「春秋於魯事有可恥者，必爲之諱，君臣之禮也。若我無失道，而橫逆所加，則不諱。」故直書以罪諸侯。

宣四年，春，王正月，公及齊侯平莒及郯，莒人不肯。

以上公及諸侯平國不成者一。無成事而書，義與上同。且爲公伐莒、取向言故。

九十七，公及諸侯相遇。

隱四年，夏，公及宋公遇于清。

莊二十三年，夏，公及齊侯遇于穀。三十年，冬，公及齊侯遇于魯濟。

以上公及諸侯遇者三。簡禮相見曰遇。何氏曰：「古者有遇禮，爲朝天子，若朝罷歸，卒相遇于塗，近者爲主，遠者爲賓，稱先君以相接，所以崇禮讓、絶慢易也。」當春秋時，出入無度，卒然相要，非常遇也。今案隱與宋公聞衛亂而相遇，齊桓圖伯亦兩與公遇者，桓公欲身下諸侯以成伯業，故以簡便濟其勤勞。

九十八，公行無成事，書次。

莊三年，冬，公次于滑。八年，春，師次于郎，以俟陳人、蔡人。（爲下事月）

以上公次者一，諱公稱師者一。次者，師止舍之名。君行師從，故君所止舍，亦言次，其事至淺，必無成事而後書。傳言閔公次于郎，待季友，不書者，既書公及齊侯盟于落姑，爲有成事，則信宿之次，史不復録。十二公行反往往曠月踰時，使所次悉書，亦不勝書矣。杜、陳例皆不取。

九十九，公失國書次、書如、書至、書居、書唁、書圍邑、取邑。

昭二十五年，九月，己亥，公孫于齊，次于陽州。齊侯唁公于野井。二十六年，三月，公至自齊，居于鄆。夏，公圍成。秋，公會齊侯、莒子、邾子、杞伯盟于鄟陵。公至自會，居于鄆。二十七年，春，公如齊。公至自齊，居于鄆。冬，公如齊，公至自齊，居于鄆。二十八年，春，公如晋，次于乾侯。二十九年，春，公至自乾侯，居于鄆。齊侯使高張來唁公。公如晉，次于乾侯。冬，十月，鄆潰。三十年，春，王正月，公在乾侯。三十一年，春，王正月，公在乾侯。夏，晉侯使荀躒唁公于乾侯。三十二年，春，王正月，公在乾侯，取闞。

以上昭公孫于齊後書次者三，書如者四，書至、書居者五，書在者三，書公會者一，書唁公者三，書圍邑者一，取邑者一。公已失國而詳録其出處如此者，臣無絶君之道。公身繫國安危，季孫雖叛公，社稷、宗廟、臣民非公無所繫也，當是時公令不及於魯，魯史安能以時得公出處歲月如是之詳？君臣交戰，季孫豈以得於諜報者而詳命史氏於阻兵之日哉？季孫背昭子之言，不納公，又脅鄆使潰，而每歲賈馬，歸從者之衣屨于乾侯，蓋欲信士鞅黨逆之言，以欺晉君爾。扈之會，鞅曰：「季氏事君如在國。」杜氏註曰：「書公行，告公至是也。」三十年，公在乾侯。服虔曰：「季氏閔而釋之，所謂事君如在國是也。」若是則季孫、士鞅之姦謀非唯足以欺時君，而尚足以欺後世也，春秋之作，亂臣賊子猶能知而懼之，而學者反以空言汨之也。傳言季孫欲溝公墓，爲惡謚，皆以榮成伯之言而止，魯之臣子猶有人焉。當定、哀之間，意如卒後，史臣豈無職思其憂者，詳著昭公出處，以補策書之闕乎？公羊傳記孔子舉野井唁禮而曰：「其禮與？其辭足觀矣。」當時士大夫從公如子家子，所謂貌而出者猶衆，有足徵也。又案史記昭公奔齊，魯亂，孔子亦適齊，當時之事，見聞所及，使魯史不追補之，孔子脩春秋時亦特筆書之，以誅季氏不臣之罪矣。服、杜之失不足深辯也。

春秋屬辭卷七

存策書之大體第一之七

一百，内師，公將稱公，大夫稱名氏，微者不言將。

隱七年，秋，公伐邾。

莊二十六年，春，公伐戎。

僖二十一年，冬，公伐邾。二十二年，春，公伐邾。三十三年，夏，公伐邾。

文七年，春，公伐邾。

宣四年，春，公伐莒。十八年，春，公伐杞。

哀七年，秋，公伐邾。

莊二年，夏，公子慶父帥師伐於餘丘。

僖三十三年，秋，公子遂帥師伐邾。

文十四年，春，叔彭生帥師伐邾。

宣十年，秋，公孫歸父帥師伐邾。

襄二十年，秋，仲孫速帥師伐邾。

昭十年，秋，七月，季孫意如、叔弓、仲孫貜帥師伐莒。

哀元年，冬，仲孫何忌帥師伐邾。二年，春，王二月，季孫斯、叔孫州仇、仲孫何忌帥師伐邾。六年，冬，仲孫何忌帥師伐邾。

桓八年，秋，伐邾。

以上公伐者九，大夫伐者九，微者伐一，皆小國，凡君將，不言帥師。古者君行師從，言君將則師行可知。大夫將，言帥師，師重與大夫等也。微者不言將者，大夫非卿，名氏不登于策。公羊傳曰：「將尊師少言將，將尊師衆言某帥師，君將不言帥師，書其重者。」此策書之法，通内外言之。唯將卑師少稱人，外與内异。以本國之史，不可復言某人，故内微者不言將。詳見辭從主人篇。筆削之法，外師雖君、大夫將，有變文稱人者，唯内師悉從其恒稱，蓋外變文以示義，則内從其恒稱以見實，乃外可變，而内不可變者。凡内師兼他義者此不序，三家既分公室，其三卿並將俱出，則特書月，以見异常。

莊十年，二月，公侵宋。

定六年，二月，公侵鄭。八年，春，王正月，公侵齊。二月，公侵齊。

成六年，秋，仲孫蔑、叔孫僑如帥師侵宋。

襄二十四年，春，仲孫羯帥師侵齊。

定八年，秋，季孫斯、仲孫何忌帥師侵衞。

以上公侵者四，大夫侵者三，齊大魯小，宋、衞皆敵國，雖有怨仇，及盟主之命皆言侵，與加兵小國异辭，非史文矣。趙伯循曰：「凡侵伐不書勝敗，殺掠而還也。」陸氏曰：「主人不出戰也。」今案公親將以犯大國，故書月以甚之。

莊九年，夏，公伐齊，納子糾。

以上公伐齊者一。凡潛師掠境曰侵，聲罪致討曰伐。此策書之法，通内外言之。筆削之法，外侵伐悉從其恒稱，内師加小國皆言伐，加大國皆言侵，蓋外從其恒稱以見實，則内變文以示義，乃内可變而外不可變者也。當齊無君，莊公興師以納子糾，故直言伐。詳見變文篇。

一百一，内勝外師言敗，勝敗相當言戰，大崩言敗績，微者戰言及。

隱十年，六月，壬戌，公敗宋師于菅。

莊十年，春，王正月，公敗齊師于長勺。夏，六月，公敗宋師于乘丘。（蒙上事月）

十一年，夏，五月，戊寅，公敗宋師于鄑。

僖元年，九月，公敗邾師于偃。冬，十月，壬午，公子友帥師敗莒師于酈，獲莒挐。

文十一年，冬，十月，甲午，叔孫得臣敗狄于鹹。

昭五年，秋，七月，戊辰，叔弓帥師敗莒師于蚡泉。

以上内敗外師者八。凡敗皆不書侵伐，以地之内外見之也。敗諸外者，我既侵伐彼國，而又敗其師。敗諸内者，彼來侵伐我，而爲我所敗，不待書侵伐而可見矣。外相敗及戰亦同。凡大夫敗外師日而公不日者，國君不以善將爲功，殊之於大夫也。其日者，皆甚之。既以臣會伐，而公又敗宋師以自爲功，既得志於乘丘，而又禦之於鄑以深其怨，皆甚其事也。

莊九年，夏，公伐齊納子糾。八月，庚申，及齊師戰于乾時。我師敗績。

以上魯君伐齊，納其公子，及齊師戰，敗績者一。時齊桓已立，但言及齊師戰者，魯納子糾，不正桓之爲君也。

桓十七年，夏，五月，丙午，及齊師戰于奚。

以上微者及戰一。傳曰：「齊人侵魯疆，疆吏來告。公曰：『疆場之事，姑盡所備，事至而戰，又何謁焉？』」則及齊人戰者，疆吏也。此「微者將，不言其人」之例。

僖二十二年，秋，八月，丁未，及邾人戰于升陘。

以上公及外微者戰一。傳曰：「公及邾人戰于升陘，我師敗績。」經不言公與敗績，但書及戰，同微者，乃筆削之法，此與乾時及戰皆蒙上文，而此獨爲筆削者，彼是一事再見，史有恒例，此並兩事爲一役，非復史文矣。說見變文篇。

一百二，内圍國邑，及外師圍國。

成三年，秋，叔孫僑如帥師圍棘。

昭十三年，春，叔弓帥師圍費。
定六年，冬，季孫斯、仲孫忌帥師圍鄆。（杜氏曰：「何忌不言何，闕文。」）十年，夏，叔孫州仇、仲孫何忌帥師圍郈。秋，叔孫州仇、仲孫何忌帥師圍郈。
以上內圍其邑者五。凡內邑，必叛而後圍之，不書內邑叛，說見後篇。
昭二十六年，夏，公圍成。
定十二年，十二月，公圍成。
以上公自圍其邑者二。昭公失國，季孫以成拒師，內叛也。定公令不行於大夫，孟氏不肯墮成，亦與叛無异。時三家分魯而有之，魯君擁虛器之日久矣。昭圍成，不月，异在國也。詳見第六篇。
哀三年，冬，叔孫州仇、仲孫何忌帥師圍邾。
以上內大夫圍國者一。
莊八年，夏，師及齊師圍郕。郕降于齊師。
以上及外師圍國者一。變公言師，乃筆削之旨。

一百三，内入國邑，公及諸侯入國。

隱二年，夏，五月，無駭帥師入極。（蒙外入國月）

桓二年，九月，入杞。

僖二十七年，秋，八月，乙巳，公子遂帥師入杞。

以上内大夫入國者二，微者入國一。皆恃衆淩寡，以俘掠爲暴也。凡内臣入國不日，僖公不念姑姊妹而入其甥國，故書日。

襄十二年，春，王二月，季孫宿帥師救台，遂入鄆。（蒙伐我圍台月）

以上内大夫救内邑，遂入外邑者一。

哀七年，秋，公伐邾。八月，己酉，入邾。以邾子益來。

以上公因伐而入國者一。伐邾乃季孫肥之意，時公制於三家，非有君將之實也。

隱十一年，秋，七月，壬午，公及齊侯、鄭伯入許。

以上公及諸侯入國者一。入國書公及，蒙上文會時來，與桓十二年及伐，蒙上文會盟武父同例。凡入國者，皆破其國都，制其民人，遷其重器，但不有其地，故不言滅。鄭既有許地，而不言滅者，以許叔居許東偏，奉許宗祀也。
一百四，公會伐、會侵、會圍、會而及戰。
桓十六年，夏，四月，公會宋公、衛侯、陳侯、蔡侯伐鄭。
莊五年，冬，公會齊人、宋人、陳人、蔡人伐衛。
宣七年，夏，公會齊侯伐萊。
以上公會諸侯伐者三。（桓公黨亂，莊公爲仇人役，宣公事齊也。桓之會伐書月，從其恒法，與盟會同。）
莊二十六年，秋，公會宋人、齊人伐徐。
僖四年，春，王正月，公會齊侯、宋公、陳侯、衛侯、鄭伯、許男、曹伯侵蔡，蔡潰，遂伐楚。
成三年，春，公會晋侯、宋公、衛侯、曹伯伐鄭。十年，夏，公會晋侯、齊侯、宋公、衛侯、曹伯伐鄭。（二會伐皆爲下事月）十三年，夏，五月，公自京師遂會晋侯、齊侯、宋公、衛侯、鄭伯、曹伯、邾人、滕人伐秦。十六年，秋，公會尹子、晋侯、齊國佐、邾人伐鄭。十七年，夏，公會尹子、單子、晉侯、齊侯、宋公、衛侯、曹伯、邾人伐鄭。冬，公會單子、晉侯、宋公、衛侯、曹伯、齊人、邾人伐鄭。

襄九年，冬，公會晉侯、宋公、衛侯、曹伯、莒子、邾子、滕子、薛伯、杞伯、小邾子、齊世子光伐鄭。十年，秋，公會晉侯、宋公、衛侯、曹伯、莒子、邾子、齊世子光、滕子、薛伯、杞伯、小邾子伐鄭。十一年，夏，公會晉侯、宋公、衛侯、曹伯、齊世子光、莒子、邾子、滕子、薛伯、杞伯、小邾子伐鄭。秋，公會晉侯、宋公、衛侯、曹伯、齊世子光、莒子、邾子、滕子、薛伯、杞伯、小邾子伐鄭。

以上公會伯國伐者十有二，起齊桓伐徐，終晉悼伐鄭。凡公會伐不月，會伯主伐外裔則月，自京師遂會伐則月。

哀十年，春，公會吴伐齊。十一年，夏，公會吴伐齊。（爲日戰月）

以上公會吴伐者二。魯挾吴以敵齊，春秋將終也。

定四年，三月，公會劉子、晉侯、宋公、蔡侯、衛侯、陳子、鄭伯、許男、曹伯、莒子、邾子、頓子、胡子、滕子、薛伯、杞伯、小邾子、齊國夏于召陵，侵楚。

以上公會侵一。會侵蔡已見上，此爲王臣合諸侯伐外裔月。

僖六年，夏，公會齊侯、宋公、陳侯、衛侯、曹伯伐鄭，圍新城。

以上公會伐國、圍邑一。桓公討鄭逃首止之盟。

襄十八年，冬，十月，公會晉侯、宋公、衛侯、鄭伯、曹伯、莒子、邾子、滕子、薛伯、杞伯、小邾子同圍齊。

以上公會圍一。悼公末年，齊已貳於晉，伐我圍成。悼公卒，復伐魯不已，言同盟諸侯所同疾，非但盟主之意也。從史文。

桓十二年，冬，十一月，丙戌，公會鄭伯，盟于武父。十二月，及鄭師伐宋。丁未，戰于宋。十三年，春，二月，公會紀侯、鄭伯。己巳，及齊侯、宋公、衛侯、燕人戰齊師、宋師、衛師，燕師敗績。

以上公會而及伐且戰者一，會而及戰者一，皆魯鄭同惡相濟之事。凡公出會例月戰敗例日。劉炫云：「公會紀、鄭，始行即書其戰之日。」則戰罷乃告廟是也。會紀、鄭戰不言地，說見變文篇。

一百五，大夫會伐、會侵、會圍、會而及戰。

隱四年，秋，翬帥師會宋公、陳侯、蔡人、衛人伐鄭。十年，夏，翬帥師會齊人、鄭人伐宋。

莊三年，春，王正月，溺會齊師伐衛。

文三年，春，王正月，叔孫得臣會晋人、宋人、陳人、衛人、鄭人伐沈，沈潰。

宣十一年，夏，公孫歸父會齊人伐莒。

成八年，冬，叔孫僑如會晋士燮、齊人、邾人伐郯。

襄十四年，夏，叔孫豹會晋荀偃、齊人、宋人、衛北宫括、鄭公孫蠆、曹人、莒人、邾人、滕人、薛人、杞人、小邾人伐秦。（爲下日葬月）十六年，夏，叔老會鄭伯、晋荀偃、衛甯殖、宋人伐許。

以上大夫會伐者八，其事别見後篇。内大夫不書族説，在辭從主人篇。凡内臣會伐不月，溺以會仇讎、抗王命，月。得臣以沈潰，月。

僖四年，冬，十二月，公孫兹帥師會齊人、宋人、衛人、鄭人、許人、曹人侵陳。

以上大夫會侵一。以伯主侵與國，月。

襄元年，春，仲孫蔑會晋欒黶、宋華元、衛甯殖、曹人、莒人、邾人、滕人、薛人圍宋彭城。

以上大夫會圍一。會有宋人，復言圍宋彭城，説見特筆篇。

成二年，六月，癸酉，季孫行父、臧孫許、叔孫僑如、公孫嬰齊帥師會晋郤克、衛孫良夫、曹公子首及齊侯戰于鞌，齊師敗績。

以上大夫會而及戰一。齊間晋而伐魯，戰敗衛師。魯四卿各以師會，以一戰勝齊爲功故曹無書大夫將者，於是特書公子首。觀傳言公會晋師于上鄍，賜晋三卿、五大夫命服，而季文子以鞌之戰立武宫，則當時之情可見矣。

一百六，微者會伐言及。

桓十七年，秋，及宋人、衛人、伐邾。

僖四年，秋，及江人、黄人伐陳。

以上内微者及外微者伐國二。凡内師無不與謀而出會者，故君、大夫將皆言會，必微者而後言及。蓋會以合謀，君與國卿之事也，及則受成命於國，微者之事也，義與内盟稱及、稱會者不同。經書及伐，唯此二事。桓十二年，及鄭師伐宋。蒙上文公會盟。莊八年，師及齊師圍郕。諱公書師，不入此例，説在變文篇。

一百七，内救、公會救、公會臣及救、臣會救。

僖十八年，夏，師救齊。

襄十二年，春，季孫宿帥師救台。二十三年，秋，叔孫豹帥師救晋。（爲下卒月）

以上内救三書師救者，將卑師衆也。凡事實錯見後篇者，不盡釋，後倣此。

莊二十八年，秋，公會齊人、宋人救鄭。

成七年，秋，公會晋侯、齊侯、宋公、衛侯、曹伯、莒子、邾子、杞伯救鄭。

襄五年，冬，公會晋侯、宋公、衛侯、鄭伯、曹伯、齊世子光救陳。

以上公會救三。

僖十五年，春，公孫敖帥師及諸侯之大夫救徐。

以上公會臣及救一。齊桓公盟諸侯于牡丘，遂次于匡，使諸侯之大夫救徐，故内大夫言及。蒙上文諸侯之會言之。

文九年，春，公子遂會晋人、宋人、衛人、許人救鄭。

以上内大夫會救一。

一百八，公追。

莊十八年，夏，公追戎于濟西。

僖二十六年，春，公追齊師至酅，弗及。

以上公追二。啖氏曰：「追者，寇已去而躡之也。」書法詳略説見後篇。

一百九，師次、會次。

莊三十年，夏，次于成。

襄二十三年，秋，叔孫豹帥師救晋，次于雍榆。（爲下日卒月）

以上師次一，大夫帥師次一。杜氏曰：「次在事前，次以待事也。次在事後，事成而次也。」今案，凡次皆以無成事書，書救晋者，爲次雍榆言，故實不成救也。成十六年傳，我師次于督揚不書者，公會尹子、晋侯伐鄭以成事書也，師行近者歷月，遠或踰三時，如悉書次，將不勝書矣。

僖十五年，三月，公會齊侯、宋公、陳侯、衛侯、鄭伯、許男、曹伯盟于牡丘。遂次于匡。

以上公會而遂次者一。諸侯不親救徐故書次。

襄元年，夏，仲孫蔑會齊崔杼、曹人、邾人、杞人次于鄫。

以上内大夫會次一。傳曰：「次于鄫，以待晋師。」

一百十，内大夫會城。

襄二年，冬，仲孫蔑會晋荀罃、齊崔杼、宋華元、衛孫林父、曹人、邾人、滕人、薛人、小邾人于戚，遂城虎牢。二十九年，夏，仲孫羯會晋荀盈、齊高止、宋華定、衛世叔儀、鄭公孫段、曹人、莒人、滕人、薛人、小邾人、城杞。

昭三十二年，冬，仲孫何忌會晋韓不信、齊高張、宋仲幾、衛世叔申、鄭國參、曹人、莒人、薛人、杞人、小邾人城成周。

以上内臣會而遂城者一，會城者二。曰遂城者，會與城异地也。城虎牢，本孟獻子之請，晋悼能用謀也。城杞，晋平公爲其母悼夫人故。城成周，奉天子之命以紓諸侯之成。

百十一，王師令必及魯而後書。

桓五年，秋，蔡人、衛人、陳人從王伐鄭。

莊六年，春，王正月，王人子突救衛。十四年，春，齊人、陳人、曹人伐宋。夏，單伯會伐宋。

以上諸侯從王伐國者一，王人救者一，王臣會伐者一。據傳，隱五年，王使尹氏、武氏伐翼，王命虢公伐曲沃，桓四年，王師、秦師圍魏之類，皆不見於經者，事在西方，令不至於魯也。陳氏以爲筆削之旨，誤矣。隱九年，鄭人以王命來告伐宋。時鄭伯爲王左卿士，王臣不出，王師不行，故但書公會齊侯、鄭伯，翬帥師會齊、鄭伐宋而已。至三國從王伐鄭，始見於經，而不書天王，以諸侯伐鄭者，王命不至於魯，三國以從王伐鄭來告也。齊人合諸侯、抗王命以納朔，魯亦與焉，於是救衛之令始及於魯，齊桓伐宋，圖伯請王命以示大順，史乃得而書之。王人書字，説見特筆篇。

百十二，外師加魯四境言某鄙，直逼國都言伐我。
莊十九年，冬，齊人、宋人、陳人伐我西鄙。
僖二十六年，夏，齊人伐我北鄙。
文十四年，春，邾人伐我南鄙。十七年，夏，齊侯伐我西鄙。
成二年，春，齊侯伐我北鄙。
襄八年，夏，莒人伐我東鄙。十年，秋，莒人伐我東鄙。十二年，春，莒人伐我東鄙，圍台。（爲下入鄆月）十五年，夏，齊侯伐我北鄙，圍成。秋，邾人伐我南鄙。十六年，春，齊侯伐我北鄙。秋，齊侯伐我北鄙，圍郕。十七年，秋，齊侯伐我北鄙，圍桃。高厚帥師伐我北鄙，圍防。冬，邾人伐我南鄙。十八年，秋，齊師伐我北鄙。二十五年，春，齊崔杼帥師伐我北鄙。定七年，秋，齊國夏帥師伐我西鄙。八年，夏，齊國夏帥師伐我西鄙。

以上外師伐魯境者十九。齊、宋、陳一，齊十二，邾三，莒三，凡外師伐魯，史無不書者，比其事而考之，則曲直自見，無與於書法，故不復詳。唯襄十年，秋，七月，楚子囊、鄭子耳伐我西鄙不書者，蓋伐宋之師，聲言伐魯，志在還兵取蕭，魯不受兵，故不書于策。杜云其義未聞，陳云不悉書，皆昧於存策書大體之義。

僖二十六年，春，齊人侵我西鄙。

文七年，夏，狄侵我西鄙。十五年，秋，齊人侵我西鄙。冬，齊侯侵我西鄙。

襄十四年，夏，莒人侵我東鄙。

以上外師侵魯境者五。僖二十六年，書公追齊師至酅，弗及。則凡言侵者，皆潛師攻掠而去，明矣。

哀八年，春，吴伐我。十一年，春，齊國書帥師伐我。

以上外師伐我者二，吴次于泗上，行成。景伯以城下之盟爲耻，齊師在清，魯人欲背城而戰。皆伐魯之國都，故直言伐我。

百十三，外師來戰。

桓十年，冬，十二月，丙午，齊侯、衛侯、鄭伯來戰于郎。

以上三國之君來戰于魯地者一。凡諸侯相侵伐，或攻掠，或求成，不必皆戰，其戰則以主及客，以中國及夷狄，皆以應兵見之，此不以魯及三國戰，直言三國之君來戰，乃筆削之旨，説在變文篇。

百十四，内伐國、取田邑，言伐、言取。不用師，但言取。有來歸之者，言入。已滅之國，言取。不絶其祀，不言滅。

隱十年，六月，壬戌，公敗宋師于菅。辛未，取郜。辛巳，取防。

以上公敗外師取二邑者一。翬既會鄭伐宋，公又親敗宋師，故鄭人得入二邑以歸于我。經所以但書魯取，而一敗二取皆書日，以异之。

僖二十六年，冬，公以楚師伐齊，取穀。三十三年，夏，公伐邾，取訾婁。

以上公伐國取邑者二。

宣十年，秋，公孫歸父帥師伐邾，取繹。

哀二年，春，王二月，季孫斯、叔孫州仇、仲孫何忌帥師伐邾，取漷東田及沂西田。

以上魯臣伐國取邑者一，取田者一。昭十年，三卿伐莒而取郠，不書。杜氏曰：「公見討平丘，魯諱之。」定六年，公侵鄭而取匡，不書。杜氏曰：「匡歸之晋，以非隣國，不能有之故也。」

昭元年，三月，取鄆。

以上取外邑不言伐者一。言易也，不用師徒，故但書曰取也。鄆，莒、魯之塞邑也。傳曰「莒、魯爭鄆，爲日久矣」是也。然則二十六年，公在乾侯取闞，其不言伐，何也？闞，内邑也。傳曰「叔孫昭子如闞」是也。取内邑，故亦不言伐也。

僖三十一年，春，取濟西田。

成二年，秋，取汶陽田。

襄十九年，春，取邾田，自漷水。

以上取田者三，濟西田受之伯主，故不繫曹，汶陽田本我地，故不繫齊。杜氏曰：「晋使齊還魯，故書取，不以好得，故不言歸。」邾田在漷水北。傳曰「晋人執邾悼公，以其伐我故，取邾田，自漷水，歸之于我」。

隱八年，三月，鄭伯使宛來歸祊。庚寅，我入祊。

以上外來歸邑，書我入者一。鄭來歸祊，將以易許田也。非師不言入，此言入者，公羊傳曰：「難也。」祊在泰山之下，去鄭遠而近魯，必鄭人不能有而後歸于魯，魯恐其民不服，故以兵入焉。祊歸我而許田未易，豈非以其難與？

僖二十二年，春，公伐邾，取須句。

文七年，春，公伐邾。三月，甲戌，取須句。

宣四年，春，公伐莒，取向。

以上公伐國而取其所滅之小國者三。須句，風姓國，邾人滅之，須句子來奔，因成風也。僖公伐邾，取須句，而反其君，其後邾又滅之，故文公伐邾，取須句，置文公子焉。向，姜姓國。隱二年，莒人入向，其後爲莒滅，不見於經傳。凡滅國，有取而有之者，則不書滅，以存亡繼絶之義責歸於取之者也，故須句不書邾滅，向不書莒滅，而皆以書取見義，惡其爲滅國者受惡，而始滅之罪，不待申言也。在存策書大體中爲變例之七。須句始反其君爲附庸，則猶未絶其祀，故從内取國例，後置文公子，則遂縣之，故書日以异其事。

昭四年，九月，取鄫。

以上取已滅之國一。傳曰：「莒亂，著丘公立而不撫鄫，鄫叛而來，故曰取。」然猶書莒滅鄫者，譏在晋也。以魯覿鄫世子于晋，悼公列鄫人于會，而莒卒滅鄫與向、須句异矣。鄭滅許，吴滅徐，楚人皆能繼而存之，使列于諸侯，可以中國而不如夷狄乎？或用二傳之説，謂昭以前鄫未亡，非也。

宣九年，秋，取根牟。

成六年，春，取鄟。

襄十三年，夏，取邿。

以上取小國三。傳曰：「邿亂，分爲四，師救邿，遂取之，此所以不言伐。」趙伯循曰：「凡得國而不言滅者，不絶其祀也。」案根牟、鄟傳不言其故，皆曰易也，蓋以鄟與邿推之。

僖十七年，夏，滅項。

以上滅小國者一。夷而縣之，故直曰滅。先儒或謂内諱滅言取者，誤矣。滅不書月者，間伯主有事，與莒滅鄫同，不言師，説在變文篇。

百十五，外取我田邑，言取。雖我歸之，亦言取。諱易田，言假。

宣元年，六月，齊人取濟西田。

昭二十五年，十二月，齊侯取鄆。

哀八年，夏，齊人取讙及闡。

以上外取我田邑者三。禮：國亡大縣邑，公卿、大夫、士皆厭冠，哭於大廟三日，君不舉。此取田邑所以必書于策。濟西、鄆皆言取者，一爲魯諱賂，一見季孫據國叛君，下言公至自齊，居于鄆，則齊取鄆以居公可見矣，故皆書月以别於讙、闡。其書伐、書取，自從外伐取例，見後篇。

桓元年，三月，公會鄭伯于垂。鄭伯以璧假許田。

以上外以璧假田者一。桓公篡位而脩好于鄭，卒易祊田。許田多於祊，故進璧以請，史言璧假，諱易許田也。公羊傳曰：「諱取周田也。」許田本魯朝宿之邑，在王畿之内，故曰周田。

百十六，外滅國必書，不絶其祀言取，迫之使服曰降，移其民人社稷曰遷。莊十年，冬，十月，齊師滅譚，譚子奔莒。十三年，夏，六月，齊人滅遂。僖二十五年，春，王正月，丙午，衞侯燬滅邢。襄六年，秋，莒人滅鄫。十年，春，公會晉侯、宋公、衞侯、曹伯、莒子、邾子、滕子、薛伯、杞伯、小邾子、齊世子光會吴于柤。夏，五月，甲午，遂滅偪陽。定四年，夏，四月，庚辰，蔡公孫姓帥師滅沈，以沈子嘉歸，殺之。六年，春，王正月，癸亥，鄭游速帥師滅許，以許男斯歸。

以上諸侯滅小國者七。入春秋，楚滅漢陽諸姬，在齊桓未伯前，晉滅耿、霍、魏，在桓伯後，告命皆不及於魯，故史不書，而齊桓滅譚、滅遂在經爲滅國之始。陳氏因謂不書晉、楚滅國，蔽罪於伯主，其失與二傳均矣。凡侵、伐、圍、入，有筆削者，事有輕重也。用兵之罪，莫大於滅國者，事不相蒙，當各正其罪，非筆削所加也。凡滅國不日，滅吾同宗之國則日，會而遂滅日，以其君歸日，間伯主有事而滅小國日。凡滅國不言君奔者，死於位也。言以歸者，服之也。會而遂滅，不言以歸，略之也。諸异義，皆非。

宣十五年，六月，癸卯，晋師滅赤狄潞氏，以潞子嬰兒歸。十六年，春，王正月晋人滅赤狄甲氏及留吁。

襄六年，十二月，齊侯滅萊。

昭十七年，八月，晋荀吴帥師滅陸渾之戎。

以上中國滅外裔者四。萊，姜姓，子爵。定公十年傳稱萊人爲俘，蓋東方之國也。雖君不日，以其君歸則日。案昭二十年，晋滅肥，以肥子綿皐歸。二十一年，滅鼓，以鼓子鳶鞮歸。皆不書者，鮮虞、肥、鼓皆白狄也。嘗服屬於晋，既而肥、鼓皆叛晋屬鮮虞，非赤狄潞氏、甲氏之比，故告命，策書皆主伐鮮虞，而不及肥、鼓之滅，其族微也。

僖五年，秋，楚人滅弦，弦子奔黄。十年，春，狄滅温，温子奔衛。十二年，夏，楚人滅黄。

文四年，秋，楚人滅江。五年，秋，楚人滅六。

宣十二年，冬，十二月，戊寅，楚子滅蕭。

昭四年，秋，七月，楚子、蔡侯、陳侯、許男、頓子、胡子、沈子、淮夷伐吴，執齊慶封，殺之，遂滅賴。八年，冬，十月，壬午，楚師滅陳。十一年，冬，十一月，丁酉，楚師滅蔡，執蔡世子有以歸，用之。二十四年，冬，吴滅巢。三十年，冬，十二月，吴滅徐，徐子章羽奔楚。

定十四年，二月，辛巳，楚公子結、陳公孫佗人帥師滅頓，以頓子牂歸。十五年，二月，辛丑，楚子滅胡，以胡子豹歸。

以上外裔滅中國十三，國畿内國一，侯國二，小國十。吴、楚本非外裔，以其國於蠻荒，僭王竊號，遠而絶之，故其初皆以號舉，吴雖嘗稱爵，然伐滅之事皆舉號。徐本古之建國，以其先嘗僭王，故春秋外之，然天子既討其罪，不絶其封，則亦不可概以外裔論也，故見滅從中國例。文十二年，楚人圍巢，杜註謂：「巢，吴、楚間小國。」成七年傳言，吴始伐楚、伐巢、伐徐，則巢自見圍後從楚也。杜氏於圍巢傳，註以爲羣舒之屬，於滅巢註曰「楚邑也」，皆誤。劉氏曰：「巢，伯爵國也。本書序『巢伯來朝』，故從中國例。」案定五年，楚滅唐不書者，唐，微國，久服於楚，不得列於諸侯。邲之役，傳始見唐侯，而經不書。柏舉之役，從蔡侯、吴子伐楚，以此見滅，無爲之告諸侯者，故雖侯爵，不得比蕭、賴也。興滅國、繼絶世，聖人蓋常言之，苟見于策，無不録也。凡外裔滅中國小國不月，近偪大國則月。必大國而後日，雖大國之附庸日。狄滅温書而晋滅虞、虢不書，爲變例之八，説見下篇。

僖二十六年，秋，楚人滅夔，以夔子歸。

文十六年，秋，楚人、秦人、巴人滅庸。

宣八年，夏，楚人滅舒蓼。

成十七年，冬，楚人滅舒庸。

襄二十五年，秋，楚屈建帥師滅舒鳩。

昭十三年，冬，吴滅州來。

以上蠻荒相滅者六。成七年，吴入州來，傳曰「蠻之屬於楚者，吴盡取之」，則州來，楚屬也。凡外裔相滅不月，詳略之義著矣。

僖三年，夏，徐人取舒。

以上取國一，義與内取國同。

莊八年，夏，郕降于齊師。三十年，秋，七月，齊人降鄣。

以上降國二，以兵迫之使服，故不言取，不絶其祀，故不言滅。

莊十年，三月，宋人遷宿。

閔二年，春，王正月，齊人遷陽。

以上遷國二。彊移其民人社稷於他處而取其地曰遷。穀梁傳曰：「遷者，猶未失其國家以往者也。」

莊元年，冬，齊師遷紀、郱、鄑、郚。

以上以師遷人三、邑一，徙其民，取其地也。

百十七，凡土功無不書。都邑備制曰城，不備制曰築。

隱七年，夏，城中丘。九年，夏，城郎。

桓五年，夏，城祝丘。十六年，冬，城向。

莊二十九年，冬，城諸及防。三十二年，春，城小穀。

僖二年，春，王正月，城楚丘。

文七年，三月，甲戌，取須句，遂城部。十二年，冬，季孫行父帥師城諸及鄆。

宣八年，冬，城平陽。

成四年，冬，城鄆。九年，冬，城中城。

襄七年，夏，城費。十三年，冬，城防。十五年，夏，季孫宿、叔孫豹帥師城成郛。十九年，冬，城西郛，城武城。

定六年，冬，城中城。十四年，冬，城莒父及霄。十五年，冬，城漆。

哀三年，夏，季孫斯、叔孫州仇帥師城啓陽。四年，夏，城西郛。五年，春，城毗。六年，春，城邾、瑕。

莊二十八年，冬，築郿。

以上魯城邑二十一，城中城二，城西郛二，城衛邑一，築邑一。中城，杜氏以爲魯邑，宋儒本穀梁非外民之説，以爲魯國都城。春秋二百四十餘年，魯人無不脩築其國都城郭之理，成城中城，而後襄城西郛；定城中城，而後哀城西郛，宋儒説是也。小穀，左氏以爲管仲之邑，宋儒以爲魯邑本魯人，孫明復之説以魯地有小穀，而管仲所食乃齊之穀也。據傳，昭十一年，申無宇曰：「齊桓公城穀而置管仲」，則非魯人所城之小穀，明矣。城楚丘，遷衛也。凡伯主之令，以内辭書，故特月以別之。春城者五，夏城者七，冬城者十五，築者一。城諸及防，城諸及鄆，在十二月繫事之下，跨二時也。傳曰：「凡土功，龍見而畢務，戒事也，火見而致用，水昏正而栽，日至而畢。」謂建戌之月，角亢，晨見東方，畢農務而戒事，心星晨見而致築作之物。建亥之月，定星昏中而樹板，榦日南至而畢功。蓋周家使民以時之制。春秋之世，魯人日不暇給，不能及閒暇脩其保障，遇有外憂，然後城要害以備難，或爲懼齊，或爲懼晋，或備莒、邾，或帥師而城，或彊家專邑而城之，或爭外邑而城之，故雖非時而不得顧，雖得時亦不足稱也。然冬月興功爲多而獨無書，秋城者則猶不以盛暑農事方殷時勞民也。左氏唯以書時、書不時斷之，可謂不揣其本而齊其末矣。凡城必有郛、郭、樓、櫓之制，鄟，下邑，非要害，制不備，故曰「築」，與築囿同。凡會城，皆別見。

莊三十一年，春，築臺于郎。夏，築臺于薛。秋，築臺于秦。

成十八年，秋，築鹿囿。

昭九年，冬，築郎囿。

定十三年，夏，築蛇淵囿。

以上築臺者三，築囿者三。莊公一歲中三築臺，成公盛暑築囿，其縱欲勞民可知。昭、定擁虛器而築囿。三家分魯，而以此娛其君也，策書實録而鑒戒明矣。

莊元年，秋，築王姬之館于外。

以上築館者一。魯與齊爲不共戴天之讎，又喪未畢而主其昏，王姬至魯久矣，而齊侯有疑，不敢親迎，故爲築館于外，比事考之，則當時之情可見。

百十八，浚川。

莊九年，冬，浚洙。

以上浚洙者一。洙水在魯城北，下合泗。乾時戰敗，故深之以備齊。

百十九，墮毀。

定十二年，夏，叔孫州仇帥師墮郈。季孫斯、仲孫何忌帥師墮費。

文十六年，秋，毀泉臺。

以上書墮邑者二，毀臺者一。觀上書圍郈、圍費，則墮二邑之故可見。觀上書夫人薨，則毀臺之故可見。於毀泉臺見春秋用民力必書。啖氏曰：「毀，全除之也。墮，但損之，令不周。」

百二十，新作門，觀新廏。

僖二十年，春，新作南門。

定二年，冬，十月，新作雉門及兩觀。

莊二十九年，春，新延廏。

以上門、觀書新作者二，廏書新者一。言新見有舊，言作見有加于前。不言作者，仍舊制也。僖公改作南門，不與諸門同，雉門、兩觀僭天子而不能革，故皆書新作。延廏壞而更之，故言新不言作。觀其所書之時，則時不時可見，傳曰：「凡啓塞從時。」杜氏謂：「門户道橋謂之啓，城郭牆塹謂之塞，皆官民之開閉，不可一日而闕，故特隨壞時而治之。僖公新作南門，非治壞，故傳以土功之制譏之。」蓋左氏但知土功之不時，而不知改作之非制，經於雉門、兩觀特書月异之也。凡脩舊不書，楚宮宜書作而不書者，史諱之也。

百二十一，時田用夏時，越禮則書。

桓四年，春，正月，公狩于郎。

莊四年，冬，公及齊人狩于禚。

以上書公狩者二。傳曰：「春蒐、夏苗、秋獮、冬狩，此周制四時田獵之名也。」周書曰：「周公正三統之義，作周月，至於敬授民時，巡狩烝享，猶自夏焉。」此田祭皆從夏時之證也。杜氏曰：「傳曰：『鄭之有原圃，猶秦之有具囿。』是諸國各有常狩之處。魯狩地，大野是也。」此田獵有常地之説也。其禮既有常時，其地又有常處，故雖公狩不書，郎非常狩之地，禚在齊境，以越禮故書。公羊傳曰：「春曰苗，秋曰蒐，冬曰狩，常事不書，此何以書？遠也。」其時田之名，雖言之不詳，所謂常事不書，實史法也。自僖、文而後歷五公，蒐狩違禮，皆不書者，大夫專國，公不復知軍政，時田得失無足議，故雖違禮不書，爲變例之九。

昭八年，秋，蒐于紅。十一年，夏，大蒐於比蒲。二十二年，春，大蒐于昌間。

定十三年，夏，大蒐于比蒲。十四年，秋，大蒐于比蒲。

以上書蒐一，書大蒐四。蒐者，春田之名。周之春夏寅卯辰之月，興之爲得禮。秋興之，非禮也。昭十一年，五月，齊歸薨而大蒐。叔向聞而譏之，曰：「魯公室其卑乎。君有大喪，國不廢蒐。國不忌君，君不顧親，能無卑乎？殆其失國。」是時三家分魯，假春蒐之禮以耀武示彊，又與非時非地之蒐不同，故悉書之。定十四年，比蒲之蒐，經書邾子來會公，則凡大蒐皆公在可見，而不書公者，師乘非復公有，史不虛飾也。

百二十二，火田。

桓七年，春，二月，己亥，焚咸丘。

以上火田一。杜氏曰：「譏盡物，故書。」

百二十三，觀魚。

隱五年，春，公矢魚于棠。

以上觀魚一。穀梁傳曰：「魚，卑者之事也。魚、漁通。」杜訓矢爲陳，本傳言「陳魚而觀之」，言陳漁人之事而觀之也。公、穀經作觀魚，文异事同。葉氏、朱子訓矢爲射，本淮南·時則訓，季冬命漁師始漁，天子親往射魚，傳曰「君舉必書」，於此可見策書之體。

百二十四，大閱、治兵，异常。

桓六年，秋，八月，壬午，大閱。

莊八年，春，王正月，甲午，治兵。

以上書大閱者一，治兵者一。周制：天子因四時之田而教民以武事，春曰振旅，夏曰茇舍，秋曰治兵，冬曰大閱。天子、諸侯四時之田名既不异，則教民以武事其禮亦同，史所不書，桓公以畏齊、鄭之故，大閱於建未之月，莊公以事仇之故，治兵於子丑之春，與因田習武之義不同，故特書之。僖、文以後，凡閱、治皆不書，義與時田同。

百二十五，軍制作、舍。

成元年，三月，作丘甲。

以上書作丘甲者一。周制：四井爲邑，四邑爲丘，四丘爲甸。軍政起於井而成於甸，故周官謂甸爲乘，其車人卒伍之數，皆以甸爲率也，魯至成公，以齊難故，創制益兵，遂毀甸賦，而以丘賦，與鄭子產作丘賦同，故曰作丘甲不曰賦者，其制以甲士爲主也，然損益之數不可考矣。

襄十一年，春，王正月，作三軍。

昭五年，春，王正月，舍中軍。

以上書作三軍者一，舍中軍者一。吴氏曰：「周制：萬二千五百人爲一軍。大國三軍，次國二軍，小國一軍。用衆之法，無過家一人。凡一成之地六十四井出賦，公田外有五百一十二夫，是爲一旅之衆。二十五成有二十五旅，是爲一軍之衆。大國之地百成，除二十五成爲大夫采邑，等用其七十五成之衆即三軍也。魯地方百里，其初封之時有三軍，後舍其一軍，止有二軍。作三軍者，復舊制也。然其時三家專國，非有意於復舊也，但借改作之名而分公室之民爲私家之民，分民既定，則復舍中軍矣。

百二十六，加賦税。

宣十五年，秋，初税畝。

哀十二年，春，用田賦。

以上書初税畝者一，用田賦者一。通一井言之曰田，去公田言之曰畝。税畝者，以畝爲率也。古者井田之法十取其一，雖曰井九百畝，八家同養公田，爲九一而助，然八家廬舍各二畝半，於公田中取之，已去二十畝，故穀梁謂「公田爲居，井竈、葱韭盡取焉。」一家各私百畝，公田十畝而已，則其實亦十一也。至宣公又履其私田之畝，復十取其一，故哀公曰「二吾猶不足」，則十取二自宣公始也。田賦者，以田爲賦也。哀公時，既以二爲不足，故用一井之田爲率以斂財物。韋氏、杜氏皆謂賦其馬牛，蓋以古者賦與税异也，然韋氏本賈侍中云：周制十六井賦戎馬一疋、牛三頭，一井之田而欲出十六井之賦。陳氏亦謂使井出丘賦，皆本左傳孔子云「以丘亦足矣」，以丘對田爲説。杜氏謂上賦之法，因其田財通出馬一疋、牛三頭，今欲别其田及家財各爲一賦，則是以田對財爲説，未知孰是？但外傳又載孔子云「先王制土，籍田以力，而砥其遠邇；賦里以入，而量其有無；任力以大，而議其老。幼其歲，收田一井，出稯禾、秉芻、缶米，不過是也。」此與左傳自不同，則當時加賦之制不可考矣。

百二十七，分器失得。

定八年，冬，盜竊寶玉、大弓。九年，夏，得寶玉、大弓。

以上寶玉、大弓書盜竊者一，書得者一。公羊傳曰：「國寶也，喪之書，得之書。」蘇子由曰：「寶玉、大弓，魯之分器也。」

百二十八，肆大眚。

莊二十二年，春，王正月，肆大眚。

以上肆大眚一。吴氏曰：「肆大眚，則罪之不當赦者，亦赦之也，故書。」

百二十九，書亂、亡，不由赴告。

昭二十八，年，夏，王室亂。

僖十九年，冬，梁亡。

以上王朝亂一，國亡一，不由赴告。據昭二十二年傳，叔鞅歸言王室亂，説見辭從主人篇。

百三十，闕文。

隱二年，冬，紀子帛、莒子盟于密。

（程子曰：「闕文也。春秋未有外大夫在諸侯上者，當曰紀侯某伯、莒子盟于密。」陳氏曰：「子帛，裂繻字。蓋杜氏意之，學者遂以駁左氏，誤矣。」）

桓四年，（闕秋、冬）。七年，（闕秋、冬）。以上並闕二時事。十四年，夏，五。（闕「月」字。並所繫事來盟著例不月，知非止闕「月」字。）十七年，葬蔡桓侯。（杜氏曰：「稱侯，蓋謬誤。」吴氏曰：「雖子男之君，未有以謚配爵者，或謂能請謚，非也。」）

莊二十四年，冬，郭公。

昭十年，（闕「冬」字）。三十一年，冬，黑肱以濫來奔。（闕「邾」字）。

定六年，冬，季孫斯、仲孫忌帥師圍鄆。（何忌，闕「何」字。）十四年，（闕「冬」字）。

以上闕文凡九處，三傳同。子曰：「吾猶及史之闕文也。」蓋夫子平日之言史有闕文尚矣。公羊傳曰：「在側者曰：『子苟知之，何以不革？』曰：『如爾所不知何？』」以爲脩春秋時語也。春秋存策書之大體，闕文不革，示不唯無所損，而亦不能益，故雖筆削時史而無嫌，及其一筆一削，萬變不齊，而所謂策書大體者自若，故曰非聖人莫能脩之。

百三十一，日月差繆。

隱元年，王正月。

（長曆：正月，辛巳朔。大衍曆：正月，辛亥朔，大，庚申冬至。程氏公説曰：「自三統至欽天，正月朔，或辛亥、或庚戌、壬子，視大衍曆前後差一日，以傳『五月辛丑』、『十月庚申』考之，則正月朔非辛亥，故杜預遷就以辛巳爲朔。若從辛巳，則冬至不在正月，意者差閏只在今年，而杜氏考之不詳爾。」孔氏曰：「古曆十九年爲一章。章有七閏：入章三年閏九月；六年閏六月；九年閏三月；十一年閏十一月；十四年閏八月；十七年閏四月；十九年閏十二月。此據元首初章，若於後漸積餘分，大率三十二月則置閏，不必恒同初章閏月。僖五年，『正月辛亥朔，日南至』。治曆者皆以彼爲章首之歲。杜爲長曆，置閏疏數，無復定準。凡爲曆者，閏前之月，中氣在晦，閏後之月，中氣在朔。僖五年正月朔旦冬至，則四年當閏十二月也。杜長曆僖元年閏十一月，五年閏十二月。與常曆不同者，杜以襄二十七年再失閏，傳云司曆過。昭二十年，『二月，己丑，日南至。』哀十二年，『十二月，螽。』云火猶西流，司曆過。則春秋之世，曆法錯失，所置閏月，或先或後，不與常同。杜唯勘經、傳上下日月以爲長曆。若日月同者，則數年不置閏月。若日月不同須置閏乃同者，則未滿三十二月頻置閏，所以异於常曆，故釋例云『春秋日有頻月而食者，有曠年不食者，理不得一一如筭，以守恒數，故曆無有不失也。故當脩經傳日月，以考晦朔，以推時驗。未必得天，蓋春秋當時之曆也。』」今案，長曆得失，孔氏言之已詳，據傳昭二十年，「二月，日南至，」則冬至差一月，在周曆不足爲异，長曆於當時之曆未必盡合，然杜氏考經之志學者不可不知也。）

二年，八月，庚辰。

（長曆八月，壬寅，朔，無庚辰。庚辰，七月九日。閏十、十二月。大衍曆是年閏十一月。）

三年，王二月，己巳，日有食之。三月，庚戌。四月，辛卯。八月，庚辰。十二月，癸未。

（大衍曆二月己亥大，三月己巳小，日食，庚戌在四月，辛卯在五月，八月丙申大，庚辰在九月，十二月甲申大，癸未在明年正月。長曆，己巳，二月朔，日食。孔氏曰：「漢書律曆志載劉歆三統之術，以爲五月二十五分月之二十，乃爲一交。以爲交在望前，朔則日食，望則月食；交在望後，望則月食，後月朔則日食。交正在朔，則日食既，前後望不食；交正在望，則月食既，前後朔不食。」「日食者，月掩之也。日月之道互相出入，或月在日表，從外而入内；或月在日裏，從内而出外。道有交錯，故日食也。朔則交會，故食必在朔。自隱元年，盡哀二十七年，積三千一百三十四月，唯三十七食。」杜氏曰：「日月動物，雖行度有丈量不能不小有盈縮，故有雖交會而不食者，或有頻交而食者。」今案，二曆所考春秋日食多不入食限者，由曆法有踈密，入食限而日月復不合者，置閏不同故也。）

四年，王二月，戊申。

（長曆，戊甲，三月十七日。今案，前年十二月有癸未，則此年二月無戊申，凡若此者，明是史文差繆。）

五年。

（長曆閏十二月，大衍曆閏八月。）

六年，五月，辛酉。

（大衍曆五月庚辰大，辛酉在六月。）

七年。

（長曆閏十二月。）

八年，六月，己亥、辛亥。七月，庚午。九月，辛卯。

（大衍曆閏四月，五月己亥小，己亥、辛亥在此月，六月戊辰大，庚午在此月，八月丁卯大，辛卯在此月。）

九年，三月，癸酉、庚辰。

（大衍曆三月甲午小，癸酉、庚辰在四月。長曆是年閏十月。）

十一年，七月，壬午。十一月，壬辰。

（大衍曆閏正月。七月庚戌大，壬午在八月。十一月戊申大，壬辰在十二月。）

桓元年，四月，丁未。

（大衍曆四月丙子大，丁未在五月。長曆是年閏十二月。）

二年，王正月，戊申。四月，戊申。

（長曆戊申五月十日，大衍曆四月庚午大，戊申在五月，是歲閏九月。今案，正月有戊申，則四月不得有戊申。）

三年，七月，壬辰朔，日有食之，既。

（大衍曆七月癸亥小，八月壬辰大，朔，日食。）

五年，正月，甲戌。

（長曆正月甲申，朔，月内無甲戌。）

己丑

（大衍曆正月乙卯小。己卯，冬至。己丑在二月。閏六月。）

六年，八月，壬午。九月，丁卯。

（大衍曆八月乙巳大，壬午在九月。九月乙亥小，丁卯在十月。）

七年，二月，己亥。

（大衍曆二月壬寅大，己亥在三月。長曆是年閏十二月。）

八年。

（大衍曆閏三月。）

九年，五月，丁丑。
（大衍曆五月乙未小，丁丑在六月。）
十年，王正月，庚申。
（大衍曆正月乙酉大。乙巳，冬至。庚申在二月。閏十一月。）
十一年。
（長曆閏正月。）
十二年，六月，壬寅。七月，丁亥。
（大衍曆六月辛未大，壬寅在七月。七月辛丑小，丁亥在八月。）
八月，壬辰。
（長曆八月無壬辰。壬辰在七月二十三日。）
十一月，丙戌。十二月，丁未。
（大衍曆十月乙巳大，丙戌在此月。十一月己亥小，丁未在此月。）
十三年，二月，己巳。

（長曆閏正月。二月無己巳。大衍曆閏七月。）

十四年，八月，壬申、乙亥。十二月，丁巳。

（大衍曆八月戊子大，壬申、乙亥在九月。十二月丙戌大，丁巳在十一月朔及明年正月二日。）

十五年，三月，乙未。四月，己巳。

（大衍曆三月乙卯大，乙未在四月。四月乙酉小，己巳在五月。）

十六年。

十七年，正月，丙辰。

（大衍曆閏四月。）

（大衍曆正月乙亥小。壬午，冬至。丙辰在二月。）

二月，丙午。

（長曆丙午三月四日。今案，五月有丙午，六月有丁丑，則二月不得有丙午。）

五月，丙午。六月，丁丑。八月，癸巳。

（大衍曆五月癸酉小，六月壬寅大，丙午在六月，丁丑在七月。八月辛丑大，癸巳在九月。）

十月，朔，日有食之。

（長曆十月，庚午朔，日食。大衍曆十月庚子大，十一月庚午小朔，日食。）

十八年，四月，丙子、丁酉。

（長曆四月丁卯朔。丙子，十日。丁酉，五月朔。大衍曆四月丁酉大，丙子在五月，丁酉在六月。）

十二月，己丑。

（大衍曆十二月癸巳大，己丑十一月二十六日。）

莊元年。

（長曆閏十月。大衍曆閏正月。）

二年，十二月，乙酉。

（大衍曆十二月壬子大，月内無乙酉。）

三年。

（大衍曆閏九月。）

四年，六月，乙丑。

（大衍曆六月癸酉大，乙丑在此月。長曆是年閏四月。）

六年。

（大衍曆閏五月。）

七年。

（長曆閏四月。）

八年，王正月，甲午。十一月，癸未。

（大衍曆正月壬子大。己巳，冬至。甲午，在二月。十一月戊申小，癸未在十二月。）

九年。

（長曆閏八月。大衍曆閏三月。）

十一年。

（長曆閏三月。大衍曆閏十一月。）

十二年，八月，甲午。

（大衍曆八月丙辰小，甲午在九月。）

十四年。

（長曆閏五月。大衍曆閏八月。）

十七年。

（長曆閏六月。大衍曆閏四月。）

十八年，王三月，日有食之。

（長曆三月，癸未朔，不入食限。大衍曆三月癸丑大，四月癸未小，五月壬子大，日食。宋劉孝孫同沈氏括曰：「春秋日食三十六，後世曆家推驗精者不過二十六，本朝衛朴得三十五，獨莊十八年三月，古今筭不入食法。」）

二十二年，七月，丙申。

（大衍曆七月戊午大，丙申在八月，閏十月。）

二十四年，八月，丁丑，戊寅。

（大衍曆八月丙午大，丁丑、戊寅在九月。長曆是年閏七月。）

二十五年，五月，癸丑。六月，辛未朔，日有食之。

（大衍曆五月壬申大，六月壬寅小，癸丑在六月。閏月辛未大，日食。）

二十八年，王三月，甲寅。

（大衍曆二月丙辰大，閏月丙戌小。甲寅，二十九日。長曆是年閏三月。甲寅，三月晦日。）

二十九年。

（長曆閏二月。）

八月，癸亥。

（大衍曆八月辛未大，癸亥在九月。）

九月，庚午朔，日有食之。

（大衍曆九月辛丑小，十月庚午大，日食。）

三十年，八月，癸亥。九月，庚午朔，日有食之。
（大衍曆八月辛未大，九月辛丑小，癸亥在此月。十月庚午大，日食。閏十一月。長曆是年閏二月。）
三十二年，七月，癸巳。八月，癸亥。十月，己未。
（大衍曆七月庚申大，八月庚寅小，十月己丑小，癸巳在八月，癸亥在九月，己未在十一月。長曆是年閏三月。）
閔元年，六月，辛酉。
（大衍曆六月乙酉大，辛酉在七月。閏八月。）
二年，八月，辛丑。
（大衍曆八月戊申大，辛丑在九月。長曆是年閏五月。）
僖元年，七月，戊辰。十月，壬午。
（大衍曆七月癸酉小，戊辰在八月。十月辛丑大，壬午在十一月。長曆是年閏十一月。）

二年。

（大衍曆閏五月。）

五年。

（傳：王正月，辛亥，朔，日南至。大衍曆正月癸未小。辛亥，冬至，二十九日。閏月壬子大。長曆是年閏十二月。）

七年。

（大衍曆閏九月。長曆閏十一月。）

八年。

（長曆是年又閏十一月。）

九年，七月，乙酉。

（長曆七月無乙酉。八月甲申朔乙酉二日。）

十年。

（大衍曆閏六月。）

十二年，王三月，庚午，日有食之。

（大衍曆三月辛未小，五月庚午小，日食。長曆是年閏二月。）

十二月，丁丑。

（長曆十二月乙未朔，丁丑，十一月十二日。大衍曆十二月丙申大，丁丑，十一月十一日。）

十三年。

（大衍曆閏二月。）

十四年，八月，辛卯。

（大衍曆八月丁巳小，辛卯在九月。）

十五年，五月，日有食之。

（長曆五月壬子朔，不入食限。大衍曆四月癸丑大，日食，五月癸未小。）

九月，己卯晦。

（大衍曆九月辛巳小，己卯晦在十月，閏月庚申小。）

十七年。

（長曆閏十二月。）

十八年，五月，戊寅。

（大衍曆五月乙未大，戊寅在六月。）

八月，丁亥。

（長曆八月癸巳朔，丁亥在七月二十四日、九月二十五日。大衍曆閏七月甲子小，丁亥在此月二十四日。）

二十年，五月，乙巳。

（大衍曆五月癸丑大，乙巳在六月。長曆是年閏二月。）

二十一年。

（大衍曆閏四月。）

二十四年。

（長曆閏四月。大衍曆閏正月。）

二十五年。

（長曆閏十二月。）

二十六年，王正月，己未。

（大衍曆正月辛巳小，壬寅，冬至。己未在二月。閏九月。）

二十七年，八月，乙巳。

（長曆八月無乙巳。乙巳，九月六日。大衍曆八月辛未大，乙巳，九月五日。）

二十九年。

（大衍曆閏六月。）

三十年。

（長曆閏九月。）

三十二年，四月，己丑。十二月，己卯。

（大衍曆閏二月乙巳小，己丑在三月。十二月庚子大，己卯在十一月。）

三十三年，四月，辛巳，癸巳。

（大衍曆三月己巳小，辛巳、癸巳皆在此月。）

文元年，二月癸亥朔，日有食之。

（大衍曆二月甲午小，三月癸亥大，日食。長曆閏三月。傳曰：「於是閏三月，非禮也。」孔氏曰：「漢書律曆志云：文公元年距僖五年辛亥二十九歲。是歲閏餘十三，閏當在十一月後，今三月已即置閏，是嫌閏月大近前也。杜以爲僖三十年閏九月，文二年閏正月，故言於曆法閏當在僖公末年，誤於今年置閏，嫌置閏大近後也。」大衍曆是年閏十二月。）

二年，王正月，甲子，丁丑。

（長曆閏正月。大衍曆正月戊子大，己丑，冬至。甲子、丁丑皆在二月。）

四年。

（長曆閏三月。大衍曆閏八月。）

六年，閏月。

（長曆閏十二月。程公説曰：「案曆法，是年未應閏，經書閏月，則周閏有所移也。」）

七年，三月，甲戌。四月，戊子。

（大衍曆二月己未小，甲戌在此月。四月戊午大，閏月戊子小。）

八年，八月，戊申。

（長曆閏七月。八月，戊申，晦。）

九月，癸酉。

（長曆癸酉，九月朔。大衍曆九月甲辰小，癸酉，十月朔。）

十二年。

（長曆閏十一月。大衍曆閏十月。）

十三年，五月，壬午。十二月，己丑。

（大衍曆五月壬午朔大，十一月庚辰小，己丑在此月。長曆五月壬午朔。己丑，十一月十日。）

十四年，五月，乙亥。

（大衍曆四月丁酉大，乙亥在此月。）

十五年。

（大衍曆閏六月。）

十六年。

（長曆閏五月。）

十八年，五月，戊戌。六月，癸酉。

（大衍曆閏二月。四月甲申小，戊戌在此月。五月癸丑大，癸酉在此月。）

宣二年，王二月，壬子。

（大衍曆正月甲辰小，癸亥，冬至，壬子在此月。閏十一月己巳小。長曆是年閏五月。）

三年，十月，丙戌。

（大衍曆九月甲子小，丙戌在此月。）

四年，六月，乙酉。

（大衍曆五月庚申大，乙酉在此月。）

五年。

（大衍曆閏八月。）

六年。

（長曆閏五月。）

八年，七月，甲子，日有食之，既。

（長曆七月乙未朔，甲子，三十日，皆不入食限。大衍曆閏五月丁酉小，十月甲子朔，日食。程公說曰：「長曆自僖十二年至文元年，五年一閏者二，四年一閏者三，失二閏焉。又自文十六年至宣十年，四年一閏者三，又失一閏焉。」）

九年，九月，辛酉。

（長曆辛酉在八月。大衍曆八月庚申小，辛酉在此月。）

十年，四月，丙辰，日有食之。

（長曆四月丙辰朔，是年又閏五月。大衍曆四月丙辰大，日食。）

十一年。

（大衍曆閏正月。）

十二年，六月，乙卯。

（長曆閏五月。大衍曆六月癸酉大，乙卯在七月。）

十二月，戊寅。

（長曆十二月己亥朔，戊寅在十一月。）

十三年。

十五年。

（大衍曆閏九月。）

（長曆閏十一月。）

十六年。

（大衍曆閏六月。）

十七年，王正月，丁未。

（長曆丁未在二月初四。大衍曆正月丁丑小，丁未，二月二日。）

六月，癸卯，日有食之。

（長曆六月癸卯朔。大衍曆五月乙亥朔，日食，六月甲辰大。）

成元年。

（長曆閏三月。大衍曆同。）

二年，四月，丙戌。

（長曆丙戌在五月朔。）

八月，庚寅。

（長曆九月甲申朔，庚寅，七日。大衍曆八月丙辰小，九月乙酉大，庚寅，六日。）

三年。

（大衍曆閏十一月。）

四年，三月，壬申。

（長曆壬申在二月，是歲閏七月。）

六年。

（大衍曆閏七月。）

七年，八月，戊辰。

（大衍曆八月丁亥小，戊辰在九月。長曆是年閏八月。）

九年。

（大衍曆閏四月。）

七月，丙子。

（長曆七月乙巳朔，丙子在八月。）

十一月，庚申。

（大衍曆十一月甲戌小，庚申在十月。長曆是年閏十一月。）

十年，五月，丙午。

（傳：六月，丙午，晋侯卒。長曆六月庚子朔，丙午，七日。杜氏曰：「經有日無月。」大衍曆五月辛未小，丙午，六月七日。）

十二年。

（大衍曆閏正月。）

十四年，十月，庚寅。

（大衍曆十月乙巳大，閏月乙亥大，庚寅在此月。長曆是年閏七月。）

十七年，九月，辛丑。

（大衍曆閏六月庚寅小，九月戊午大，辛丑在八月。）

十一月，壬申。十二月丁巳朔，日有食之。

（傳：十一月壬申，聲伯卒。范氏曰：「据十二月丁巳朔，十一月無壬申。」長曆壬申在十月五日，是年閏十二月。傳：閏月乙卯晦。十八年正月甲申晦，二月乙酉朔，晋悼公即位。大衍曆閏六月庚寅小，十一月丁巳朔，日食。）

襄二年，六月，庚辰。

（傳：七月庚辰，鄭伯睔卒。長曆閏四月。經庚寅，五月十九日。六月無庚辰，庚辰七月九日。大衍曆閏三月甲戌小，六月壬寅大，庚辰在七月。）

三年，六月，戊寅。

（長曆六月丁酉朔，七月丙寅朔，戊寅十三日。大衍曆同。）

四年，王三月，己酉。

（傳：三月，陳成公卒。長曆三月無己酉。大衍曆三月壬戌大，己酉在二月，是歲閏十二月。）

五年。

（長曆閏四月。）

七年，十月，壬戌。

（大衍曆閏八月壬申大，九月壬寅小，壬戌在此月。長曆是歲閏十月。）

九年，十二月，己亥。

（傳：十一月己亥，同盟于戲。十二月癸亥，門其三門。閏月，戊寅，濟于陰阪，侵鄭。杜氏曰：「以長曆參校上下，此年不得有閏月戊寅，戊寅是十二月二十日。疑『閏月』當爲『門五日』，『五』字上與『門』合爲『閏』，則後學者自然轉『日』爲『月』。」長曆十一月庚寅朔，己亥十日。大衍曆十一月己丑大，己亥在此月。）

十年，五月，甲午。

（大衍曆閏四月丁亥小，甲午在閏月。長曆是年閏十一月。）

十一年。

（傳：九月，諸侯悉師以復伐鄭。甲戌，晋趙武入盟鄭伯，鄭子展出盟晋侯。十二月，戊寅，會于蕭魚。杜氏曰：「經書秋，史失之。」今案經傳時月互异者不一，或史即赴時書之，或傳所據載籍訛舛不與經合，若諸侯之會，無國不記，故傳於此年之事，自四月己亥以後，所書日月甚詳。經書七月己未，盟于亳城北。後有公至自會，楚子、鄭伯伐宋二事，則諸侯再伐鄭在九月，經例不書月，傳固與經不异。鄭受伐，乃使良霄如楚，諸侯觀兵鄭東門，鄭人行成，又晋、鄭交涖盟，已不得復在九月，况涖盟後始，退師爲蕭魚之會，豈復一月中事乎？蓋下文冬字當在會于蕭魚上，不知何由致誤也。）

十三年。

（大衍曆閏正月。長曆閏八月。）

十五年，八月，丁巳，日有食之。

（長曆七月丁巳朔，日食。大衍曆同。）

十一月，癸亥。

（大衍曆閏十月乙卯，癸亥在閏月。）

十六年，三月，戊寅。五月，甲子。

（大衍曆二月癸丑小，戊寅在此月。四月壬子大，甲子在此月。長曆是歲閏十月。）

十八年。

（大衍曆閏六月。）

十九年，七月，辛卯。八月，丙辰。

（大衍曆七月癸巳大，八月癸亥小，辛卯在六月，丙辰在七月。長曆是年閏九月。

傳：五月壬辰晦，齊靈公卒。杜氏曰：「光定位而後赴。」）

二十一年，十月庚辰朔，日有食之。

（大衍曆閏二月甲申小。九月庚戌朔，日食。十月庚辰朔，日在黄道角四度弱非食限。長曆是年閏八月。）

二十三年。

（大衍曆閏十二月。）

二十四年，八月，癸巳朔，日有食之。

（大衍曆七月甲子朔，日食。八月癸巳朔，日在黄道星二度弱，非食限。長曆是年閏三月。孔氏曰：「二十一年九月、十月頻月日食。此年七月、八月頻月日食。凡交前十五度，交後十五度，並是食竟。去交遠則日食漸少，去交近則日食漸多，正當交則日食既。若前月在交初一度日食，則至後月之朔，猶在交之末度，未出食竟，月行天既帀，來及於日，或可更食。若前月日在交初二度以後，則後月復食無理。今七月日食既，而八月又食，於推步之術必無此理。劉炫以爲日月共盡一體，日食少，則月食多；日食多，則月食少；日食盡，則前後望月不食；月食盡，則前後朔日不食，以其交道既不復相掩故也。此與二十一年頻月日食，理必不然，疑古書歷世遥遠，轉寫失真。」又曰：「戰國及秦，曆紀全廢，漢來測候天時，始造其術。劉歆以爲五月二十三分月之二十五日一食，空得食日而不得加時。漢末會稽都尉劉洪作乾象曆，始推月行遲疾，求日食加時。後代脩之漸益微密，推步日食，莫不符合，但無頻月食法，故爲曆者皆一百七十三日有餘而始一交會，未有頻月食者。漢書高祖即位三年十月、十一月晦，日頻食，則日有頻食之理。」今案，日月交會有常，而積久不能無小變動，如曆家論日短景長、日長景短，日或失其常度，則雖巧曆有不能盡其變者。漢文帝三年十月晦、十一月晦，並日食，是漢初三十年中頻食者再，後此乃未有此，固不可以常理推也。孔氏於襄二十四年從劉炫之説，以頻食爲經文轉寫失真，與隱三年正義自相違，失杜注之旨。）

二十五年，八月，己巳。

（傳：秋七月，己巳，同盟于垂丘。長曆八月戊子朔，無己巳。大衍曆同。今案，六月有壬子，則八月不得有己巳。）

二十六年。

（傳：三月，甲寅朔。長曆閏十二月。大衍曆閏八月。）

二十七年，冬，十二月，乙亥朔，日有食之。

（傳曰：「十一月，乙亥朔，日有食之。辰在申，司曆過也，再失閏矣。」杜氏曰：

「斗當建戌而在申，故知再失閏也。若是十二月，則爲三失閏，故知經誤。」文十一年三月甲子至今年七十一歲，應有二十六閏，今長曆推得二十四閏，通計少再閏。今案傳上書六月丁未朔至壬申，七月戊寅至乙酉，九月有庚辰、辛巳，則乙亥爲十一月朔。長曆十一月乙亥朔，日食。大衍曆同。）

二十八年，十二月，乙未。

（長曆十二月戊戌朔，無乙未。二十二日己未，恐己誤作乙。傳「十二月乙亥朔」，誤。大衍曆十二月己亥小，二十一日己未。今案是月有甲寅，則不得有乙未，故劉氏以爲當是閏月。）

二十九年。

（長曆閏八月。大衍曆閏五月。）

昭元年，六月，丁巳。

（大衍曆閏正月庚戌大。五月戊申大，丁巳在此月。）

十一月，己酉。

（長曆十一月，乙亥朔。己酉，十二月六日。傳「十二月甲辰朔」，是年閏十二月。）

三年。

（大衍曆閏九月。）

四年。

（長曆閏四月。）

六年。

（長曆閏七月。大衍曆閏六月。）

八年，十月，壬午。

（大衍曆十月丙申小，壬午在十一月。長曆是年閏八月。）

九年。

（大衍曆閏三月。）

十年，七月，戊子。

（長曆七月庚寅朔，無戊子。）

十一年。
（大衍曆閏十二月。）
十二年，三月，壬申。
（長曆是年閏正月。三月，無壬申。）
十三年，四月。
（傳：「五月，癸亥，王縊于芋尹申亥氏。」杜氏曰：「癸亥，五月二十六日。經書四月，誤。」）
十四年。
（大衍曆閏七月。）
十五年，六月，丁巳朔，日有食之。
（大衍曆五月丁巳大朔，日食。長曆是年閏九月。）
十七年，六月，甲戌朔，日有食之。
（大衍曆五月丙午朔大，日食。黄道婁四度，閏月丙子小，六月乙巳大，非食限。甲戍九月朔。）

十八年。

（長曆閏正月。）

二十年。

（傳：「王二月，日南至。」三統曆正月己丑朔旦冬至。杜氏曰：「是歲朔旦，冬至之歲也。時史失閏，閏更在二月後，故傳於二月記南至日以正曆也。」大衍曆正月辛酉小，己丑冬至，閏二月庚申小。長曆是年閏八月，與傳合。）

二十一年，七月，壬申朔，日有食之。

（大衍曆七月丙子小，閏十月甲戌大，十二月癸酉大朔，日食。黃道箕四度半彊。）

二十二年，冬，十月。

（傳：「十一月，乙酉，王子猛卒。」杜氏曰：「乙酉在十一月。」）

十二月，癸酉朔，日有食之。

（長曆十一月小，甲戌朔，傳乙酉十二日，己丑十六日。十二月大，癸卯朔，傳庚戌八日。閏月癸酉朔，傳辛丑二十九日。杜氏曰：「此月有庚戌，又以長曆推校前後，當爲癸卯朔，書癸酉，誤。」孔氏曰：「庚戌上去癸酉三十七日，若此月癸酉朔，其月不得有庚戌。又傳十二月下有閏月辛丑，辛丑是壬寅之前日。二十三年傳曰：『正月壬寅朔，二師圍郊。』則辛丑是閏月之晦也。又計明年正月之朔，與今年十二月中有一閏，相去當爲五十九日，此年十二月當爲癸卯朔，經書癸酉，明是誤也。大衍曆閏十月甲戌大。）

二十四年，八月，丁酉。

（大衍曆八月甲子小，丁酉在九月。今案，五月朔乙未，則八月不得有丁酉。長曆丁酉九月五日。）

二十五年，九月，己亥。十月，戊辰。十一月，己亥。

（大衍曆六月己丑小，八月戊子小，九月丁巳大，十月丁亥小，十一月丙辰大，己亥在八月，戊辰在九月，又己亥在十月。長曆是年閏十二月。）

二十八年，四月，丙戌。

（大衍曆閏三月癸酉小，丙戌在閏月。長曆是年閏五月。）

三十年，六月，庚辰。

（大衍曆五月庚申大，庚辰在此月。閏十二月丁巳小。長曆是年閏五月。）

定元年。

（大衍曆閏八月。）

二年，五月，壬辰。

（大衍曆四月丁卯大，戊辰在此月。長曆是年閏五月。）

四年。

（長曆閏七月。大衍曆閏四月。）

七年。

（三統曆正月己巳朔，冬至。殷曆庚午朔。大衍曆正月庚子大，己巳冬至。閏月庚午小。）

八年。

（長曆閏二月。）

九年。

（大衍曆閏十月。）

十年。

（長曆閏六月。）

十二年，十月，癸亥。十一月，丙寅朔，日有食之。

（大衍曆閏七月戊戌小，九月丁酉小，癸亥在此月。十月丙寅大，日食。長曆是年閏十一月。）

十四年。

（長曆閏十二月。）

十五年，二月，辛丑。

（大衍曆正月甲申小，辛亥冬至，辛丑在此月。閏三月壬子大。）

五月，辛亥。

（長曆五月辛亥朔。大衍曆同。）

九月，辛巳。

（長曆九月己酉朔，無辛巳，辛巳十月三日。大衍曆同。今案，八月朔庚辰，則九月不得有辛巳。）

哀二年。

（長曆閏十一月。大衍曆闕。）

五年，九月，癸酉。

（大衍曆閏八月辛巳小，癸酉在閏月。長曆是年閏十月。）

七年。

（長曆閏十二月。）

八年。

（大衍曆閏五月。）

十年。

（長曆閏五月。）

十一年。

（大衍曆閏正月。）

十二年，十二月，螽。

（傳：「仲尼曰：『火猶西流，司曆過也。』」杜氏曰：「周十二月今十月，是歲應置閏，而失不置，雖書十二月，實今之九月。」）

十三年。

（大衍曆閏九月。）

十二月，螽。

（杜氏曰：「實十一月。」）

十四年。

（長曆閏二月。）

以上長曆考春秋日月失三十六日，朔三，晦二，其經傳上下所書日月有可證據者，明是史文差繆。日食不入限者四，頻月食者二。大衍曆失一百二十六日，朔三，日食不入限十七，先一月者六，先二月者二，先三月者一，先五月者一，後一月者六，閏月一，頻月食者二。杜氏據左氏傳屢譏周曆失閏，是以長曆第前却閏月，求與春秋日月相符，故所失少，大衍曆自以三十二月閏率追筭，不計與經合否，故所失多。東周曆法無傳矣，劉歆所總六曆俱非古法也。杜氏謂或用黄帝以來諸曆推經傳朔日，皆不合，所謂魯曆亦不與春秋相符，疑來世好事者爲之。凡經傳有七百七十九日，漢末宋仲子集七曆以考春秋、魯曆，得五百二十九，失二百五十日，是不與春秋相符也。大衍曆合朔議曰：「春秋日食有甲乙者三十四。殷曆、魯曆先一日者十三，後一日者三。周曆先一日者二十二，先二日者九。其僞可知矣。」然大衍曆視長曆朔每差一月，亦有差二月者。其日月得失，本非所以釋經也，傳除釋經日外，别記三百一十六日，長曆推無月者二，其不合者六日而已，是固不容以閏率議之，但長曆視大衍曆少六閏。自隱二年至宣十年，三失閏；自成末年至春秋之終，復三失閏。果若是，四時寒暑皆當反易，不但以申爲戌而已，恐周曆雖差，未必如是之繆。案經傳有曠數年不書日者，前後屢見之，長曆於此既無所據，豈能無失？至言頓置兩閏以應天正，則臆決尤甚，故説者疑焉。今姑取其所考日月，以證史文之誤，附于闕文後。蓋三傳异師，而日月之誤不殊，有非筆削後轉寫失真者矣，並及大衍曆者，所以見周曆置閏無準，致日月不與天合，如傳所記日南至在二月，則雖曰建子而實亥。十一月火猶西流，則雖曰建戌而實申也。然孔子於十二月螽嘗譏司曆之過，而春秋日食不書朔日，乃獨致辨於交朔之不合者，閏餘之失易見，而交朔之繆難知，易見者有不勝譏，而難知者非驗諸日食則莫能得其正也。春秋存策書之大體，諸越禮亡法不待辨而明者，皆有筆而無削，譏之不可勝譏也。述作有體要，撥亂有先後，周禮未亡，文武之政，布在方策，春秋之義行，君臣父子，中國外裔，一反於正，禮樂征伐自天子出，脩廢舉墜而已。

春秋屬辭卷八

假筆削以行權第二

古者汗竹爲簡，編簡爲策，故有筆削之事，孔子作春秋，以寓其撥亂之志，而國史有恒體，無辭可以寄文，於是有書、有不書，以互顯其義。其所書者則筆之，不書者則削之。史記世家論孔子爲春秋，「筆則筆，削則削，子夏之徒不能贊一辭。」正謂此也。蓋嘗考之，筆削之例有三：曰不書；曰變文；曰特筆。而存策書大體與日月之法不與焉。不書之義有五：一曰略同以顯异，公行不書至之類是也；二曰略常以明變，釋不朝正、内女歸寧之類是也；三曰略彼以見此，以來歸爲義則不書歸，以出奔爲義則殺之不書之類是也；四曰略是以著非，諸殺有罪不書，勤王復辟不書之類是也；五曰略輕以明重，非有關於天下之大故不悉書是也。凡書、不書之大端不出於此，而夫子於春秋獨有知我、罪我之言者，亦以其假筆削以寓撥亂之權，事與删詩定書异也。自左氏不明此義，爲其徒者遂不知聖人有不書之法。公羊、穀梁每設不書之問，蓋其所承猶得學春秋之要，而無所考據，不能推見全經。近代説者雖多，惟子朱子嘗謂：「惜乎不修春秋不存，不知孰爲夫子所筆？孰爲夫子所削？」最得書法失傳之由。其能參考經傳，以其所書推見其所不書，以其所不書推見其所書者，永嘉陳氏一人而已。但左氏書首所發不書之例，皆史例也，而陳氏誤以爲筆削之法，故凡傳之所録，皆以爲魯史舊文，而無經之傳皆爲夫子所削，不知策書有體，夫子所據以施筆削者，左氏初未之見，二家與左氏异師，其難疑以不書發義，亦非左氏例也。陳氏合而求之，失其本矣，是以其説不能皆合，故今特考有書、有不書者，自爲一類，以明筆削之權，而變文、特筆之法别爲篇。

假筆削以行權第二之一

一，公如大國恒書至，則不書至以見義。

莊二十二年，冬，公如齊納幣。二十三年，春，公至自齊。夏，公如齊觀社。公至自齊。二十四年，夏，公如齊逆女。秋，公至自齊。

以上莊公以事如齊書至者三，國君身繫宗社安危，故反行必書至，詳其事以尊君也。左氏謂以告廟飲至而書者，非也。告廟飲至，乃人君往還常禮，適與書至同時，於史法何與乎？二傳謂危之而後至者，一切之論不可通於全經，蓋史法於公還無不書至者，筆削之旨以書至爲恒，則不書至以見義，以不書至爲恒，則書至以見義，所謂略同以顯异是也。莊公如齊納幣、觀社，皆非禮，惟逆女合古制，而夫人又不與君俱入，故皆書至，從其恒辭，以君行爲重而已。

僖三十三年，冬，十月，公如齊。公至自齊。（爲薨月）

文三年，冬，公如晋。十二月，己巳，公及晋侯盟。四年，春，公至自晋。十三年，冬，公如晋。衛侯會公于沓。十二月，己丑，公及晋侯盟。公還自晋。鄭伯會公于棐。十四年，春，王正月，公至自晋。

以上僖公如齊書至者一，文公如晋書至者二。晋文伯業甫定而卒，故僖公未嘗朝晋，而晚年一朝齊昭，則亦非所以爲安也。晋襄立，以不朝來討，文公如晋，晋人使陽處父盟公以耻之，經不書公如晋。三年，晋人請改盟，公如晋及晋侯盟。襄公卒，靈公幼，扈之盟，公後至，晋人以爲討，於是公如晋，及晋侯盟。雖請成衛、鄭於晋，而晋終不競於楚，故皆至，從其恒辭。

宣四年，秋，公如齊。公至自齊。五年，春，公如齊。夏，公至自齊。九年，春，王正月，公如齊。公至自齊。十年，春，公如齊。公至自齊。夏，四月，己巳，齊侯元卒，公如齊。五月，公至自齊。

以上宣公如齊者五，四朝一奔喪，皆書至。魯宣簒立，齊惠爲平州之會以定其位，故終身謹於事齊。惠公卒，又親奔其喪。既非事伯主，亦與以小事大、爲國爲民者不同，故皆書至，從其恒辭。凡至皆不月，至以四時首月，則書其月。宣至書五月，以奔諸侯之喪异之也。

成三年，夏，公如晋。公至自晋。四年，夏，公如晋。秋，公至自晋。十年，秋，七月，公如晋。十一年，春，王三月，公至自晋。十八年，春，公如晋。夏，公至自晋。

襄三年，春，公如晋。夏，四月，壬戌，公及晋侯盟于長樗。公至自晋。四年，冬，公如晋。五年，春，公至自晋。八年，春，王正月，公如晋。夏，公至自晋。十二年，冬，公如晋。十三年，春，公至自晋。二十一年，春，王正月，公如晋。夏，公至自晋。

昭五年，春，公如晋。秋，七月，公至自晋。十五年，冬，公如晋。十六年，夏，公至自晋。

以上成公如晋者四，襄公如晋者五，昭公如晋者二，皆書至，朝盟主也。成公即位，爲齊難故，與晋結盟，於是有鞌之役。三年，如晋拜汶陽田。四年，特朝歸而欲結楚以叛晋，季文子不可而止。十年，如晋吊喪，晋厲新立，疑公貳於楚，止公送葬以驗實，公請受盟而歸。蓋晋德既衰，諸侯類弗誠服，又時有執止之辱，故皆書至而見止之役，特書月至以异之。晋悼公待諸侯有禮，而襄公如晋皆書至者，悼公雖賢，能盡力以得鄭而終不能服楚。齊挾邾、莒，更伐魯以敗盟，功烈非桓文比，則亦未可恃以爲安也。二十一年，公如晋拜圍齊之師及邾田以後，晋衰日甚，不足宗諸侯矣。

襄二十八年，十一月，公如楚。二十九年，春，王正月，公在楚。夏，五月，公至自楚。

昭七年，三月，公如楚。九月，公至自楚。

以上襄公如楚者一，昭公如楚者一，皆書至。晋既以諸侯與楚，襄公遠朝荆蠻，又被止與陳、鄭、許之君送葬西門之外，楚靈章華之召，昭公其敢不往乎？中國無伯，降而從楚，以書至爲幸矣，故其至皆月。

僖十年，春，王正月，公如齊。十五年，春，王正月，公如齊。

以上僖公如齊不書至者二，朝齊桓也。春秋諸侯以小事大，猶懼不得免焉，故滕、薛降爵以朝魯，杞以不恭見伐。魯事晋、楚，亦時有見止之辱，其朝覲皆迫於彊令，不可言禮，故魯君外如皆書至，用史氏常法也。齊桓創伯之初，諸侯朝聘未有定制，故莊公三如齊，皆以事行。召陵、首止功業既盛，荆楚帖服，中夏小康，王室奠安，諸侯禀命，乃定爲三歲而聘、五歲而朝之法，故魯僖凡再朝桓公，夫子皆削其書至之文，明不與他時朝大國者同，所謂信而安之者也。蓋爲伯主者，必若桓公而後可當諸侯之朝；爲諸侯，必若事齊桓而後得朝伯主之禮，是故特不至以别之，所謂以書至爲恒，則不書至以見義也。或曰：諸侯不朝天子而以朝伯主爲禮，可乎？是蓋不知春秋經世之旨者。春秋固責諸侯之無王，而亦不廢中國之有伯；固罪諸侯之不朝京師，而亦不絶諸侯之事伯主也。當是時，方藉伯者以安靖天下，則朝聘固不可無節矣。

二、公會諸侯恒不書至，則書至以見義。

桓元年，三月，公會鄭伯于垂。二年，三月，公會齊侯、陳侯、鄭伯于稷，以成宋亂。三年，春，正月，公會齊侯于嬴。六月，公會杞侯于郕。九月，公會齊侯于讙。六年，夏，四月，公會紀侯于成。十一年，九月，公會宋公于夫鍾。冬，十二月，公會宋公于闞。十二年，八月，公會宋公于虛。冬，十一月，公會宋公于龜。十四年，春，正月，公會鄭伯于曹。十五年，五月，公會齊侯于艾。（蒙上事月）十六年，春，正月，公會宋公、蔡侯、衛侯于曹。

宣元年，夏，公會齊侯于平州。

以上桓公會諸侯，不書至者十有三，皆春秋之初，伯者未興，諸侯起亂之事，明不足致也。宣公會諸侯，不書至者一。宣公篡立，請會于齊，以定其位，其至又足書乎？隱公盟會不入例者三，傳説者皆曰隱不書至，謙不告廟也。告廟書至，本不相因。隱以攝君行，還不告廟，史不書至，不敢同於正君也。

定十年，夏，公會齊侯于夾谷。公至自夾谷。十四年，夏，公會齊侯、衛侯于牽。公至自會。

以上定公會諸侯書至者二。齊景公結魯以叛晋，會魯、衛以襲晋，中國無伯，諸侯復散，天下大故，蓋有在於是，故皆書至，重叛盟主也。

桓元年，夏，四月，丁未，公及鄭伯盟于越。十二年，夏，六月，壬寅，公會杞侯、莒子盟于曲池。秋，七月，丁亥，公會宋公、燕人盟于穀丘。冬，十一月，丙戌，公會鄭伯盟于武父。十七年，春，正月，丙辰，公會齊侯、紀侯盟于黄。二月，丙午，公會邾儀父盟于趡。

僖二十五年，冬，十二月，癸亥，公會衛子、莒慶盟于洮。二十六年，春，王正月，己未，公會莒子、衛甯速盟于向。

以上桓公與諸侯盟，不書至者六，義與會同。僖公與諸侯盟，不書至者二，亦中國無伯之事。

文十七年，六月，癸未，公及齊侯盟于穀。秋，公至自穀。定十二年，冬，十月，癸亥，公會齊侯盟于黄。公至自黄。以上文公與諸侯，盟書至者一。定公與諸侯盟，書至者一。晋伯中衰，齊商人弑其君而代之，執子叔姬，執單伯，亟加兵於我，而要公以盟。公以疾辭，不可，乃盟于穀。雖商人以弑終，而魯不復事晋矣。晋伯既衰，公會齊景于夾谷，而後盟于黄，卒叛晋，故皆書至，所謂以不書至爲恒，則書至以見義也。

三，公會伯主恒不書至，則書至以見義。

莊十三年，冬，公會齊侯盟于柯。二十三年，十二月，甲寅，公會齊侯盟于扈。二十七年，夏，六月，公會齊侯、宋公、陳侯、鄭伯同盟于幽。冬，公會齊侯于城濮。

以上莊公與齊桓盟會，不書至者四。柯之盟，魯無信，故不月以异之。蓋莊公于齊本有納糾之隙，既盟于柯，而單伯之會不往，鄄之再會不往，同盟于幽以微者行，是以有公子結之盟，有三國西鄙之伐。其不書至，明與桓也。不書月，以罪魯也。於是盟高谿，親納幣，觀社遇于穀，盟于扈，親逆女而後同盟。莊公内有所嫌，故重於從齊，齊桓委曲調順，凡十有餘載而後致公於會，其務在得魯如此。既又會于城濮而後伐衛，遇于魯濟而後伐山戎，且躬來獻捷，其身下諸侯又如此。桓公不徒以力服人矣。此春秋不致、不日之義也。扈之盟，日，離盟非伯者之事也。穀梁傳曰：「致君者，殆其往而喜其反者也。」「桓會不至，安之也。」又曰：「桓公委端搢笏而朝諸侯，諸侯皆諭乎桓公之志。」果若是，雖安之，可也。公羊傳曰：「桓之盟不日，其會不致，信之也。」此皆經之逸義也。但於柯盟發例則失其旨，而致與不致惟以安危釋之，蓋舉一隅而不能以三隅反者也。

僖元年，八月，公會齊侯、宋公、鄭伯、曹伯、邾人于檉。五年，夏，公及齊侯、宋公、陳侯、衛侯、鄭伯、許男、曹伯會王世子于首止。秋，八月，諸侯盟于首止，鄭伯逃歸不盟。七年，秋，七月，公會齊侯、宋公、陳世子款、鄭世子華盟于甯母。八年，春，王正月，公會王人、齊侯、宋公、衛侯、許男、曹伯、陳世子款盟于洮。九年，夏，公會宰周公、齊侯、宋子、衛侯、鄭伯、許男、曹伯于葵丘。九月，戊辰，諸侯盟于葵丘。十一年，夏，公及夫人姜氏會齊侯于陽穀。十三年，夏，公會齊侯、宋公、陳侯、衛侯、鄭伯、許男、曹伯于鹹。

以上僖公與齊桓大盟會者六，與夫人同會一，皆不書至。凡會不月。會于檉，謀救鄭而弗果，鄭比歲受兵，故月，亦以見桓公之重伐楚也。召陵，屈完來盟，而中國之勢安；首止，殊會世子，而天下之本定；辭子華、甯母而鄭伯請服；會王人盟洮而襄王以寧，桓公可謂有大功於當世者矣，故其盟不日，其會不致，所以别於後之主夏盟者。孟子稱五伯桓公爲盛，而舉葵丘之盟以實之。穀梁傳曰：「桓之盟不日，此何以日？美之也。」其言「束牲載書」，一明天子之禁，與孟子略同。胡文定公亦曰：「葵丘之盟，美之大者也。蓋桓公弘規遠略，至此甫定，又與前日之求諸侯、服叛國而爲會、謀王室而爲盟者不同，故特書日以别之。蓋不書日以爲恒，則書日以爲變也。會于鹹，致戍于周，而謀杞也。

僖十五年，三月，公會齊侯、宋公、陳侯、衛侯、鄭伯、許男、曹伯盟于牡丘，遂次于匡。公孫敖帥師及諸侯之大夫救徐。秋，公至自會。（爲下二事月）十六年，冬，十二月，公會齊侯、宋公、陳侯、衛侯、鄭伯、許男、邢侯、曹伯于淮。十七年，九月，公至自會。

以上公與齊桓大盟會，書至者二。范甯曰：「齊桓德衰，故危而致之。」是時楚人伐徐，桓公盟諸侯于牡丘，不親救患，而使諸侯之大夫專兵，其志已怠。明年，會于淮，謀鄫。役人夜呼，不果城而還。其政益荒，故皆書至。蓋以不書至爲恒，則以書至爲异也。諸侯未歸而魯取項，齊人以爲討而止公，聲姜會齊侯釋公，故淮之會與至皆特書月。

僖二十八年，五月，癸丑，公會晉侯、齊侯、宋公、蔡侯、鄭伯、衛子、莒子盟于踐土。公朝于王所。

以上公與晉文大盟會，不書至者一。晉文城濮之功，尊王定伯，不俟再舉視齊桓有光，故踐土之盟書日，同之葵丘，而其會亦不書至，桓、文並稱蓋以此。春秋序二伯之績，亦莫盛於此，筆削之義甚明。温以圍許至，則齊桓致伐之例也。

四，公會盟主恒書至，則不書至以見義。

文十四年，六月，公會宋公、陳侯、衛侯、鄭伯、許男、曹伯、晉趙盾。癸酉，同盟于新城。秋，公至自會。

宣七年，冬，公會晉侯、宋公、衛侯、鄭伯、曹伯于黑壤。八年，春，公至自會。十七年，六月，己未，公會晉侯、衛侯、曹伯、邾子同盟于斷道。秋，公至自會。

成五年，十二月，己丑，公會晉侯、齊侯、宋公、衛侯、鄭伯、曹伯、邾子、杞伯同盟于蟲牢。六年，春，王正月，公至自會。（一時首月）七年，秋，公會晉侯、齊侯、宋公、衛侯、曹伯、莒子、邾子、杞伯救鄭。八月，戊辰，同盟于馬陵。公至自會。九年，春，王正月，公會晉侯、齊侯、宋公、衛侯、鄭伯、曹伯、莒子、杞伯同盟于蒲。公至自會。十五年，三月，癸丑，公會晉侯、衛侯、鄭伯、曹伯、宋世子成、齊國佐、邾人同盟于戚。公至自會。十六年，秋，公會晉侯、齊侯、衛侯、宋華元、邾人于沙隨，不見公。公至自會。十七年，夏，公會尹子、單子、晉侯、齊侯、宋公、衛侯、曹伯、邾人伐鄭。六月，乙酉，同盟于柯陵。秋，公至自會。

襄三年，六月，公會單子、晉侯、宋公、衛侯、鄭伯、莒子、邾子、齊世子光。己未，同盟于雞澤。陳侯使袁僑如會。戊寅，叔孫豹及諸侯之大夫及陳袁僑盟。秋，公至自會。五年，秋，公會晉侯、宋公、陳侯、衛侯、鄭伯、曹伯、莒子、邾子、滕子、薛伯、齊世子光、吴人、鄫人于戚。公至自會。十年，春，公會晋侯、宋公、衛侯、曹伯、莒子、邾子、滕子、薛伯、杞伯、小邾子、齊世子光會吴于柤。夏，五月，甲午，遂滅偪陽。公至自會。十一年，秋，公會晋侯、宋公、衛侯、曹伯、齊世子光、莒子、邾子、滕子、薛伯、杞伯、小邾子伐鄭，會于蕭魚。公至自會。十六年，三月，公會晋侯、宋公、衛侯、鄭伯、曹伯、莒子、邾子、薛伯、杞伯、小邾子于溴梁。戊寅，大夫盟。夏，公至自會。二十年，夏，六月，庚申，公會晋侯、齊侯、宋公、衛侯、鄭伯、曹伯、莒子、邾子、滕子、薛伯、杞伯、小邾子盟于澶淵。秋，公至自會。二十一年，冬，公會晋侯、齊侯、宋公、衛侯、鄭伯、曹伯、莒子、邾子于商任。二十二年，春，王正月，公至自會。（一時首月）。冬，公會晋侯、齊侯、宋公、衛侯、鄭伯、曹伯、莒子、邾子、薛伯、杞伯、小邾子于沙隨。公至自會。二十四年，秋，公會晋侯、宋公、衛侯、鄭伯、曹伯、莒子、邾子、滕子、薛伯、杞伯、小邾子于夷儀。冬，公至自會。二十五年，夏，公會晋侯、宋公、衛侯、鄭伯、曹伯、莒子、邾子、滕子、薛伯、杞伯、小邾子于夷儀。秋，八月，己巳，諸侯同盟于重丘。公至自會。

昭十三年，秋，公會劉子、晉侯、齊侯、宋公、衛侯、鄭伯、曹伯、莒子、邾子、滕子、薛伯、杞伯、小邾子于平丘。八月，甲戌，同盟于平丘。公不與盟，晉人執季孫意如以歸。公至自會。

定四年，三月，公會劉子、晉侯、宋公、蔡侯、衛侯、陳子、鄭伯、許男、曹伯、莒子、邾子、頓子、胡子、滕子、薛伯、杞伯、小邾子、齊國夏于召陵，侵楚。五月，公及諸侯盟于皐鼬。秋，七月，公至自會。

以上伯國大盟會，書至者二十一。文公會趙盾同盟一。晉靈公之君臣盟會皆不序，新城復序者，陳氏所謂諸夏之志也。蓋靈雖不君，盾雖不臣，而夏盟不可以終廢也。宣公會晉成一，會晉景同盟一。成公會晉景同盟三。宣事齊而不事晉，黑壤見止，不與盟，故盟不書，晚歲不説齊頃，乃舍齊事晉，同盟斷道。成公四卿出會郤克，大敗齊師于鞌，晉由此復振，而魯亦堅於事晉矣。於是討邲之敗而伐鄭，同盟蟲牢而鄭始服，爲馬陵之盟以救鄭，同盟于蒲之後而鄭始叛，然晉自靈、成以至景公，稍能自彊矣。成公會晉厲一，同盟者二。戚之會，討曹負芻也。沙隨之會，謀伐鄭也。魯有内難，後鄢陵戰期，晉侯以譏不見公。沙隨至後即會尹子伐鄭，柯陵盟後，復會單子伐鄭。王臣三出，皆無功而還，則厲公之爲盟主可知矣。襄公會晋悼者三，同盟者四。鄬與戲不書至，序見後。悼公既得國，即圍宋彭城，再會于戚，遂城虎牢，皆大夫主之。雞澤始合諸侯同盟，而以大夫別盟，陳袁僑爲大夫專盟之始。戚之會，命戍陳而會吴人，爲諸侯盟吴之始。會于鄬以救陳，而陳侯逃歸。盟于戲以服鄭，而鄭有异志。於是會吴子于柤，伐鄭、戍虎牢矣。再駕而盟亳城北，三駕而會蕭魚，鄭始服從。於是會吴伐秦，復以大夫主之。戚之會，遂孫林父廢立之謀，而衛人君臣之禍成於晋矣。此悼公復伯之事，其於文、襄之業，果何如乎？襄公會晋平者四，會而盟者二，大夫盟者一。溴梁諸侯會而大夫盟，視雞澤益專。同圍齊，盟祝柯，而齊靈卒，乃得齊莊盟于澶淵。商任、沙隨動諸侯以錮叛臣，而齊始伐盟主矣。再會夷儀伐齊，弗果。重丘之盟，適以成崔杼之亂而已。蓋晋至平公，益不競於楚，於是趙武、屈建盟于宋，公子圍尋宋之盟于虢，晋不復主夏盟，而襄、昭皆如楚矣。昭公會晋昭者一。叔向爲平丘之盟，公以邾、莒之愬不得與，晋之合諸侯亦由是而止。召陵之會、皋鼬之盟，劉子爲之也。蓋襄公纘文之業，未嘗親合諸侯，惟士穀一盟諸侯于垂隴，開大夫主盟之端。自靈以來，盟會之故，大略如此，豈足繼桓文之盛乎？故其盟皆日，其會皆致，悉從其恒辭，明不可與二伯同論也。盟蒲不日者，鄭復叛。皋鼬不日者，晉不復主盟。蓋書日以爲恒，則不日以爲變也。

文七年，秋，八月，公會諸侯、晉大夫盟于扈。

襄七年，十二月，公會晉侯、宋公、陳侯、衛侯、曹伯、莒子、邾子于鄬。鄭伯髡頑如會，未見諸侯。丙戌，卒于鄵。陳侯逃歸。九年，冬，公會晉侯、宋公、衛侯、曹伯、莒子、邾子、滕子、薛伯、杞伯、小邾子、齊世子光伐鄭。十二月，己亥，同盟于戲。

以上公與伯國盟會不書至者三。晉襄卒，靈公幼，趙盾合諸侯而齊不從，鄭屢叛，晉失伯者再世，故扈之二盟一會，皆不序諸侯，而其盟不日，以明變也。晉悼爲鄬之會以救陳，而陳侯畏楚逃歸，遂不成救，故書月，與齊桓會檉、會淮無成事同法。既而伐鄭，同盟于戲，而鄭人勦盟，晉復以諸侯伐之。盟與伐皆非功，此三會所以皆不書至。蓋以書至爲恒，則以不書至爲變也。

五，公會外大夫不書至，會師則書至。

比也。

襄二十六年，夏，公會晉人、鄭良霄、宋人、曹人于澶淵。

以上公會外大夫不書至者一。禮：卿不會公侯，故不書其至，示不得與諸侯盟會

定八年，夏，公會晉師于瓦。公至自瓦。

以上公會外師書至者一。此會晉士鞅、趙鞅、荀寅也。公會外大夫不致，此獨以會師致，重師也。

六，公會吴、楚不書至，有中國之君則書至。盟戎書至。

僖二十一年，秋，宋公、楚子、陳侯、蔡侯、鄭伯、許男、曹伯會于盂，執宋公以伐宋。楚人使宜申來獻捷。十二月，癸丑，公會諸侯盟于薄。釋宋公。二十七年，冬，楚人、陳侯、蔡侯、鄭伯、許男圍宋。十二月，甲戌，公會諸侯盟于宋。

成二年，十一月，公會楚公子嬰齊于蜀。丙申，公及楚人、秦人、宋人、陳人、衛人、鄭人、齊人、曹人、邾人、薛人、鄫人盟于蜀。

哀七年，夏，公會吴于鄫。十二年，夏，公會吴于橐皋。

以上公會吴、楚不書至者五。蠻夷僭王猾夏，魯雖屈而從之，皆不書至，明不得與中國伯者同也。

哀十三年，夏，公會晋侯及吴子于黄池。秋，公至自會。

以上公會晋侯及吴子書至者一。會吴不書至，此先會晋侯而後及吴子，乃以會晋侯至也。

桓二年，九月，公及戎盟于唐。冬，公至自唐。

以上公及戎盟書至者一。魯與戎有疆埸之交，無吴、楚主諸侯之嫌，故從恒辭書至。桓公盟會，日、月皆從其恒稱，而盟戎獨不日，説見日月篇。其書至一，筆一，削十二，公無异法均之爲魯先君也。

七，公特將不書至，則書至以見義。

僖二十一年，冬，公伐邾。二十二年，春，公伐邾，取須句。三十三年，夏，公伐邾，取訾婁。

文七年，春，公伐邾。

宣四年，春，公伐莒，取向。十八年，春，公伐杞。
哀七年，秋，公伐邾。
以上公伐小國不書至者七。恃彊凌弱，春秋諸侯恒態，其事皆一國之私，故不書至。
僖二十六年，冬，公以楚師伐齊，取穀。公至自伐齊。
以上公以楚師伐齊書至者一。齊桓公合諸侯以攘楚，桓公卒，楚復猾夏，而魯用楚師以伐齊，此夷夏之大變，故書至。
莊二十六年，春，公伐戎。夏，公至自伐戎。
以上公伐戎書至者一。戎嘗侵我，公追之濟西，未能報也。莊公從伯既定乃親伐之，與陵暴小國不同，故書至。
莊十年，二月，公侵宋。
以上公侵國不書至者一。時宋與齊合，魯有齊怨而掠宋境，實一國之私而已，故不書至。
定六年，二月，公侵鄭。公至自侵鄭。八年，春，王正月，公侵齊。公至自侵齊。二

月，公侵齊。公至自侵齊。（爲下卒月）

以上公侵國書至者三。齊景公結諸侯以叛晋，鄭首從齊，故公爲晋侵鄭。齊國夏伐我西鄙，故公一再侵齊，以其重於叛晋，非一國之私，故皆書至，與會伐同。

昭二十六年，夏，公圍成。

以上公圍其邑不書至者一。昭公孫于外，居于鄆而後圍成，成與鄆皆魯邑，故不書至。

定十二年，十二月，公圍成。公至自圍成。

以上公圍其邑書至者一。定公墮三都，孟氏不肯墮，成公圍成，不克，故雖在境内而書至，見彊臣據邑叛君如敵國也。

八，公會伐，恒書至。爲會言故，不書至。

桓十六年，夏，四月，公會宋公、衛侯、陳侯、蔡侯伐鄭。秋，七月，公至自伐鄭。

宣七年，夏，公會齊侯伐萊。秋，公至自伐萊。

哀十年，春，公會吴伐齊。五月，公至自伐齊。

桓十五年，冬，十一月，公會宋公、衛侯、陳侯于袲，伐鄭。

以上公會伐書至者三，不書至者一。周制：元侯作師以承天子，諸侯教衛以贊元侯，敵國無相征之法，而况於合諸侯乎？桓公會四國伐鄭，諸侯無王也；宣公會齊侯伐萊，齊貳於晋也，故皆從恒辭書至。春秋之末，中國無伯，而哀公會蠻荆伐中國，故又書月至以别之。若桓言伐鄭於會袲之下，釋所以爲會之故，而實不果伐，故不書至，從桓公篇會盟不書至例。凡會伐而戰不書至例，見辭從主人篇。

九，公會伯國侵伐恒書至，則不書至以見義。

僖四年，春，王正月，公會齊侯、宋公、陳侯、衛侯、鄭伯、許男、曹伯，侵蔡。蔡潰，遂伐楚。次于陘。夏，楚屈完來盟于師，盟于召陵。秋，公至自伐楚。（爲下葬月）六年，夏，公會齊侯、宋公、陳侯、衛侯、曹伯伐鄭，圍新城。秋，諸侯遂救許。冬，公至自伐鄭。二十八年，冬，公會晋侯、齊侯、宋公、蔡侯、鄭伯、陳子、莒子、邾人、秦人于温。諸侯遂圍許。二十九年，春，公至自圍許。

成三年，春，王正月，公會晋侯、宋公、衛侯、曹伯伐鄭。公至自伐鄭。（爲下事月）

十三年，夏，五月，公自京師，遂會晋侯、齊侯、宋公、衛侯、鄭伯、曹伯、邾人、滕人伐秦。秋，七月，公至自伐秦。十六年，秋，公會尹子、晉侯、齊國佐、邾人伐鄭。冬，公至自會。十七年，夏，公會尹子、單子、晉侯、齊侯、宋公、衛侯、曹伯、邾人伐鄭。六月，乙酉，同盟于柯陵。秋，公至自會。冬，公會單子、晉侯、宋公、衛侯、曹伯、齊人、邾人伐鄭。公至自伐鄭。（爲下卒月）

襄五年，冬，公會晉侯、宋公、衛侯、鄭伯、曹伯、齊世子光救陳。公至自救陳。（爲下日卒月）十年，秋，公會晉侯、宋公、衛侯、曹伯、莒子、邾子、齊世子光、滕子、薛伯、杞伯、小邾子伐鄭。冬，公至自伐鄭。十一年，夏，公會晉侯、宋公、衛侯、曹伯、齊世子光、莒子、邾子、滕子、薛伯、杞伯、小邾子伐鄭。秋，七月，己未，同盟于亳城北。公至自伐鄭。十八年，冬，十月，公會晉侯、宋公、衛侯、鄭伯、曹伯、莒子、邾子、滕子、薛伯、杞伯、小邾子同圍齊。十九年，春，王正月，諸侯盟于祝柯。公至自伐齊。

以上公會伯主侵伐書至者十有二。齊桓公之盟會皆不書至，而侵伐書至者，伯主合諸侯之師，以攘夷討貳，乃中國安危、諸侯合散之機，事與盟會异也。晉自厲公以後，雖功業不及桓、文，而能世繼其伯，克合諸侯伐叛討罪，以藩王室，故皆書至，與桓公二伐、文公圍許同重其事也。

成十年，夏，公會晋侯、齊侯、宋公、衛侯、曹伯伐鄭。

以上公會伯國伐鄭不書至者一。晋人執鄭伯，而鄭不急君，景公有疾，晋人立太子州蒲爲君而會諸侯伐鄭，歸鄭伯以求成，急於得諸侯，而悖其父子之教，故不書公至，又不得與他君討貳同也。

十，公會外大夫伐國不書至，君將稱人則書至。

莊二十六年，秋，公會宋人、齊人伐徐。莊五年，冬，公會齊人、宋人、陳人、蔡人伐衛。六年，秋，公至自伐衛。

以上公會外稱人伐國不書至者一，書至者一。宋人、齊人者，二國之卿也。自文以前，大夫將皆略不書名氏。以公會伐，知非微者，不書至，義與公會外大夫同。伐衛抗天子之命，諱公會仇，諸侯稱人，非實大夫，故書至，從其恒辭，説見變文篇。

十一，夫人違禮而行不書至，必歸寧得禮而後書至。

莊二年，冬，夫人姜氏會齊侯于禚。（爲下卒月）四年，春，王二月，夫人姜氏享齊侯于祝丘。五年，夏，夫人姜氏如齊師。七年，春，夫人姜氏會齊侯于防。冬，夫人姜氏會齊侯于穀。十五年，夏，夫人姜氏如齊。二十年，春，王二月，夫人姜氏如莒。

僖十七年，秋，夫人姜氏會齊侯于卞。

以上夫人出會外如不書至者七，以國事會其父不書至者一。文姜以姦出，其反不足致。齊姜爲齊人止公故，越禮會齊侯于卞，齊侯與姜氏皆失正，故亦不書至。

文九年，春，夫人姜氏如齊。三月，夫人姜氏至自齊。

以上夫人如父母國書至者一。禮：既嫁，見兄弟，不踰閾，惟父母在，乃得歸寧。夫人，齊昭公之女，父母俱存，故特書至，明婦人無外事，必歸寧得禮乃致之，以別於非禮而出者。雖得禮，猶月，异國君也。

十二，公行不書所在，書在楚、在乾侯。

襄二十九年，春，王正月，公在楚。

昭三十年，春，王正月，公在乾侯。三十一年，春，王正月，公在乾侯。三十二年，春，王正月，公在乾侯。

以上公在楚者一，在乾侯者三。古者諸侯歲正月朔日，以禮祭於宗廟，謂之朝正。其或公在外，不得行禮，而大臣攝行，必以公在外告于廟，而史書于策。故襄二十九年，春，王正月，公在楚，傳曰「釋不朝正于廟也」，此魯史之法也。魯君屢以正月在晋而經不書者，魯君朝伯主而在中國，猶云可也。襄公正月在楚，以諸夏之君而朝蠻荆。昭公正月在乾侯，以國君而見出於彊臣，皆人道之變，故特書之。此筆削之義，所謂略常以明變也。

十三，公不視朔不書，有爲則書。

文十六年，夏，五月，公四不視朔。

以上書公四不視朔者一。禮：諸侯每月朝廟，北面受朔政，乃察一月之政，頒於其國，謂之視朔。或君有疾，不得行禮，則大臣攝行，而史書于策，明其禮甚重，不得輒有闕遺，此魯史之法也。計十二公不視朔者尚有而經不書者，君子不責人以所不及，以疾廢禮，無以議爲也。晋靈之世，齊貳於晋而侵魯，故文公托疾以拒齊懿之要盟，不視二月、三月、四月、五月之朔政。蓋自季孫會陽穀，至六月公子遂及齊侯盟郪丘，始視朔如初也，經特書之，以見晋伯中衰，魯爲齊弱如此，言不視朔，則不告朔、朝廟可知。

十四，送王姬不書，必主仇昏而後書。

莊元年，夏，單伯送王姬。

以上書王臣送王姬者一。凡送王姬者，必有定制，如左傳言諸侯送女之禮是也。周制：王姬下嫁於諸侯，車服不繫其夫，下王后一等。其尊如此。魯受王姬與王卿士接，皆史所必書。齊桓、共姬亦魯主昏，而經不書者，此筆削之法略恒明變之例，與外親迎合禮不書同。魯莊與齊襄有不共戴天之讎，方在衰麻中，而天子命魯主齊昏，魯人獨不可引義力辭乎？故詳書其事，見王室與魯兩失之也。黄先生曰：「同一主昏也，而前後經文不同，則前之所以詳者，深有意矣。桓公乃僖之子，以襄無道，逃難於莒。襄既以惡死，桓之立，在魯不可謂之讎，故書之。略者所以示爲禮之常也。」

十五，諸侯女歸京師不書，必魯主昏而後書。

桓九年，春，紀季姜歸于京師。

以上書諸侯女歸京師者一。傳曰：「凡諸侯之女行，唯王后書。則當時之制，諸侯之女歸于京師，皆告于列國，而史皆書于策。后妃母儀天下，禮亦宜然。春秋詳内略外，必魯主昏而後書，故所録唯紀季姜一事，與祭公來逆王后于紀相爲本末，所以尊王命志天子昏禮也。其非魯主昏則不書，若莊十八年，陳嬀爲惠王后，宣六年，齊姜爲定王后，皆不見于經是也。左氏雖不知經意，而稍存史法。陳氏概以筆削之旨格之，故謂例與傳違。然陳氏傳曰：「后歸不書，詳紀事也，亦非筆削本旨。齊滅王后之家，策書大體存而其罪自見，不待夫子特書以詳之。由二傳以書葬紀伯姬、叔姬爲閔紀之亡，故陳氏亦蒙其失，皆似是而非之論，正學者所當辯，如經書納幣、來媵、致女，二傳皆以爲録，伯姬甚至書葬，宋共公亦以爲崇伯姬，又可據乎？

十六，内女適諸侯，恒書歸。苟來歸，則不書歸。

隱二年，冬，十月，伯姬歸于紀。

莊二十五年，夏，六月，伯姬歸于杞。（蒙日食月）

成九年，二月，伯姬歸于宋。

以上内女爲諸侯夫人書歸者三。傳例曰「婦人謂嫁曰歸」。内女爲夫人，則尊卑敵，而公爲之服，故其歸、其卒皆書之，内以重先君之遺，外以篤舅甥之好也。

僖十四年，夏，六月，季姬及鄫子遇于防。使鄫子來朝。十五年，九月，季姬歸于鄫。

（蒙至會月）

以上内女使其夫來朝，又書歸者一。傳曰：「鄫季姬來寧。公以鄫子不朝怒，止之。遂遇于防，而使來朝。」既踰年乃書歸于鄫。蓋來寧，反國之恒辭也。僖公重得國君之朝，而輕蔑男女之教，爲君、爲父，兩失其道，故削其始嫁之文，見止之、歸之皆以私耳。凡魯君會遇猶不月，而季姬、鄫子遇特月，异其事也。其來寧自以合禮不書。二傳謂季姬遇鄫子，使來請已，與左氏見止之説初不相違，何氏惑於下文書歸，以爲使之來請取已而誣以淫奔，胡氏又文以擇配，筆削之義不明故也。季姬不繫鄫者，自父母國言之也。

文十五年，十二月，齊人來歸子叔姬。

宣十六年，秋，郯伯姬來歸。

成五年，春，王正月，杞叔姬來歸。

以上内女書來歸者三。傳例曰：「凡諸侯之女出曰來歸。」子叔姬書齊人來歸者，見執而後來歸之之文也。使非見執，則書曰齊子叔姬來歸。婦人從一而終，既來歸，則義絶於夫家，均之爲出也，故不以有罪無罪，皆以來歸爲辭。經削其始嫁之歸不書，重其變，故略其常也。齊子叔姬、杞叔姬非罪出，故書月以別之。

十七，内女歸寧不書，必有故而後書。

莊二十七年，冬，杞伯姬來。

僖五年，春，杞伯姬來朝其子。二十八年，秋，杞伯姬來。三十一年，冬，杞伯姬來求婦。

以上書内女來者二，以事來者二。凡内女歸寧曰來。禮：父母在，歲一歸寧。既没，使卿寧。魯女嫁爲諸侯夫人者七，不書來者六。鄫季姬及鄫子遇于防，使鄫子來朝，明歸寧在魯，而經不書來，此歸寧合禮不書之例。杞侯始朝于魯，魯人以爲不敬而兵入其國。德公既取于魯，將來朝，而先之以伯姬，虞不敬也。是年春，公會伯姬于洮。至是而來，意不爲歸寧明矣，故雖父母在，書之。僖公立，伯姬又來朝其子。蓋德公欲朝嗣君，而懼不見禮，故使伯姬以子代朝也。杞桓公立，來朝公，以不共卑之，使公子遂帥師入杞。明年，伯姬又來，意可知矣。伯姬之來，皆與歸寧得禮者不同，故經書之以見魯人無義寡恩，使婦人越禮往來而莫之恤也。

十八，國君來逆女不書，卿爲君逆則書。

隱二年，九月，紀裂繻來逆女。

以上書卿爲君逆者一。凡史之所書者，皆君禮，故君舉必書者，史法也。傳曰：「衛侯來會葬，不見公，不書。」此成禮則書之證也。魯女嫁爲諸侯夫人者七，其不書來逆者六，皆國君親迎，合禮，不書，此經義也。

莊十一年，冬，經書「王姬歸于齊」，傳言「齊侯來逆共姬」，此合禮不書之證也。杜氏曰：「不書齊侯逆，不見公。夫天子使同姓諸侯主昏者，爲國君體敵得以成禮。今齊侯來逆女而公不見，何以爲昏主？況莊公幼，魯方受制於齊乎？」杜氏不知春秋筆削之法，見傳言「衛侯來會葬，不見公，不書。」遂推以爲例，固亦甚矣，然於此可見國君親迎成禮，史所必書。至夫子作經，以略常明變見義，乃有合禮不書之法，惟紀裂繻以卿爲君逆，非禮，故特書以見昏禮之變，然納幣稱使而逆女不稱使，則古者必親迎，無使人之義明矣。如使親迎與卿逆並書於經，則是聖人皆許之也。

十九，繼故不書立，必賊討而後書立。

隱四年，九月，衛人殺州吁於濮。冬，十二月，衛人立晋。

以上書衛人討賊立君者一。凡告終稱嗣不書立。諸侯世國有定體也。繼故書立，謹廢置、重繼絶也。此在魯史必有成法。今以衛、晋推之，則宋馮、御説、晋黑臀、周宜無不書於策者。春秋以筆削見義，馮也、黑臀也、周也，皆立於弑君者。御説雖立於國人，而賊未討，故皆削不書。當五國伐鄭以定州吁，而天子不能正，故特書立晋，以信衛人討賊立君之義於天下，結正五國輔篡之罪也。陳氏曰：「必若衛人討賊而後可書立。」此説是也。然必以君不葬取義，以晋不書公子爲爭國之辭，則由不考書法源委，而未免惑於二傳之説也。周禮廢久矣，不請命之非譏不在一國，亦豈待去屬而後爲貶乎？如以不稱公子爲惡，則王子朝豈宜立者乎？

二十，篡位不書立，必不能討而後書立。

昭二十三年，秋，尹子立王子朝。

以上書王子簒立者一。據莊十九年，蘇子立子頽，不書，陳氏曰：「傳著鄭、虢克復，則子頽不書立，惠王不書出，見襄王書出，子朝書立，不復諱之矣。」詳又見後。二十一，天王蒙塵復辟不書，茍自取之則書。其出，必亂未弭、賊未討而後悉書之。

僖二十四年，冬，天王出居于鄭。

昭二十三年，秋，七月，天王居于狄泉。（蒙上事月）二十六年，冬，十月，天王入于成周。

以上書天王出居鄭者一，居狄泉一，入成周一。鄭，列國也，在王畿之外，故言出。莊二十年，子頽之亂，惠王處于鄭。二十一年，虢公、鄭伯同伐王城，王入于王城。出入皆不書。定六年，周儋翩率王子朝之徒，因鄭人以作亂，天王處于姑蕕。七年，十一月，戊午，單子、劉子逆王于慶氏。晉籍秦送王。己巳，王入於王城。出入皆不書。何也？惠王避子頽，敬王避儋翩，非王自取，而虢、鄭、單、劉成復辟之功，事無可議者，故出入皆不書。襄王以狄伐鄭，立狄女爲后，復王子帶以生亂，其失位皆自取，故書其出。既而，晉侯勤王，右師圍温，左師逆王，王入于王城，取大叔殺之，故入不書。敬王居于狄泉，而尹氏立王子朝，亂未弭也；入于成周，而召伯、毛伯以王子朝奔楚，賊未討也，故居與入悉書之。春秋撥亂反正之書也，苟有能正之者，則不復書。敬王不言出，詳見末篇。

二十二，天王出入，有以之者不書，未成尊則書。

昭二十二年，夏，劉子、單子以王猛居于皇。秋，劉子、單子以王猛入于王城。以上書大夫以王某出入者各一，未成尊也。莊二十年，鄭伯以王處于櫟。昭二十三年，單子、劉子以王如劉。二十六年，劉子以王出，次于渠。皆不書，爲尊者諱也。

二十三，未成君，出入不書，必有辨於名實而後書。

桓十一年，九月，宋人執鄭祭仲，突歸于鄭，鄭忽出奔衛。十五年，五月，鄭伯突出奔蔡，鄭世子忽復歸于鄭。

莊二十四年，冬，戎侵曹，曹羈出奔陳，赤歸于曹。

襄三十一年，十一月，莒人弒其君密州。

昭元年，秋，莒去疾自齊入于莒。莒展輿出奔吴。

以上書未成君出而復歸者一，書出者二，皆言其故。惟昭十四年，莒殺公子意恢而郊公與庚輿更出、更入，事與鄭忽、突相似，而書法不同者，郊公雖見出於國人，而罪狀未著，庚輿以公弟歸立，而非有庶孽亂適之嫌，故但書殺其公子，以見君卒國亂，而一出一入皆不書。及庚輿亦見出，則郊公之歸固其所也，故庚輿自以諸侯書來奔，而郊公復歸不書。苟無亂於名實，則春秋無以議爲也，若宋人奉嬖孽以篡適，諸侯又從而君之，則鄭忽與突之出入不可無辯矣；戎侵中國而制其廢立之權，則曹羈與赤之出入不可不詳矣；莒人弒君無主名，則去疾與展輿之出入不可不志矣。忽稱世子，說見特筆篇。

二十四，執君歸不書，必伯主釋有罪而後書。

成九年，秋，晉人執鄭伯。

襄十六年，春，晉人執莒子、邾子以歸。十九年，春，晉人執邾子。

哀四年，春，宋人執小邾子。

以上伯國執諸侯不書其歸者三，大國執小國之君不書歸者一。非天子不得專執諸侯，晉雖盟主，苟所執之君罪不當廢，宜無不得歸者。鄭伯私會楚公子成于鄧，既會即朝于晉，明非實叛晉者，而晉人因其來會執之。莒、邾屢加兵于魯，晉人每因其來會而執之於既盟之後，則亦非叛伯者，故其見執之君歸國皆不復書，以其罪不當廢，無不得歸之道也。若宋以大執小，乃恃衆暴寡之爲，其歸不足志矣。

僖二十八年，三月，丙午，晉侯入曹，執曹伯，畀宋人。冬，晉人執衛侯，歸之于京師。曹伯襄復歸于曹。三十年，秋，衛侯鄭歸于衛。

成十五年，春，晉侯執曹伯，歸于京師。十六年，秋，曹伯歸自京師。

以上伯主執諸侯書復歸者一，書歸者二。晉文公纘齊桓之業，以大義匡中國，將解宋圍，而曹、衛固於從楚，門于曹，曹人不服，故入曹執曹伯，以畀宋人。假道于衛，衛人弗許，既而楚師敗，衛侯懼，出奔楚，使元咺奉叔武以受盟，晉復衛侯以踐土之盟也。衛侯入而前驅殺叔武，是不賴斯盟矣，故温之會，執衛侯，歸之于京師。則二君挾荆楚、叛中國，其罪已著，而衛侯廢伯主之命，殺其弟之攝君受盟者，抑又甚焉。晉侯皆不能正以王法，廢而黜之，更立賢君，以示教戒於天下，乃以巫史之言釋曹伯，又取貨以歸衛侯，其戰功雖雋而大義不明，故二君者皆書歸，以見其罪宜廢，而伯主以私釋之。春秋之世，篡奪者無所顧忌，雖齊、晋盛時猶不能討。曹負芻殺其大子而自立，諸侯請討之。晋厲公會諸侯于戚，執曹伯，歸于京師。使厲公能請于天子，討負芻篡立之罪，誅之以謝諸侯，而立子臧以君曹，則大義信矣，乃列于會而後執之，又歸之京師而後釋之，故書其歸，見厲公以釋有罪累京師也。凡諸侯相執無不書，被執或稱名、或書月，必伯討而後稱君復國，有書、不書，或言所自，或不言所自，有變例，有變文，春秋一類參見諸例如此者甚衆，學者宜推類以通之。

二十五，弑君以納君不書，必所弑稱君而後書。

桓十五年，秋，九月，鄭伯突入于櫟。（傳：莊十四年，「鄭厲公自櫟侵鄭，獲傅瑕，曰：『苟舍我，吾請納君。』與之盟而赦之。六月，甲子，傅瑕殺鄭子及其二子而納厲公。」）

襄二十五年，秋，衛侯入于夷儀。二十六年，春，王二月，辛卯，衛甯喜弑其君剽。甲午，衛侯衎復歸于衛。

以上奔君書入邑不書歸國者一，書入邑又書歸國者一。鄭厲公出奔入櫟，使傅瑕弑子儀而後得反國。衛獻公出奔入夷儀，使甯喜弑剽而後得反國。子儀君鄭十有四年，剽君衛十有一年，二事正相類，而一則書弑書歸，一則皆不書，何也？春秋之世，篡立，未會諸侯，則史不稱君。鄭突奪適，宋、魯輔之，故魯人終始君突，雖忽以世子復歸，其見弑也，史猶不書，而况子儀乎？子儀雖爲國人所立，未嘗一列於諸侯之會，則其見弑，魯史必不以君書，明矣。鄭忽復歸，夫子既正其名，則適庶之分已明，而諸侯輔篡之罪已著。魯人既終始君突，而鄭歷三君皆不見於策，於是子儀之弑不書，則鄭伯之歸，亦不足論矣。蓋其復歸之罪不加於奪適，而子儀非鄭忽母弟，事不相沿，苟無其本，則不得録其末也。衛侯衎無禮，不君，定姜知其必敗衛國，故卒見出於貴戚大臣，而剽之立也，晋人又爲戚之會以定之。湨梁以來，無役不從也。既而晋侯又使人逆衎於齊，使衛與之夷儀，此剽之所以弑與故入夷儀獨不名。夫剽列於諸侯之會七，則其見弑，史固以君書，與子儀异矣，故衛侯之歸，特謹其日，辛卯至甲午間二日，而一弑一歸，則書日之義豈不著乎？以衛臣弑君、納君之罪不可不討，而晋爲盟主，不能正名討罪，以定宜爲君者，惟始終置力於孫氏，使君臣之教不明，其事不可不詳也。蘇氏曰：「突之入以篡，衎之出以惡。儀、剽雖國人所立，而突、衎在焉，亦非所以爲安也，故四人者，春秋莫適與也，皆不没其實爾。」君子有取於其言，而春秋書法詳略不同，學者皆不能無惑，故詳著其説，以明學春秋者，必先考史法，而後筆削之意可求也。

二十六，内大夫出奔，非其罪不書，必有罪而後書。

閔二年，九月，公子慶父出奔莒。

文八年，冬，十月，公孫敖如京師，不至而復。丙戌，奔莒。

宣十八年，冬，十月，歸父還自晋，至笙。遂奔齊。（蒙公薨月）。

成十六年，冬，十月，乙亥，叔孫僑如出奔齊。

襄二十三年，冬，十月，乙亥，臧孫紇出奔邾。

昭十二年，冬，公子慭出奔齊。

以上書内大夫出奔六。慶父弑子般，成季奔陳，不書；弑閔公，成季以僖公適邾，不書，皆以國難退而圖之，此大夫出奔，非其罪不書之例也。古者人臣有去國之義，苟非以罪出，春秋奚治焉？凡内臣出奔必書日，以國卿失守宗祧，重其事也。慶父弑二君以出，故不日以异之，歸父謀去三桓而己專國，公子慭謀去季孫而更其位，均之亂國，與禍福在一家者不同，故其出亦不日。

二十七，王卿士奔，復之不書，必不反而後書。

成十二年，春，周公出奔晉。

以上王卿士書出奔者一。莊十六年，周公忌父出奔虢。惠王立而復之，不書。宣十六年，王孫蘇奔晉。晉人復之，不書。其出奔不以有罪無罪，復之不以有援無援，皆不書者，以王命爲重也。至尊制命，爲紀法之宗，苟以王命復之，則奔者之罪與復之之由皆不足辯矣。周公楚惡惠、襄之偪，且與伯輿爭政，不勝而出。王使劉子復之，三日復出奔晉，蓋有懲於王〔一〕子捷之事也。以天子之命，不能安其大臣，於是始書之。王朝三公與列國南面之君不同，故筆削亦异，尊歸于一，則義繫於上也，諸侯大夫，一出一入，各有筆削者，大夫彊，諸侯脅，須兩著其罪也，王臣言出，説見末篇。

二十八，王子奔，非其罪不書。以叛奔，卒討之，不書。必佚賊而後書。

〔一〕「王」，原文作「主」，誤，據左傳改。

襄三十年，夏，五月，王子瑕奔晉。（蒙上事月）

昭二十六年，冬，十月，尹氏、召伯、毛伯以王子朝奔楚。（蒙上事月）

以上書王子奔者一，王卿士以王子奔者一。桓十八年，周公欲弒莊王，而立王子克，王殺周公黑肩，王子克奔燕。主謀者，黑肩也。既以天子討有罪不書，則子儀出奔不書，以非其罪也。儋括欲立王子佞夫，佞夫弗知，景王殺佞夫，括、瑕、廖奔晉，瑕、廖蓋與括同謀者，故殺佞夫，既以非其罪書，則瑕書奔者以佚賊也，景王之討罪，有愧於莊王矣。僖十二年，王以戎難故，討王子帶，王子帶奔齊，其後又以狄師伐周，襄王復辟，卒討之，則其奔齊不書者，以能討也。王子朝之亂，王猛、敬王相繼播越者五年，敬王反正而不能討其罪，則其奔楚，亦以佚賊書也。敬王之復辟，异於襄王矣。觀殺周公與王子克之奔不書，則殺佞夫與王子瑕之奔所以書者，可見矣。觀王子帶之奔不書，則王子朝之奔所以書者，可見矣。瑕與朝皆以謀簒逆叛在外，故不書出，從史文也。説見末篇。括、廖賤，史不書。子帶、子朝後雖殺之，不書。皆説在後。

二十九，公子奔，非其罪不書，必有故而後悉書之。

襄二十年，秋，蔡公子履出奔楚，陳侯之弟黄出奔楚。二十七年，夏，衛侯之弟鱄出奔晋。

昭元年，夏，秦伯之弟鍼出奔晋。冬，楚公子比出奔晋。八年，夏，陳公子留出奔鄭。

定十年，秋，宋公子地出奔陳。冬，宋公之弟辰暨仲佗、石彄出奔陳。十四年，秋，衛世子蒯聵出奔宋。宋公之弟辰自蕭來奔。

以上書公子出奔者十。案，傳：隱三年，宋公子馮奔鄭。莊八年，齊公子小白奔莒，公子糾來奔。二十年，陳公子完奔齊。僖五年，晋公子重耳奔狄。十七年，齊公子昭奔宋。襄十四年，衛公子展奔齊之類，皆不書，雖來奔不書，以非其罪也。陳氏曰：「譏不在奔也。」昭二十年，楚大子建奔宋。陳氏曰：「奔非其罪，雖大子不書是也。」然書奔者，未必皆有罪。蔡公子燮欲以蔡之晋，蔡人殺之。公子履，其母弟也，故出奔楚。陳慶虎、慶寅畏公子黄之偪，愬諸楚，曰：「與蔡司馬同謀。」楚人以爲討。公子黄奔楚。皆非有罪而書者。陳、蔡之人安於事楚，其臣有欲從中國者，雖公子、公弟不能保其身，然不奔他國而皆奔楚者，以其國終於事楚，猶冀可藉以歸耳，故悉書之，以見二國之習於夷，上無天子，下無方伯，莫能正也。楚公子圍弒其君，右尹子干奔晉，亦非有罪而書者，圍弒君而以瘧疾赴諸侯，特書比奔，以明變也。衛鱄以下，皆以罪書，事見於傳。惟衛討齊豹之亂，公子朝奔晉，有罪而不書者，衛人以朝故殺宣姜，諱不告也。

三十，外大夫出奔不書，必有關一國之故而後書。

僖二十八年，夏，衛元咺出奔晉。

文六年，冬，晉狐射姑出奔狄。七年，夏，晉先蔑奔秦。

宣十年，夏，齊崔氏出奔衛。

成七年，冬，衛孫林父出奔晉。十五年，秋，宋華元出奔晉。宋魚石出奔楚。十七年，秋，齊高無咎出奔莒。

襄六年，夏，宋華弱來奔。十七年，秋，宋華臣出奔陳。二十一年，秋，晉欒盈出奔楚。二十三年，夏，邾畀我來奔。二十四年，冬，陳鍼宜咎出奔楚。二十八年，夏，衛石惡出奔晉。冬，齊慶封來奔。二十九年，秋，齊高止出奔北燕。三十年，秋，鄭良霄出奔許。

昭六年，夏，宋華合比出奔衛。十年，夏，齊欒施來奔。十五年，夏，蔡朝吴出奔鄭。二十年，夏，曹公孫會自鄸出奔宋。冬，十月，宋華亥、向寧、華定出奔陳。二十七年，冬，邾快來奔。

定四年，冬，楚囊瓦出奔鄭。十年，秋，宋樂大心出奔曹。十四年，春，衛公叔戍來奔。衛趙陽出奔宋。夏，衛北宫結來奔。秋，衛公孟彄出奔鄭。

哀四年，春，蔡公孫辰出奔吴。六年，夏，齊國夏及高張來奔。十一年，夏，陳轅頗出奔鄭。冬，衛世叔齊出奔宋。

以上外大夫書出奔者三十有三，非以罪出，則彊家之相傾者也。宋魚石、向爲人、鱗朱、向帶、魚府皆卿，而四人不書者，同族、同罪，又同出奔，史書位高者一人而已。華向作亂，殺公子六人，刼宋公，取大子爲質，見討而出者，故書月以异之，比宋萬、王子朝佚賊之例。説見後。

文八年，冬，宋司城來奔。十四年，秋，宋子哀來奔。

以上外大夫書奔不名者二。宋人將弒昭公，而殺其司馬，故司城與高哀皆來奔，非見出於君，故一書其官，一書其字，而不名。説見後篇。凡大夫出奔，有罪無罪悉書之，於此可見。蓋自元咺而後，大夫益專，其出入必有關乎一國之故，與公子之未命者不同也。唯鄭厲公反國討與於雍糾之亂者，殺公子閼，而公父定叔出奔衛，不書，春秋不與鄭突，削其復歸之文，故見殺與出奔者，皆不復書。鄭文公惡高克，使宿師河上，久而不召，師潰而克奔陳，春秋特書鄭弃其師，譏文公不君，而高克之奔不足書矣。故自僖以前，外大夫無以出奔書者，政不在大夫也。

三十一，内大夫來歸，非其罪不書，以伯主之盟復之則書。

閔元年，秋，季子來歸。

以上内臣書來歸者一。慶父弒子般，季友奔陳，閔公立，及齊侯盟于落姑以復之，於是季子來歸，而齊仲孫即來省難。時閔公幼，哀姜、慶父豈欲季子之歸者？其能以宗社大計謀於伯主，未知何人爲之。既而閔公弒，成季以僖公適邾，而哀姜孫、共仲奔，若有所畏避然。於是季子以僖公歸，立之，而齊高子即來盟，然後知季子之出入，皆有請於伯主，而齊桓所以始復季子而終定僖公者，皆季子在外之所爲也，故春秋不書季子與僖公之出入，以别於有罪而出者，而特書其始賴盟以歸，以見季子深謀圖國之志，而齊桓不去慶父，以致再亂，其失亦不可掩矣。

三十二，奔大夫、公子復之，不書，必挾外援以歸而後書。苟以叛出，書。

僖二十八年，冬，衛元咺自晉復歸于衛。

成十四年，夏，衛孫林父自晉歸于衛。十五年，秋，宋華元自晉歸于宋。

哀十年，夏，衛公孟彄自齊歸于衛。

以上書大夫歸國者四。惠王復周公忌父，鄭復公父定叔，宋復蕩意諸，此大夫之復而不書者，其事皆見於傳。古者大夫去國，有賜環之命。禮：「以道去君而未絶者，服齊衰三月。」未絶者，猶待其復也。大夫、公子出奔，而君命復之，事無可議者，故春秋皆不書。其書者，必挾外援以歸，若專國者也。衛元咺訟其君於伯主，復歸而立君，挾晉令也。衛侯如晉，晉侯彊見孫林父焉，又使郤犨送之以歸，此事實之尤著者。華元以蕩澤弱公室，殺公子肥，奔晉。魚石曰：「右師不反，懼桓氏之無祀於宋也。」自止華元于河上，畏其挾晉援也。唯公孟彄無傳，然輒方倚齊以拒父。公孟彄，蒯聵之黨也，亦假齊命以歸國。是四臣者之歸，皆與以君命復者异矣。元咺稱復歸，説在辭從主人篇。

襄二十三年，夏，陳侯之弟黄自楚歸于陳。

以上書公子歸國者一。昭元年，秦后子復歸于秦，此公子之歸而不書者，義與大夫同。陳慶虎、慶寅患公子黄之偪，譖諸楚，黄奔楚，愬二慶，慶氏以陳叛，屈建從陳侯圍陳，陳人殺慶虎、慶寅，楚納公子黄，春秋書殺二慶而黄自楚歸，則陳之國命，皆楚制之，明矣。蔡季雖以召歸，而事不可没，别見後篇。鄭突、曹赤、楚公子比以篡歸，不入例。諸書出奔，王卿士與國君异，王子與卿士异，内大夫與外大夫异，外大夫與公子异，由名位不同，勢分殊等，故筆削之法，或詳或略，各有其義，而不可一律齊。凡一經類例皆然，在學者精之而已。

定十三年，冬，晉趙鞅歸于晉。

以上外大夫書歸者一。傳言「韓、魏以趙氏爲請」，是以君命復之也，爲以叛出，故書其歸，不得與奔大夫同法。

三十三，諸侯逃，不書，必逃中國而後書。僖五年，夏，公及齊侯、宋公、陳侯、衛侯、鄭伯、許男、曹伯會王世子于首止。秋，八月，諸侯盟于首止。鄭伯逃歸，不盟。

襄七年，十二月，公會晉侯、宋公、陳侯、衛侯、曹伯、莒子、邾子于鄬。陳侯逃歸。以上書諸侯逃歸者二。陳氏曰：「文十年，厥貉之會，麇子逃歸，不書。宣六年，厲之役，鄭伯逃歸，不書，蓋逃楚也，必若鄭文公逃齊，陳哀公逃晋而後書，所以示內外之辯嚴矣。」案，傳言「厲之役，鄭伯逃歸，自是楚未得志焉。」不明言厲役是何年之事，杜氏疑即是六年傳所記「楚人伐鄭，取成而還」，然此年伐鄭不書於經，或者鄭伯竊與楚會，非有文告，魯史何由録其逃歸？惟厥貉之後，書楚子伐麇，楚人必聲其罪以告諸侯，陳氏斯義推此可見。傳言「陳侯、鄭伯會楚子于息」而經不書，況麇之微國乎？二事皆與中國大盟會不同，不但以逃楚也。

三十四，外大夫逃，不書，齊桓之初則書之。

莊十七年，秋，鄭詹自齊逃來。

以上外大夫書逃來者一。宣十七年，斷道之盟，齊高固及歛盂逃歸，未見諸侯，史不録。襄十六年，湨梁之盟，齊高厚已在會而逃，亦不書者，悼公末年，齊侯伐我北鄙，圍成，則貳於晋可知。平公新立，速葬改服而爲此會，高厚之逃，不足志也。惟齊桓同盟於幽，鄭伯在焉，而改歲即書執鄭詹，必鄭人於桓公伯令有未盡從者，既又不能正名其罪，而緩之使逸，豈非創伯之初，人情未協，有難以深罪者乎？故經書之，見以力服人者，有時而窮也，不然桓公、管仲爲政，而罪人得越境以逃乎？當其時，魯侯未至，而成人殲于遂，則筆削之意可識矣。陳氏謂「書逃來，譏與之接也。」恐未然。

三十五，王討簒立者，不書。雖殺卿士，不書。必殺無罪而後書。

襄三十年，夏，天王殺其弟佞夫。

以上書天王殺其弟者一。莊二十二年，春，殺王子頹；僖二十五年，夏，殺王子帶，皆不書。二王子之亂，傾王室，簒大位，動天下，其殺之也，必告諸侯，史無不書之理，而孔子削之者，以天子討亂臣而罪人斯得，其事無可議者，不書可也。桓十八年，周公欲弒莊王而立王子克，王殺周公黑肩。昭二十九年，殺召伯盈、尹氏固，雖殺大夫，亦不書者，天子無專殺之譏，與諸侯异也。唯靈王崩，儋括欲立王子佞夫，佞夫弗知，景王立而殺佞夫，失親親之義，故特書之。

三十六，諸侯討亂，殺公子，不書。雖殺世子、母弟，不書。必殺之非其罪而後書。

莊二十二年，春，陳人殺其公子御寇。

僖五年，春，晉侯殺其世子申生。

襄二十六年，秋，宋公殺其世子痤。

以上書人殺公子一，君殺世子二。據莊十二年，宋殺子游；文十四年，楚殺子燮、子儀；成十年，宋殺圍龜，皆討亂不書。僖十六年，鄭殺世子華；文十八年，宋公殺母弟須，亦不書，故陳氏謂「討亂，不書。雖殺世子、母弟，不書。」謂君父討子弟而當其罪，雖專殺無以議爲也。陳御寇，傳以爲陳大子也，然經稱公子，而書人以殺，與討亂殺大夫同。文公子完，御寇黨也，而出奔不書，則是以亂討而非其罪，必見絀於君，而國人得以非罪加之者也。書法既明，則傳雖不詳，而經旨得矣。晉侯以驪姬之譖而殺其世子，宋公以伊戾之故而殺其世子，所謂爲人君父而蒙首惡之名者，故皆稱君以殺，從史文也。若齊彭生，雖魯史亦恥書之，杜、陳説皆誤。

三十七，兩下相殺不書。雖殺太子，不書。必譏不在相殺而後書。譏不在相殺，雖無君，書；雖盜殺，書。

宣十五年，夏，王札子殺召伯、毛伯。

昭八年，春，陳侯之弟招殺陳世子偃師。十三年，夏，楚公子弃疾殺公子比。

以上書兩下相殺者三。穀梁傳曰：「兩下相殺，不志乎春秋。」既以證蔡人殺陳佗爲君命，至王札子、陳招乃據以釋經，蓋有所受也。傳文八年，先都、士縠殺先克。成十三年，鄭公子班殺子卬，國人皆討之。蓋兩下相殺之獄，有司法守之，所得治也，故衛孫林父、宋華亥之亂，皆殺公子四人，以至昭十二年，劉獻公殺甘悼公，毛德殺毛伯過之類，皆不書，春秋治不及相殺也。陳侯鮑卒，佗殺太子而自立；曹伯廬卒，負芻殺大子而自立，苟未嗣位，猶兩下相殺也，故雖殺大子不書。討篡奪者，以位爲重也。王孫蘇與召氏、毛氏爭政，使王子捷殺召戴公及毛伯衛，王室復亂。陳哀公屬其嬖子於司徒招、公子過，而招殺世子偃師，國幾亡，則譏不在相殺矣。故陳氏曰：「皆斥君之辭也。」楚公子弃疾使公子比蒙首惡之名，然後誅而殺之，以篡其位，則亦异乎相殺之獄矣。

文六年，冬，晋殺其大夫陽處父。

昭十四年，冬，莒殺其公子意恢。

以上無君相殺，以國書者二。時晋、莒君卒，大臣各專廢立而殺其大夫，公子實兩下相殺也，則何以書之與國討同文？凡兩下相殺所以書者，譏君也。時二國皆無君，大臣方專廢立，則兩下相殺何譏焉？以其廢立之罪不見於春秋，故書其殺大夫，以見君卒國亂如此，而二君之澤不足善其身後，亦可見矣。不書殺者名氏，既不嫌君討，且明治不在相殺也。

襄十年，冬，盗殺鄭公子騑、公子發、公孫輒。

昭二十年，秋，盗殺衛侯之兄縶。

哀十三年，冬，盗殺陳夏區夫。

以上書盗殺者三。鄭盗尉止等皆士也，衛盗失司寇之齐豹也，亦兩下相殺，而貴賤异矣，則何以書？鄭盜一日殺三卿，而刼鄭伯以如北宫；衛盜殺其君兄，而衛侯出居死鳥，遂滅齊氏及其君母，治不在盜也。范氏謂惡鄭伯、斥衛侯，陳氏謂譏失政，是矣。謂聽不止大夫，則非春秋之旨。陳盜無傳。

三十八，諸侯反國，殺大夫、公子以篡入者，不書，必治以君臣之禮而後書。

僖十年，夏，晋殺其大夫里克。三十年，秋，衛殺其大夫元咺及公子瑕。

襄二十七，年，夏，衛殺其大夫甯喜。

以上諸侯書殺其大夫者三。凡大夫不言大夫，必見殺而後言其大夫，君臣之辭也。據莊六年，衛侯入，放黔牟于周，殺左公子洩，右公子職。十六年，鄭伯自櫟入，治與於雍糾之亂者，殺公子閼，皆不書。二公子立黔牟，而出朔者八年，蓋嘗請命于天子矣。既而五國抗王師以納朔，朔雖出入稱君，與鄭突同耳，於二公子非有君臣之分，罪不止於專殺，而又不得以相殺書，書入于衛，則叛王篡國之罪爲重矣。鄭伯事説見前。其適孽之分既明，而出奔之後，鄭歷三君，則所殺直不附己者而已。經既削其反國之文，則殺公子亦不得書，罪莫重於奪適矣。晋里克弒君以納君，而君殺之；衛甯喜弒君以納君，而君殺之，二君者，既利其弑，又以忌克殺之，而非以賊討也，故皆以君臣之辭書之。元咺訟衛侯于晋，而歸立公子瑕，晋人爲之也。周官大司馬，「賊殺其親則正之」。叔武之死，晋人聽其獄矣，而不能正其罪，咺雖自絶於君，而衛侯未絶於國也。廢立之罪，將安逃乎？故書殺其大夫、公子，一以君臣之禮治之，譏在晋也。

三十九，簒弑者以奔爲義，雖卒討之，不書。

莊十二年，冬，十月，宋萬出奔陳。

昭二十六年，冬，十月，尹氏、召伯、毛伯以王子朝奔楚。（蒙上事月）

以上弑君賊書出奔陳者一，王卿士以王子簒立者奔楚一。宋卒請南宫萬于陳，醢之。定五年，春，王人殺子朝于楚。皆不書者，蔽罪於所奔之國也。陽虎奔晋，適趙氏。仲尼曰：「趙氏其世有亂乎。」亂臣賊子無所逃於天地之間者也。其誰可受之？慶父之亂，莒人受之，至於興兵以責賂，於是宋人亦以賂請萬于陳。受弑君之賊，而因以利之，忘其君臣之大戒矣。凡諸侯爲逋逃淵藪者，皆有所利焉，而莫甚於黨惡逆，故經於簒弑者出奔，雖卒殺之，不書，蔽罪於受之之國也。出奔不月，此皆月者，簒逆逋誅與見出者异也。春秋内外异辭，故慶父不入例。

四十，叛臣以出奔爲義，雖討以諸侯之師，不書。

昭二十二年，春，宋華亥、向寧、華定自宋南里出奔楚。

以上叛臣書出奔楚者一。二十一年傳，公子城以晉師至。曹翰胡會晉荀吴、齊苑何忌、衛公子朝救宋，大敗華氏，圍諸南里。華登如楚乞師。楚薳越帥師逆華氏。二十二年春，諸侯之戍請出之，以爲楚功，宋人從之。經以四國之師救宋，而懼楚不能一戰，乃出叛者以説之，其事不足書。惟以三子奔楚爲義，責楚受中國叛臣，爲天下逋逃主也。

四十一，外納，不書。宜納，雖伐，不書。苟不宜納，則書伐、書戰，甚則書伐、書入。必不克納而後書納。惟外裔間中國悉書之。

僖十八年，春，王正月，宋公、曹伯、衛人、邾人伐齊。五月，戊寅，宋師及齊師戰于甗，齊師敗績。

以上書伐、書及戰者一。奚齊、卓子既弑，而秦納夷吾。惠公既卒，而秦納文公。其事無可議者，故不復書。此外納不書之例也。然秦納文公，晉有懷公；宋納孝公，齊有無虧，二事頗相類，其不書納亦同。而秦師圍令狐，入桑泉，取臼衰，不書伐晉。宋公書伐齊、又書及齊戰者，齊桓六公子之禍方見於此時，其事與晉异。宋公以一言之故，奉少伐長，亦不得比秦納文公也。晉獻公大戎狐姬生重耳，小戎子生夷吾。重耳母貴，又爲兄，國人之所求，秦伯之所先，而重耳辭焉，懼蒙里克之惡，以其國家與人爲利也。夷吾不讓重耳，重賂内外以求入，非正故也。於是夷吾卒而秦納重耳，則圉何敢校焉？故雖伐晉，不書，以爲苟宜納，則伐無足議也。齊桓公長衛姬生武孟，少衛姬生惠公，鄭姬生孝公，葛嬴生昭公，密姬生懿公，宋華子生公子雍，則無虧最貴且長也。桓公嘗屬孝公於宋襄公，又許立武孟。既而五公子皆求立，桓公不能定。桓公卒，國人立無虧，孝公奔宋，於是宋公以諸侯伐齊，而齊人爲之殺無虧，則伐齊不可不書矣。無虧既死，而齊人又不勝四公子之徒者，既廢長立少，則四公子皆君也，故又書宋及齊戰，則不順者非一人矣。外伐不月，於是特書月以异之，然猶不書所納者，桓公嘗屬之，譏不在所納也。是故孝公出入皆不書，而無虧不得比齊舍歸惡於桓公也。胡侍講曰：「桓公嘗屬孝公於襄公，以爲大子矣，則何以不可立乎？曰不能制命，雖天王欲撫鄭伯以從楚，春秋猶以大義裁之而不與也。桓公乃欲以私愛亂長幼之節，其可哉？」其説正矣，而不本於書法。故陳氏考筆削之旨，以爲宜納不書，然陳氏知凡納有書、有不書，而不知所納有正、有不正，又不知春秋存策書之大體，則外納不可與内納一例求也。左氏與公子爭國者，皆推其母之貴賤及其君父好惡之私。晋人欲立長君，論九等之班甚詳，則諸侯立子之制，卿大夫非不能言之也。陳氏乃謂：「宋襄之誼，僅异於魯莊、趙盾。」蓋兩失之。以宋及齊説在變文篇。

莊五年，冬，公會齊人、宋人、陳人、蔡人伐衛。六年，夏，六月，衛侯朔入于衛。

成十八年，夏，楚子、鄭伯伐宋，宋魚石復入于彭城。

以上書伐、書入者一，書伐、書復入者一。五國伐衛，納惠公也。經書會伐而不書納者，朔譖殺急、壽而立，國人不君，出奔于齊者八年，五國抗王命，踰三時而卒納之，故書會伐以責諸侯之不臣，書朔入以見其簒，各當其罪也。楚子、鄭伯伐宋，楚子辛、鄭皇辰同伐彭城，納宋魚石、向爲人、鱗朱、向帶、魚府，經書伐宋而不書納者，楚既得鄭而伐宋，志在盡征諸侯，魚石以私憾出奔，而欲據邑叛君，以害其宗國，故楚子書伐宋，而魚石書復入，各書其重也。

文十四年，秋，晋人納捷菑于邾，弗克納。

昭十二年，春，齊高偃帥師納北燕伯于陽。

哀二年，夏，晋趙鞅帥師納衞世子蒯聵于戚。

以上書弗克納者一，納于邑者二。邾文公元妃齊姜生定公，二妃晋姬生捷菑，則玃且正也。趙盾納不正，故邾人得而辭之。齊景貪而無信，以燕君與燕人市，然後納諸燕邑。衞輒禰其祖，而自絶于父。晋卿方内叛，故趙鞅不能伐衞而納于衞邑。納于邑者，内弗受也，與弗克納同，故皆書之，譏在納者。而趙盾獨書人，晋失爲盟主之道也。

僖二十五年，秋，楚人圍陳，納頓子于頓。

宣十一年，冬，十月，楚人殺陳夏徵舒。丁亥，楚子入陳納公孫寧、儀行父于陳。

以上書楚納者二。楚圍陳，納頓子于頓，必頓子迫于陳而奔楚也。蓋其事與襄四年陳圍頓同，而不見于經傳。楚子入陳，納二卿，討夏徵舒，弑君也，皆中國無伯之事，故曰圍、曰入、曰納，悉書之。

四十二，内邑叛不書，鄆潰則書之。

昭二十九年，冬，十月，鄆潰。

以上書内邑潰一。據獲麟後書「成叛」，則内邑叛，史所必書，唯叛者微，故名氏不登于策，然昭十二年，南蒯以費叛，定十年，侯犯以郈叛，十三年，公山不狃、叔孫輒帥費人以襲魯，論語亦言「公山弗擾以費叛」，經皆不書者，三家分魯而有之，家臣因得據其邑，以張公室爲名，乃叛其大夫，而非叛君也。昭公見出於季氏，齊侯取鄆以居公四年于此矣。公如晉，次于乾侯而鄆潰者，季氏誘鄆人，脅使逃散，則公不得復居魯地，乃大夫據國叛君之事，故特書之。

春秋屬辭卷九

假筆削以行權第二之二

四十三，外特相盟會，不書。雖參以上，不書。必有關於天下之故而後書。

隱二年，冬，紀子帛、莒子盟于密。三年，十二月，齊侯、鄭伯盟于石門。定七年，秋，齊侯、鄭伯盟于鹹。齊侯、衛侯盟于沙。八年，冬，衛侯、鄭伯盟于曲濮。

隱八年，秋，七月，庚午，宋公、齊侯、衛侯盟于瓦屋。

桓十一年，春，正月，齊人、衛人、鄭人盟于惡曹。

僖十九年，夏，六月，宋公、曹人、邾人盟于曹南。

以上諸侯書特相盟者五，參盟三。密與石門，天下無王，諸侯私相結也。自鹹而後，晋伯既失，諸侯復散也，故陳氏曰：「特相盟不書，必有關於天下之故而後書。紀、莒無足道也，齊、鄭合，天下始多故矣。」是故書齊、鄭盟于石門，以志諸侯之合；書齊、鄭盟于鹹，以志諸侯之散，是春秋之始終也。今案春秋之初，王綱既墜，有特相盟而後有參盟，諸侯合而爲亂也；有參盟而後有主盟，則伯者興矣。自有主盟而後，無外特相盟。故外特相盟，雖伯主不書，如僖二十八年，晋侯、齊侯盟于斂盂，宣十八年，齊侯會晋侯盟于繒之類是也。舍伯主，亦無敢特相盟者，苟無盟主，則參盟復作，又不但特相盟而已。惟曹南之盟，齊桓既卒，而宋襄圖伯以取敗，中國之勢爲之一變，舍是，諸侯無參盟矣。惟晋弗主盟而後有參盟，故昭十六年，齊侯伐徐，徐子及郯人、莒人會齊侯，盟于蒲隧，十九年，宋公伐邾，邾人、郳人、徐人會宋公，同盟于蟲。陳氏曰：「參盟，再見也，於鄟陵始書之。」今案經書齊、宋二君伐徐、伐邾，則諸侯之散已可見矣。蒲隧與蟲雖專盟一二小國，猶夫叛盟主也，故不書。至鹹與沙，則齊、衛、鄭皆叛晋矣，此特相盟所以復見於經，雖參以上不得有二義。鄟陵乃公會之，與有筆有削者不同。凡外參盟，日。有微者，不日。君稱人同微者，不日。離盟，不日。苟諸侯復散，則皆不月。

桓二年，秋，七月，蔡侯、鄭伯會于鄧。（月間上事）

定十年，冬，齊侯、衛侯、鄭游速會于安甫。十四年，秋，齊侯、宋公會于洮。

以上諸侯書特相會者二，參會一。外特相會，雖王卿士不書，如昭五年，單子會韓宣子于戚是也。會于鄧，中國始懼楚。會于安甫、于洮，皆叛晋以後之事。凡外離會不月，雖參以上不月，唯會鄧以始懼楚月。凡伯國盟會，皆天下之故，此不序。互見下篇。

四十四，外胥命相遇書，與特相盟會同。

桓三年，夏，齊侯、衛侯胥命于蒲。

以上書諸侯胥命一。傳曰：「不盟也」。公羊傳曰：「結言而退。」蓋歃血相誓爲盟，相結以言爲胥命。此志齊、衛之合也。春秋之初，齊、鄭一黨也，宋、衛一黨也，齊、衛之合於是始，故特書之，義與石門之盟同。若莊二十一年，鄭、虢胥命于弭則不書。或有謂齊、衛相命以伯者，雖陳氏亦引齊僖小伯及黎之臣子責衛以方伯連率之事，證成其説，則失其實矣。蓋所謂伯者，爲諸侯盟主也。當時諸國齊爲大，衛後於陳、蔡，無能爲也。齊自胥命後，不能一日主諸侯之政，而况於衛乎？

隱八年，春，宋公衛侯遇于垂。

莊四年，夏，齊侯、陳侯、鄭伯遇于垂。三十二年，夏，宋公、齊侯遇于梁丘。

以上書諸侯相遇三。蓋以禮相見爲會，不行會禮爲遇。特相遇，唯莊以前見之。齊僖欲平三國，宋公有疑，故請與衛侯先相見，是故有明年鄭、宋連兵報復之禍。齊襄欲滅紀，故與陳、鄭遇垂，紀侯是以去其國。齊爲楚伐鄭，故請會諸侯。宋公請先見于齊侯，是以緩於伐楚。皆有關於天下之故。

四十五，平不書，有關於天下之故則書。

隱六年，春，鄭人來渝平。

定十年，春，王三月，及齊平。十一年，冬，及鄭平。

以上書内平三。傳曰：「及鄭平，始叛晉也。」陳氏曰：「凡平不書，必有關於天下之故而後書。」書鄭渝平，以志諸侯之合。書及鄭平，以志諸侯之散。據文十六年，及齊平；襄二十年，及莒平；哀八年，及齊平，皆不書。穀梁云「外平不道」，非獨外也，凡平皆月，唯魯、鄭二平有關魯與諸侯合散，故不月以别之。及齊平月者，猶未叛晉也。

宣十五年，夏，五月，宋人及楚人平。

昭六年，冬，齊侯伐北燕。七年，春，王正月，暨齊平。

以上書外平二。陳氏曰：「凡平不書，必有關於天下之故而後書。」有與楚平者矣，於陳不書，於鄭不書，至宋始書之。宋嘗及楚平矣，至莊王始書之。必宋從楚，必莊王得宋，天下將有南北之勢，春秋特致意焉。靈公以來，齊首敗伯主之約納北燕伯，猶庶幾天下之大義，而卒與之平，是黨亂臣賊子也，是故昭、定而下，春秋多罪齊。外平不書，據隱七年，宋及鄭平，陳及鄭平，宣七年，鄭及宋平之類。陳及楚平在文九年。宣五年，鄭及楚平，見文九年、宣十二年、襄八年。

四十六，王臣會盟，有所諱，則不書。

僖八年，春，王正月，公會王人、齊侯、宋公、衛侯、許男、曹伯、陳世子款，盟于洮。二十八年，五月，癸丑，公會晉侯、齊侯、宋公、蔡侯、鄭伯、衛子、莒子，盟于踐土。（傳：「王子虎盟諸侯于王庭，要言曰：『皆獎王室』。」）

成十七年，夏，公會尹子、單子、晉侯、齊侯、宋公、衛侯、曹伯、邾人伐鄭。六月，乙酉，同盟于柯陵。

襄三年，六月，公會單子、晉侯、宋公、衛侯、鄭伯、莒子、邾子、齊世子光。己未，同盟于雞澤。

昭十三年，秋，公會劉子、晉侯、齊侯、宋公、衛侯、鄭伯、曹伯、莒子、邾子、滕子、薛伯、杞伯、小邾子于平丘。八月，甲戌，同盟于平丘。

哀十三年，夏，公會晉侯及吴子于黄池。（傳公會單平公、晉定公、吴夫差于黄池。）

以上王臣書會諸侯盟者一，與盟不書一，同盟者三，與會不書一。周禮：天子巡守，則有方嶽之盟；不巡守，則有殷同之盟。皆謂諸侯既朝見受政事，乃退而自相與盟，王官之伯臨之而已，伯猶不盟，而况卿士乎？夫盟以結信，非所以施於尊者，是以葵丘之盟，齊桓盛時也，宰周公不與；皐鼬之盟，晉弗伯久矣，劉子不與。其次則黑壤之盟，王叔桓公臨之，以謀不睦，猶爲近之。經書王人與諸侯盟自洮始。天子將崩，世子近懼子帶之難，遠懲子穨之禍，王臣出盟諸侯，事非得已，不必諱也。晉文公一戰而伯，作王宫，致天子，天子命爲侯伯，猶不能自信於諸侯，而親屈王臣於盟。襄王下勞晉侯，策命專征，猶不能委任方伯，而復使大臣盟諸侯于王所，是以天子與斯盟也，故經没王子虎不書，使若諸侯自相與盟者，爲王與晉侯諱之也。所謂不以天子與是盟者，義蓋在此。傳言王子虎實盟諸侯，故於翟泉釋曰「尋踐土之盟」也。使踐土之盟王子不與，則翟泉尋盟，王子何與焉？杜氏謂踐土王子不歃，陳氏誤從之，非傳意也。柯陵，晉久不競，而厲公有鄢陵之績。雞澤，悼公初興而未集平丘，晉不復伯，其請王臣出會，猶曰假公義以建盟主而立中國，庶幾天下知有王室而已，雖皆與盟，不足諱矣。至於黄池，魯君會晉侯及吴夫差，而單平公與焉，則未知何以爲禮，何以爲辭乎？故經没單子不書，爲周室諱也。蓋春秋於是終焉。

四十七，王臣會伐，非有關於天下之故，不書。

莊十四年，春，齊人、陳人、曹人伐宋。夏，單伯會伐宋。

文三年，冬，晉陽處父帥師伐楚以救江。（傳：「晉以江故告于周，王叔桓公、陽處父伐楚以救江。」）

成十三年，夏，五月，公自京師，遂會晉侯、齊侯、宋公、衛侯、鄭伯、曹伯、邾人、滕人伐秦。（傳：「公及諸侯朝王，遂從劉康公、成肅公會晉侯伐秦。」）十六年，秋，公會尹子、晉侯、齊國佐、邾人伐鄭。十七年，夏，公會尹子、單子、晉侯、齊侯、宋公、衛侯、曹伯、邾人伐鄭。冬，公會單子、晉侯、宋公、衛侯、曹伯、齊人、邾人伐鄭。

定四年，三月，公會劉子、晉侯、宋公、蔡侯、衛侯、陳子、鄭伯、許男、曹伯、莒子、邾子、頓子、胡子、滕子、薛伯、杞伯、小邾子、齊國夏于召陵，侵楚。八年，秋，晉士鞅帥師侵鄭，遂侵衛。（傳：晉士鞅會成桓公，圍蟲，報伊闕也。）

以上王臣書會伐者四，會侵一。齊桓之與欲假王命以示大順，故請師于周，而單伯會伐宋，桓公因以成其伯業。晉伯中衰，厲公敗楚子、鄭師于鄢陵，鄭猶不服，三請王臣會伐鄭，而鄭從楚益堅。中國無伯，劉文公合十八國諸侯于召陵以謀伐楚，無功而諸侯復散，三者皆天下之大故，王伯升降之會也，故悉書王臣，無所諱焉。晉襄末年，大夫始專，經書「陽處父帥師伐楚以救江」爲大夫將書大夫之始，而楚卒滅江，故王叔桓公與伐而經不書者，不以救江累王室也。秦、晉交兵四世矣，然爲中國患者，楚也。至厲公初年，乃與楚成而脩秦怨。十三國之伐，雖敗秦師而經不書敗績，故劉子、成子實與伐而亦不書者，不以伐秦累王室也。諸侯既叛晉，王室愈卑，鄭人因子朝之徒以叛王伐周，天王處于姑蕕，劉單復辟，而成桓公、晉士鞅侵鄭，如列國報復之爲者，經不忍書也。王叔、劉、成實以師會，不書，杜、陳皆謂不親伐，非經傳之意。

四十八，大夫會、城，干位尋盟不書。

昭三十二年，冬，仲孫何忌會晉韓不信、齊高張、宋仲幾、衛世叔申、鄭國參、曹人、莒人、薛人、杞人、小邾人城成周。

以上大夫會、城，不書盟一。據傳「晉魏舒、韓不信如京師，合諸侯之大夫于狄泉，尋盟且令城成周。魏子南面。」魏舒以國卿干盟主之位，尋諸侯平丘之盟於王都。禮樂征伐自大夫出，其弊至此，故翟泉之盟與魏舒皆削不書。

四十九，大夫會而不能分災，譏不在魯，不書魯大夫。

襄三十年，冬，晉人、齊人、宋人、衛人、鄭人、曹人、莒人、邾人、滕人、薛人、杞人、小邾人會于澶淵，宋災故。

以上會不書魯大夫者一。傳曰：「爲宋災故，諸侯之大夫會，以謀歸宋財。既而無歸於宋，故不書其人。」不書魯大夫，諱之也。今案侯伯有救患分災之義，此責在晋也。魯於宋爲舅甥之國，譏不在魯，故不書其大夫。

五十，中國、外裔特相盟會不書，雖參以上不書，必有關於天下之故而後書。疑於盟主，雖公會之盟不書。城下之盟，雖内不書。

僖二十一年，春，宋人、齊人、楚人盟于鹿上。

宣十一年，夏，楚子、陳侯、鄭伯盟于辰陵。

僖二十年，秋，齊人、狄人盟于邢。三十二年，秋，衛人及狄盟。

僖二十一年，秋，宋公、楚子、陳侯、蔡侯、鄭伯、許男、曹伯會于盂。

昭四年，夏，楚子、蔡侯、陳侯、鄭伯、許男、徐子、滕子、頓子、胡子、沈子、小邾子、宋世子佐、淮夷會于申。

宣十一年，秋，晋侯會狄于欑函。

哀七年，夏，公會吴于鄫。十三年，夏，公會晋侯及吴子于黄池。

以上書楚與中國盟二，中國與狄盟二，楚會諸侯二，盟主會狄一，公會吴不書盟二，皆中國無伯與晉伯不競之事。齊桓公卒，宋人爲鹿上之盟，以求諸侯於楚，是以有會盂之禍。陳、鄭既盟辰陵，又不忍叛晉，楚入陳圍鄭，宋及楚平，馴至於有申之會。齊桓公逐狄以存邢，而齊人與狄盟于邢。晉文公將卒，而衛人及狄盟。晉景公會狄于攢函，則楚盟辰陵之歲也。皆非細故矣。據成十二年，晉士燮會楚公子罷盟于宋西門外，十六年，鄭子駟從楚子盟于武城，襄四年，晉魏絳盟諸戎之類，皆不書。文十年，陳侯、鄭伯會楚子于息，雖參會不書。非中國、外裔所以興衰，則不録也。若襄五年，公會晉悼公十一國、吴人于戚，傳言「九月丙午，盟，」不書。哀七年，公會吴于鄫，傳言盟于繒衍。十三年，公會晉侯及吴子于黄池。傳言「七月辛丑，盟」，皆不書者，陳氏曰：「爲晉諱也。吴、晉之盟，春秋終諱之。」不以吴、晉同主盟也。蠻荒僭號，雖以諸侯禮會晉，而徵百牢於魯，又將以公見晉侯，長此安窮，非他外裔比矣。萊門之盟，雖内不書者，城下之盟，有國所耻，故爲内諱之也。

五十一，諸侯勤王不書，必無功而後書。

昭二十三年，春，晉人圍郊。

以上書諸侯圍畿内叛邑者一。子頽之亂，虢、鄭成復辟之功。子帶之亂，晉文成復辟之功。雖其績甚偉，然皆臣子之分所當爲，事無可議者，故皆不書。子朝之亂，晉籍談、荀躒以十月帥師納王于王城，而王師敗績于郊。十一月，王子猛卒，敬王即位。十二月，晉師軍于陰、于侯氏、于谿泉，次于社。閏月，晉箕遺、樂徵、右行詭濟師，取前城，軍其東南，王師軍于京楚。辛丑，伐京，毁其西南。春正月，壬寅，二師圍郊，郊、鄩潰，王使告閒，遂還，亂未弭而王告閒，必二卿不親兵，師不肅也。明年三月，晉侯使士景伯涖問周故於介衆，乃辭子朝，不納其使，則前是豈無觀望之罪乎？既而徵會于諸侯，則曰明年。明年會于黄父，謀納王，則又曰明年。其怠於勤王如此，故經書「晉人圍郊」於此，而下書「天王居于狄泉」。尹氏立王子朝以著其罪，晉卿書人，説在變文篇。

五十二，外次不書，必有關於天下之故而後書。

莊十年，夏，六月，齊師、宋師次于郎。

定九年，秋，齊侯、衛侯次于五氏。十三年，春，齊侯、衛侯次于垂葭。十五年，夏，齊侯、衛侯次于渠蒢。

以上書齊、宋師次者一，齊、衛君次者三。春秋之初，諸侯不王，日尋干戈，荆楚志吞中夏，天下有倒懸之急，齊桓既得國即圖伯，故經没其伐我，而郎之次特書之。晋世主夏盟，諸侯宗之，王室賴焉，及其衰也，齊景公不度德量力，欲伐之而代興，故經不忍言伐晋，而五氏、垂葭、渠蒢之次屢書之，是皆有關於天下之故矣。若晋悼公既却楚師，討宋叛者，以伐鄭之師侵楚及陳，而晋侯、衛侯次于戚，非伯業之所以興衰，則經不書也。

文十年，冬，楚子、蔡侯次于厥貉。

以上書楚次者一。晋靈少，楚人欲圖北方，於是陳侯、鄭伯會楚子于息，遂及蔡侯次于厥貉，將伐宋。宋公道以田孟諸。既而新城之盟，諸侯皆在，則宋、陳、鄭之君豈誠服乎楚者？故諸侯會楚不足書，而厥貉書次，爲君將稱君之始，此春秋天下盛衰之機也。

陳氏以内次合而論之，既非經意，又以次郎、次厥貉均爲圖伯而未集，則重失之。

五十三，凡戍不書，必有關於天下之故而後書。

僖二十八年，春，公子買戍衛，不卒戍，刺之。

襄五年，冬，戍陳。

十年，冬，戍鄭虎牢。

以上書戍而不卒戍者一，書戍二。晉文之興，魯猶爲楚戍衛。諸侯皆從楚矣，一侵曹伐衛，而魯急殺其戍公子以説焉，見晉文得諸侯之易。悼公戍陳，而卒失陳，戍虎牢而僅得鄭，見晉悼復伯之難，皆天下大勢所關，故書之。據桓六年，諸侯戍齊，閔公二年，齊公子無虧戍衛，僖十三年、十六年，諸侯戍周，皆備戎、狄之難，不書，雖晉在不書，唯宣十年，諸侯戍鄭，備楚，事淺不足書也。

五十四，内乞師不書，乞諸外裔則書。

僖二十六年，夏，公子遂如楚乞師。

以上書内如楚乞師者一。齊桓公攘强楚以安中國，天下被其賜，魯君盖無役不從也。桓公卒，僖公有齊怨，遽乞師于楚以伐齊，此天下之大變，故特書之。若乞諸中國，則無可議者，故成二年，臧宣叔如晉乞師不書。

五十五，外乞師不書，必伯主而後書。

成十三年，春，晉侯使郤錡來乞師。

十六年，夏，晋侯使欒黡來乞師。十七年，秋，晋侯使荀罃來乞師。十八年，冬，晋侯使士魴來乞師。

以上書伯主來乞師者四。凡徵師諸侯以伐叛討貳，乃伯者之義所得爲，晋至厲公，諸侯每貳於楚，於是將伐秦、伐楚，恐伯令不足以風動列國，故五年之中三遣其貴卿，乞師於諸侯。悼公初立，亦襲其禮，盖晋之伯業日卑矣。若列國相乞師，則無足議者，故隱四年，宋公使來乞師不書。

五十六，公及小國戰，不言我師敗績。納所宜納，與大國戰，言我師敗績。

僖二十二年，秋，八月，丁未，及邾人戰于升陘。

以上公及小國戰，不言我師敗績者一，爲公諱之。説并在變文篇。

莊九年，夏，公伐齊，納子糾。八月，庚申，及齊師戰于乾時。我師敗績。

以上公及大國戰，言我師敗績者一。上書伐齊納子糾，則義已直矣。雖戰而敗績，非所諱也。

五十七，外言戰、言敗績，義不繫於伐者但書及。戰必義繫於伐而後兼言之，苟略之，言伐不言戰敗績。

桓十三年，春，二月，公會紀侯、鄭伯。己巳，及齊侯、宋公、衛侯、燕人戰，齊師、宋師、衛師、燕師敗績。

成二年，夏，四月，丙戌，衛孫良夫帥師及齊師戰于新築，衛師敗績。六月，癸酉，季孫行父、臧孫許、叔孫僑如、公孫嬰齊帥師會晉郤克、衛孫良夫、曹公子首及齊侯戰于鞌，齊師敗績。

哀二年，秋，八月，甲戌，晉趙鞅帥師及鄭罕達帥師戰于鐵，鄭師敗績。十一年，五月，甲戌，齊國書帥師及吴戰于艾陵，齊師敗績，獲齊國書。

以上書戰敗績者五，皆從其恒辭。前四事，本非侵伐，伐齊以公會書。

僖十五年，十一月，壬戌，晉侯及秦伯戰于韓，獲晉侯。二十二年，冬，十一月，己巳朔，宋公及楚人戰于泓，宋師敗績。

文二年，春，王二月，甲子，晉侯及秦師戰于彭衙，秦師敗績。

成十六年，夏，六月，甲午晦，晉侯及楚子、鄭伯戰于鄢陵，楚子、鄭師敗績。

以上書及戰，不書來伐者四。凡伐國，不必於，戰唯主人不服然後戰，故言戰則以主及客。上書來伐，下舉應兵，主客之辭也。韓之戰，本秦伯伐晉。泓之戰，本楚人伐宋以救鄭。彭衙之戰，本秦人伐晉以報殽之役。鄢陵之戰，本楚子救鄭。皆不書來伐者，以無他義不悉書，書及戰則主客之分已明，其悉書者，必有故也。

莊二十八年，春，王三月，甲寅，齊人伐衛，衛人及齊人戰，衛人敗績。

僖十八年，春，王正月，宋公、曹伯、衛人、邾人伐齊。五月，戊寅，宋師及齊師戰于甗，齊師敗績。二十八年，春，楚人救衛。夏，四月，己巳，晉侯、齊師、宋師、秦師及楚人戰于城濮，楚師敗績。

宣十二年，春，楚子圍鄭。夏，六月，乙卯，晉荀林父帥師及楚子戰于邲，晉師敗績。

以上書伐而及戰者二，救而及戰一，圍而及戰一。衛人叛王立子頹，罪當誅絶。齊桓奉王命以伐之，此侯伯之職也，故書伐衛而特書日。宋襄以三國伐齊，殺長立少，卒成五公子篡奪之禍，故書伐齊而特書月，義繫於伐，其旨明矣。城濮之戰，楚子以救衛致敗，而晉文以興，故書救衛見東諸侯皆已從楚。邲之戰，荀林父以救鄭取敗，而晉遂失鄭，故書圍鄭以正楚罪。此四戰所以書伐、書救、書圍、書敗績而不可略也。

成十三年，夏，五月，公自京師，遂會晉侯、齊侯、宋公、衛侯、鄭伯、曹伯、邾人、滕人伐秦。（傳：「及秦師戰于麻隧，秦師敗績。」）

襄十一年，冬，秦人伐晉。（傳：「秦庶長鮑、庶長武帥師伐晉以救鄭，士魴御之，秦、晉戰于櫟，晉師敗績。」）

以上書伐不言戰敗績者二。晉趙穿侵崇，欲以求成於秦，秦兵復出，秦桓公既與晉厲公爲令狐之盟，歸而背之，於是有十三國之伐，戰于麻隧，秦師敗績而經不書。秦景公乞師于楚，欲以伐晉，晉復伐秦，於是二庶長伐晉以救鄭。士魴，卿也，戰于櫟，晉師敗績，而經亦不書。夫晉人求成於楚而用兵於秦，可謂不知類矣。雖一戰勝秦而不足以取威定伯，徒堅秦、楚之交而已。秦人委志於楚，而世脩晉怨，雖戰勝而歸無益於國，徒自擯於蠻荒而已，故其戰、敗皆不書，不足詳也。是故自韓原以來，秦師無君、大夫；令狐而後，晉大夫將皆不書，後傳於此深得經意。孟子曰：「春秋無義戰」，聖筆或詳或略者，所以明義也。

五十八，王師敗績于中國不書，敗于戎則書之。

成元年，秋，王師敗績于茅戎。（傳：「劉康公徼戎，將遂伐之。三月，癸未，敗績于徐吾氏。」）

以上書王師敗績于戎者一。王者無敵於天下，故不言師敗績。若桓五年，蔡人、衛人、陳人從王伐鄭，戰于繻葛，王卒大敗，祝聃射王，中肩；僖二十四年，頹叔、桃子奉大叔以狄師伐周，大敗周師，獲周公忌父、原伯、毛伯、富辰；昭二十二年，鞏簡公敗績于京，司徒醜以王師敗績于前城之類，皆不書，爲王室諱也。雖有狄師，亦不志者，母弟之難，起於蕭牆，唯書天王出居以見義，而公卿之獲皆不忍言也。既非王者聲教所及，故直書王師敗績于茅戎，不必諱可也。

五十九，外相敗不書，唯晋特書之。

僖三十三年，夏，四月，辛巳，晋人及姜戎敗秦師于殽。

以上書外相敗者一。陳氏曰：「外相敗不書。」秦、晋之構怨自是始。經三君交戰無虚展陂；十六年，鄭伐宋，宋敗之汋陂之類。其諸侯伐鄭，鄭敗諸丘輿等義主書伐，不入例。

歲，曾不十年，晉遂不競而楚興，故特書之。凡外相敗不書，據成四年，鄭疆許田，許敗之

六十，中國敗外裔不書，唯晉特書之。

僖三十三年，秋，晉人敗狄于箕。

成十二年，秋，晉人敗狄于交剛。

昭元年，夏，晉荀吳帥師敗狄于大鹵。

以上書中國敗狄者三。陳氏曰：「中國敗外裔不書，唯書晉者，皆病晉也。晉率天下

諸侯以禦外侮，存中國也。前年狄侵齊，去年狄侵衛，而晉不救，於是伐晉，蓋僅而後勝

之也。」凡中國敗外裔不書，據隱八年，鄭人大敗戎師；桓六年，鄭大子忽救齊，大敗戎

師之類。戎侵中國而敗之，無可議者。文九年，楚公子朱伐陳，陳人敗之。宣九年，鄭伯

敗楚師于柳棼，無益於從晉之實也。

六十一，外裔敗中國不書，唯荆特書之。

莊十年，秋，九月，荆敗蔡師于莘，以蔡侯獻舞歸。

以上書荆敗中國者一。荆始南出，至於敗蔡師，以其君歸，春秋之大變也。若定三年，鮮虞敗晋于平中，晋失諸侯，而甘心於羣狄，於是見敗不足書矣。

六十二，外裔交相敗、獲不書，必敗其從中國者，若中國之從外裔者而後書，必其君以敗卒而後書。

僖十五年，冬，楚人敗徐于婁林。

昭二十三年，秋，七月，吴敗頓、胡、沈、蔡、陳、許之師于雞父，胡子髡、沈子逞滅，獲陳夏齧。（爲胡子、沈子滅日。）

以上書楚敗徐者一。吴敗諸侯之從楚者，君滅、獲大夫一。外裔交相敗、獲不書，如襄十三年，楚人敗吴師，獲公子黨；十四年，楚伐吴，吴人敗之，獲公子宜穀之類，以其無與於中國之故也。徐本建國而列之外裔者，其先僭叛同荆吴故。齊桓之伯，徐即諸夏，楚人伐之，雖見敗而不稱師也。陳氏曰：「桓公合七國之衆以救徐，而徐卒敗於楚，以是爲盟主病矣。」蓋桓伯有盛衰，中國之勢又將一變也，故書之。諸侯之師與小國之從楚者，經每不書，雞父之戰，從楚諸侯師敗、君滅、大夫獲焉，於是吴入郢，沈、許、頓、胡相繼亡滅，楚盡失其所從之諸侯，而春秋終焉，是故詳之也。

定十四年，五月，於越敗吴于檇李，吴子光卒。

以上書於越敗吴，吴君卒者一。外裔相敗經不書，此爲吴子光卒書，見其以敗卒也。吴、越深謀相報復，而越卒亡吴，蓋於是始春秋嚴于内外，故特詳焉。或不日，或不月，解在日月篇。諸篇離析經文，因義發例，有不可隨事通釋者放此。

六十三，公追戎，不言其來與弗及。

莊十八年，夏，公追戎于濟西。

以上書公追戎者一。案，僖二十八年，齊人侵我西鄙，公追齊師至巂，弗及。書侵我、書追、書弗及，與此詳略不同者，齊孝公討洮、向二盟，既侵我西鄙，復伐我北鄙，是以有用楚師伐齊取穀之役，爲中國之大變，故詳言之。患小師微，則其辭略，言追則見侵可知，其弗及不足詳矣。

六十四，外伐國、取邑不書。雖取諸我，不書。春秋之初，則書之。

隱四年，春，莒人伐杞，取牟婁。（爲下事月）五年，冬，宋人伐鄭，圍長葛。六年，冬，宋人取長葛。

以上書外取邑者二。公羊傳曰：「外取邑不書，此何以書？疾取邑也。」其例是，其說非。穀梁傳曰：「外取邑不志，此其志，何也？久之也。」爲圍長葛言之可也。陳氏曰：「春秋之初，猶以取邑爲重也。」得之矣。據桓十四年，宋伐鄭，取牛首；僖二十三年，楚伐陳，取焦夷；文八年，秦伐晋，取武城；十年春，晋伐秦，取少梁；夏，秦伐晋，取北徵之類，皆不書。雖成二年，齊侯伐我北鄙，取龍，不書。春秋重滅國，自書齊、鄭入許而後取邑不復書。傳曰：「疆埸之邑，一彼一此，何常之有？」書之則不勝書，故書其重者而已。

六十五，外取師，不書侵伐，必伐與取异事而後悉書之。

哀九年，春，宋皇瑗帥師取鄭師于雍丘。十三年，春，鄭罕達帥師取宋師于嵒。

以上書取師者二。鄭人圍宋雍丘，故皇瑗圍鄭師而取之。宋向巢伐鄭，圍嵒，故罕達圍宋師而取之。經不書伐國、圍邑，但書取某師，則貪土地以喪師者自見其罪矣。

隱十年，秋，宋人、衛人入鄭，宋人、蔡人、衛人伐戴，鄭伯伐取之。

以上書入、書伐、書取之者一。宋、衛入鄭是一事，蔡人從之伐戴是一事，鄭伯圍戴取三師又是一事，故悉書之。昭二十三年，武城人取邾師，非君命，無將帥，史不書。

六十六，外入郛不書，唯齊特書之。

文十五年，冬，齊侯侵我西鄙，遂伐曹，入其郛。

以上書伐國入郛者一。陳氏曰：「入郛皆不書，唯齊特書之。」晉襄公卒，齊獨爲亂階，執天子之使，加兵於魯，於是伐曹，晉遂不競，而諸侯貳，故悉書之也。入郛不書，據隱五年，鄭伐宋，入其郛；襄元年，夏，韓厥、荀偃伐鄭，入其郛之類。

六十七，外伐國，不書圍邑，有關於天下之故，則書之。

隱五年，冬，宋人伐鄭，圍長葛。

僖六年，夏，公會齊侯、宋公、陳侯、衛侯、曹伯伐鄭，圍新城。二十三年，春，齊侯伐宋，圍緡。二十六年，冬，楚人伐宋，圍緡。襄十二年，春，莒人伐我東鄙，圍台。（爲下救月）十五年，夏，齊侯伐我北鄙，圍成。十六年，秋，齊侯伐我北鄙，圍郕。十七年，秋，齊侯伐我北鄙，圍桃。高厚帥師伐我北鄙，圍防。

以上伐國書圍邑者四，伐我書圍邑者五。穀梁傳曰：「伐國不言圍邑，此其言圍何？久之也。」此爲長葛發傳，又曰：「伐國不言圍邑，舉重也。」取邑不書，圍邑安足書？此通春秋言之。陳氏據傳僖十八年，邢、狄圍衛菟圃不書，至二十六年，楚人伐宋圍緡之後皆不書，而言自僖以前則書之，其義皆未竟。今案宋圍長葛，期歲，卒取之，穀梁子謂久之是也。入春秋，宋、鄭始連兵構怨，而宋爲戎首，故特詳之。書圍新城，譏齊桓合五國伐鄭而僅圍其邑也。書齊圍緡於宋襄傷敗之後，書楚圍緡於楚人、陳、蔡、鄭、許圍宋之先，見中國無伯，齊徒以彊凌弱，楚不盡得諸侯不止也。莒伐我書圍邑者，晋悼力衰於伐鄭，蕭魚甫會，莒已背盟也。齊伐我四書圍邑者，中國又無伯，齊將叛盟主也。

六十八，諸侯滅畿内國不書，爲夷狄所滅則書。

僖十年，春，狄滅温。

以上書狄滅畿内國者一。傳：僖五年，「晋滅虢，遂襲虞，滅之。」經皆不書。杜氏謂晋脩虞祀而歸其職貢於王，故不言滅，黨亂之辭也。陳氏謂虢與虞皆自亡，故不詳所以滅之之罪，詭激非王道，皆不可通於春秋。蓋畿内諸侯，食天子之邑，與列國不同，故晋滅虞、虢不書，諱諸侯滅三公封國，同叛王室也。若桓七年鄭人、齊人、衛人伐盟向。定六年，鄭伐馮、滑、胥靡、負黍、狐人、闕外，雖魯史不忍書也。夷狄，王者不畜，故滅温不諱者，所以深外之。若僖十一年，揚、拒、泉、皐、伊、雒之戎入王城，雖魯史亦不忍書也。（此一條本第一篇變例，以畿内國异庶邦，故特詳焉。）

六十九，諸侯被兵出奔者不書，必國滅而後書。

莊十年，冬，十月，齊師滅譚，譚子奔莒。

僖五年，秋，楚人滅弦，弦子奔黄。十年春，狄滅温，温子奔衛。

昭三十年，冬，十二月，吴滅徐，徐子章羽奔楚。

以上書國滅君奔者四。陳氏曰：「凡奔，非其罪不書。奔非其罪，莫甚於被兵者也。」必國滅而後書，國滅而後書奔者，以不死社稷也。據齊、魯、鄭入許，許男奔衛；吴入郢，楚子奔隨不書。若須句子來奔，經不書滅，不爲例。徐子書名説見後篇。奔不言出，國滅無所出，從史文。

七十，遷國不書，避難而遷則書。

僖元年，夏，六月，邢遷于夷儀。三十一年，十二月，衛遷于帝丘。

成十五年，冬，許遷于葉。

昭九年，春，許遷于夷。十八年，冬，許遷于白羽。

定四年，夏，許遷于容城。

哀二年，十一月，蔡遷于州來。

以上書遷國者七，皆迫於危亡、臨難而遷者也。據文十三年，邾遷于繹；成六年，晉遷于新田，皆不書，以其擇地以利民，無與存亡之故也。邢、衛之遷，違狄難也。許四遷，畏鄭偪也。蔡遷，避楚仇也。許畏鄭而請遷于楚，以其世服於蠻夷，故皆不月，以別於中國遷者。蔡亦請遷于吴，然蔡侯既以吴子敗楚入郢，復其世仇，於是楚圍蔡，使疆于漢汝之間，則其依吴以立國非得已也，故得同中國遷者書月。

七十一，諸侯連兵，伯主有事，舉重，不悉書。

隱四年，夏，宋公、陳侯、蔡人、衛人伐鄭。秋，翬帥師會宋公、陳侯、蔡人、衛人伐鄭。（傳：「五年，四月，鄭人侵衛牧，以報東門之役。衛人以燕師伐鄭，鄭二公子以制人敗燕師于北制。」）

以上鄭、衛連兵不悉書。四年傳言「秋，諸侯復伐鄭。」是四國再舉兵，明矣。先儒誤通前事爲一役，故有辭重義複、變文特筆之説，非事實也。使果一役，當從再見書人之例，不得有二説。五年，鄭、衛交兵皆不書者，上書四國再伐鄭，而繼書衛人殺州吁立晉，則大義已明，綱常復正，諸侯輔篡之罪亦無所逃，二國忿兵相加不足議矣。

隱十年，春，王二月，公會齊侯、鄭伯于中丘。夏，翬帥師會齊人、鄭人伐宋。六月，壬戌，公敗宋師于菅。辛未，取郜。辛巳，取防。秋，宋人、衛人入鄭。宋人、蔡人、衛人伐戴，鄭伯伐取之。（傳：「九月，戊寅，鄭伯入宋。十一年，冬，十月，鄭伯以虢師伐宋。壬戌，大敗宋師，以報其入鄭也。宋不告命，故不書。」）

以上鄭、宋連兵不悉書。傳曰：「宋不告命」，非也。自宋公黨州吁，欲以諸侯伐鄭去馮，鄭伯爲王卿士，以王命伐宋，討其不王之罪。連兵至此，宋實首亂，故書宋人、衛人入鄭，以重其罪。略鄭人報復之過不悉書，而公敗宋師取二邑，以甚之書日。入郕以討違王命書曰，各當其罪也。歸祊以來，魯、鄭同心仇宋，宋雖不告，鄭亦必告，傳言不告，誤矣。唯知魯史有不書之例，而不知聖筆亦有所刪，盖不脩春秋，左氏亦不及見也。

僖三十年，秋，晋人、秦人圍鄭。（傳：「春，晋人侵鄭，以觀其可攻與否。」）

以上晋侵鄭不書。陳氏曰：「舉重在圍。」

文七年，夏，四月，戊子，晋人及秦人戰于令狐。（傳：八年，夏，秦人伐晋，取武城。）十年。（傳：春，晋人伐秦，取少梁。）夏，秦伐晋。

襄十年，夏，晋師伐秦。（傳：九年，齊景公乞師于楚，將以伐晋。楚子師于武城，以爲秦援。秦人侵晋。十年，夏，晋荀罃伐秦，報其侵也。）

以上晋、秦連兵不悉書。陳氏曰：「秦、晋再交兵不書，故十年書秦伐晋。」今案，令狐，晋、秦再構怨，而曲在晋，於是秦人報復不已，皆以其私也，故不悉書。悼公之世，秦人侵晋，淺事不足書。晋荀罃以一軍伐秦，徒曰報其侵而已，則非伯者之略也，故但書師，而明年書秦人伐晋。

僖三十三年，冬，晋人、陳人、鄭人伐許。（傳：「討其貳於楚也。楚令尹子上侵陳、蔡，陳、蔡成，遂伐鄭。晉陽處父侵蔡，楚子上救之，與晉師夾泜而軍。」）

文三年，秋，楚人圍江。（傳：「晉先僕伐楚以救江。」陳氏曰：「先僕非卿。」）冬，晉陽處父帥師伐楚以救江。四年，秋，楚人滅江。

以上晉襄公繼伯，晉、楚有事，不悉書。襄公初年，經書晉、陳、鄭伐許，而楚子上侵陳、蔡，陳、蔡成，遂伐鄭，皆不書者，城濮餘烈未遠。終襄之世，陳、蔡無役不從楚，亦僅此侵伐而止，不足移二國内向之志也。陽處父侵蔡，楚子上救之，晉先僕伐楚救江，皆不書者，蔡近楚，襄公力盡於敵秦，既不足以服楚，又安能得蔡？經書其合五國之師以伐沈而沈潰，以大夫專將救江而江滅，則其伯略可知，況以微者伐楚、救江，豈足議也？

文九年，春，楚人伐鄭。（傳：楚子師于狼淵以伐鄭，囚公子堅、公子尨及樂耳。鄭及楚平。）公子遂會晉人、宋人、衛人、許人救鄭。（傳：夏，楚侵陳，克壺丘，以其服於晉也。秋，楚公子朱自東夷伐陳，陳人敗之，獲公子茷。陳懼，乃及楚平。）十年，冬，楚子、蔡侯次于厥貉。（傳：「陳侯、鄭伯會楚子于息。冬，遂及蔡侯次于厥貉，將以伐宋。宋人逆楚子，勞且聽命。」）十五年，夏，晉郤缺帥師伐蔡。戊申，入蔡。

宣元年，秋，楚子、鄭人侵陳，遂侵宋。晉趙盾帥師救陳。宋公、陳侯、衛侯、曹伯會晉師于棐林，伐鄭。（傳：楚蔿賈救鄭。）冬，晉人、宋人伐鄭。二年，夏，晉人、宋人、衛人、陳人侵鄭。（傳：楚鬬椒救鄭。）三年。（傳：春，晉侯伐鄭，及郔。鄭及晉平。）夏，楚人侵鄭。四年，冬，楚子伐鄭。五年，冬，楚人伐鄭。（傳：楚子伐鄭，陳及楚平。晉荀林父救鄭，伐陳。）六年，春，晉趙盾、衛孫免侵陳。（傳：冬，楚人伐鄭，取成而還。）九年，秋，晉荀林父帥師伐陳。冬，楚子伐鄭。晉郤缺帥師救鄭。（傳：鄭敗楚師于柳棼。）十年，夏，晉人、宋人、衛人、曹人伐鄭。（傳：鄭及楚平，諸侯之師伐鄭，取成而還。）冬，楚子伐鄭。（傳：晉士會救鄭，逐楚師于潁北。諸侯之師戍鄭。）十一年。（傳：春，楚子伐鄭及櫟。）夏，楚子、陳侯、鄭伯盟于辰陵。（楚左尹子重侵宋，王待諸郔。）冬，十月，丁亥，楚子入陳。十二年，春，楚子圍鄭。夏，六月，乙卯，晉荀林父帥師及楚子戰于邲。晉師敗績。冬，十二月，戊寅，楚子滅蕭。宋師伐陳。十三年，夏，楚子伐宋。十四年，夏，晉侯伐鄭。秋，楚子圍宋。（爲下葬月）十五年，夏，五月，宋人及楚人平。

以上晉自靈公、成公至景公三世，晉、楚有事不悉書。楚欲圖北方，楚子親師，鄭及楚平，於是書伐。鄭新城之盟，陳、鄭皆在，郤缺入蔡，以城下之盟還，於是書伐蔡。楚再侵陳，公子朱伐陳，不書，必楚既得鄭，侵陳、又侵宋而後書。蔡最近楚，陳次之，鄭介兩間。春秋於是三國者，未嘗無先後緩急之差也。傳言厥貉之次，陳侯、鄭伯在焉，不書。至辰陵而後書。宣三年，晉侯伐鄭，鄭及晉平，不書。六年，楚人伐鄭，取成。十一年，楚子伐鄭，鄭從楚。皆不書者，晉成之世，鄭猶不忍叛晉，辰陵而後，傳言「鄭又徼事于晉」，而陳侯亦如晉，於是楚子入陳、圍鄭，則二國之反覆乎晉楚之間，瀕于滅亡而不悔者，豈得已哉？故書晉楚之所侵伐，則陳鄭之向背可知，而凡以侵伐取成者，不悉書，雖晉君自將，亦不書也。靈、成政在大夫，既失齊，又失魯，晉遂不競而楚興，雖君將，豈足議乎？於是終失陳、鄭，而邲敗之後，不復救宋，諸侯皆楚之從，中國之勢爲之一變矣，是故靈公盟會諸侯皆不序，而陽處父伐楚救江爲大夫將書大夫之始。公子遂會晉人、宋人、衛人、許人救鄭，大夫復不書，而次厥貉、侵陳、遂侵宋爲楚君將稱君之始，然景公既失陳、鄭，而書晉侯伐鄭者，鞌戰而後，齊、魯俱服。伐齊，同盟蟲牢。救鄭，同盟馬陵，同盟于蒲，四合諸侯，皆其君親之，景公稍能自彊也。凡救不悉書，別説見後。

成二年，冬，楚師、鄭師侵衛。三年，春，公會晉侯、宋公、衛侯、曹伯伐鄭。（爲下日葬月。）公子偃帥師禦之，敗諸丘輿。皇戌如楚獻捷。）夏，鄭公子去疾帥師伐許。冬，鄭伐許。四年，冬，鄭伯伐許。（傳：晉欒書、荀首救許，伐鄭，取汜、祭。楚子反救鄭，鄭伯與許男訟焉。）六年，秋，楚公子嬰齊帥師伐鄭。冬，晉欒書帥師救鄭。（傳：晉師遂侵蔡。楚公子申、公子成以申息之師救蔡。八年傳：晉侵沈，獲沈子揖。事在侵蔡前。）七年，秋，楚公子嬰齊帥師伐鄭。公會晉侯、齊侯、宋公、衛侯、曹伯、莒子、邾子、杞伯救鄭。八年，春，晉欒書帥師侵蔡。（傳：遂侵楚，獲申驪。鄭伯會晉師，門于許。）九年，秋，晉人執鄭伯。（傳：春，楚人以重賂求鄭，鄭伯會楚公子成于鄧。）晉欒書帥師伐鄭。（傳：楚子重侵陳以救鄭。晉侯禮鍾儀，使歸求成。）冬，楚公子嬰齊帥師伐莒。庚申，莒潰。楚人入鄆。鄭人圍許。十年，春，衛侯之弟黑背帥師侵鄭。夏，公會晉侯、齊侯、宋公、衛侯、曹伯伐鄭。（傳：晉立大子州蒲爲君，而會諸侯伐鄭。辛巳，鄭伯歸。）十二年，夏，公會晉侯、衛侯于瑣澤。（傳：宋華元克合晉、楚之成。會于瑣澤，成故也。）十四年，秋，鄭公子喜帥師伐許。十五年，夏，楚子伐鄭。（傳：遂侵衛，及首止。鄭子罕侵楚，取新石。）十六年，夏，鄭公子喜帥師侵宋。（傳：楚子自武城使公子成以汝陰之田求成于鄭，鄭叛晉，子駟從楚子盟于武城。夏，鄭子罕伐宋。宋將鉏、樂懼敗諸汋陂，鄭人覆之，獲將鉏、樂懼。衛侯伐鄭，至于鳴雁。晉侯將伐鄭，楚子救鄭。）六月，甲午晦，晉侯及楚子、鄭伯戰于鄢陵，楚子、鄭師敗績。秋，公會尹子、晉侯、齊國佐、邾人伐鄭。（傳：知武子以諸侯之師侵陳。遂侵蔡。諸侯遷于潁上。鄭子罕宵軍之，宋、齊、衛皆失軍。）十七年，春，衛北宮括帥師侵鄭。（傳：正月，鄭子駟侵晉。衛北宮括救晉，侵鄭。）夏，公會尹子、單子、晉侯、齊侯、宋公、衛侯、曹伯、邾人伐鄭。（傳：楚子重救鄭，師于首止。諸侯還。）冬，公會單子、晉侯、宋公、衛侯、曹伯、齊人、邾人伐鄭。（傳：十月，庚午，圍鄭。楚公子申救鄭，師于汝上。諸侯還。）

以上晉景公至厲公再世，晉、楚有事不悉書。景公自䇲之戰，諸侯始服從。厲公有鄢陵之捷，中國之勢稍振，然始終唯爭鄭，而卒於失鄭者，内治不足故也。景公會諸侯伐鄭，鄭敗諸丘輿，雖史不志，存大體也。欒書以救許伐鄭，不書。因救鄭，遂侵沈，獲沈子揖，遂侵蔡，皆不書。因侵蔡，遂侵楚，亦不書。晋不能得鄭而爲許伐鄭，不能保鄭而爲鄭侵沈，侵蔡不能服楚，而因侵蔡遂侵楚，皆非伯者素定之略，不足書也。於是楚人以重賂求鄭，鄭遂從楚。晋人執鄭伯，使鍾儀歸楚求成，伐鄭，以歸鄭伯，而僅能服鄭。雖華元克合晋、楚之成，而楚子背盟，伐鄭，鄭亦再貪楚賂而背晋伐宋，則以晋、楚皆中衰，而向背之權唯在鄭也。楚伐鄭之役，遂侵衛，不書，楚方失鄭，不足以病衛也。晋伐鄭之役，知武子以諸侯之師侵陳，遂侵蔡，不書，義與上同。凡一役而再有事，非有關於天下之故，則不書也。鄭嘗侵楚，取新石，不書，無益於從違而深楚怨，事與柳棼同也。嘗侵晋，不書，爲中國諱也。鄢陵之後，晋侯三請王臣以伐鄭，而遇楚救輒還，能數合諸侯而不復能一戰，此鄭之所以堅於從楚也。凡楚救鄭，皆不書，諸侯非楚所當有，方其得之，則不與救也，其詳別見。成十八年，夏，楚子、鄭伯伐宋。（傳：納宋魚石、向爲人、鱗朱、向帶、魚府，以三百乘戍之而還。）冬，楚人、鄭人侵宋。（傳：晋侯師于台谷以救宋。楚師還。）

襄元年，春，仲孫蔑會晉欒黶、宋華元、衛甯殖、曹人、莒人、邾人、滕人、薛人圍宋彭城。夏，晉韓厥帥師伐鄭。仲孫蔑會齊崔杼、曹人、邾人、杞人次于鄫。（傳：東諸侯之師次于鄫，以待晉師。晉師自鄭以鄫之師侵楚焦夷及陳。晉侯、衛侯次于戚，以爲之援。）秋，楚公子壬夫帥師侵宋。（傳：楚子辛救鄭，侵宋吕、留。鄭子然侵宋，取犬丘。）二年，春，鄭師伐宋。夏，晉師、宋師、衛甯殖侵鄭。冬，遂城虎牢。（傳：鄭人乃成。）三年，六月，公會單子、晉侯、宋公、衛侯、鄭伯、莒子、邾子、齊世子光。己未，同盟于雞澤。陳侯使袁僑如會。戊寅，叔孫豹及諸侯之大夫及陳袁僑盟。（傳：楚司馬公子何忌侵陳。）冬，晉荀罃帥師伐許。四年。（傳：夏，楚彭名侵陳。）冬，陳人圍頓。（傳：楚人使頓閒陳而侵伐之故。）五年，冬，戍陳。楚公子貞帥師伐陳。公會晉侯、宋公、衛侯、鄭伯、曹伯、齊世子光救陳。七年，冬，楚公子貞帥師圍陳。十二月，公會晉侯、宋公、陳侯、衛侯、曹伯、莒子、邾子于鄬。陳侯逃歸。八年，夏，鄭人侵蔡，獲蔡公子燮。冬，楚公子貞帥師伐鄭。九年，冬，公會晉侯、宋公、衛侯、曹伯、莒子、邾子、滕子、薛伯、杞伯、小邾子、齊世子光伐鄭。楚子伐鄭。十年，夏，楚公子貞、鄭公孫輒帥師伐宋。（傳：六月，庚午，圍宋。衛侯救宋師于襄牛。鄭皇耳帥師侵衛。秋，楚子囊、鄭子耳伐我西鄙。還，圍蕭，克之。九月，子耳侵宋北鄙。）秋，公會晉侯、宋公、衛侯、曹伯、莒子、邾子、齊世子光、滕子、薛伯、杞伯、小邾子伐鄭。冬，楚公子貞帥師救鄭。十一年。（傳：宋向戌侵鄭，大獲。）夏，鄭公孫舍之帥師侵宋。公會晉侯、宋公、衛侯、曹伯、齊世子光、莒子、邾子、滕子、薛伯、杞伯、小邾子伐鄭。秋，楚子、鄭伯伐宋。公會晉侯、宋公、衛侯、曹伯、齊世子光、莒子、邾子、滕子、薛伯、杞伯、小邾子伐鄭。會于蕭魚。

以上晉悼公復伯，十有一年之中再合大夫、九合諸侯，始於救宋，終於復鄭。當楚、鄭之侵宋也，晉侯師于台谷以救宋。楚師還。雖君將不書者，楚每得鄭，然後圖宋。悼公之興，楚卒失鄭，何宋之及圖？故救宋無關於伯體，不書，而以圍彭城、伐鄭序績當務爲急也。次鄫之役，晉師自鄭以鄫之師侵楚及陳，晉侯、衛侯次于戚，皆不書者，悼公之伯略，未足以侵陳、伐楚也。范宣子曰：「陳近於楚，民朝夕急，有陳非吾事也，無之而後可。」不待陳侯逃歸，而晉人已置陳於度外矣。故鄫之次，徒以吾大夫會外大夫，存策書之大體而已。楚何忌侵陳，彭名侵陳，使頓侵陳，皆不書者，下書伐陳、圍陳，舉重。鄭子然侵宋不書，下書伐宋；子耳侵宋不書，上書伐宋，皆舉重也。此陳氏本例，餘可以類推之。鄭皇耳帥師侵衛，衛人獲皇耳不書者，與成十五年，楚伐鄭不書侵衛同。撥亂之機，務當其會也，故因陳氏例，更考經傳，以明筆削之旨，陳氏謂，善救，雖君將不書，亦非。序見後。凡外侵伐此不悉序，互見下篇。

七十二，凡救，不悉書。伯者救中國，必足以示名義而後書。諸侯相救，以叛伯、無伯書。楚救，必不能而後書。狄救諸國以無伯書。

閔元年，春，齊人救邢。

僖元年，春，齊師、宋師、曹師次于聶北救邢。（曹師從二傳）六年，秋，諸侯遂救許。

以上書伯主救與國者三。陳氏曰：「救必無功而後書。」今以經、傳考之，王師唯救衛一事，內師若救成、救台，師出而寇還，會救若救鄭、救許、救徐。終桓公之伯，三國無役不從，不可概謂無功。晉、楚救陳、鄭，筆削詳略，亦各不同，蓋內師無不書，王師令荀及魯無不書，會救亦無不書，但會救無功，則人其大夫以見義。陳氏之言，非達例也。以齊桓之盛，不能逐狄全邢，乃宿師聶北，待其潰而遷之，此亦陳氏所謂以無功書者，然邢能以亡爲存者，桓公二救之力也。楚人圍許，盖攻其所必救，以解新城之圍。諸侯遂救許，得事之宜也。故皆書之，以示伯主救中國之名義。若十六年，齊伐厲不克，救徐而還，非有關於伯體，則以會救舉重。襄二十四年，晉平合諸侯于夷儀。楚子伐鄭。諸侯還救鄭。經但書會于夷儀，而伐齊與遂救皆不書，以十一國伐齊而不能師，不得與齊桓伐鄭、遂救許同文也。

文三年，冬，晉陽處父帥師伐楚以救江。

以上書伯國伐救者一，亦陳氏所謂以無功書者也。春秋未有書伐救者，於宣五年，晉荀林父伐陳救鄭不書，猶曰遷怒而非伐敵也。成四年，伐鄭救許不書，許終屬楚，鄭不忘晉，非可以敵言也，先僕嘗伐楚以救江，伐敵矣，亦不書，非卿易其事也，於是晉又以江故告于周，陽處父帥師門于方城，而楚之伐江者還，然後書之，所以示伐救之名義也，但晉方撓於秦，不能復爲江出師，故江卒滅於楚，而前救亦不爲功耳，謂必無功而後書，豈筆削之旨乎？

宣元年，秋，晋趙盾帥師救陳。九年，冬，晋郤缺帥師救鄭。

成六年，冬，晋欒書帥師救鄭。

以上書伯國專救與國者三。楚既得鄭而侵陳、宋，晋趙盾救陳，陳事晋者猶數年，不可謂救陳非功。楚既得陳而伐鄭，晋郤缺救鄭，鄭伯敗楚師于柳棼，楚子再伐鄭，士會救鄭，逐楚師于潁北，皆不可謂無一時之功者。然郤缺救鄭之後，繼書諸侯伐鄭，而士會之救不書，以晋救不足賴，鄭終折而歸楚，不悉書也。晋景既得鄭同盟于蟲牢，明年欒書救鄭，而楚師還。又明年，大會諸侯以救鄭，而鄭人囚鄖公鍾儀，亦不可謂救無功，然鄭終叛晋，觀悼公既戍陳，又合諸侯以救之，而陳侯逃歸，豈非晋之伯略苟未能服楚，則諸侯之從晋者終不敢恃以爲安乎？然伯者救中國之名義，則有不容泯者，功有小大，屬辭比事而可知矣。聖人豈責晋人以一救之力而長有諸侯哉？

僖二十八年，春，楚人救衛。

襄十年，冬，楚公子貞帥師救鄭。

以上書楚救與國者二。僖二十二年，楚人伐宋以救鄭，不書。三十三年，晉陽處父侵蔡，楚子上救之，亦不書。而救鄭之役特書之，故陳氏謂見晉文之興，楚欲救而不能也。鄭之反覆乎晉、楚之間，凡楚救皆不書。宣元年，蔿賈；二年，鬬椒；成三年，子反；九年，子重；十七年，子重、子申，皆不書。鄢陵之役，雖楚子救鄭，不書。而公子貞之救特書之，故陳氏謂見晉悼之興，楚欲救而不能也。蓋筆削之旨，當楚得諸侯，則楚救不書，不與其救也。不與其救者，嫌以諸侯與楚也，故必不能救而後書，其抑强楚、尊中國，大義昭然，不可與伯者救中國例論，明矣。至定五年，秦師救楚，亦不書，所以外之也。

宣十二年，冬，衛人救陳、

哀七年，冬，鄭駟弘帥師救曹。

以上書列國相救者二。清丘之盟，宋、衛皆在，宋討陳貳，而衛救之，叛晉也。宋圍曹而鄭救之，諸侯無伯久矣，故宋卒滅曹。

僖十八年，夏，狄救齊。

哀十年，冬，吴救陳。

以上書外裔救諸國者二。齊桓公卒，宋襄公伐齊而立孝公，故狄救齊。春秋之末，陳即吴，楚伐陳，而吴救之，皆中國無伯之事。

七十三，兵事言遂，不悉書，必有關於天下之故而後書。

僖四年，春，王正月，公會齊侯、宋公、陳侯、衛侯、鄭伯、許男、曹伯侵蔡。蔡潰，遂伐楚。六年，夏，公會齊侯、宋公、陳侯、衛侯、曹伯伐鄭，圍新城。秋，楚人圍許。諸侯遂救許。十五年，三月，公會齊侯、宋公、陳侯、衛侯、鄭伯、許男、曹伯，盟于牡丘。遂次于匡。二十八年，冬，公會晋侯、齊侯、宋公、蔡侯、鄭伯、陳子、莒子、邾子、秦人于温。諸侯遂圍許。

文十五年，冬，齊侯侵我西鄙。遂伐曹，入其郛。

宣元年，秋，楚子、鄭人侵陳。遂侵宋。

襄十年，春，公會晋侯、宋公、衛侯、曹伯、莒子、邾子、滕子、薛伯、杞伯、小邾子、齊世子光會吴于柤。夏，五月，甲午，遂滅偪陽。二十三年，秋，齊侯伐衛。遂伐晋。

昭四年，秋，七月，楚子、蔡侯、陳侯、許男、頓子、胡子、沈子、淮夷伐吴。遂滅賴。

定八年，秋，晉士鞅帥師侵鄭。遂侵衛。

以上兵事言遂者十。穀梁傳曰：「遂，繼事也。」陳氏曰：「春秋舉重，凡師再有事不悉書。」據成六年，晉欒書救鄭。遂侵蔡。但書救鄭。八年，晉欒書侵蔡。遂侵楚。但書侵蔡之類。苟悉書也，則以遂言之。兵事言遂，必天下之大故也。今案，經書遂事有三：有以遂爲功者，若遂伐楚，遂次于匡之類是也；有以遂爲罪者，遂滅偪陽，遂滅賴之類是也；有遂事與本事等者，侵陳、遂侵宋，侵鄭、遂侵衛之類是也。經書遂事以此。其不書者，或非義所存，或非力所及，事不足記也。説已見前。

七十四，春秋之初，戎狄侵諸國不書，自有伯而後書。以之伐與國不書，苟有召之者，亦不書。

莊二十四年，冬，戎侵曹。三十二年，冬，狄伐邢。

閔二年，十二月，狄入衛。

僖八年，夏，狄伐晉。十年，春，狄滅温。十三年，春，狄侵衛。十四年，秋，狄侵鄭。十八年，夏，狄救齊。二十一年，春，狄侵衛。二十四年，夏，狄伐鄭。三十年，夏，狄侵齊。三十一年，冬，狄圍衛。三十三年，夏，狄侵齊。

文四年，夏，狄侵齊。九年，夏，狄侵齊。十年，冬，狄侵宋。十一年，秋，狄侵齊。十三年，冬，狄侵衛。

宣三年，秋，赤狄侵齊。四年，夏，赤狄侵齊。

以上書戎侵中國一，狄侵十二，伐三，圍一，入一，滅一，救一，皆中國有伯後事。春秋戎人疆索不分，雖無荆楚并吞之志，而近偪王畿，東方諸侯咸被其害，然經於隱九年北戎侵鄭，桓六年北戎伐齊，皆不書者，諸侯無王，自相侵伐，故中國之勢不尊。春秋治在諸侯，既書戎伐凡伯，則無藩屏之義可知，而戎爲列國患不復書，急先務也。齊桓始伯，嘗一伐戎，而戎侵曹，不能治。既伐山戎，又親伐北戎，而揚、拒、泉、皐、伊、雒之戎入王城，不能救。狄爲邢、衛患，桓公有存亡國之功，然邢潰而後遷邢，衛滅而後戍衛，甚至滅温以侵畿甸而不能討。晉文代興，亦治不及狄焉。蓋以荆楚之禍有大於戎狄者。二君既盡力於彼，則於此有不及圖也。春秋既與齊、晋以伯，而詳書狄患如此，亦所以責之備與。然齊嘗平戎于王，又平戎于晋，而猶不免再徵諸侯以戍周。桓公卒，狄且救齊，齊人爲邢謀衛難，亦與狄盟而使侵衛，衛既再遷，而齊反受狄患不已，皆有以來之也。晋襄以姜戎敗秦師，猶曰禦寇也。宋辭蟲牢之會，而晋人亦以伊、雒之戎、陸渾、蠻氏侵之，豈盟主服與國之道乎？故經略而不書，爲諸國諱也。是故赤狄伐晋，以先穀之召，不書，苟有召之者，則是患在蕭牆矣。若戎入王城，狄伐京師，則魯史諱言之也。晋自文公奔狄，君臣皆納隗氏，遂與狄爲婚姻，而赤狄最强，能服役衆狄，其後衆狄畔之而服于晋，晋因得以盡滅赤狄之族，唯白狄一從秦人伐晋而止。至悼公，亦和諸戎以成三駕之功。盖宣、成而降，諸戎羣狄皆少衰矣。

春秋屬辭卷十

變文以示義第三

變文之義有三：一曰，變文以示義。春秋雖有筆、有削，而所書者皆從主人之辭，然或有文同而事异者，有事同而文异者，其與奪無章，而是非不著，則非唯不足以盡事變，而反足以亂名實矣。是故有變文之法焉。雖所因革不越乎一二字間，而是非得失之故可無辯而自明，將使屬辭比事者，即其异同詳略以求之，所以决嫌疑、明是非，而非褒貶之謂也。然文有可變者，有不可變者，有异其文以异其事者，有並上文以見其罪者。諱一也，譏在内與譏在外异。稱人一也，伯主與諸侯异，諸侯與外裔异。名號一也，大夫不名與諸侯异，公子稱字與大夫异。稽其類不主於辭，當其名必辯於物。其知者以爲文理密察，足以有别也。其不知者，謂之無達例而已。然自斯義不明，學者弗能深考，一字褒貶之説，蓋由是而出焉。夫既以變文爲貶矣，而不變者非褒也，由是有貶無褒之説生焉。又其甚者，乃有法書之説焉。顧其所以爲法者，苛刻則幾於申、韓，疎闊則過於三章，視後世所謂八分書者，曾不若也。其可以論於春秋經世之旨乎？劉侍讀之言曰：「春秋之文，有常有變，變之甚微，讀者難知，則以爲史耳，乃春秋則欲起問者見善惡也。雖其所謂常變者與今異，然學者以是求之，亦足以知變文之教矣。二曰，辯名實之際。三曰，謹内外之辯。皆别爲篇。

一，文同禮失，王不稱天。

莊元年，冬，王使榮叔來錫桓公命。

文五年，春，王正月，王使榮叔歸含且賵。三月，王使召伯來會葬。

以上錫命王不稱天者一，歸含且賵不稱天者一，會葬不稱天者一。文元年，書天王使毛伯來錫公命。成八年，書天子使召伯來錫公命。此不稱天者，文、成二公雖無功德，亦無罪惡，從其恒稱，得失自見。桓公負篡弑之罪，天王不能討於其薨也，反錫命以寵之，亂臣賊子無所畏忌矣，故文不稱天，明其失，又與錫二公命不同也。隱元年，書天王使宰咺來歸惠公、仲子之賵，此不稱天者，仲子乃惠公再娶之夫人，因賵惠公兼及仲子，猶有所重輕，此成妾母之喪，開並后匹適之路，故文不稱天，明其失，又與賵惠公、仲子不同也。文元年，書天王使叔服來會葬，此不稱天者，王朝會諸侯，葬禮所宜有。僖公曾朝聘天子，故天子遣内史會其葬，未爲失典，會葬妾母與歸含且賵同，故文不稱天，明其失，又與會葬僖公事异矣。以此三者，皆廢法亂紀、自替行私之事，與恩數有厚薄者不可同年而論也。蓋王與天王同是尊稱，异其文，所以异其事，而非以文爲貶，自先儒以王不稱天爲貶，而稱天者非褒也，故學者得以非之。

二，諱公與王卿士盟，不書公，同微者。

僖二十九年，夏，六月，會王人、晋人、宋人、齊人、陳人、蔡人、秦人盟于翟泉。

文十年，秋，七月，及蘇子盟于女栗。

以上會王人、外大夫盟，不書公者一。及王卿士盟，不書公者一。翟泉之失，與踐土不殊，而書法不同者，踐土乃晋文尊王定伯之始，諸侯不可不序，故没王子不書，以全大體而已。翟泉，王子又出會諸大夫以尋盟，而魯君與焉，故但書會，使若微者會盟然，爲公諱也。傳曰：「卿不書，罪之也。在禮，卿不會公、侯，會伯、子、男，可也。」左氏非知筆削之旨者，知卿不當會公、侯，而不知大夫不可盟王子。知大夫不書爲有罪，而不知公盟王臣爲當諱也。春秋於公會外臣不諱，唯盟則諱，左氏皆不能發例，以是知內不書公同微者，皆筆削之法。襄王卒，頃王新立，王室無難，而蘇子特盟魯侯，豈非以晉方不足恃，而王臣自出以盟諸侯乎？夫諸侯事天子，待盟而後信，非所以示天下也，故但書及，使若微者受盟然，而蘇子書爵以見實與踐土、翟泉有伯主之日异也。王子與諸侯、大夫皆稱人說見後篇。

三，諱公與大夫盟，不書公，同微者。以大夫盟公，去其族。

文二年，三月，乙巳，及晉處父盟。

以上公如伯國而及其臣盟者一。雖齊、晉伯業盛時，未嘗使諸侯受盟於其國。魯閔公、襄公，童子侯也。桓公出盟閔于落姑，悼公出盟襄于長樗，不敢以非禮加於列國也。魯君如伯國受盟，自文公始，而晉襄怒其不朝，使其大夫盟公以耻之，卿不會公、侯，而況於盟乎？况於受盟乎？晉卑諸侯甚矣。然晉文公末年，魯既不朝，又不朝其嗣君，是以取辱，故及處父盟不書公，而公如晉并没不書，若深諱其事者。處父不稱族，又以别於來尋盟大夫。傳曰「以厭之也」。杜氏曰：「惡處父也。」抑以晉爲失宗諸侯之道矣。

成三年，十一月，丙午，及荀庚盟。丁未，及孫良夫盟。十一年，三月，己丑，及郤犨盟。

襄十五年，二月，己亥，及向戌盟于劉。

以上外臣來聘，而公及之盟者三。其事與内臣如外涖盟同。凡涖盟，皆盟其君，習俗既久，不知其非。春秋皆不書公，所以正之也。

莊二十二年，秋，七月，丙申，及齊高傒盟于防。

以上公及外臣特相盟者一。凡内不書公，皆譏在外也。若莒人微者，齊大夫無君，譏不在外，則書公及盟，從恒辭。凡諱公，但謂隱避其辭，示有所羞惡，實則不可掩。終春秋，無外微者與魯卿盟，豈有魯微者得盟伯國正卿之事？屬辭比事，非内微者可知矣。杜氏見左氏此經無傳，因謂及高傒爲内微者，弗深考爾。

四，諱公爲仇人役，變公將稱師。

莊八年，春，師次于郎，以俟陳人、蔡人。（爲下治兵月）夏，師及齊師圍郕。秋，師還。

以上諱公將稱師者三。陳氏曰：「此吾君將也，何以稱師？莊之會齊，皆譏之。」今案，陳氏據傳公子慶父請伐齊，知公在師，然僖十八年，師救齊，不言還，史無書師還之例，此公至自圍郕之變文也。莊公以千乘之國爲仇人役，故爲公諱耻，然曰「師還」，則猶以微文見之，所以明父子之親，示不共戴天之戒，非徒隱惡也。

五，諱公與仇人狩，外稱人，同微者。

莊四年，冬，公及齊人狩于禚。

以上諱公狩外稱人者一。公羊傳曰：「公曷爲與微者狩？齊侯也。齊侯則其稱人何？諱與讎狩也。」何氏曰：「以不没公，知爲齊侯也。」今案公羊學者於此獨得經意，然不知會伐外稱人，圍郕内稱師，皆諱也，故有其餘從同同之説，從同同乃説經之遁辭，非筆削之義。

六，諱公與仇會伐，外稱人，同微者。

莊五年，冬，公會齊人、宋人、陳人、蔡人伐衛。

以上諱公會伐，外稱人者一。義與諱及仇狩同。莊公與仇人接，春秋始終諱之，並人宋、陳、蔡者，既爲内諱，不可復存筆削之迹，義與僖二十七年人楚君自异。穀梁傳曰：「是齊侯、宋公也。」此說必有所受，但曰人諸侯以人公逆王命也，則非。既曰以逆王命貶，則内當没公不書。今四國稱人，而内獨書公，是使公首惡也。所謂人諸侯以人公亦奇譎，非聖筆氣象。凡春秋之有變文，所以别嫌疑、存大體、辯名實，而非以文爲貶。經書伐衛一事，人外君以諱會仇，月救衛、字王人以尊王命，而五國逆王命之罪，自有不可掩者，故書公會伐，從其恒辭，而義無不明矣。

七，妾母爲婚主，婦姜不稱氏。

文四年，夏，逆婦姜于齊。

宣元年，三月，遂以夫人婦姜至自齊。

以上婦姜不言氏者二。凡夫人有姑稱婦某氏，以别於無姑者。文四年，出姜有適姑聲姜在，而實成風以妾祖姑爲婚主，蓋妾母既稱夫人，聲姜避不敢主也。宣元年，穆姜無適姑，敬嬴其妾姑也。成十四年，齊姜，穆姜其適姑也。皆以婦禮至，故史皆稱婦姜氏。夫子以尊崇妾母乃時君之意，非筆削所加，薨葬用夫人禮，既悉從史文以見實，然適妾之分，終不可無辯，故於成風、敬嬴以妾姑主昏、逆婦之日，婦姜特不稱氏，使不得與適姑逆婦同文，以明妾母僭竊之非禮也。氏與不氏同爲婦姜异其文者，异其事也。陳氏曰：「有成風，則出姜不氏；有敬嬴，則穆姜不氏，所以别適姑也。」最得經旨。公羊氏以不稱姜氏爲譏喪取，既與出姜异義，又曰「内無貶公之道」而貶夫人，愈支而鑿矣。變文所以别嫌明微，若喪取則不待异文而後見者，凡不待异文而後見者，皆從其恒辭，蓋不勝辯也。

八，夫人不稱姜氏。

莊元年，三月，夫人孫于齊。

以上夫人孫，不稱姜氏者一。夫人以前年與公如齊，而公薨于齊，此年夫人又孫于齊，自是兩事，不得相蒙。若據史氏恒法，無不書姜氏之理。夫子以桓公之弑，賊由姜氏，其孫也，亦以與弑而不容於魯，其實只是一事，而首尾相因，其反既不書至，故孫不稱姜氏，特用一事再見蒙上文之例，使人比而觀之，則公與夫人姜氏如齊，公薨于齊，夫人孫于齊，總爲一事而書，而夫人與弑之罪自見。其罪既見，則夫人當絶于魯可知，而非以去姜氏爲絶之之文也。

僖元年，十二月，丁巳，夫人氏之喪至自齊。

以上夫人氏不稱姜者一。上書夫人薨于夷，齊人以歸，不言喪，見以罪討，不成喪也。此言夫人氏之喪而不言姜，見即齊人以歸之姜氏也。既齊人殺之以歸，不成其喪，則義絶于魯，明魯人不當請其喪而以夫人禮成之。公、穀以夫人不稱姜氏皆爲貶，先儒謂既諱其殺，不宜有貶，故杜氏以來皆以爲闕文，竊謂經文二事不應所闕適同，屬辭比事，知是筆削之旨，但二傳以去姜氏爲貶絶之文，故不通耳，不成喪，則不言葬，史文也。

九，凡執恒稱人，必伯討而後稱君。

僖五年，冬，晋人執虞公。十九年，春，王三月，宋人執滕子嬰齊。六月，己酉，邾人執鄫子，用之。二十八年，冬，晋人執衛侯，歸之于京師。

成九年，秋，晉人執鄭伯。

襄十六年，春，晉人執莒子、邾子以歸。十九年，春，晉人執邾子。

哀四年，春，宋人執小邾子。夏，晉人執戎蠻子赤歸于楚。

以上執國君稱人者九，被執稱名者一，外裔之君見執稱名者一。啖氏曰：「春秋時，以彊暴弱，故執皆稱人，亂辭也。」今案，衛人君臣之禍實晉文公有以致之，故雖伯主執諸侯，歸之于京師，亦稱人。其執鄭伯以下説見上篇。趙氏曰：「諸侯被執，失地則名，不然則否。」今案，虞公，天子三公，雖失地不名，從史文也。滕子嬰齊、戎蠻子赤皆不得復國者也，蓋追書其名以別之。而滕子又書月，詳中國也。鄫子見執，用之以祭社，直文以見實，故不名而特書日，以异其事。

僖二十八年，三月，丙午，晉侯入曹，執曹伯，畀宋人。

成十五年，春，晉侯執曹伯，歸之于京師。

以上伯主執諸侯稱君者二。公羊傳曰：「稱侯而執者，伯討。稱人而執者，非伯討也。」今案，凡執恒稱人，從史文也。必伯討而後稱君，蓋變文以與之。左氏見史法執唯稱人，而不知經意，故發例舛謬。公羊此義必有所受矣。曹伯叛中國而從楚，負芻簒立，皆伯者之義所當討，故二執稱君，執曹伯、畀宋人，雖蒙入曹之文，不別稱晋侯，其義一也。陸氏謂承上文，不可重言晋人，此史法也。案，獲麟後，史書「陳宗豎自楚復入于陳，陳人殺之」，不言殺陳宗豎者，省文也。鄭伯有事，與陳宗豎同，而經書曰「鄭良霄出奔許，自許入于鄭，鄭人殺良霄。」文不省者，以大夫自外入國，與國人討而殺之，各是一義，於經不得相蒙也。劉侍讀嘗發此義，計夫子改正舊史若此者多矣。使執曹伯别是一義，不得蒙上文晋侯，則特書晋人執曹伯，何不可之有？

十，國君反國不言自，必自京師、自楚而後言自。苟殺其大夫、公子而後歸，則不言自京師。苟能興滅繼絶，則不言自楚。

莊六年，夏，六月，衛侯朔入于衛。

僖二十八年，冬，曹伯襄復歸于曹。

襄二十六年，春，王二月，甲午，衛侯衎復歸于衛。

成十六年，秋，曹伯歸自京師。

僖二十八年，六月，衛侯鄭自楚復歸于衛。三十年，秋，衛侯鄭歸于衛。

昭十三年，秋，蔡侯廬歸于蔡。陳侯吴歸于陳。

以上國君反國書入者一，書歸者四，復歸者三，其言自者二。凡公子、大夫歸國入邑皆言所自者，詳其出入所由，以見善惡之輕重，故悉從其恒稱。國君反國不言自者，南面之君，義得專制，善惡在己，雖假鄰國之力，不足記也。自京師必書，所以尊王朝，且見釋有罪自天子、自楚必書，所以外四裔，且見其叛中國而得免於誅。唯衛侯鄭爲王所赦，事與曹伯同，而不言歸自京師者，鄭使衛人殺元咺及公子瑕而後入，故不以殺大夫、公子累京師也，又見衛侯雖見釋于天子，實以殺二子而後得歸也。其蔡侯廬、陳侯吴實楚復之，而不言自楚者，楚滅之再世，而立其孫以復國，與國君出奔、見執而歸者不可同文。陳、蔡之人納蔡公，以圖興復，而卒如其志，則亦不當言自楚。上言滅陳、滅蔡，而此皆以繼絶稱名，其事已著而義無不包矣。其曰入、曰歸、曰復歸，或名、或不名，皆從主人之辭。

十一，奔君自外入邑，伯國逆之，則不名。

桓十五年，秋，九月，鄭伯突入于櫟。

襄二十五年，秋，八月，衛侯入于夷儀。（蒙上事月）

以上奔君入邑二，不名者一。國君出奔，有廢立則名，辯二君也，故鄭伯突、衛侯衎出奔皆名。其自外入邑，事亦相同，而衛侯入夷儀獨不名者，傳言「晉侯使魏舒、宛没逆衛侯，將使衛與之夷儀。」則與殺檀伯而遂居櫟者异矣。夫衛之所以有二君者，晉人爲之也。剽列於盟主之會屢矣，而晉侯又逆衎，而與之夷儀，此剽之所以弑也，故衛侯入夷儀獨不名，以别於鄭伯，譏不在衛侯也。詳已見前篇。

十二，大夫奔，非君出之，不名。

文八年，冬，宋司城來奔。十四年，秋，宋子哀來奔。

以上外大夫出奔不名者二。宋人將弑昭公，蕩意諸、高子哀皆忠於昭公而見忌於公子鮑之黨，是以來奔，故一書其官、一書其字而不名，以别他臣之見逐於君者。宋大夫書官説見特筆篇。

十三，公子反國，非有罪，不名。

閔元年，秋，季子來歸。

桓十五年，夏，許叔入于許。十七年，秋，蔡季自陳歸于蔡。（爲下葬月）

以上内公子來歸者一，外公子歸國者一，入國者一，皆字而不名。筆削之法，大夫、公子反國，非有罪不書，而季友實魯社稷之臣，閔公請于伯主，而盟以復之。蔡季爲蔡人所召，歸而嗣國。許叔因鄭昭復歸，乘間得入許，能以亡爲存。三子之反國，皆其宗社存亡安危所繫，其人雖無罪而其事不可没，故不名以别之。

十四，大夫見殺，非君臣，不名。苟殺當其罪則去族。

莊二十六年，夏，曹殺其大夫。

僖二十五年，夏，宋殺其大夫。

文七年，夏，宋人殺其大夫。八年，冬，宋人殺其大夫司馬。

以上稱國殺大夫不名者二，稱人殺大夫不名者二。君殺大夫，有罪、無罪皆名，示臣禮也。莊、僖之世，曹、宋殺其大夫，不名，皆無傳。陳氏謂曹赤篡而殺其大夫，必有不義其君者。蓋赤之所殺，必忠於羈者，於赤無君臣之分。赤既君曹，以討罪告，故稱國以殺。經不以君臣之禮治之，故不名，所以别大夫見殺於其君者。宋成公以僖二十三年嗣位，次年如楚，次年殺其大夫，亦不名，不知何人、何事。成公卒，昭公未即位，穆襄之族率國人以攻公，殺公孫固、公孫鄭于公宮，則稱人謂穆襄之族也，此衆殺稱人之例。八年傳曰：「宋襄夫人因戴氏之族，以殺襄公之孫孔叔、公孫鍾離及大司馬公子卬，皆昭公之黨也。」則稱人者，戴氏之族。大夫、司馬者，公子卬也。宋人將弑昭公而立鮑，則其所殺必忠於昭公者，故皆不名，以別於討亂稱人者。左氏於公子鮑之姦，襄夫人之惡，公臣賊黨之進退，考據精詳，而不知書法。既以弑君稱君爲昭公無道，而大夫見殺不名，但曰「非其罪」而已，然不害其序事之爲實録也。若陳氏謂昭公無道而殺大夫，則亦不義其君者，並失事實矣。

僖二十八年，夏，楚殺其大夫得臣。

文十年，夏，楚殺其大夫宜申。

成十五年，秋，宋殺其大夫山。

以上殺大夫去族者三。是爲成得臣、鬬宜申、蕩山皆討當其罪者也，凡譏專殺謂殺有罪不告天子爾。春秋書國殺大夫二十二，有殺之以説大國者，鄭申侯、衛孔達、蔡公子駟是也；有師敗而歸罪者，晋先穀、楚公子側是也；有彊家相傾者，晋二趙、三郤、齊高厚是也；有罪狀未著者，鄭公子嘉、楚屈申是也；有以讒殺者，楚成熊、郤宛是也；有不以其罪殺者，晋里克、衛甯喜是也。其他皆有可議者，譏不止專殺也，而一以國殺書者，若傳記殺丕鄭者，郤芮也，而晋侯使以丕鄭之亂來告，則史固以國殺書而已。其或君臣同謀，或用事之臣先意承指，或稟命而行，皆從告而書矣，然而其間亦有討當其罪者，筆削之旨，可無辯與？城濮之役，子玉違命喪師，罪當討也，與共王身敗其師於鄢陵，而子反以子重之言死者异矣。子西以謀弑穆王誅，與成熊、郤宛以讒見殺者异矣。蕩澤弱公室，殺公子肥，華元爲之去國，魚石請討，乃反，使司徒、司城率國人攻蕩氏，殺子山，其亦可與彊家之相傾者同文乎？以鄭子產爲政，而公孫黑三罪，俟其傷疾將死而後能加刑，則華元之不賴寵以立法，亦可謂知官守者矣，故夫子於是三臣，皆去其族，以別於稱國以殺而刑罰不中者。其有罪而不以時討，如公孫黑，亦從其恒稱，則筆削之情見矣。

十五，無君相殺稱國。

文六年，冬，晋殺其大夫陽處父。

昭十四年，冬，莒殺其公子意恢。

以上兩下相殺稱國殺者二。説已并見上篇。

十六，内師加小國言伐，加大國言侵。苟納所宜納，雖大國，言伐。用楚師言伐。諱公及小國戰，但言及。亟戰大國，但言敗。

隱七年，秋，公伐邾。

莊二十六年，春，公伐戎。

僖二十一年，冬，公伐邾。二十二年，春，公伐邾。三十三年，夏，公伐邾。

宣四年，春，公伐莒。十八年，春，公伐杞。

哀七年，秋，公伐邾。

莊二年，夏，公子慶父帥師伐於餘丘。

僖三十三年，秋，公子遂帥師伐邾。

文十四年，春，叔彭生帥師伐邾。

宣十年，秋，公孫歸父帥師伐邾。

襄二十年，秋，仲孫速帥師伐邾。
昭十年，秋，七月，季孫意如、叔弓、仲孫貜帥師伐莒。
哀元年，冬，仲孫何忌帥師伐邾。二年，春，王二月，季孫斯、叔孫州仇、仲孫何忌帥師伐邾。六年，冬，仲孫何忌帥師伐邾。
桓八年，秋，伐邾。
以上書公伐者八，大夫伐者九，微者伐一，皆小國。其一伐戎。
莊十年，二月，公侵宋。
定六年，二月，公侵鄭。八年，春，王正月，公侵齊。二月，公侵齊。
成六年，秋，仲孫蔑、叔孫僑如帥師侵宋。
襄二十四年，春，仲孫羯帥師侵齊。
定八年，秋，季孫斯、仲孫何忌帥師侵衛。
以上書公侵者四，大夫侵者三，皆大國。
莊九年，夏，公伐齊，納子糾。

僖二十六年，冬，公以楚師伐齊，取穀。

以上書公伐齊者二。諸家釋侵伐，義皆未當，唯胡氏謂聲罪致討曰伐，潛師掠境曰侵，考經所書，取邑入國皆由伐而後見，則胡氏之説得之，然經於内師加小國皆言伐，加大國皆言侵，豈魯人於邾、莒小國皆聲罪致討，於宋、衛大國恒潛師掠境乎？凡春秋所書侵、伐，除伯者伐叛討貳之外，莫非爲亂而已。皆從其恒辭，則無以示義。皆變其文，則無以見實。故夫子於内師加小國，雖微者言伐，見其恃衆凌寡；加大國，雖公將言侵，見犯非其分，悉變其文以示義。於外師，或以大加小而言侵，或以外裔干中國而言伐，或小國而言伐我，或大國而言侵我，皆從其恒辭以見實。周官大司馬：「比小事大，以和邦國。九伐之法，馮弱犯寡則眚之。」此春秋内師書侵伐之義也。唯莊公納子糾言伐齊，以子糾母是魯女，其貴，應立，當齊無君，大夫又嘗來盟，則公親伐齊，以納其應立之子，師出有名，非輕犯大國之比。唯僖公用楚師言伐齊，見其借力於彊楚以讎鄰國，爲中夏之大變，故皆從其恒稱。

僖二十二年，秋，八月，丁未，及邾人戰于升陘。

以上内師及小國戰，不言敗績一。傳曰：「公及邾師戰于升陘。我師敗績。」魯大邾小，不能以德服邾而及之戰，魯爲卑矣，而況以爭須句乎？故用再見蒙上文之法，不申言公，並兩事爲一役也。比而觀之，上言公伐邾，取須句，下言及邾人戰，則公能取地而不能服邾之意已見矣，故我師敗績，爲内諱之。

莊十年，春，王正月，公敗齊師于長勺。夏，六月，公敗宋師于乘丘。（蒙上次月）

以上内敗大國，不言戰敗績者二。傳曰：「齊師伐我，戰于長勺。齊師敗績。」檀弓記：「魯莊公及宋人戰于乘丘，縣賁父御，卜國爲右。馬驚，公隊。佐車授綏，縣賁父、卜國死之。」是二役皆先戰而後敗之也。經不書公及齊、宋戰，但言敗某師者，齊既敗魯乾時，即遣大夫帥師臨魯，脅殺子糾，又乘其再克以伐魯。長勺戰敗，則又挾宋、宿師于郎，齊之加於魯太亟矣，故略其主客恒辭，通前役爲一事以譏之。桓公既得國，即圖伯，宋既從，次當服魯，而魯以子糾故，不容遽鄙於齊。桓公不能釋魯以爲後圖，而亟戰喪師，非始伯經遠之略也。

十七，非寇不言敗，亟戰不言及，戰與伐异事，更以伐者及之。曲在外，言來戰。黨惡會戰，不言地。戰拒伯討，不言地。

文七年，夏，四月，戊子，晋人及秦人戰于令狐。十二年，冬，十二月，戊午，晋人、秦人戰于河曲。

以上書及戰者一，書戰者一。凡敵未陳曰敗某師，史録詐戰之辭也。襄公卒，晋人欲立長君，使先蔑、士會如秦逆公子雍。趙盾與諸大夫皆患穆嬴，且畏偪，乃背先蔑立靈公，秣馬蓐食，潛師夜起，敗秦師于令狐，此詐戰之尤者。杜氏謂晋人諱之以戰告，非也。秦非爲寇，無以戰告之理。經書殽與彭衙二役於文公卒之後，而晋侯戰與伐皆稱爵，與之以繼伯也。晋人立君不定，背約夜薄秦師，其曲在晋，嫌書敗秦師與殽同，故變文書及戰，以异其事也。凡戰必言及，主客之辭也。秦伯伐晋，取羈馬，趙盾與二帥禦之河曲，皆出戰，交綏，秦師夜遁，復侵晋，入瑕。傳言主客之事甚詳。趙伯循曰：「戰不言及，交爲主也。」非也。邲之役，晋人不主戰而敗績，經猶以晋及楚，知主客有常分，史不以憚戰而易其恒辭，明矣。令狐而後，秦、晋交伐不書。秦伯伐晋，取北徵，經略之，但書秦伐晋，而秦師復出，於是客不言伐，而主不言及，通前役一譏之也。穀梁子曰：

「秦、晉之戰已亟，故略之。」其説是也。自秦、晉連兵不已，經始終唯罪秦，令狐、北徵、河曲，雖三役而實一事，故皆變文以异之，而晉大夫主戰伐稱人，同微者，於是始各正其罪，以明晉伯中衰之由也。

僖十八年，春，王正月，宋公、曹伯、衛人、邾人伐齊。五月，戊寅，宋師及齊師戰于甗。

以上書伐者及戰一。凡戰皆以主及客，而此獨以客及主。穀梁傳曰：「客不言及，言及，惡宋也。」鄭康成曰：「戰言及者，别异主客爾。宋襄伐喪，故反其文，以宋及齊。」穀梁不知宋襄納孝公，其曰惡宋，謂伐喪也，故鄭君釋之如此。今據事實以求書法，則書伐者，爲齊人立無虧也。書戰者，無虧既殺，而四公子復與宋師戰也。蓋既廢長立少，則四公子皆爭立，故伐是一事也，戰是一事也。經變其主客恒辭，反以宋及齊戰，使宋公若受伐者然，明雖一役而實兩事，則與孝公爭國者不唯一無虧，而齊桓、宋襄之失皆可見矣。

桓十年，冬，十二月，丙午，齊侯、衛侯、鄭伯來戰于郎。

以上言來戰者一。鄭人怨魯以周班後己，請師於齊，齊亦忿魯助紀，故偕衛、鄭來戰。在史法，内受伐當書及戰，而經不言及者，齊、鄭以私害公，師出無名，故略其主客之文，直書來戰，以見外惡，明譏不在魯也。胡氏曰：「來戰者，罪在彼，戰于郎是也。往戰者，罪在内，戰于宋是也。」此説似是而非。蓋郎之戰，魯則有辭。宋之戰，宋本首惡，非無罪者，其書戰于宋，乃史氏録内之法，辭蒙及伐，以内爲主，與經變文不同。陳氏曰：「曰戰于宋，薄宋之罪也。」失亦相類。

十三年，春，二月，公會紀侯、鄭伯。己巳，及齊侯、宋公、衛侯、燕人戰。

以上會戰不言地者一。宋以立厲公故，多責賂於鄭，鄭不堪命，公凡四會宋公，一與之盟，而宋公辭平。公乃與鄭伯盟于武父，遂帥師伐宋，戰于宋。不言敗績者，勝敗相當也，故主客之憤未已。宋借助於齊、衛、燕，而魯亦援紀以益鄭，不復相侵伐，惟刻期一戰，以決勝負，事與會戰于鞌同。然鞌書地，此不書地者，鞌乃伯國討貳以救與國，此齊、衛、紀於宋、鄭之故初焉無與若存戰地，則與戰于宋疑若兩事然，故經没其戰地，通前役以見之，則宋莊、魯桓以簒輔簒，反覆規利，忿兵相加，以至於此，而齊僖彊不義，又挾衛朔同惡相濟，罪無不明，而所戰之地不足詳矣。然戰必有地，法所當書，故傳曰「不書所戰，後也。」劉侍讀駁之曰：「公既及其戰期矣，何故反没戰地乎？」公羊以爲宋與魯戰，穀梁以爲紀與齊戰，皆非事實也。

莊二十八年，春，王三月，甲寅，齊人伐衛。衛人及齊人戰。

以上及戰不言地者一。齊桓以王命伐衛，討其立子頹也。衛人輒又拒戰，故經削其戰地，以其既亂王室，復拒伯討，罪與列國交兵不同，所戰之地不足詳也。穀梁傳曰：「安戰也？戰衛。」杜氏乃以爲史失之者，凡在國外，史無不地，若在國都則書入也。餘又見後二篇。

十八，重取畿内邑言滅，内滅國不言師。

僖二年，夏，虞師、晋師滅下陽。

以上伐取畿内邑書滅者一。非國而曰滅，此穀梁發義也，而所釋未當。林氏曰：「不曰晋取者，天子之地，非諸侯所得取，故云滅，使若國然。」可謂得經意矣。蓋虢公者，天子三公也。下陽，其所封國邑也。畿内之地，天子所制以禄公卿、大夫、士，謂之采邑，言不得有其土地、人民，唯采取其租税而已，此不可與列國相爭奪者同文，故變伐取言滅，與外裔執天子之使變執言伐同，虞、晋之罪大矣。

十七年，夏，滅項。

以上内滅小國，不言師者一。傳例曰：「用大師焉曰滅。」沈文何曰：「此既稱滅，故知用大師。」杜氏云：「不言師，諱之。」劉炫謂：「既不諱滅，何以諱師？」以規杜過，是也。僖公自始得國，以至于兹，諸夏靖安，而魯無内外之虞者，皆齊伯之力也。會淮無功，而魯又滅項以間之，僖爲五伯之罪人矣，於是有見止之辱，而夫人違禮會齊侯于卞以釋公，故滅項略不言師，使若不出公命而微者在國爲之，然辭愈簡而義愈深矣。

春秋屬辭卷十一

辯名實之際第四

二曰，辯名實之際。正必書王，諸侯稱爵，大夫稱名氏，四夷大者稱子，此春秋之名也。諸侯不王而伯者興，中國無伯而夷狄橫，大夫專兵而諸侯散，此春秋之實也。夫春秋之名實如此，將以示後世，曰「實録」，可乎？曰「實録」且猶不可，而况於聖人撥亂以經世之事哉？此辯名實所以爲春秋之要義也。蓋其説有二：一曰，去名以全實。征伐在諸侯，則大夫將不稱名氏。中國有伯，則楚君侵伐不稱君是也。一曰，去名以責實。諸侯無王，則正不書王。中國無伯，則諸侯不序。君大夫將，略其恒辭，則稱人是也。此二者實王伯升沉之會，國家喪亂之由，夷夏盛衰之變，天下大勢之所趨，而一經之樞要也，是以聖人深致意焉。

十九，天下無王，則桓公春秋闕不書王。

桓三年，春，正月。四年，春，正月。五年，春，正月。六年，春，正月。七年，春，二月。八年，春，正月。十一年，春，正月。十二年，春，正月。十三年，春，二月。十四年，春，正月。十五年，春，二月。十六年，春，正月。十七年，春，正月。

以上桓公春秋正不書王者十有三，見天下之無王也。春秋始於隱公，所書皆諸侯首惡之事，至桓弑隱，督弑宋公，陳佗殺其大子而立，鄭突篡其君兄。宋、鄭之亂，諸侯不能討，又從而利之，熊通因以僭號於荆，則天下之亂已極矣。鄭莊不臣，繻葛之戰，彝倫攸斁，諸侯不爲之變而遂至於無王矣。夫天下無王，乃伯者之所由興也。春秋辯名實之際，當天下無王之日，而且書王正如他時，則是經爲虚文，而名實亂矣，故於桓公之策，略不書王，以深絶不臣之諸侯。於莊、僖之編，序齊桓伯功而與之以尊王之義，其與伯者，亦所以罪諸侯也。然桓、文之興，雖假尊王以示名義，而朝覲獄訟不至，貢賦不歸，諸侯之所以事天子者，亦惟吊喪送葬而已，於是人情絶望於周，而王風不作。自東遷以來，天下之勢始一大變矣。故莊、僖崩葬特削而不書，與無王之簡隱顯互明，此辯名實之先務也。杜氏不達此義，謂由王室不班曆，故劉炫規之，謂昭公二十三年至二十六年，王室有子朝之亂，天王居於狄泉，豈能班曆？而正必書王，已足以破其惑。穀梁謂桓公弑君爲無王，則是特一國一人之事爾。皆不足以知筆削之權。其元年、十八年書王者，元年一君之始，十八年一君之終，嫌以無王之罪，蔽於一國也。二年書王者，當宋公之弑，嫌以無王之罪蔽於一人也。十年書王者，當曹伯終生之卒，嫌使是君不得正其終也。然陳侯鮑卒，亦無王者，史從其再赴，以二日繫月，如長曆與大衍曆所推二日皆不得在一月，春秋疑以傳疑甲戌己丑未必皆正月之日，則陳侯實卒月不得質言，故不與正也。穀梁傳曰：「桓無王，其曰王，何也？謹始也。」二年有王，曰「正與夷之弑也」。十年有王，曰「正終生之卒也」。此說必有所從受。又曰：「元年有王，所以治桓也。」則與謹始之義不同矣。蓋口傳之學，易至失真，其桓弟弑兄、臣弑君以下云者，乃以已見尋繹師説而妄爲之辭。

二十，中國無伯，則晉靈公之盟會，諸侯不序。

文七年，秋，八月，公會諸侯、晉大夫盟於扈。（傳曰：「齊侯、宋公、衛侯、鄭伯、許男、曹伯會晉趙盾，盟於扈。晉侯立故也。」）

十五年，冬，十一月，諸侯盟於扈。（傳曰：「晉侯、宋公、衛侯、陳侯、鄭伯、許男、曹伯盟于扈，尋新城之盟，且謀伐齊也。齊人賂晉侯，故不克而還。於是有齊難，是以公不會。」）

十七年，夏，諸侯會於扈。（傳曰：「晉侯蒐於黄父，遂復合諸侯於扈，平宋也。公不與會，齊難故也。」）

以上伯國盟會不序諸侯者三，見中國之無伯也。晉襄公卒，靈公幼，楚人已知北方可圖矣。趙盾以大夫會盟諸侯，而合四國以救鄭，不及楚師以三國伐宋，取賂而還。新城之盟，諸侯若不能忘晉者，而扈之再盟以賂不克伐齊，又再會以定宋文之簒，諸侯以爲晉不足與也。鄭既受盟於楚，而齊、魯俱貳，則中國遂至於無伯矣。夫中國無伯，乃楚之所由興也，春秋辯名實之際，當中國無伯之日，而且序晉伯、人楚君如他時，不幾於名實相亂乎？故於靈公之盟會，略諸侯不序，以明晉伯中衰，而楚自厥貉而後，君將皆稱君，以著其亂華之罪。其爵楚君者，亦所以志無伯也。是故王臣自出以盟諸侯，齊商人弑其君，執天子之使，諸侯恬不爲動，於是天下之人皆忘其上，而詩盡亡，自有伯以來，中國之勢又一大變，而王室又以無伯而愈卑矣，故頃王崩葬亦削而不書，與不序諸侯之簡，隱顯互明，此辯名實之先務也。左氏不達此義，於趙盾之盟曰：「公後至，故不書所會，避不敏也。」凡史有後至不書所會之例者，蓋爲公後會期，不得與其成事，故不書所會，明不冒其功，今書公會諸侯盟，而乃以不序諸侯爲避不敏，理必不然。其曰無能爲無功者，義亦未盡。唯陳氏謂，盟會恒序諸侯，於是雖伯主在焉而亦不序，見晋失伯而楚興，獨得春秋微旨，非諸家所及也。

二十一，征伐在諸侯，則君將稱君，大夫稱人，用衆稱師。苟略其恒辭，則雖君將，稱人、稱師。一役而再有事稱人、稱師，以喪行稱人。

隱四年，夏，宋公、陳侯、蔡人、衛人伐鄭。秋，翬帥師會宋公、陳侯、蔡人、衛人伐鄭。十一年，秋，七月，壬午，公及齊侯、鄭伯入許。

桓十年，冬，十二月，丙午，齊侯、衛侯、鄭伯來戰於郎。十三年，春，二月，公會紀侯、鄭伯。己巳，及齊侯、宋公、衛侯、燕人戰，齊師、宋師、衛師、燕師敗績。十五年，冬，十一月，公會宋公、衛侯、陳侯于袲，伐鄭。十六年，夏，四月，公會宋公、衛侯、陳侯、蔡侯伐鄭。

以上君將稱君者七。春秋之初，諸侯無王，合黨爲亂也。然征伐自諸侯出，實由此而始，故悉從其恒稱以見實，與後中國無伯之事同。

僖四年，春，王正月，公會齊侯、宋公、陳侯、衛侯、鄭伯、許男、曹伯侵蔡，蔡潰，遂伐楚，次於陘。六年，夏，公會齊侯、宋公、陳侯、衛侯、曹伯伐鄭，圍新城。十年，夏，齊侯、許男伐北戎。十五年，十一月，壬戌，晋侯及秦伯戰於韓，獲晋侯。十八年，春，王正月，宋公、曹伯、衛人、邾人代齊。二十二年，夏，宋公、衛侯、許男、滕子伐鄭。二十三年，春，齊侯伐宋，圍緡。二十八年，春，晋侯侵曹。晋侯伐衛。三月，丙午，晋侯入曹。夏，四月，己巳，晋侯、齊師、宋師、秦師及楚人戰於城濮。楚師敗績。

文元年，夏，晋侯伐衛。二年，春，王二月，甲子，晋侯及秦師戰于彭衙。秦師敗績。四年，秋，晋侯伐秦。

以上君將稱君者十有四。凡伯主將而稱君者，與之以專征討罪。中國無伯，諸侯將而稱君者，詳其自將以見實，二者勢分不同，故皆從其恒稱，而善惡自見，所謂不嫌同辭也。僖之初年，齊君將稱君者三，皆桓公攘夷伐叛之事。僖之中年，晋及秦戰，皆稱君，惠公背德，秦穆責報，齊桓不能西略也。宋襄既納齊孝，圖合諸侯，稱君將二。齊孝以怨報德，稱君將一。皆無伯之事。自僖末年至文之初，晋稱君將七。文公尊王定伯，功成一歲中有光齊桓。襄公戰伐皆稱君，與之以繼伯也。靈公不親將，而盟會皆不序。成公一自將伐鄭，不書，政在大夫也。由是觀之，則伯主將稱君視諸侯將從其恒稱者，文同而義异矣。

文十五年，冬，齊侯侵我西鄙，遂伐曹，入其郛。十七年，夏，齊侯伐我西鄙。宣元年，秋，宋公、陳侯、衛侯、曹伯會晋師於棐林，伐鄭。七年，夏，公會齊侯伐萊。九年，夏，齊侯伐萊。十四年，夏，晋侯伐鄭。十八年，春，晋侯、衛世子臧伐齊。成二年，春，齊侯伐我北鄙。三年，春，公會晋侯、宋公、衛侯、曹伯伐鄭。（爲下日葬月）四年，冬，鄭伯伐許。十年，夏，公會晋侯、齊侯、宋公、衛侯、曹伯伐鄭。（爲下卒月）十三年，夏，五月，公自京師，遂會晋侯、齊侯、宋公、衛侯、鄭伯、曹伯、邾人、滕人伐秦。十六年，六月，甲午晦，晋侯及楚子、鄭伯戰於鄢陵。楚子、鄭師敗績。秋，公會尹子、晋侯、齊國佐、邾人伐鄭。十七年，夏，公會尹子、單子、晋侯、齊侯、宋公、衛侯、曹伯、邾人伐鄭。冬，公會單子、晋侯、宋公、衛侯、曹伯、齊人、邾人伐鄭。

襄五年，冬，公會晋侯、宋公、衛侯、鄭伯、曹伯、齊世子光救陳。六年，十二月，齊侯滅萊。九年，冬，公會晋侯、宋公、衛侯、曹伯、莒子、邾子、滕子、薛伯、杞伯、小邾子、齊世子光伐鄭。十二月，己亥，同盟于戲。十年，秋，公會晋侯、宋公、衛侯、曹伯、莒子、邾子、齊世子光、滕子、薛伯、杞伯、小邾子伐鄭。十一年，夏，公會晋侯、宋公、衛侯、曹伯、齊世子光、莒子、邾子、滕子、薛伯、杞伯、小邾子伐鄭。秋，七月，己未，同盟於亳城北。公會晋侯、宋公、衛侯、曹伯、齊世子光、莒子、邾子、滕子、薛伯、杞伯、小邾子伐鄭，會於蕭魚。十五年，夏，齊侯伐我北鄙，圍成。十六年，春，齊侯伐我北鄙。夏，叔老會鄭伯、晋荀偃、衛甯殖、宋人伐許。秋，齊侯伐我北鄙，圍郕。十七年，秋，齊侯伐我北鄙，圍桃。十八年，冬，十月，公會晋侯、宋公、衛侯、鄭伯、曹伯、莒子、邾子、滕子、薛伯、杞伯、小邾子，同圍齊。二十三年，秋，齊侯伐衛，遂伐晋。冬，齊侯襲莒。

昭六年，冬，齊侯伐北燕。十六年，春，齊侯伐徐。十九年，春，宋公伐邾。二十二年，春，齊侯伐莒。

定四年，三月，公會劉子、晋侯、宋公、蔡侯、衛侯、陳子、鄭伯、許男、曹伯、莒子、邾子、頓子、胡子、滕子、薛伯、杞伯、小邾子、齊國夏於召陵，侵楚。冬，十有一月，庚午，蔡侯以吴子及楚人戰於柏舉。楚師敗績。九年，秋，齊侯、衛侯次於五氏。十三年，春，齊侯、衛侯次於垂葭。十五年，夏，齊侯、衛侯次於渠蒢。

哀元年，秋，齊侯、衛侯伐晋。五年，夏，齊侯伐宋。八年，春，王正月，宋公入曹，以曹伯陽歸。九年，秋，宋公伐鄭。

以上君將稱君者四十三。晋君將十六，起宣末年止襄之初十四，皆景、厲復伯，悼公中興之事。自悼而後，唯平一。圍齊乃諸侯同欲定之，侵楚則劉子之爲，舍是晋無書君將者矣。時征伐自大夫出已久，然當晋君自將，則諸侯皆親以師會過不專在大夫也。宣元年，宋、陳、衛曹之君會晉師者一。明年而趙盾弒君。襄十六年，叔老會鄭伯、晉荀偃者一。其年平新即位，蓋征伐自大夫出，晉實爲之，而以大夫用諸侯，則趙盾之無君也，舍是諸侯無自將會大夫者矣。齊君將二十三。伐魯者七，懿二、頃一、靈四。惠伐萊者二。皆閒晉之衰，欲挾魯以自爲，而不事盟主也。靈滅萊，而不親晉悼之盟，會莊伐衛，遂伐晉，爲伐盟主之始。還，遂襲莒。景伐燕、伐徐、伐莒，而不會劉子於召陵，三次而後書伐晉，且伐宋，舍齊諸侯無抗晉者矣。成四年，一書鄭伯伐許，志其反覆乎晉楚之閒也。昭十九年，宋公伐邾，討其入郳也。入曹、伐鄭而春秋終焉，志中國無伯，諸侯自相吞滅也，舍宋、鄭諸侯無書專伐者矣。孔子曰：「征伐自諸侯出，十世希不失矣。」此春秋君將書君之義也。

隱二年，冬，鄭人伐衛。五年，秋，邾人、鄭人伐宋。冬，宋人伐鄭，圍長葛。十年，秋，宋人、衛人入鄭。宋人、蔡人、衛人伐戴。鄭伯伐取之。冬，十月，壬午，齊人、鄭人入郕。

桓五年，秋，蔡人、衛人、陳人從王伐鄭。十四年，冬，宋人以齊人、蔡人、衛人、陳人伐鄭。十七年，秋，及宋人、衛人伐郳。

莊十三年，夏，六月，齊人滅遂。十四年，春，齊人、陳人、曹人伐宋。十五年，秋，宋人、齊人、郳人伐郳。鄭人侵宋。十六年，夏，宋人、齊人、衛人伐鄭。十九年，冬，齊人、宋人、陳人伐我西鄙。二十年，冬，齊人伐戎。二十六年，秋，公會宋人、齊人伐徐。二十八年，秋，公會齊人、宋人救鄭。二十九年，夏，鄭人侵許。三十年，冬，齊人伐山戎。

僖四年，冬，十二月，公孫茲帥師會齊人、宋人、衛人、鄭人、許人、曹人侵陳。七年，春，齊人伐鄭。十五年，冬，宋人伐曹。十七年，春，齊人、徐人伐英氏。十九年，秋，宋人圍曹。（傳記子魚之諫，在國言之。陳氏云「宋公圍」，非。）衛人伐邢。二十年，夏，鄭人入滑。（傳曰：「鄭公子士、洩堵寇帥師入滑。」陳氏曰：傳見入書人，非也。未書大夫將，不得有异旨。）二十六年，春，齊人侵我西鄙。夏，衛人伐齊。三十二年，夏，衛人侵狄。三十三年，春，王二月，秦人入滑。（陳氏曰：「孟明視書人，秦未有大夫。」說誤。秦征伐不出大夫。）冬，晋人、陳人、鄭人伐許。

文元年，夏，衛人伐晉。（傳：「衛孔達帥師伐晉。」）二年，冬，晉人、宋人、陳人、鄭人伐秦。（傳曰：「晉先且居、宋公子成、陳轅選、鄭公子歸生伐秦。」陳氏曰：「晉卿不書，以秦伯在師。」蓋衛左氏之失，經未書大夫將，不得有异旨。）三年，春，王正月，叔孫得臣會晉人、宋人、陳人、衛人、鄭人伐沈。沈潰。

隱五年，秋，衛師入郕。

桓十七年，夏，五月，丙午，及齊師戰於奚。

莊元年，冬，齊師遷紀、郱、鄑、郚。三年，春，王正月，溺會齊師伐衛。八年，夏，師及齊師圍郕。郕降於齊師。九年，八月，庚申，及齊師戰於乾時。我師敗績。十年，夏，齊師、宋師次於郎。（爲下事月）冬，十月，齊師滅譚。

僖元年，春，齊師、宋師、曹師次於聶北。救邢。（爲朝廟告朔月）夏，齊師、宋師、曹師城邢。二年，夏，虞師、晉師滅下陽。（傳：「晉里克、荀息帥師會虞師伐虢，滅下陽。」陳氏曰：「傳見滅，貶稱師。」今案，未書大夫將，不得有二義。）十五年，秋，七月，齊師、曹師伐厲。十八年，五月，戊寅，宋師及齊師戰於甗。齊師敗績。二十八年，夏，四月，己巳，晉侯、齊師、宋師、秦師及楚人戰於城濮。（傳：「夏，四月，戊辰，晉侯、宋公、齊國歸父、崔夭、秦小子慭次於城濮。」杜氏曰：「宋公以下皆以師屬晉，不與戰。」陳氏曰：「三國之君大夫但書師，始伯之辭。」今案，圍宋之役，楚子雖貶稱人，猶不易其班。今宋序齊下，則非宋公，明矣。但謂齊、秦皆以師屬晉，則不可。時征伐不出大夫，齊卿、秦公子不書將，則亦當舉師爲重。杜蓋不知此義，陳氏又循左氏尊晉侯之失，而違其本旨。）

文二年，春，王二月，甲子，晉侯及秦師戰於彭衙。（傳：「秦孟明視帥師伐晉。」此書師例。）

以上征伐稱人者三十五，稱師者十四，皆文以前征伐不自大夫出之事，莒、邾而下不入例，凡敗例言師，小國不入例。公羊傳曰：「將尊師衆稱某帥師，將尊師少稱將，將卑師衆稱師，將卑師少稱人，君將不言帥師，書其重者。」此史例也。將尊謂大夫而爲卿者，將卑謂非卿者，傳或謂之微者，筆削之旨，文以前征伐自諸侯出，則雖卿將稱人，與將卑師少者同，雖卿帥重師但稱師，與將卑師衆者同，蓋征伐之權尚在諸侯，則大夫皆奉君命以行，得失在其君，而大夫之尊卑不足辯也。左氏考史牘，征伐卿大夫有名氏而經但書人者，悉録其名氏，不爲無所見，而未達筆削微旨，至永嘉陳氏始發不傳之秘，而侵、伐、圍、滅异説以磔裂其義，則又失之。僖以前經無書名者，故傳不復詳，亦或有不得名氏者，然魯以卿會者，則外應是卿，蓋事有輕重，而大夫之會必以其班，非有故不得以微者往，其以微者會，則大國大夫下於次國之卿，若温之盟，齊人序鄭人下是也。次國大夫下於小國之卿，邾人、鄭人伐宋是也。陳氏謂微者皆不書，有所重則書，於是有得，書人之義愈失之矣。凡先儒謂小國主兵序大國之上者非，莒、邾而下，大夫微不復序。

莊二十八年，春，王三月，甲寅，齊人伐衛。衛人及齊人戰。衛人敗績。（傳：「齊侯伐衛。戰，敗衛師，數之以王命，取賂而還。」陳氏曰：「傳見齊侯將書人。」）

僖三十年，秋，晋人、秦人圍鄭。（傳：「九月，甲午，晋侯、秦伯圍鄭，以其無禮於晋，且貳於楚也。」）

以上伯主將稱人者二，秦君將稱人者一。齊、晋之伯，其君將稱君者，皆與之也。是故苟失伯討之義，則奪其恒稱。衛人立子頹，有輔簒之罪，齊桓以王命伐衛，取賂而還。

晋文與秦穆同圍鄭於既服之後，秦伯復叛晋而戍鄭。二事皆非伯討，故雖桓、文自將，亦稱人，皆奪其恒稱以見義也。秦伯稱人，雖若兩譏之，自與後秦君稱人一例，義與伯主不同。

文三年，夏，秦人伐晋。（傳：秦伯伐晋，濟河焚舟，取王官，及郊。晋人不出。）

七年，夏，四月，戊子，晋人及秦人戰於令狐。（傳：「秦康公送公子雍於晋，宣子與諸大夫皆患穆嬴，且畏偪，乃背先蔑而立靈公，以禦秦師。戊子，敗秦師於令狐。」陳氏曰：「傳見秦康公、趙盾皆書人。」）十有二年，十有二月，戊午，晋人、秦人戰於河曲。（傳：「秦爲令狐之役故，冬，秦伯伐晋，取羈馬。晋人禦之，秦軍掩晋上軍。乃皆出戰，交綏。秦師夜遁，復侵晋，入瑕。）

宣十五年，夏，秦人伐晋。（傳：「秋七月，秦桓公伐晋，次於輔氏。」案，是年夏，無秦伐晋傳，而七月傳不見不書之由，疑是一事而時月有誤。）

以上秦君將稱人者四。秦穆公既倍晋而戍鄭，又將因戍人以襲鄭，其心事如此，使秦得志於諸國，其禍豈減於楚哉？喪師於殽，雖嘗悔過自誓而終不能自克。既歸，鬭克使求成於楚，又以忿兵敗績於彭衙。令狐之役，曲雖在晉，然夫人、大子猶在，而外求君，康公無先見之明，以敗其衆，而報怨不已。蓋自穆至景，連兵於晉者四世，而楚世昏於秦矣，故秦、晉連兵，晉君將恒稱爵，而秦君自將五，四稱人，一但稱國，以其始於倍盟以賊中國，中亟於報怨，而卒自附於蠻荆，以爲中國之罪人。春秋既以繼伯討罪之義與晉襄，則秦君不得稱君以敵伯主，明王者之政當出於一，所以渙羣疑而尊王室也。其稱人之義，與楚君同，而又非中國諸侯之比矣。胡氏乃謂聖人以常情待晉襄，以王事責秦穆，豈經世之義乎？春秋之末，多流俗之論，左氏不能辯其弊，至今猶在，所謂尊穆公者，亦其一也。

僖二十六年，夏，齊人伐我北鄙。（傳：「齊孝公伐我北鄙。公使展喜犒師。齊侯未入境，展喜從之。乃還。」）

襄十八年，秋，齊師伐我北鄙。（傳：「齊侯伐我北鄙。」）

以上齊君將稱人者一，稱師者一。齊孝公伐魯，以魯人犒師故，未入境而去。公子遂已如楚乞師，伐齊，取穀，魯爲已甚矣，故雖君將，但稱人，爲用楚師言故而已。齊靈間晉悼之卒，倍盟伐魯者四，皆稱爵以見實。至是又伐魯，卒致十二國同圍齊之禍，故雖君將，但稱師，爲書同圍言故而已。一以用楚師報伐見義，一以十二國同圍見義，則其自將之罪，不足詳矣。

隱十年，春，王二月，公會齊侯、鄭伯於中丘。夏，翬帥師會齊人、鄭人伐宋。（傳：「五月，羽父先會齊侯、鄭伯伐宋。」）

桓十二年，冬，十一月，丙戌，公會鄭伯盟於武父。十二月，及鄭師伐宋。丁未，戰於宋。（傳：「與鄭伯盟於武父。遂帥師而伐宋。」）

僖十八年，春，王正月，宋公、曹伯、衛人、邾人伐齊。五月，戊寅，宋師及齊師戰於甗。

以上一役再有事，君將稱人者一，稱師者二。欲明一事爲一役，故先詳後略，因上文以見之，而義愈明，與内事蒙上文不書公同法。陳氏乃以再見稱人爲貶，借令不再見，則遂無貶乎？諸貶例皆牴牾不通，本非春秋之旨故也。其以内諱而稱人者，已見前篇。

僖三十三年，夏，四月，辛巳，晉人及姜戎敗秦師於殽。（傳曰：秦孟明視、西乞術、白乙丙襲鄭，及滑，知鄭有備，滅滑而還。晉先軫曰：「秦不哀吾喪而伐吾同姓。」發命，遽興姜戎。子墨衰絰。四月，辛巳，敗秦師于殽。）秋，晉人敗狄於箕。（傳曰：「狄伐晉。八月，戊子，晉侯敗狄於箕。」）

以上未踰年君將稱人者二。嗣君未踰年稱子，出從盟會亦稱子，以師行者稱爵，從史文以見其罪也。若夫方伯、連率禦寇討亂，則魯公伯禽嘗行之矣，君子以其不以私憂廢王事，無以議爲也，故晉襄公衰絰行師，聖人以其與得已不已者不同，略而稱人，義不在稱君也。陳氏知二傳釋殯之譏爲非，而又以構秦怨爲貶，則雖習於變禮之由，而於當時事體有不察者。自城濮而後，楚人帖息，中國少寧，而秦穆首爲亂階，縱而弗討，同盟之國，何所賴乎？陸氏曰：「晉爲盟主，諸侯服之久矣。秦不哀其喪而襲其同姓，若不能救，則先公之業墜矣。故聖人爲之諱，許其以權變禮，异乎匹夫之孝也。」其論伯者繼述之義，諸家所不及，然以稱人爲諱，則襄公之事，初不必諱，但不使與得已不已者同，稱所以別嫌明微，唯以書敗見義而已，敗狄稱人，雖葬未三年，義與上同，而陳氏又以爲貶，有如不能敗之，則將何以爲稱乎？

二十二，征伐在大夫，則大夫將書大夫，微者稱人，用衆稱師。苟略其恒稱，則雖大夫將，稱人、稱師。

文三年，冬，晉陽處父帥師伐楚以救江。十五年，夏，晉郤缺帥師伐蔡。戊申，入蔡。

宣元年，秋，晉趙盾帥師救陳。冬，晉趙穿帥師侵崇。六年，春，晉趙盾、衛孫免侵陳。九年，秋，晉荀林父帥師伐陳。冬，晉郤缺帥師救鄭。十二年，夏，六月，乙卯，晉荀林父帥師及楚子戰於邲。

成二年，六月，癸酉，季孫行父、臧孫許、叔孫僑如、公孫嬰齊帥師會晉郤克、衛孫良夫、曹公子首及齊侯戰於鞌。三年，秋，晉郤克、衛孫良夫伐廧咎如。六年，冬，晉欒書帥師救鄭。八年，春，晉欒書帥師侵蔡。冬，叔孫僑如會晉士燮、齊人、邾人伐郯。九年，秋，晉欒書帥師伐鄭。

襄元年，春，仲孫蔑會晉欒黶、宋華元、衛甯殖、曹人、莒人、邾人、滕人、薛人圍宋彭城。夏，晉韓厥帥師伐鄭。三年，冬，晉荀罃帥師伐許。十六年，夏，叔老會鄭伯、晉荀偃、衛甯殖、宋人伐許。十九年，秋，晉士匄帥師侵齊，至穀，聞齊侯卒，乃還。

昭元年，夏，晉荀吴帥師敗狄於大鹵。十五年，秋，晉荀吴帥師伐鮮虞。十七年，八月，晉荀吴帥師滅陸渾之戎。

定四年，秋，晉士鞅、衛孔圉帥師伐鮮虞。五年，冬，晉士鞅帥師圍鮮虞。八年，秋，晉士鞅帥師侵鄭。遂侵衛。十年，夏，晉趙鞅帥師圍衛。

哀二年，夏，晉趙鞅帥師納衛世子蒯聵於戚。秋八月，甲戌，晉趙鞅帥師及鄭罕達帥師戰於鐵。五年，夏，晉趙鞅帥師伐衛。六年，春，晉趙鞅帥師伐鮮虞。七年，春，晉魏曼多帥師侵衛。十年，夏，晉趙鞅帥師侵齊。十三年，秋，晉魏曼多帥師侵衛。

以上晉大夫將書大夫者三十三，皆文以後征伐自大夫出之事。晉至襄公之末，大夫已專。陽處父爲大傅，盟魯侯，以王叔桓公伐楚，改蒐於董，易中軍，其汰已甚，卒取殺身之禍，故經没桓公，而書大夫帥師於是始。趙盾，衰之子也，立靈公，再專，合諸侯，屢主兵征伐，卒將趙穿以陷於簒弑之罪，又立成公而相之，晉不競者再世，而六卿之禍遂成。郤缺，芮之子也，傳克而益專，至錡、至犨而敗。荀林父，孫偃庚之子也，與欒書同弑厲公，傳吴至寅而敗。荀罃，首之子也。傳盈與躒，至瑤而敗。荀首者，林父弟，林父之後，世襲中行，故稱中行氏。首分族稱知氏。欒書，盾之子也，傳黶至盈而敗。士燮，會之子也，傳匄與鞅，至吉射而敗。韓厥之子起，起孫不信。魏曼多，舒之孫也。趙氏再起，至鞅而復，强三家相結以傾范、中行氏，卒滅知氏，三分晋地，而自列爲諸侯。凡皆世卿之效也。孔子曰：「禮樂征伐自大夫出，五世希不失矣。」此春秋大夫將，書大夫之義也。然襄以前，大夫將有書人以見義者，自昭而後，大夫將皆從其恒稱，何也？稱人見義者，以大夫征伐猶有關天下之故也。春秋爲天下作，非有關於天下之故，奚議焉？自昭而後，晋人志不在諸侯，而盡力於羣狄，伐鮮虞、滅陸渾，利其俘獲爾，齊、衛、鄭、鮮虞助范、中行以抗趙、韓、魏氏，故趙鞅納蒯聵，戰鄭罕達，侵齊，伐衛，伐鮮虞，魏曼多侵衛，皆從其恒稱，志强家之亂而已。

襄元年，夏，仲孫蔑會齊崔杼、曹人、邾人、杞人次於鄫。十七年，秋，高厚帥師伐我北鄙，圍防。二十四年，秋，齊崔杼帥師伐莒。二十五年，春，齊崔杼帥師伐我北鄙。

昭十二年，春，齊高偃帥師納北燕伯於陽。十九年，秋，齊高發帥師伐莒。

定七年，秋，齊國夏帥師伐我西鄙。八年，夏，齊國夏帥師伐我西鄙。

哀三年，春，齊國夏、衛石曼姑帥師圍戚。十一年，春，齊國書帥師伐我。

以上齊大夫將書大夫者十。其事獨在襄公中歲以後。齊自國、高以天子命卿爲桓公内主，子孫世執其政，然自孝而下，多强君威福，自己出至靈公間晋伐魯，而高厚始書帥師，又廢太子光，而使厚傅牙以爲太子。及崔杼立莊公，厚以從君於昏見殺。杼既專國弑君，而卒以家禍覆其宗，出慶封，放高止，公族猶有人焉。其後陳氏以厚施得民，景公君臣知其必有齊國，而莫如之何。國、高之後猶以世卿帥師，而齊人再世弑君不能討。至國夏、高張乃見逐，書以後爲陳氏役而已。

宣二年，春，王二月，壬子，宋華元帥師及鄭公子歸生帥師戰於大棘，宋師敗績，獲宋華元。

哀三年，夏，宋樂髡帥師伐曹。六年，冬，宋向巢帥師伐曹。七年，春，宋皇瑗帥師侵鄭。九年，春，宋皇瑗帥師取鄭師於雍丘。十二年，秋，宋向巢帥師伐鄭。

以上宋大夫將書大夫者六。宋卿皆公族也。昭公之弑，華氏與焉，華元爲右師以相文公，出魚氏，殺楚使者，幾亡國，然國於晋、楚之間，衛、鄭交侵而不私圖報復以聽於伯主，既又以善於晉、楚大夫克合南北之成。以向戌爲左師，而向戌亦以善於晉、楚大夫，挾弭兵之説，成宋之盟，故宋大夫書帥師自華元始。而歷四世無書大夫將者，蓋晉人欲以偪陽封向戌，戌能讓歸其君，既而以弭兵請賞，公與之邑，司城子罕削而投之，向氏欲攻司城。左師曰：「我將亡，夫子生我。」則三子者之從政，亦有异於專兵以徼利、弱公室而自封者焉，至樂髡、向巢、皇瑗始滅曹，與鄭連兵無虚歲，然巢既以弟魋叛奔魯，而瑗亦以子麇故殺身，則大夫書將之義，可謂明矣。

成二年，夏，四月，丙戌，衛孫良夫帥師及齊師戰於新築。六年，春，衛孫良夫帥師侵宋。（傳：三月，晉伯宗、夏陽説、衛孫良夫、甯相、鄭人、伊、雒之戎、陸渾、蠻氏侵宋。）十年，春，衛侯之弟黑背帥師侵鄭。十七年，春，衛北宫括帥師侵鄭。

襄二年，夏，晉師、宋師、衛甯殖侵鄭。十七年，夏，衛石買帥師伐曹。十九年，夏，衛孫林父帥師伐齊。

定四年，秋，晉士鞅、衛孔圉帥師伐鮮虞。十二年，夏，衛公孟彄帥師伐曹。十三年，夏，衛公孟彄帥師伐曹。

哀三年，春，齊國夏、衛石曼姑帥師圍戚。

以上衛大夫將書大夫者十一。其以會伐再見者，已具晋大夫類中。當晋襄之伯，孔達以國故干晋以見討，晋人良而免之。既又背盟救陳，見殺。孫免會趙盾，所帥師少，故不言帥師。良夫世爲卿，子林父與甯殖出其君而立剽。剽，黑背之子也。殖子喜又弑其所事之君，而納故君，卒以見殺。林父入於戚以叛，北宫結以公叔戌之黨逐公孟彄，以蒯聵之黨逐孔圉，取蒯聵之姊，生悝。蒯聵因孔姬以刼悝而復國，悝亦卒逐石買，背盟伐魯，見執伯主，曼姑爲輒拒父，皆無足道者。觀延陵季子與孔子之言，則衛之末世，猶有人焉，故雖靈公無道而禍不出於世卿云。

定四年，夏，四月，庚辰，蔡公孫姓帥師滅沈，以沈子嘉歸，殺之。十四年，二月，辛巳，楚公子結、陳公孫佗人帥師滅頓，以頓子牂歸。

以上陳、蔡大夫將書大夫者各一。陳、蔡國小而役於楚，無大國世卿之禍，政在公族，故二公孫以帥師書，然二國之爲惡者，非公子則公孫也。

宣二年，春，王二月，壬子，宋華元帥師及鄭公子歸生帥師戰於大棘。

成三年，夏，鄭公子去疾帥師伐許。十四年，秋，鄭公子喜帥師伐許。十六年，夏，鄭公子喜帥師侵宋。

襄十一年，夏，鄭公孫舍之帥師侵宋。二十五年，六月，壬子，鄭公孫舍之帥師入陳。冬，鄭公孫夏帥師伐陳。

定六年，春，王正月，癸亥，鄭游速帥師滅許，以許男斯歸。十五年，夏，鄭罕達帥師伐宋。

哀二年，秋，八月，甲戌，晋趙鞅帥師及鄭罕達帥師戰於鐵。七年，冬，鄭駟弘帥師救曹。十三年，春，鄭罕達帥師取宋師於嵒。

以上鄭大夫將書大夫者十有二。鄭在春秋爲次國，自侯宣多後，無復异姓之卿。公子歸生受命於楚以伐宋，敗宋師，獲華元，而卒以首惡書。其後鄭人討幽公之亂，斲子家之棺，逐其族，而穆氏大興於鄭。傳記穆公之子十一人，其爲卿者九人。去疾字子良，能不受國而讓歸其兄。其伐許也，楚人以爲討，而鄭伯背楚歸晋，遂世與許仇，以至滅許，至孫良霄而敗，是爲良氏。喜字子罕，子豐欲愬其君於晋，喜能止之。子舍之孫罕虎皆賢，是爲罕氏。騑字子駟，當晋、楚爭鄭，始則受楚田而叛晋以伐宋，遂與宋仇，終則反覆兩間，以使晋人盡力於鄭，楚不敢爭而後固與晋，然上弑其君，而下侵欲於人，卒殺其身，以及二卿。子，夏，孫，偃，是爲駟氏。發字子國，與於子駟之難。子，僑；孫，參；是爲國氏。偃字子游。子，蠆，孫，吉，是爲游氏。嘉字子孔，知子駟之難而不告，又將叛晋，而起楚師以去諸大夫，子展、子西殺之而分其室。子豐之後爲印氏。是時子産之賢聞於諸侯，子展當國即能立以爲卿，而子皮卒授之政。當晋六卿擅國，魯三家不臣，齊崔、慶顛覆，楚人肆暴，陳、蔡危亡之餘，鄭獨隱然其間，以禮自持，内無世卿之禍，外免大國之侮，則子産之功也。然則子展、子皮賢於臧文仲遠矣。至罕達復修宋怨，而駟弘救曹無功，則鄭亦衰焉。此外唯曹公子首以鞌之戰書，小國無强家，不復序。

文五年，夏，秦人入鄀。十五年，夏，齊人侵我西鄙。

宣元年，冬，晋人、宋人伐鄭。九年，冬，宋人圍滕。十二年，冬，衛人救陳。

成九年，冬，秦人、白狄伐晋。鄭人圍許。十二年，秋，晋人敗狄於交剛。

襄四年，冬，陳人圍頓。十一年，冬，秦人伐晋。

宣二年，春，秦師伐晋。三年，秋，宋師圍曹。八年，夏，晋師、白狄伐秦。十年，夏，宋師伐滕。（爲下葬月）十二年，冬，宋師伐陳。十三年，春，齊師伐莒。

襄二年，春，鄭師伐宋。夏，晋師、宋師、衛甯殖侵鄭。

以上征伐稱人者十，稱師者八，皆文以後征伐自大夫出時事。左氏不記名氏，以其皆微者不復詳，亦或有不得其名氏者。春秋之初，征伐在諸侯，帥師不必皆卿，故書人、書師多微者。自大夫專兵之後，微者帥師亦少。觀魯自三家專兵而後無微者，將與此所序則可知矣。晋悼公卒而後，大夫將皆從其恒稱，故以後微者之師不復辯。

文七年，夏，四月，戊子，晋人及秦人戰於令狐。（傳：趙盾將中軍，先克佐之。荀林父佐上軍。先蔑將下軍，先都佐之。戊子，敗秦師於令狐。）九年，春，公子遂會晋人、宋人、衛人、許人救鄭。（傳：公子遂會晋趙盾、宋華耦、衛孔達、許大夫救鄭，不及楚師。）十四年，秋，晋人納捷菑於邾，弗克納。（傳：趙盾以諸侯之師八百乘納捷菑於邾。）十七年，春，晋人、衛人、陳人、鄭人伐宋。（傳：晋荀林父、衛孔達、陳公孫寧、鄭石楚伐宋。討曰：「何故弑君？」猶立文公而還。）

宣二年，夏，晋人、宋人、衛人、陳人侵鄭。（傳：趙盾救焦，遂自陰地及諸侯之師侵鄭。）十年，夏，晋人、宋人、衛人、曹人伐鄭。（傳：「諸侯之師伐鄭，取成而還。」案，是時鄭已及楚平，晋必不使微者將而伐鄭，春秋亦無四國皆微者會兵之事，鄭亦必不與微者成，傳雖不得名氏，明四國皆卿也。）十五年，六月，癸卯，晋師滅赤狄潞氏，以潞子嬰兒歸。（傳：「晋荀林父敗赤狄于曲梁。辛亥，滅潞。」）十六年，春，王正月，晋人滅赤狄甲氏及留吁。（傳：「晋士會帥師滅赤狄甲氏及留吁、鐸辰。」）

襄十年，夏，晋師伐秦。（傳：荀罃伐秦，報其侵也。）

以上晋大夫將書人者三，稱師者二，晋大夫與諸侯之大夫將稱人者四。凡大夫將稱大夫者，征伐自大夫出也。苟動不以正與不堪其事，則又奪其恒稱。趙盾專國，立君不審，爲令狐之役以再起秦怨，興兵以納不正，見辭於邾人。荀林父、士會當宋告急，畏楚，不能救，而甘心於羣狄。晋、楚方爭，鄭不能釋秦以畢事於楚荀罃伐秦徒曰報其侵而已，此皆所謂動不以正也，則奪其恒稱固宜。然趙盾、孫免侵陳書名氏，而救鄭、伐宋、侵鄭、伐鄭凡四大舉皆書人者，陳侯既同新城之盟，楚子侵陳，趙盾救之，而陳又叛晋從楚，則侵之得討貳之宜也。趙盾將五國之衆救鄭，而不及楚師。宋人弑君，林父與諸侯之大夫伐宋，猶立文公而還。鄭伯曰：「晋不足與也。」遂受盟於楚。於是趙盾又以諸侯之師侵鄭，遇楚輒還，鄭伯既會晋侯於黑壤、於扈，楚子伐鄭，而晋郤缺救鄭，鄭伯亦敗楚師於柳棼。鄭之從晋，非不堅也。晋雖得鄭而終不能服楚，則鄭豈能當楚之驟伐哉？故柳棼既敗楚師，而子良憂之。明年，鄭及楚平，懼晋之不足恃也，於是晋又以諸侯伐鄭，取成而還。明年，楚子、陳侯、鄭伯盟於辰陵。又明年，楚子入陳。又明年，楚子圍鄭，而荀林父喪師於邲。故是四役皆稱人，惡其以大夫而專伯討，既不能以信義屬諸侯，又不能以武力震楚，而徒爲是紛爭也。

襄八年，夏，鄭人侵蔡，獲蔡公子燮。（傳：鄭子國、子耳侵蔡，獲蔡司馬公子燮。五月，會於邢丘。）十四年，夏，叔孫豹會晋荀偃、齊人、宋人、衛北宫括、鄭公孫蠆、曹人、莒人、邾人、滕人、薛人、杞人、小邾人伐秦。（爲下事月）傳：諸侯之大夫從晋侯伐秦，以報櫟之役也。晋侯待于境，使六卿帥諸侯之師以進。及涇，不濟。叔向見叔孫穆子，穆子賦匏有苦葉。叔向退而具舟，魯人、莒人先濟。鄭子蟜、衛北宫懿子見諸侯師而勸之濟，濟涇而次。子蟜帥鄭師以進，師皆從之，至棫林，不獲成焉。荀偃令曰：「雞鳴而駕，塞井夷竈，惟余馬首是瞻。」欒黶曰：「晉國之命，未是有也，余馬首欲東。」乃歸。下軍從之。乃命大還。晉人謂之遷延之役。欒鍼曰：「此役也，報櫟之敗也。役又無功，晉之耻也。吾有二位於戎路，敢不耻乎？」與士鞅馳秦師，死焉。於是齊崔杼、宋華閱、仲江會伐秦，不書，惰也。向之會亦如之。衛北宮括不書於向，書於伐秦，攝也。十九年，四月，丁未，鄭公孫蠆卒。晉侯以其善於伐秦也，請於王，追賜之大路，使以行。）

以上鄭大夫將稱人者一，諸侯之大夫會伐，而齊、宋大夫特稱人者一。鄭大夫將於他役，或從晉，或從楚，皆從其恒稱，而侵蔡獨稱人者，鄭反覆於晉、楚之閒久矣，事之善惡不待變文而見，故大夫將皆從其恒稱。於是僖公如會，公子騑道弒君而立簡公，生五年矣，公子發又爲之侵蔡，而奉其幼君，以獻捷於會，將以説晉而免鄭於討也。悼公果置其罪不問，是歲楚人伐鄭，子駟、子國又定畫從楚，蓋諸國之勢，苟未得鄭，則未可以圖蔡，鄭人内懷反覆，而侵蔡以欺盟主，故晉卒歸公子燮於蔡，而春秋於鄭大夫獨奪其恒稱。伐秦之役，晉、衛、鄭大夫皆從其恒稱，而齊、宋大夫稱人者，傳以爲齊、宋大夫不進師也。是年春，會吴於向，齊、宋、衛大夫皆稱人。一役之中而有與奪，以悼公之惰也，抑諸國之不競，諸侯亦有罪焉。自令狐以來，晉與秦交兵，大夫將，皆稱人，而荀偃獨從其恒稱者，悼公以諸侯之師伐秦，庶幾能張諸國之勢，討秦人黨楚之罪，而齊、宋大夫不進師，則悼公之令外不行於列國矣。荀偃欲進，而欒黶先歸，則悼公之令内不行於臣子矣。故荀偃得從其恒稱，譏不在荀偃也。諸侯大夫知有伯之無益於已，而不知無伯之禍又有甚焉，故惰慢不攝如此，譏不徒在晉也。自伐秦而後，大夫將，無异辭，苟無諸國之志，則不足議也。晉襄公卒，而楚君將稱君，伯業之偏安也。悼公卒，而大夫將皆從其恒稱，則春秋之世變極矣。

昭二十三年，春，晉人圍郊。

以上晉大夫將稱人者一。大夫將，從其恒稱，久矣。此籍談、荀躒也，其復書人，何也？晉悼公卒，而大夫將皆從其恒稱者，苟非伯者之事，則其名實不足辯也。若夫諸侯置力王室，乃臣子之分所當爲，不惟責在伯者。以晉大夫怠於勤王而從其恒稱，是君臣大義以無伯而廢，天理民彝以無伯而泯也，故特變而稱人，明晉雖失伯，而王室在難，乃諸侯所當勤，有不可一日緩者，又一義也。齊陳恒弒其君，孔子沐浴而朝，告於哀公，請討之，曰：「以吾從大夫之後，不敢不告。」時夫子方脩春秋而不忘討賊如此，則其制作之意，豈徒曰辯伯者之功過以示後世而已哉？晋人怠於勤王事已見第二篇。

二十三，征伐，君、大夫將，稱人不足以盡意，則但稱國。

文十年，夏，秦伐晋。

成三年，冬，鄭伐許。

昭十二年，冬，晋伐鮮虞。

以上君、大夫將稱國以伐者三。凡外裔舉號，君臣同辭，如戎、狄、於越、淮夷是也。若荆、吴與徐，則本非外裔，荆、吴既僭王肆亂，而徐之先亦嘗僭王，故春秋於此三國者，皆以號舉。穀梁傳釋荆曰「外之」，則徐、吴從可知也，然此猶史例也，若傳於晋伐鮮虞亦曰外之，而何氏、范氏、陳氏因推以釋秦伐晋、鄭伐許，則非復史例矣。蓋君大夫將稱人者，變文以示義也。其或稱人不足以盡意，則但稱國以异之。辭愈略者，義愈深也。然既同於舉號，則亦豈諸侯、諸國之恒稱哉？秦嘗再納晋君，城濮、翟泉小子慭皆在焉，不爲無功於諸國，而穆公叛晋以襲鄭，敗殽、敗彭衙，而秦不自反，連兵報復者再世，終春秋秦爲楚役，卒使楚人得志於中國，故春秋晋侯伐秦稱爵，而秦伯伐晋皆稱人。令狐而後，秦、晋交兵不悉書，而秦伯伐晋但書秦，杜而絶之，同於外裔而已。自晋、楚爭鄭，鄭受兵無虚歲。辰陵竊盟於楚，而又徼事於晋，既從楚以拒晋，又一歲中再伐許以怒楚，其反覆乎晋、楚之間，誠外道也，故再伐許稱國，言非復諸國、諸侯也。晋雖不競，猶稱盟主。楚合諸侯於申，伐吴，滅陳，誘蔡侯般殺之，滅蔡，而晋人方以詐滅肥，伐鮮虞，甘心於羣狄，故伐鮮虞稱國，責其弃中國於楚，聽其吞滅，非復諸侯之盟主也。是皆筆削之旨也。蓋狄秦，則諸侯之從楚者絶意於中國矣，外鄭，則諸侯之反覆乎晋、楚之間者，不足賴矣。至於外晋，則天下諸侯皆楚之從，而晋之爲盟主也末矣。

二十四，外盟會，恒稱君、大夫，微者稱人，内微者但稱會。苟奪其恒稱，則外君、大夫俱稱人，内稱會，同微者。一役再有事，稱人。

僖二年，秋，九月，齊侯、宋公、江人、黄人盟於貫。

莊十五年，春，齊侯、宋公、陳侯、衛侯、鄭伯會於鄄。

僖三年，秋，齊侯、宋公、江人、黄人會於陽穀。

宣九年，秋，晋侯、宋公、衛侯、鄭伯、曹伯會於扈。（爲下卒月）

僖二十一年，秋，宋公、楚子、陳侯、蔡侯、鄭伯、許男、曹伯會於盂。

以上伯主之盟一、會三，宋、楚之會一，皆從其恒稱。凡盟會，吾君、大夫在焉者，皆序，見第一篇，外離盟、參盟序，見第二篇。楚主盟會序見下篇。君稱爵，大夫稱名氏，微者稱人，内微者但稱會，皆從主人之辭，此不重序。

僖十九年，冬，會陳人、蔡人、楚人、鄭人盟於齊。（公作公會。趙氏以爲諱不書公。據左氏，此會爲陳穆公請脩好於諸侯，以無忘齊桓之德，而不言公，會盟于齊，雖齊桓盛時，亦無諸侯會盟于齊之事，况魯有救四公子之嫌，終孝公世，僖公未嘗如齊，其後卒爲仇敵，則此盟非公親往可知。楚僭大號，未嘗與中國會盟。觀蜀之盟，楚嬰齊、秦説序宋、陳、衛卿上，則其卑諸侯可見，其貴卿必不肯序陳、蔡大夫下。此蓋陳、蔡皆卿，而楚以微者往會，故楚序陳、蔡之下，鄭又序楚下。如蜀之盟，齊大夫序鄭下，皆非卿也，此内稱會爲微者無疑。二十一年，春，宋人、齊人、楚人盟於鹿上。

（宋、齊皆卿，楚微者。）

成二年，十一月，丙申，公及楚人、秦人、宋人、陳人、衛人、鄭人、齊人、曹人、邾人、薛人、鄫人盟於蜀。（傳：公及楚公子嬰齊、蔡侯、許男、秦右大夫説、宋華元、陳公孫寧、衛孫良夫、鄭公子去疾及齊國之大夫盟於蜀。於是乎畏晋而竊與楚盟。蔡侯、許男不書，乘楚車也，謂之失位。）

以上列國大夫與楚人盟，書人者三。自齊桓公卒，宋襄暴虐，陳穆公請脩好於諸侯，以無忘齊桓之德，初以諸侯大夫會盟，而楚人得與中國盟會於是始。宋襄又不度德量力，求諸侯於楚，而爲鹿上之盟，至有盂之執辱，泓之敗績。於是魯挾楚以抗齊，爲東諸侯事楚之始。陽橋之役，納賂請平，公會楚公子嬰齊及十一國之大夫盟於蜀，則中外之分蕩然矣，故三盟列國大夫皆奪其恒稱，責其墮中國之大義也。内不諱公者，陽橋之役，由魯致之，公親會嬰齊而即魯地爲盟，事不可諱，而亦與内惡私耻不同，故不没公以見實也。至晋、楚爲宋之盟以南北諸侯交相見，乃從其恒稱者，聖人不以空言作經，其有辯於名實之際，蓋將以正名而責實也。齊與鹿上，召陵之威烈未泯；蜀之盟，雖曰東方諸侯皆在，而猶有晋也，故皆奪其恒稱以示義。晋悼公卒，齊始叛晋，晋知不競於楚，而遂以諸侯與之，則春秋將何所辯乎？故晋、楚之盟會，大夫亦從其恒稱以見實而已。

僖二十九年，夏，六月，會王人、晋人、宋人、齊人、陳人、蔡人、秦人盟于翟泉。（傳：公會王子虎、晋狐偃、宋公孫固、齊國歸父、陳轅濤塗、秦小子慭盟于翟泉。）

莊十三年，春，齊侯、宋人、陳人、蔡人、邾人會於北杏。

襄八年，夏，季孫宿會晋侯、鄭伯、齊人、宋人、衛人、邾人於邢丘。（傳：五月，甲辰，會于邢丘，以命朝聘之數，使諸侯之大夫聽命。季孫宿與齊高厚、宋向戌、衛甯殖、邾大夫會之。鄭伯獻捷於會，故親聽命。）

以上列國大夫盟王子稱人者一，會伯主稱人者二。禮：卿不會公侯，豈有列國大夫上盟王子之理？翟泉之盟，下陵上替之始也。故王子與大夫皆變文稱人以尊王室，而没公不書。凡大夫會諸侯，經皆直書而失自見。北杏、邢丘會列國大夫以聽政，乃伯主之所得行，故大夫稱人以尊伯主，經所以奬成伯功也。傳曰「大夫不書，尊晋侯也」。北杏，傳不得大夫名氏，故於邢丘發例。陳氏解會盟於幽爲齊初主盟不言公，與奪不一，以經傳事理考之，非是。

宣十二年，冬，晋人、宋人、衛人、曹人，同盟於清丘。（傳：晋原縠、宋華椒、衛孔達、曹人同盟於清丘，曰「恤病討貳」。於是卿不書，不實其言也。宋爲盟故，伐陳，衛人救之。）

襄十四年，春，王正月，季孫宿、叔老會晋士匄、齊人、宋人、衛人、鄭公孫蠆、曹人、莒人、邾人、滕人、薛人、杞人、小邾人會吴於向。（傳：會于向，爲吴謀楚故也。於是齊崔杼、宋華閲、仲江會，不書，惰也。衛北宫括不書於向，書於伐秦，攝也。）二十六年，夏，公會晋人、鄭良霄、宋人、曹人於澶淵。（傳：衛人侵戚東鄙。孫氏愬於晋，晋爲孫氏故，召諸侯。六月，公會晋趙武、宋向戌、鄭良霄、曹人于澶淵，以討衛，疆戚田。）三十年，冬，晋人、齊人、宋人、衛人、鄭人、曹人、莒人、邾人、滕人、薛人、杞人、小邾人會於澶淵。宋災故。（傳曰：爲宋災故，諸侯之大夫會以謀歸宋財。冬十月，叔孫豹會晋趙武、齊公孫蠆、宋向戌、衛北宫佗、鄭罕虎及小邾之大夫會于澶淵。

既而無歸于宋。）

以上大夫同盟稱人者一，會而有稱大夫、有稱人者二，會而稱人者一。清丘同盟，晋以原縠主之，而衛人背盟、救陳，大夫不足主諸侯明矣。澶淵之會，謀歸宋財，既而無歸，合諸侯以行私惠，而又不踐其言，非盟主之道也。故皆奪其恒辭，稱人。叔孫豹會不書。陳氏曰：「譏不在魯也。」向之會，齊、宋、衛大夫以惰慢不攝稱人。澶淵之會，以鄭不助叛臣故，良霄獨從其恒稱，與奪之義著矣。自昭公而後，大夫之會皆從其恒稱，不足議也。楚圍尋宋之盟於虢，合十有一國於申，伐吴，執齊慶封，遂滅賴，滅陳，執陳公子招，殺陳孔奐，誘蔡侯般，殺之，圍蔡，滅蔡，而晋合八國於厥慭，不能救蔡，合十國於黄父，不能勤王，合六國於扈，不能納魯昭公。春秋治在夷狄，而晋之君卿不足議，則從其恒稱可也。

桓十年，冬，十二月，丙午，齊侯、衛侯、鄭伯來戰於郎。十一年，春，正月，齊人、衛人、鄭人盟於惡曹。

以上一役再有事，前稱君、後稱人者一。戰稱君，盟稱人者，前書來戰，則其罪已著矣。欲明二事爲一役，故蒙上文略稱人以見之也。陳氏曰：「此戰郎諸侯也。凡一役而再見者，但人之，略之也。」

春秋屬辭卷十二

謹内外之辯第五

三曰，謹内外之辯。中國之視外裔，猶天地冠屨也，而又何謹焉？信大義于天下也。昔先王肇九州、分五服，内外之限綦嚴矣。周失其綱，天下無伯，于是荆人始横，齊桓起而懲創之，其威稍戢。然自晋伯中衰，楚君將皆稱君，其大夫將皆稱大夫，疑於中國矣。入陳、圍鄭、平宋，而晋人以爲天方授楚，不可與爭。盟於蜀而東方諸侯莫敢不至。盟於宋而南北之勢成，諸侯交相見矣。申之會，十有一國。宋世子與淮夷俱繼小國之君，於是伐吴、滅陳、滅蔡，皆假討賊之義以號於天下。俄而復陳與蔡，天下知有楚而已。是故終春秋書楚事，無一不致其嚴者，所以信大義於天下也。以此坊民，後世猶有謂春秋與楚以伯者，則先王經世之略不明久矣。蓋楚至東周始强於四夷，僭王其國，志吞中夏，故伯者之興，得以攘却爲功，世雖無桓、文，而中國之大義不可一日而不信也。凡春秋書楚事與中國异辭者，悉著於篇，而吴、越與徐以類見焉。

二十五，荆始伐中國以號舉。

莊十年，秋，九月，荆敗蔡師於莘，以蔡侯獻舞歸。（傳：息侯使謂楚文王，曰：「伐我。吾求救於蔡而伐之。」楚子從之。）十四年，秋，七月，荆入蔡。（傳：蔡哀侯爲莘故，繩息嬀以語楚子。楚子如息，以食入享，遂滅息，以息嬀歸，生堵敖及成王焉，未言。曰：「吾一婦人而事二夫，其又奚言？」楚子以蔡侯滅息，遂伐蔡。）十六年，秋，荆伐鄭。（傳：鄭伯自櫟入，緩告於楚。秋，楚伐鄭及櫟。）二十八年，秋，荆伐鄭。（傳：楚令尹子元以車六百乘伐鄭。陳氏曰：「子元不書人，楚未有大夫也。」）

以上楚君、大夫將，同稱荆者四。楚自武王熊通僭王竊號、吞滅漢陽諸姬。子文王熊資莊四年立，滅鄧、滅息，魯史不書，無告命也。敗蔡、入蔡、再伐鄭，皆以號舉，君臣同辭，與於越、勾吴等不得比，中國大夫將稱人，此中國外裔之常分，而策書之舊章也，故程伯子曰：「春秋謹内外之辯。」

二十六，中國有伯，楚君、大夫將同稱人，惟會得稱君。

僖元年，秋，楚人伐鄭。（傳：鄭即齊故也。）二年，冬，楚人侵鄭。三年，冬，楚人伐鄭。五年，秋，楚人滅弦。（傳：楚鬭穀於菟滅弦。見穀於菟書人。）六年，秋，楚人圍許。（傳：秋，楚子圍許以救鄭。見楚子書人。）十一年，冬，楚人伐黄。十二年，夏，楚人滅黄。十五年，春，楚人伐徐。冬，楚人敗徐於婁林。二十年，冬，楚人伐隨。（傳：鬭穀於菟伐隨。）二十二年，冬，十一月，己巳朔，宋公及楚人戰於泓。宋師敗績。（傳：十一月，己巳朔，宋公及楚人戰于泓。宋師敗績。公傷肱，門官殲焉。丙子，晨，鄭文夫人芈氏、姜氏勞楚子於柯澤。楚子使師縉示之俘馘。丁丑，楚子入享於鄭。二十三年，五月，宋襄公卒，傷於泓故也。傳見楚子君將稱人，宋公身敗稱師。）二十三年，秋，楚人伐陳。（傳：楚成得臣帥師伐陳。）二十五年，秋，楚人圍陳，納頓子於頓。（傳：楚令尹子玉追秦師，弗及，遂圍陳，納頓子於頓。）二十六年，秋，楚人滅夔，以夔子歸。（傳：楚成得臣、鬭宜申帥師滅夔。）冬，楚人伐宋，圍緡。（傳：楚令尹子玉、司馬子西帥師伐宋，圍緡。）二十七年，冬，楚人、陳侯、蔡侯、鄭伯、許男圍宋。（傳：冬，楚子及諸侯圍宋。二十八年，三月，晋侯入曹，執曹伯，畀宋人。楚子入居于申，使申叔去穀，使子玉去宋。傳言楚子親圍宋，踰年而後入居於申，以避晋侯，見序諸侯上而稱人者，楚子也。陳、蔡、鄭、許皆楚之屬，而魯亦附楚，故史序楚子諸兵列諸侯上。至夫子修春秋，乃去爵稱人，左氏雖不能顯發此義，而凡經書人而傳志可考，其將爲君、爲卿者，皆謹録之，則未爲無所見也。杜氏乃謂楚子「耻不得志，以微者告」，則非惟不達經旨，亦非左氏之意矣。自楚見經至伐麇以前，未有稱君、大夫將者，豈皆以微者告邪？經稱楚人於諸侯上，而傳言楚子君將稱人之法甚明，爲左氏學者，必謂君臣不可同貶稱人，其失在以詳略爲褒貶故也。）二十八年，春，楚人救衛。夏四月，己巳，晋侯、齊師、宋師、秦師及楚人戰於城濮。楚師敗績。（傳：夏四月，戊辰，晋侯、宋公、齊國歸父、崔天、秦小子憖次于城濮。己巳，晋師陳於莘北，胥臣以下軍之佐當陳、蔡。子玉以若敖之六卒將中軍。子西將左，子上將右。陳、蔡奔。楚右師潰。狐毛、狐偃以上軍夾攻子西。楚左師潰。楚成得臣書人。楚未有大夫將也。）

文三年，秋，楚人圍江。四年，秋，楚人滅江。五年，秋，楚人滅六。（傳：楚成大心、仲歸帥師滅六。）九年，春，楚人伐鄭。（傳：范山言於楚子，曰：「晋君少，不在諸侯，北方可圖也。」楚子師於狼淵以伐鄭。囚公子堅、公子尨及樂耳。鄭及楚平。）

以上楚君、大夫將同稱人者二十二。楚自成王頵立，始聘於魯，稱荆人。自僖元年伐鄭始稱楚人。蓋初號楚也，魯既通其好命同其會盟，故史避其僭號，假子爵以紀事。而圍許，雖君將稱人者，世方有伯，主以討其猾夏之罪，則天子并削其子爵，明當一切正以王法，革其僞號，不得從史氏隱避假借之文，比中國君將稱君也。既而圍陳、納頓子、滅夔、伐宋、圍緡，而魯亦以楚師伐齊、取穀，楚申公叔侯戍之。楚子又合陳、蔡、鄭、許之君以圍宋。時曹、衛皆已服於楚，使非晋文之興，則天下盡爲楚矣。故圍宋之役，楚子雖主兵序諸侯上而去爵稱人者，不使荆蠻主諸侯與中國伯者同也。晋伯中衰，楚圖北方，其君親將以伐鄭，而猶不得稱爵者，諸夏之心猶不忘晋，則不使楚人一日得與中國抗衡也。蓋楚既僭王，則周之叛臣也。吞滅諸夏，則中國之賊也。故春秋當中國有伯，則楚君、大夫將皆稱人，明中國之大義，以信桓、文之志也。

僖十九年，冬，會陳人、蔡人、楚人、鄭人盟於齊。二十一年，春，宋人、齊人、楚人盟於鹿上。秋，宋公、楚子、陳侯、蔡侯、鄭伯、許男、曹伯會於盂，執宋公以伐宋。

以上書楚人序陳、蔡下盟者一，序宋、齊下盟者一，書楚君序宋公下、陳蔡上會者一。四國皆大夫，楚亦以微者會，故序陳、蔡之下，其志則未可知也。蔡服楚已久，陳、蔡匹也，楚固以屬國視之。宋公雖序楚上，卒執宋公以伐宋，則强楚之情見矣。經於將兵稱人，既變文以示義，則盟會從其恒稱以見實也。

二十七，中國無伯，則楚君將稱君，略之而後稱人，疑於討賊稱師。

文十年，冬，楚子、蔡侯次於厥貉。（傳：陳侯、鄭伯會楚子於息。冬，遂及蔡侯次於厥貉，將以伐宋。宋公逆楚子，勞，且道以田孟諸。）十一年，春，楚子伐麇。（陳氏曰：「楚初書君將也。」）

宣元年，秋，楚子、鄭人侵陳。遂侵宋。三年，春，楚子伐陸渾之戎。四年，冬，楚子伐鄭。九年，冬，楚子伐鄭。十年，冬，楚子伐鄭。十一年，冬，十月，楚人殺陳夏徵舒。丁亥，楚子入陳，納公孫寧、儀行父於陳。十一年，春，楚子圍鄭。夏，六月，乙卯，晉荀林父帥師及楚子戰于邲。晉師敗績。冬，十二月，戊寅，楚子滅蕭。十二年，夏，楚子伐宋。十四年，秋，楚子圍宋。（爲下葬月）

成十五年，夏，楚子伐鄭。十六年，六月，甲午晦，晉侯及楚子、鄭伯戰於鄢陵。楚子、鄭師敗績。十八年，夏，楚子、鄭伯伐宋。宋魚石復入於彭城。

襄九年，冬，楚子伐鄭。十一年，秋，楚子、鄭伯伐宋。二十四年，夏，楚子伐吴。冬，楚子、蔡侯、陳侯、許男伐鄭。二十六年，冬，楚子、蔡侯、陳侯伐鄭。

昭四年，秋，七月，楚子、蔡侯、陳侯、許男、頓子、胡子、沈子、淮夷伐吴。執齊慶封，殺之。遂滅賴。五年，冬，楚子、蔡侯、陳侯、許男、頓子、沈子、徐人、越人伐吴。十一年，夏，四月，丁巳，楚子虔誘蔡侯般，殺之於申。十二年，冬，楚子伐徐。十六年，春，楚子誘戎蠻子，殺之。

定十五年，二月，辛丑，楚子滅胡，以胡子豹歸。

哀元年，春，楚子、陳侯、隨侯、許男圍蔡。

以上楚君將稱君者二十八。晉靈不君，趙盾非伯者之佐，晉不足以主夏盟，故春秋於靈公之世，盟會每略諸侯不序，以明中國無伯，而楚君將稱君於是始。故次厥貉、伐麇以後，無役不稱爵，而伐鄭、伐吴稱爵、主兵，無异中國之伯者矣。蓋中國有伯，則春秋略之以正其名，中國無伯，則春秋詳之以著其實。不正其名，則不足以信攘却之義。不著其實，則不足以見蠻荆之强。然泓之戰，宋公稱爵而楚子稱人，不使蠻荆之君得抗中國諸侯也。邲之戰，楚子稱爵而荀林父稱氏名，見蠻荆侵叛，乃中國之所得討也。泓之戰，宋公身傷以卒，而但書師敗績，爲中國諱也。鄢陵之戰，直書楚子敗績，治其罪也。然則雖書君將，而與待中國諸侯伯主之法不可同年而語矣。學者見左傳、孟子、戰國策皆有五伯之文，而荀卿書以齊桓、晉文、楚莊、吴闔廬、越勾踐爲五伯，因欲退闔廬、勾踐而進宋襄、秦穆以當之。據傳記齊國佐之言曰：「四王之王也，樹德而濟同欲焉。五伯之伯也，勤而撫之，以役王命。」以五伯對四王，言與孟子以五伯對三王言不异，則杜氏謂「夏伯昆吾，商伯大彭、豕韋，周伯齊桓、晉文」者近之。若夫楚莊、吴闔廬、越勾踐，乃中國大義所當攘却，而所謂勤而撫之，以役王命者，於宋襄、秦穆亦何取焉？傳又言秦穆公遂伯西戎，孟子亦言其用百里奚而伯，此蓋循習流俗矜尚之辭，如稱當時大國爲萬乘之君相類，皆因人所恒言而言之，不可通於春秋，至其論春秋之事，惟曰齊桓、晉文而已。

文十六年，秋，楚人、秦人、巴人滅庸。（傳：庸人帥羣蠻以叛楚。楚使廬戢黎侵庸，七遇皆北。楚子乘馹，會師於臨品。秦人、巴人從楚師，羣蠻從楚子盟。遂滅庸。）

宣五年，冬，楚人伐鄭。（傳：楚子伐鄭。六年，冬，楚人伐鄭，取成而還。不書。）

以上楚君滅稱人者一。自伐麇爲楚書君將之始，以後書君將，皆詳其吞噬中國之罪，故凡有事於蠻夷，皆略稱人。伐鄭書人者一。去年冬，楚子伐鄭，不服。至是又親伐，故用一事再見例略之。

昭八年，冬，十月，壬午，楚師滅陳。執陳公子招，放之於越。殺陳孔奐。葬陳哀公。（傳：楚公子弃疾帥師奉孫吴圍陳。十一年傳，楚王奉孫吴以討於陳，曰：「將定而國。」陳人聽命，而遂縣之。八年傳又言，用穿封戌爲陳公，侍飲酒於王。）十一年，冬，十一月，丁酉，楚師滅蔡，執蔡世子有以歸，用之。（傳：楚子滅蔡。用隱大子於岡山。城陳、蔡、不羹。使弃疾爲蔡公。）

以上楚君滅國書師者二。據下言執、言放、言殺、言葬、言叔弓會楚子於陳，則上書師爲楚子而非弃疾明矣。下言執、言以歸，用之，則上書師爲楚子而亦非弃疾矣。傳記楚子在師事，亦以明書師爲非弃疾也。蓋此二事與入陳殺夏徵舒、納公孫寧、儀行父相類，而楚虔懷惡挾詐，吞滅二國，與厥祖討賊存陳不同，故皆變文稱師以异之，以其乘晋伯中衰而爭諸侯，故得從恒稱以見實，以其因中國無伯而滅陳、蔡，故又變文以示義也。

二十八，楚君將稱君，而後大夫將稱大夫，略之則稱人。

文十二年，夏，楚人圍巢。（傳：楚令尹子孔執舒子平及宗子，遂圍巢。）

宣三年，夏，楚人侵鄭。八年，夏，楚人滅舒蓼。（傳：楚爲衆舒叛故，伐舒蓼，滅之。楚子疆之，及滑汭，盟吴、越而還。）冬，楚師伐陳。

成二年，冬，楚師、鄭師侵衛。（傳：楚子重爲陽橋之役以救齊，曰：「君弱，羣臣不如先大夫，師衆而後可。」乃悉師王卒盡行。彭名御戎，蔡景公爲左，許靈公爲右。冬，楚師侵衛，遂侵我師於蜀，侵及陽橋。）

以上楚大夫將稱人者三，稱師者二。楚未書大夫將也。

成六年，秋，楚公子嬰齊帥師伐鄭。七年，秋，楚公子嬰齊帥師伐鄭。九年，冬，楚公子嬰齊帥師伐莒。庚申，莒潰。楚人入鄆。

襄元年，秋，楚公子壬夫帥師侵宋。三年，春，楚公子嬰齊帥師伐吴。五年，冬，楚公子貞帥師伐陳。七年，冬，楚公子貞帥師圍陳。八年，冬，楚公子貞帥師伐鄭。十年，夏，楚公子貞、鄭公孫輒帥師伐宋。冬，楚公子貞帥師救鄭。十二年，冬，楚公子貞帥師侵宋。十四年，秋，楚公子貞帥師伐吴。十八年，冬，楚公子午帥師伐鄭。二十五年，秋，楚屈建帥師滅舒鳩。

昭六年，秋，楚薳罷帥師伐吴。十一年，夏，楚公子弃疾帥師圍蔡。

定十四年，二月，辛巳，楚公子結、陳公孫佗人帥師滅頓，以頓子牂歸。

哀十年，冬，楚公子結帥師伐陳。十三年，夏，楚公子申帥師伐陳。

以上楚大夫將，書大夫者十九。公子嬰齊，莊王之弟，字子重，爲令尹。共王幼始悉師救齊、侵衛及魯、蔡、許之君乘王車爲左右，故但書師，於是會魯侯，盟十一國於蜀。四年中，再伐鄭，一伐莒，入鄆，而晋遣鍾儀求成於楚。蓋楚之征伐自大夫出由嬰齊始，時子反爲司馬。傳言二卿相惡，鄢陵之敗，共王引過，而子重責子反，死之。至伐吴覆師、喪邑，以心疾卒。壬夫，字子辛，代子重爲令尹。傳言公子申爲右司馬，多受小國之賂以逼子重、子辛見殺。楚人討陳叛，故曰由令尹子辛實侵欲焉，乃殺之。其柄臣專利相傾如此，故楚不競。公子貞，莊王子也，字子囊，代子辛爲令尹而晋人懼，與晋争鄭，乞師於秦以伐宋、伐晋，而卒失鄭，伐吴喪師，還，卒。公子午，莊王子也，字子庚，代公子貞爲令尹。三年不出師，曰：「吾以利社稷也。」鄭子孔欲叛晋，而起楚師以去諸大夫。子庚弗許。楚子欲伐鄭。子庚請先嘗之。屈建，字子木，代薳子馮爲令尹，與晋趙孟相知，爲宋之盟，詐晋而駕焉以爭先，故雖滅舒鳩，書其帥師。薳罷，字子蕩。公子圍篡立，而吞滅諸夏，以薳罷爲令尹，公子干爲右尹。公子弃疾，共王第五子，康王、靈王之弟也。使晋過鄭，見鄭伯及諸大夫，有禮，皆知其將爲王，滅陳、蔡，爲蔡公。因陳、蔡之人以入楚，既爲王，復陳、蔡。公子結，字子期。公子申，字子西。皆昭王之兄也。

成十七年，冬，楚人滅舒庸。（傳：楚公子橐師襲舒庸，滅之。）十八年，冬，楚人、鄭人侵宋。（傳：十一月，楚子重救彭城，伐宋。晋侯師於台谷以救宋，遇楚師於靡角之谷。楚師還。）

昭十七年，冬，楚人及吴戰於長岸。（傳：楚令尹陽丐、司馬子魚、吴公子光。）

定二年，秋，楚人伐吴。（傳：楚囊瓦伐吴，師於豫章。）四年，秋，楚人圍蔡。冬，十一月，庚午，蔡侯以吴子及楚人戰於柏舉。楚師敗績。（傳：蔡侯、吴子、唐侯伐楚。三戰，子常知不可，欲奔。十一月，庚午，二師陳於柏舉。夫概王以其屬五千先擊子常之卒。子常之卒奔，楚師亂，吴師大敗之。）

哀九年，夏，楚人伐陳。

以上楚大夫將稱人者七。蓋有微旨。子重帥師，書於經者詳矣。侵宋，避晋侯而還，故略之。囊師、囊瓦、陽丐未嘗爲中國寇患，故有事變文，但書人圍蔡、伐陳，傳不言其人。自昭而後，惟楚君、大夫將，奪其恒稱，所以外之也。其嬰齊伐莒、入鄆，一事再見稱人，乃史例。

二十九，楚君、大夫主盟會，悉從其恒稱，惟公及大夫盟則人之。

宣十一年，夏，楚子、陳侯、鄭伯盟於辰陵。

成二年，十一月，公會楚公子嬰齊於蜀。丙申，公及楚人、秦人、宋人、陳人、衛人、鄭人、齊人、曹人、邾人、薛人、鄫人盟於蜀。

襄二十七年，夏，叔孫豹會晋趙武、楚屈建、蔡公孫歸生、衛石惡、陳孔奂、鄭良霄、許人、曹人於宋。秋七月，辛巳，豹及諸侯之大夫盟於宋。

昭元年，春，叔孫豹會晋趙武、楚公子圍、齊國弱、宋向戌、衛齊惡、陳公子招、蔡公孫歸生、鄭罕虎、許人、曹人於虢。四年，夏，楚子、蔡侯、陳侯、鄭伯、許男、徐子、滕子、頓子、胡子、沈子、小邾子、宋世子佐、淮夷會於申。

以上書楚子、陳侯、鄭伯盟者一。公會楚臣而及諸侯、大夫盟者一。内臣會晋、楚南北之大夫盟者一、會者一。楚君專合南北諸侯者一。新城之後，晋、楚交爭陳、鄭，晋加兵於陳者二，於鄭者四。楚加兵於陳者二，於鄭者五。陳侯、鄭伯既與楚子爲辰陵之盟，而陳侯即如晋，鄭亦徼事於晋，故楚子入陳。明年，圍鄭。春秋書之，以見中國無伯之禍至於如此，而陳、鄭之暫屈於楚，非其心也。陳氏乃謂序楚子於陳侯、鄭伯之上，初與楚以伯也，則可謂反乎春秋之義矣。楚君在幼，而嬰齊救齊、侵衛以爲蜀之盟。楚師在境而公親會嬰齊以及諸侯大夫盟。諸侯大夫畏晋而竊與楚盟，故人外大夫而不没公，會書嬰齊而盟稱人，參譏之也。凡公與外大夫盟，譏在内，則不諱公也。趙武弭兵之言成於向戌，遂以晉、楚之從交相見，而楚人刼晉以先歃，楚誠未離乎蠻荆也。公子圍讀舊書加之牲上，晉不復較。蓋於是中國無伯矣，而春秋書必先晉，不以楚之强而易内外冠履之義也。陳氏又謂此「南北二伯也」。夫伯者，以合諸侯、安中夏、尊王室爲名義者也。晉既以諸侯與楚，而甘出其下，則晉自知不能以伯矣。楚無列於王室，以并吞諸夏爲雄，何伯之云？是又失伯者所以得名之實矣。楚圍弒君、竊國，求諸侯於晉，大國若齊、秦，次國如魯、衛，小國若曹、邾，皆不能致，宋太子至而後，則東諸侯終未肯以事晉者而事楚也。雖其臣舉六王、二公之事，其君欲用齊桓，而椒舉已知其不濟，宋、鄭大夫亦幸其不能爲吾患矣，則雖侈然一時，亦何能爲哉？春秋於楚君書爵終始，志外裔之强而已，後世學者乃以五伯之説亂春秋之旨，可乎？

三十，荆始來聘稱人。

莊二十三年，夏，荆人來聘。

以上荆來聘書人者一。荆之始聘，未能成禮，魯不廟受，故不稱君，不言使，然不可但言荆來聘，故書人，與前稱荆皆從史文也。欲見筆削本末，故列於此。

三十一，楚臣來盟於師稱名氏，不言使。來獻捷言使，不稱君。必中國無伯而後來聘稱君使。

僖四年，夏，楚屈完來盟於師，盟於召陵。

以上楚臣來盟不稱使者一。齊桓伯功莫先於服楚，春秋以楚能服義來盟，故其臣始得以名氏書，然齊國佐如師稱使，屈完不稱使，何也？使云者，自敵以上之所命也。蠻荆僭王竊號，不可以敵命之，故削其君臣常辭，不得比中國兵交，使在其間者也。

僖二十一年，冬，楚人使宜申來獻捷。

以上楚臣來獻捷，稱人使者一。楚子既執宋公以伐宋，欲致魯侯來會，故使人獻捷以威脅之，於是公會盟於薄，釋宋公，此春秋之大變，故存其來獻捷之文以見實，而楚子去爵稱人，不得比中國伯主來獻戎捷者同稱君也。

文九年，冬，楚子使椒來聘。

襄三十年，春，王正月，楚子使薳罷來聘。

以上楚使來聘，稱君使者二。凡來聘不月，故楚子使椒來聘亦不月。薳罷來聘獨月者，晋至悼公，每以聘報朝襄公屬朝楚而還，嫌於以聘報朝，若中國盟主，故特月以别之，見中國無伯，魯雖詘志朝楚，而楚終不得以盟主之禮行乎諸侯也。傳謂此來聘爲通嗣君，非也。諸侯新君好命未通，則有通嗣君之禮，楚亦安能以此交諸侯？觀楚人使公親襚，而止公送葬，則其所以待諸侯者可見矣。魯君以前年十一月如楚。聞康王卒，猶往朝其嗣君，踰年四月送葬，乃得歸，又何通嗣君之有？蓋楚人習聞晋悼公之事而爲之，與椒之來聘亦异矣。

三十二，楚君會而執中國諸侯，不别言執之者。

僖二十一年，秋，宋公、楚子、陳侯、蔡侯、鄭伯、許男、曹伯會於盂，執宋公以伐宋。

以上楚君會而執諸侯者一。凡會執，必别言執之者。晋侯會諸侯，同盟於戚。晋侯執曹伯，歸於京師。此伯主討有罪之文也。楚子、諸侯、淮夷會于申，楚人執徐子。此外裔相執之文也。楚子詐宋公于會而執之以伐宋，盟諸侯，故削其楚人執之文，蒙上文諸侯言之，既非外裔相執之比，亦不使與中國盟主執諸侯同文也。伐吳，執齊慶封，亦同。

三十三，楚君殺中國之君書名，其自相殺不名。

昭十一年，夏，四月，丁巳，楚子虔誘蔡侯般，殺之於申。十六年，春，楚子誘戎蠻子，殺之。

以上楚君誘殺中國之君一。既名蔡侯以謹其終，又名楚子以正其罪，以外裔殺中國之君，故詳之也。楚君誘殺戎君者一，皆不名，以外裔自相殺，則略之也，是故一日、一不日。

三十四，諱外裔執王臣，變執言伐。諱外裔獲中國之君，變獲言以歸。

隱七年，冬，戎伐凡伯于楚丘以歸。

莊十年，秋，九月，荆敗蔡師於莘，以蔡侯獻舞歸。

以上戎執王臣言伐者一。公羊傳曰：「執之也。其言伐之，不與外裔之執中國也。」據獲麟後有書執其君者，則史書戎執王臣，必無隱避，於是夫子改書伐，爲中國諱也。荆獲蔡侯，言「以歸」者一。公羊傳曰：「獲也。不言其獲，不與外裔之獲中國也。」是亦諱辭。又案，此戰也，不言戰而言敗者，穀梁傳曰：「外裔中國不言戰也。」二傳此類必有所受，蓋既變獲言以歸，則不得復言戰也。

三十五，吳征伐，恒舉號，惟爲中國討罪得稱君。

成七年，春，吳伐郯。秋，吳入州來。

襄二十五年，十二月，吳子遏伐楚，門于巢，卒。

昭十三年，冬，吳滅州來。十七年，冬，楚人及吳戰於長岸。（傳：楚令尹陽丐、吳公子光。）二十三年，秋，七月，戊辰，吳敗頓、胡、沈、蔡、陳、許之師於雞父，胡子髡、沈子逞滅，獲陳夏齧。（傳：吳子以罪人三千，先犯胡、沈與陳。中軍從王，光帥右，掩餘帥左。）二十四年，冬，吳滅巢。三十年，冬，十二月，吳滅徐。徐子章羽奔楚。（傳：吳子執鍾吾子，遂伐徐。）三十二年，夏，吳伐越。

定四年，冬，十一月，庚午，蔡侯以吳子及楚人戰於柏舉。楚師敗績。庚辰，吳入郢。

哀六年，春，吳伐陳。八年，春，吳伐我。（傳：吳伐我，王舍于庚宗，遂次于泗上。）十年，春，公會吳伐齊。（傳：公會吳子。）冬，吳救陳。十一年，五月，公會吳伐齊。（傳：公會吳子伐齊。）甲戌，齊國書帥師及吳戰于艾陵。齊師敗績，獲齊國書。

以上吳伐四，伐我一，公會伐二、戰三、敗一、入二、滅三、救一，皆以號舉，君臣同辭，雖我君會伐，亦舉號而已。遏伐楚，從卒例。唯柏舉之戰，爲中國復讎、討罪，故得稱爵而書「蔡侯以」之，其戰與入，又皆書日，以別於外裔自相戰與入者，亦外裔而中國，則中國之之義也。楚爲中國患，有自來矣，而始終受其荼毒者，惟蔡爲甚。城濮之役，欒貞子曰：「漢陽諸姬，楚實盡之。思小惠而忘大耻，不如戰也。」吳人亦謂隨人曰：「周之子孫在漢川者，楚實盡之。天誘其衷，致罰於楚，而君又竄之，周室何罪？」然自齊桓、晉文之盛而不能加兵於其國都，雖劉文公合十八國之師於召陵而不能一問其罪，卒之攄中國神人之積憤者，吳也。是以聖人特詳焉。戰言吳子而入舉號者，一役再有事，則從其恒稱也。雖然，此一役也，滅國可興，文武之境土可復，惜乎吳無君臣，不足以居其功，而晉衰已甚。劉卷既卒，無能起而收之者，春秋徒致意焉而已爾。

三十六、中國會而會吳，恒舉號。雖吾君、大夫特會之，舉號，必以諸侯之禮接而後稱君。

成十五年，冬，十一月，叔孫僑如會晉士燮、齊高無咎、宋華元、衛孫林父、鄭公子鰌、郳人會吴於鍾離。

襄五年，夏，仲孫蔑、衛孫林父會吴於善道。秋，公會晋侯、宋公、陳侯、衛侯、鄭伯、曹伯、莒子、邾子、滕子、薛伯、齊世子光、吴人、鄫人於戚。十年，春，公會晋侯、宋公、衛侯、曹伯、莒子、邾子、滕子、薛伯、杞伯、小邾子、齊世子光會吴於柤。十四年，春，王正月，季孫宿、叔老會晋士匄、齊人、宋人、衛人、鄭公孫蠆、曹人、莒人、邾人、滕人、薛人、杞人、小邾人會吴於向。

哀六年，夏，叔還會吴於柤。七年，夏，公會吴於鄫。十二年，夏，公會吴於槖皋。十三，夏，公會晋侯及吴子於黄池。

以上内大夫會諸侯大夫又會吴者二，魯、衛大夫會吴者一，公會諸侯有吴人者一，公會諸侯又會吴者一，内臣特會者一，公特會者二，會晋侯及吴子者一。凡稱吴，皆其君外裔，舉號之例也。吴雖泰伯、仲雍之後，武王所封，然文身僭號，不可以中國諸侯之禮接，故諸國自爲會而後會之，史文未得比楚君稱子與諸侯序也。稱人者，其大夫以外臣禮序齊世子下則不殊也。柤之會，傳曰「會吴子壽夢也」，則會向爲諸樊、哀公之會，皆夫差也。鄫之會，吳人曰「魯牢晉大夫過十，吳王百牢，不亦可乎？」說苑載：晏子使吳。行人曰：「天子請見。」晏子僦然者三，曰：「臣受命弊邑之君，將使於吳王之所，不佞而迷惑入于天子之朝，敢問吳王惡乎存？」然後吳王曰：「夫差請見。」見以諸侯之禮。其禮文不典，皆此類也，故凡大夫之會不月，而鍾離與向特月以异之。黄池，兩主之會，故得稱爵。傳言「秋七月，辛丑，盟。吳、晉爭先。吳人曰：『於周室，我爲長。』晉人曰：『於姬姓，我爲伯。』乃先晉人。」吳人將以公見晉侯，子服景伯對使者曰：「執事以伯召諸侯，而以侯終之。」蓋吳至是始竊侯伯之禮以會諸侯，而魯史亦假子爵以記其事也。外傳載夫差言周室卑約，貢獻莫入，晉負衆庶，不式諸戎、狄、楚、秦，以力征一二兄弟之國。晉令董褐對曰：「君掩王東海，以淫名聞天子，君有短垣而自踰之，况蠻荆則何有於周室？夫命圭有命，固曰吳伯，不曰吳王。君若無卑天子，而干其不祥，而曰吳公，孤敢不順從？」吳王許諾，乃退。就幕而會吳公，先歃，晉侯亞之。其言先歃與左氏不同，載書降稱吳公，理或然也。戚之會，吳、晉嘗盟矣，不書。黄池復盟，亦不書者。陳氏曰：「爲晉諱也。」吳、晉之盟，春秋終諱之，不以吳、晉同主盟也。蓋自晉厲公始通吳於上國，而悼公尤汲汲於會吳，皆欲以吳撓楚。魯昭違禮昏吳，亦由晉衰欲倚以敵齊、楚也，而皆不稽其終。是時魯賦於吳八百乘，邾賦於吳六百乘，徵百牢，藩衛侯之舍，囚子服景伯，長此安窮？是故春秋於吳、晉之盟終諱之，然吳入越不書，而再書越入吳，固知吳之將爲沼矣。

三十七，越舉號，從其恒稱。

昭五年，冬，楚子、蔡侯、陳侯、許男、頓子、沈子、徐人、越人伐吳。

定五年，夏，於越入吳。十四年，五月，於越敗吳于檇李。吳子光卒。

哀十三年，夏，於越入吳。

以上越人從楚伐一、敗一、入二。於越、勾吳皆南蠻之號也。然春秋書吳者，以武王嘗封之，則吳其國名也。越之先，禹之苗裔，始封於會稽，曰於越者，以其自號舉之，不書越者，非其封國也。傳曰：「越大夫常壽過帥師會楚子於瑣。」則伐吳稱人者，常壽過也。凡四裔從中國序列則稱人以便文，若邢人、狄人伐衛，戚之會稱吳人是也。故便文則曰越人，復其恒稱則曰於越。陳氏謂常壽過得稱人，若進之者，誤矣。定十四年傳言，

「吴伐越。越子勾踐禦之，陳於檇李，患吴之整。」是皆陳也，而不書戰。哀十三年傳記，「六月丙子，越子伐吴。乙酉，戰。丙戌，復戰。大敗吴師。獲太子友、王孫彌庸、壽於姚。丁亥，入吴。」而經不書爵，不書戰、入，又不書月，與吴入郢特异者，越與吴世相讎，則以外裔自相攻之法治之而已。自晋通吴以撓楚，而楚卒覆於吴。楚亦連越以伐吴，而吴屢覆於越。然外傳記范蠡之言，曰：「吾先君固周室之不成子也，濵於東海之陂，黿鼉之與處，而鼃黽之與渚，余雖靦然而人面哉，吾猶禽獸也。」則越之所以彊於蠻吴者可知矣。

三十八，徐見敗、伐國，皆以號舉，國滅則書，君奔而名之。

僖三年，夏，徐人取舒。十五年，冬，楚人敗徐於婁林。

文七年，冬，徐伐莒。

以上書徐人一，敗徐一，徐伐一。敗不言師，侵伐舉號，皆外裔恒辭。然經書徐取舒得稱人者，自公會宋人、齊人伐徐，徐已事齊，以其即諸夏而取國於蠻荒，故得稱人。齊桓卒，徐復通楚，以其從蠻荆而伐中國，故復其恒稱。蓋舒乃楚之微屬，而莒世從晋，内外之義辯矣。然當徐服齊時見敗於楚，亦不得稱師者，徐之服楚久矣，未可以頓革也。史記言，徐出柏翳，與秦同祖，然三監流言時一叛，伯禽撫封時再叛，費誓稱徐戎，則非中國諸侯比矣。徐偃王事，史記、後漢書皆言在周穆王時，既爲天子所伐，走死失國，民戴其嗣君如初，而駒王復强。然後漢書云楚文王滅之，蓋本楚辭「荆文悟而徐亡」，事與春秋經傳皆不合。蓋其先强僭不异吴、楚，東周後，始微弱也。檀弓記邾考公之喪，徐君使容居來吊，欲用諸侯相於禮親含，有司拒之，容居對曰：「昔我先君駒王，西討，濟於河，無所不用斯言也。」徐滅於吴，楚僅存之，至是已再世，而蠻荒僭竊之制，猶未能盡革，則齊桓之時雖來即諸夏，未容一切以中國諸侯之禮治也。

昭三十年，冬，十二月，吴滅徐，徐子章羽奔楚。

以上國滅、君奔，稱名者一。春秋國滅、君奔，未有書名者，而徐子獨名，以奔楚也。徐暫事齊，後世仍服於楚。申之會，徐子在列，楚人以其吴出也，執之。乾谿之役，又圍之以懼吴，則徐蓋兩事吴、楚，卒以違吴人執亡公子之命，見滅於吴。雖楚爲出師救之，無及也。楚爲中國患，天將假手於吴以覆之，而徐猶惓惓於楚，以取滅亡，則其世服蠻荆之效也。故因其奔楚，特書名以异之，明不得與弦子、温子國滅於外裔而君奔中國者比也。徐雖以號舉，然其先本古之建國，嘗服事於周，是以聖人猶詳之。若晉滅陸渾，陸渾子奔楚，則不復書，進不得齒於諸夏，退不忍終弃諸蠻荒，此春秋經世之權衡也。

春秋屬辭卷十三

特筆以正名第六

特筆者，所以正名分、決嫌疑也。筆削不足以盡義，然後有變文。若夫亂久禍極、大分不明，而又有非常之故焉，則變文亦不足以盡義，是故有特筆。凡特筆，皆謂有所是正者也。夫變文，雖曰有損益，然猶史氏恒辭爾。至於有所是正，則非復恒辭矣。衛君輒待孔子而爲政，子曰：「必也正名乎。」而又推極名不正之害，至於使民無所措手足，此經世之先務也。春秋世變極矣，父子君臣之間，人所難言者多矣。豈史氏恒辭所能盡其分哉？今考春秋，凡辭旨卓异、與史文弗類者，皆人事之變，恒辭不足以盡義，而後聖人特筆是正之，非史氏所及也。然所是正者，不過片言，而三綱五常赫然復正，故曰非聖人其孰能脩之？莊周氏曰：「春秋以道名分。」蓋亦得其大意云。

一，諱會天王，以王狩書。

僖二十八年，冬，天王狩於河陽。傳曰：「是會也，晉侯召王，以諸侯見，且使王狩。仲尼曰：『以臣召君，不可以訓。』故書曰『天王狩於河陽。』」蓋時田常禮，不告諸侯，借令因會而狩，史法亦不得書。此意當時必有所受，但曰召、曰使，乃左氏深文以顯經義，决非史策成言。其仲尼曰云云者，亦未必真得當時之語。陳氏遂謂，「史曰『晉侯召王，以諸侯見。』」則直以左氏釋經之言爲魯史舊文矣，不知策書有體，與史氏雜記不同。借令直書，亦不過曰「天王會諸侯於河陽」而已。如汲冢竹書載周襄王會諸侯於河陽，蓋追録策書之語而損益之，古史遺法猶可見也。晉侯負其豐功偉烈，不能朝王，而致天子於會，書曰「王會諸侯」，則徒章上替未損下陵，非尊王之道也。改正之曰「天王狩於河陽」，則天威赫然臨於下土，有不可以强弱論者，而晉侯蓋世之功微矣。上以尊天子，下以全晉侯，而貴王賤伯之意溢于辭表。諸家發義甚多，惟穀梁傳曰：「諱會天王也。」蓋此經之逸義云。

二，嗣王在喪稱王配名，卒稱子。

昭二十二年，夏，劉子、單子以王猛居於皇。秋，劉子、單子以王猛入於王城。冬，十月，王子猛卒。

諸侯嗣子未葬稱名，既葬稱子。在喪之稱，天子與諸侯不异。此年冬，書王子猛卒，雖既葬而未及葬節，故稱子、稱名，與諸侯在喪未葬之稱同。此國史定法也。則居皇、入王城，王下皆當稱子、稱名，今但稱名、不稱子與下文异者，蓋所稱與羣王子無別，特去其子字，乃夫子深意也。景王，穆后、大子壽早夭，猛與丐皆其同母弟也。王寵庶長子朝，欲立之。單旗、劉狄欲立王子猛。王欲殺二子。會王崩，子朝作亂。魯史書曰王室亂而已，諸侯未知孰爲正也。晋雖舉籍談、荀躒之師而不能正子朝之罪。二十四年，三月，庚戌，晋侯使士景伯涖問周，故士伯立於乾祭，而問於介衆，晋人乃辭王子朝，不納其使，則前乎此，晋人猶觀望兩間，未能辯其曲直也。子朝在王城時，謂之西王，敬王居狄泉時，謂之東王，則雖周人亦未知適從也，而况於天下後世乎？夫子以王猛實宜立者，而其在喪之稱疑於羣王子，與後書王子朝無异辭，故於二簡特去子而稱王猛，則猛當爲王，朝實爲逆，不待加一辭矣。卒仍舊史者，存周制，以顯筆削之微權也。

三，嗣君出奔，復歸稱世子。

桓十五年，夏，鄭世子忽復歸于鄭。

桓十一年，鄭莊卒。九月，書突歸於鄭，鄭忽出奔衛。突以爭國去屬，忽以去位不得稱子，此史法也。忽嘗有惡於魯，魯桓終始右突，則忽之復歸，非魯人意也，魯史必不能正忽以世子之名。夫世子者，大子未嗣位之稱也。忽君鄭五月而後出，於史法亦不得稱世子。其復歸以世子稱，非魯史舊文明矣。夫忽與突，適庶之分素定，始於出奔，終於見弑。鄭亂幾二十年，則由祭仲畏難以立突，宋、魯二君同惡相濟，使人倫不明，以至於斯。故夫子超越史氏恒法，舉其世國本稱，則突與祭仲、宋、魯之罪亦不辯而明矣。不得稱爵者，忽未踰年出奔，未嘗正君位也。蒯聵出入皆稱世子，蓋史舊文。夫子因之以正名實，與此相發而不以入例者，非特筆也。

四，所納應立，雖未在位，稱子。

莊九年，夏，公伐齊，納子糾。九月，齊人取子糾，殺之。凡嗣君未踰年稱子者，以其即柩前之位也。子糾爲魯所納，未入國，而小白已自莒先入立，葬襄公矣。戰敗魯師，乃來脅殺子糾。子糾未嘗一日立在喪之位，乃得稱子，何也？凡爭國公子，或稱納，或稱歸，或入，或出，皆去屬，不以正不正，若糾與捷菑、突、忽、羈、赤、小白、陽生之類皆是，則史固不得异文，何獨於糾之納與殺而以嗣君在喪之號稱之？此春秋特筆也。案史記，子糾母，魯女也。小白母，衛女也。魯女班當在衛女上，則糾貴應立。然以才，則小白賢。以黨，則小白有國，高爲内主。論其事，則子糾見殺，而小白成一匡天下之功。苟後世但以小白爲賢、爲有功，而不知糾貴之應立，則自賢者必醜正，恃功者可奪適，斯有國者禍亂之原也。春秋正誼不謀利，明道不計功。是故於納稱子，明其應立，以别於外納不正而後書者；於殺稱子，同於在位，以别於兩下相殺而不書者，則糾與小白正不正之分不辯而明矣。二傳皆作伐齊、納糾，孔穎達曰：「今左氏定本糾上有子字。」蓋唐初學者校定春秋古經，以正二傳之失。

五，以庶孽易適嗣，未踰年見弑，稱殺其君之子。

僖九年，冬，晋里克殺其君之子奚齊。

記曰：「君薨，大子號稱子，待猶君也。」故遇弒雖未踰年稱君，此國史定法，若齊公子商人弒其君舍是也。史於里克殺奚齊，當書弒其君，與齊舍同，而乃書殺其君之子，與恒辭异者，里克弒逆之罪易見，而獻公首惡之名難知，故孔子特筆是正之，上以明申生無罪見殺之由，下爲萬世匹適之戒，見里克之不臣，由獻公之不父也。學者以晋侯殺其世子申生，晋里克殺其君之子奚齊，比而觀之，則春秋之教明矣。趙伯循曰：「奚齊以本不正故曰君之子，明國人不以爲嗣，獨君意立之。」此説爲得經意。在喪遇弒稱君例，見辭從主人篇中。

六，妾母繼室卒，稱君氏。

隱三年，夏，四月，辛卯，君氏卒。君氏者，隱公之母聲子也。聲子者，惠公夫人，孟子之娣姪。古者諸侯不再娶，元妃卒，則次妃攝治内事，謂之繼室，故孟子卒，聲子繼室，生隱公，而惠公復違禮再取仲子爲夫人，生桓公。惠公薨，桓公幼，隱公追成父志，立桓爲大子而已攝君位，以夫人禮成仲子之喪，則聲子猶娣姪而已。娣姪之喪，史不書於策。於是以吾君之喪其母，史不可不書也。史法：苟適夫人喪，不用夫人禮，則亦書曰某氏卒而無异稱，如姒氏、孟子是也。而聲子獨稱「君氏」，故説者疑之，公羊、穀梁作

「尹氏」，以爲天子之大夫也。然史法：天子大夫卒，當書氏、書名，如劉卷是也。若曰尹氏卒，則是舉族皆死之文矣。古史謹嚴，又經聖人修定，寧有此等書法哉？然而聲子特稱「君氏」，文獨卓异者，實夫子特筆也。仲子以再娶稱夫人，而聲子書「子氏」，卒既無以异於衆娣姪，且嫌於適夫人之不成喪者，而名實亂矣。禮：「妾爲女君之黨服。攝女君，則不爲女君之黨服。」此攝女君之明文也。聲子以攝女君之貴，則异乎衆娣姪。經於女君稱小君，則攝女君得稱君氏，故特書「君氏卒」，以明聲子繼室之爲正，惠公再取之非禮。立桓爲大子，已攝君位，以夫人禮成仲子之喪，隱公之處事變，庶幾無憾，而桓卒弑隱，則桓惡大矣。此脩春秋之意也。

七，王人救列國，兼稱字。

莊六年，春，王正月，王人子突救衛。魯史之法，非卿稱人。筆削之義，諸侯與大夫略其恒稱則稱人，皆未有稱人而又稱字者，此王人兼稱字，乃特筆也。衛侯朔譖殺二公子而立，又得罪於天子。天子命立黔牟而出朔。齊襄乃合魯、宋、陳、蔡抗王命，以伐衛而納之，其事甚逆。於是王人救衛、救黔牟也。夫子以救衛稱王人，前與諱四國之君無异，而後與諱王子虎之文同。朔之罪既不見於經，惟王人之救可證出朔、立君爲天子之意。若復從其恒稱，則是非不白，故王人雖非卿，特字以尊异之。見王人救衛爲正，則朔與諸侯之罪明矣。

八，諸侯滅吾同宗之國，稱名。

僖二十五年，春，王正月，丙午，衛侯燬滅邢。

春秋之法，諸侯不生名，有二君則名之，卒名之。其書滅國君將，除楚子外，惟衛侯滅邢、齊侯滅萊二事，而衛侯特稱名，二傳皆有滅同姓名之説，則异姓豈可滅乎？故學者不能無疑於此。黄先生曰：「凡蔣、邢、茅、胙、祭，皆周公之胤。成王以周公有大勲勞於天下，既封伯禽於魯，又封其支子六人，所以答周公之勲。至春秋時，往往爲大國吞並。今邢人爲衛滅矣。邢與魯，同出周公，則邢之存亡於魯甚相關，衛既忍於滅周公之後，而魯不能爲之請於天子、請於大國、請於衛，以復存其社稷，故書曰『衛侯燬滅邢』。雖罪衛侯，而實繫於魯也。」汸案，禮：「爲同姓臨於宗廟，同宗臨於祖廟。」二傳知衛與邢爲同姓，而不知魯與邢爲同宗，知衛滅同姓爲伐本，而不知魯不救同宗爲無親。春秋滅國復興者多矣，豈齊桓能存亡國而晉文獨不能哉？當衛侯鄭之再執也，魯之君臣以同姓故，且爲納玉於王與晉侯而請歸之，使念其同大祖之國，而以存亡繼絶爲請，晉文方有討於衛，宜無不從者。魯人不知出此，此邢之所以滅，而不復興也。故聖人特名衛侯以示親親之道，當知所先後，蓋一本之教也。若滅同姓之有罪，則不待异其文而後見矣。

九，宋昭公之大夫特書官。

文八年，冬，宋殺其大夫司馬，宋司城來奔。十五年，三月，宋司馬華孫來盟。

諸侯大夫稱名氏，殺則稱其大夫，未有不名而以官稱者。而宋昭公之大夫，既不名且獨稱其官，此春秋之特筆也。春秋以弑君書者二十四，未有上通君祖母，下結六卿公族以及國人，盡殺大夫之忠於君者，而使其黨爲卿，以卒成其簒弑如公子鮑者，亦未有以世適嗣位，外會諸侯，内奉宗廟，前亂臣而後賊子，徒擁虚器十年，而坐受簒奪如宋昭公者。是故昭公之大夫，皆書其官。不書其官，則見殺而不名者，嫌於曹大夫出奔而不名者，嫌於反國之蔡季，來盟不稱使且不名者，嫌於齊高子矣。夫公子鮑之弑，械動於昭公未即位之前，而卒成於十年之久，使非有貴戚强家，囊橐其門，則鮑雖姦，襄夫人雖惡，昭公安能拱手就戮於一婦人邪？屬辭比事而求之，則宋人殺其大夫司馬而使華孫代之，且來盟，然後弑其君，則知身爲世鄉，外結援隣國，内假手於襄夫人，以成鮑之簒者，華氏之族也。華元，司寇華御事之子也，而代公子成爲右師，此蓋鮑與夫人所位置者，而昭公豈能用之？如華元者，固知晋大夫可以貨取，而盟主爲不足忌，於是使華耦來盟於魯。既而晋、衛、陳、鄭伐宋，討弑君者，而魯不與。晋人受賂，立文公而還。華元卒相宋公。皆華氏之始謀也。夫子於此，蓋深致意焉，是故特書其官，然公孫固，大司馬也，不書官者，昭公未即位，官非其官也。公子卬始代樂豫爲司馬，既而亦爲大司馬，乃以舊官書者。宋大司馬僣王官，不可書也。子哀不書官者，其爲卿與晋郤缺、趙穿同。杜氏所謂散位從卿者也。自左氏舍所録之事而妄解書法，學者但知其例之不通，而不知其事之可據。蓋其事可據者，皆列國史志之成言，而所以爲例者，乃左氏之陋見也。爲其學者，往往自不能深考，而獨宋昭公無道見弑之説，至今猶誦於口而筆於書，未有辯其誣者，然則春秋特筆之義，其可不明乎？

十，諸侯會圍邑繫國，戍邑繫國。圍其父所居邑，雖外大夫主兵，不繫國。

襄元年，春，仲孫蔑會晋欒黶、宋華元、衛甯殖、曹人、莒人、邾人、滕人、薛人圍宋彭城。十年，冬，戍鄭虎牢。

哀三年，春，齊國夏、衛石曼姑帥師圍戚。

襄二年，會於戚，遂城虎牢。

不繫鄭者，伯主之令以内辭書，史恒辭也。楚取宋邑以居宋之叛者，故晋爲宋合諸侯之師以討之。晋降彭城而歸諸宋，宜也（據襄二十六年傳文），故圍雖有宋人，猶繫彭城於宋，明諸侯分地有制，非惟楚不當取，晋亦不可受也。晋取虎牢以偪鄭者九年矣，而鄭不服，於是又命諸侯戍之，雖以伯令書，猶繫虎牢於鄭者，明鄭服則歸之，而非取其地也。蒯聵在戚，而國夏、曼姑圍戚，齊人助子圍父也，故雖有齊卿主兵，而不繫戚於衛，以蒯聵居戚故也。戚不繫衛，則輒不當有國。父不可圍，而齊人黨逆之罪重矣。春秋有相易以成其義者，謂此類也。自夫子爲正名之論，當時高弟如子路，猶不能無疑。修春秋時，蒯聵猶在戚也。蓋靈公嘗欲立郢而卒不立者，知蒯聵在晋，晋人必將納之，郢雖立，猶不立也。而衛人立輒以拒父，衛爲無父之國矣。是故蒯聵出入皆稱世子，而圍戚不繫衛，以鄭世子忽、宋彭城、鄭虎牢三特筆比而觀之，春秋之法明矣。

十一，諸侯敵王命，敗績稱人。

莊二十八年，春，王三月，甲寅，齊人伐衛，衛人及齊人戰，衛人敗績。

敗者稱師，衛何以不稱師？此穀梁發義也，而所釋未是。趙伯循曰：「敗稱人，罪衛之不服王命，故异其文。」得經旨矣。蓋非師不言敗者，史文也。衛有立子頽之罪，齊桓以王命討之，而衛人敢於拒戰，嫌與敵國同文，故變師言人，明不當較也。史本無日伐之例，惟日戰是其恒法。此舉戰之日加之伐之上，日其伐以尊王命，明與他伐國者不同，而不日其戰，以罪衛人，明非以主及客者可例論也。

十二，師及齊師戰，書「公圍成」。

昭二十六年，夏，公圍成。傳曰：「齊侯使公子鉏帥師從公。齊師圍成。師及齊師戰於炊鼻。」此史文之實録也。齊侯納公而不盡力，季孫據國以拒君，言之可謂詳矣。聖經外略齊師，内諱及戰，特書公圍成，雖若爲國諱耻，而尊尊之義愈至，其所以示君臣之教嚴矣。

十三，城成周，晋人執宋大夫以歸，書「執於京師」。

定元年，春，王三月，晋人執宋仲幾於京師，合十國大夫城成周。於無伯之世，晋人可謂有功王室，然尋盟狄泉，魏舒干位以莅政，是僭王官也。執宋大夫不請於天子而以歸，是京師晋也。傳言：「正月，晋人執宋仲幾以歸。三月，歸於京師。」此策書實録之文，而經不然者，周室東遷而後，下陵上替已久，鄭莊公言天既「厭周德」，晋女叔寬以萇弘謀王室爲違天，邪説誣民，非一日矣。然天子一命城成周，而諸侯大夫奔走恐後，則人心猶不忘周也。執大夫以歸，知其不可，而卒歸諸京師，則猶有所畏也。夫人心在周，則天命未絶於周矣，故既削狄泉之盟，黜魏舒不序，而没晋人執大夫以歸之文，但書「城成周」，「晋人執宋仲幾於京師」，而月以异之，上以尊王室，下以全諸侯城成周之功，而宋大夫不受功，晋人專執，其罪皆不可掩。此聖人知天命爲東周之微意，作春秋之本義也。

十四，鄭伯之弟段出奔，書「鄭伯克段」。

隱元年，夏，五月，鄭伯克段於鄢。

案傳曰：「段入於鄢。公伐諸鄢。五月，辛丑，大叔出奔共。」準魯史恒法，當書鄭伯之弟段出奔共，若秦伯之弟鍼出奔晋之比。其諸侯自攻叛邑，魯史不書，若欒盈奔曲沃，晋人圍之，晋人克欒盈于曲沃，盡殺欒氏之族，但書晋人殺欒盈是也。孔子以段大都耦國、完聚圖逆，鄭伯處心積慮，志在於殺，皆非一日，與秦鍼、陳黄、宋辰不同，不可一例書，故特書「鄭伯克段於鄢」，則段之罪，固無所逃，鄭伯之情，亦不可掩矣。左氏謂「如二君，故曰克。稱鄭伯，譏失教也」，此爲得之；謂「段不弟，故不言弟」則未盡，時段形迹已具，故去屬比篡公子爾。杜氏亦謂此夫子「改舊史以明義」，但指傳中所稱書、不書、故書、書曰之類，皆爲孔子變例，則左氏學者之陋爾。

十五，紀侯出奔，書去國。

莊四年，夏，紀侯大去其國。

此紀侯出奔也，不書出奔者，筆削之法，被兵而出不書。若許莊公、莒共公、楚昭王是也。必國滅不死社稷而後書，若譚子、弦子、温子、徐子是也。夫被兵而出者，内有忠力之臣，外有大國之救，敵去國存，猶可復歸，紀侯迫於彊齊，請援於隣國，歸女於京師，而猶不得免焉，已不能下齊，以國與季，無復歸之望，不得與被兵出奔者比矣。國滅不死位者，勢窮力屈，宗廟既夷，社稷既墟，不能效死，而猶脱身以逃者也。紀侯不忍殘民以爭必亡之國，又不忍五廟之不祀，故使季以紀事齊，而己獨委國去之，亦與國滅不死社稷者不同，是故不書出奔，而特异其文書「去其國」。其所寓之國，不足志矣。古之君子，不以其所養人者害人。孟子曰：「民爲貴，社稷次之，君爲輕。」紀侯其知此矣，故聖人特筆以明之。「大」者，紀侯之名，從史文也。

十六，鄭高克出奔，師潰，書「鄭弃其師」。

閔二年，十二月，鄭弃其師。

傳曰：「鄭人惡高克，使帥師次於河上，久而弗召。師潰而歸，高克奔陳。鄭人爲之賦清人詩。」清人序曰：「高克好利而不顧其君，文公欲遠之不能。」公子素惡高克之進不以禮，文公退之不以道，危國亡師之本，故作是詩也。準魯史恒法，不過書曰鄭高克出奔陳而已。孔子以文公失馭臣之道，誠有如詩人所譏者。時政不在大夫，大夫出奔無與乎國之大故，古者君行師從，卿行旅從，則師重於大夫，故特書鄭弃其師，而高克之奔不足志矣。

十七，楚君殺弑君者別稱人。

宣十一年，冬，十月，楚人殺陳夏徵舒。丁亥，楚子入陳，納公孫寧、儀行父於陳。

傳曰：「楚子爲陳夏氏亂故伐陳，謂陳人無動，將討於少西氏。遂入陳，殺夏徵舒。」此楚子入陳而後殺夏徵舒之實也。楚自君將稱君以來，終春秋所書楚事，皆所以治其罪也，而入陳殺陳夏徵舒、滅陳殺陳孔奐，文與事皆相似。楚虔、蔡般皆嘗弑君者，而虔誘般，殺之以滅蔡。一是討弑君者而存其國，一是身負大惡而假討賊之名以滅人國，皆不可無辯，況討賊乃天下大義，不可以楚故而不明，故特書「楚人殺陳夏徵舒」於上以示義，然後書丁亥，楚子入陳，納二卿，從其恒辭以見實。蓋討賊名義既正，則與楚虔懷惡挾詐者不同矣。春秋於楚莊王事取節焉者，以弑君賊必不可無討，苟能討之而不爲利，雖蠻荆猶與之，信大義於天下也。是故入陳書日以別之。黄先生曰：「齊、晋爲中國盟主，俱有功於天下，然皆包容弑君賊，置而不問，故聖人於楚子入陳一事，先正其討賊之義，然後書楚子入陳，便與稱兵肆亂不同，乃聖人與人爲善、止遏亂略處，此書法所以爲妙也。」

十八，戰稱楚人，敗稱楚師，書入郢。

定四年，冬，十一月，庚午，蔡侯以吴子及楚人戰於柏舉。楚師敗績。庚辰，吴入郢。

凡入國曰國，入邑曰邑，未有入國而言邑者。此入國矣，而言邑，何也？中國諸侯，皆王者所封，無自號其國者。自號其國者，皆僭竊也。是故赤狄嘗自號其國曰潞，以歸稱潞子，得從其自號以配爵。滅稱赤狄潞氏，不得從其自號以名國，故滅不言潞。言滅潞，則與三代建國無辯矣，此史氏之法也。戰稱楚人，敗稱楚師，入稱郢，特筆之義，蓋取諸此。楚之先熊繹事周，至成王始以子男田封諸荆山。入春秋，至莊公末年，猶稱荆。僖元年伐鄭始稱楚。蓋「荆」其本號，「楚」乃僭王後所自改之號也。春秋書楚事，凡所以謹内外之辯者，無不致其嚴矣。惟始終稱楚無异辭，蓋非入滅皆得以號舉也。於是蔡侯以吴子戰敗楚師書入郢而不言入楚，以其叛周自立，僭天子大號以爭諸侯，不得與三代建國、無辜見入者同文也。是故吴得稱子，楚囊瓦書人，而入書日，許蔡侯以復世讎，而吴之入郢，亦不可與淩弱暴寡之師例論也。

春秋屬辭卷十四

因日月以明類第七

春秋記事之例有三：事以日決者繫日，以月決者繫月，踰月則繫時。此史氏之恒法。自魯公以至定哀之間，官守相因，不得有改者也。東周王室衰微，四裔僭號，五等邦君以彊弱易周班，而伯者之興幾於改物，其災祥禍福之變，禮樂政刑之亂，必皆有非常之故焉。史氏以其三例者一以施之，而是非得失混淆，雖有彼善於此者，亦無從見矣。左氏傳釋大夫卒有不日之例，則天子、諸侯喪紀厚薄尤所當詳。傳於魯史遺法有不能盡知，而況於筆削之義乎？蓋孔子之修春秋也，凡策書之大體，既以實録而存其王伯之會、中外之交，父子、君臣之間，皆有筆有削，以彰其義。至於上下内外之無別，天道人事之反常，史之所書，或文同而事异，或事同而文异者，則皆假日月以明其變、決其疑。大抵以日爲詳者，則以不日爲略。以月爲詳者，則以不月爲略。其以日爲恒者，以不日爲變。以不日爲恒者，以日爲變，甚則以不月爲异。其以月爲恒者，以不月爲變。以不月爲恒者，以月爲變，甚則以日爲异。將使學者屬其辭、比其事以求之，則事之存乎筆削者，既各以類明，而日月之法又相爲經緯以顯其文、成其義。凡灾祥、禍福、禮樂、政刑、盟誓、戰爭、天下之故、一國之事、一人之辭，無微不顯，而上爲天子，内爲吾君，外爲諸侯、爲伯主，又其外爲外裔，有天子之大夫，有吾大夫，有外大夫，又皆有弟兄姑姊妹之屬，大夫又有未命者，外裔亦有君臣，其等衰勢分甚嚴，善惡淺深，奇變極亂，皆以日月見之，如示諸掌。使文、武、周公之大經大法焕然復明，非天下之至聖，其孰能與於此？左氏雖不知日月有義，而所記之事與聖人之法若合符契，公羊、穀梁顯發斯例，必有所受，而隨事穿鑿，不可推尋，説春秋者遂諱言日月矣。近世唯西疇崔氏經解，本日月起義，然屬比不精，而類例多舛，則其鮮合固宜。其他皆主杜氏史有詳略、經有闕遺之説，嘗竊疑之。日月爲例，史有定法，文初不繁，不當以人而變。今經有一歲之間而詳略特异者，不可復言其人不同。名號、國地、事物之文闕者至少，何甲子之文闕者獨多？是皆不通之論也。乃離經稽類，因類爲凡，凡疑於例者，以著例決之，然後筆削之旨備矣。其間亦有因用舊法者，既爲聖筆所書即成經義，不當復別而言之，然而學者苟不深究筆削源流，則失傳之旨，無由可見，故必新舊相發、隱顯互明，而後其義自彰。蓋一經之體皆然，不盡釋也。以其法貫乎全經，與諸篇者不同，故自爲一篇而次於此。

一，著例。

凡日事，其法二：曰有日、有不日；曰有日、有不日、有不月。（謂事以日決，史本書日者。）

凡月事，其法一：曰有月、有不月。（謂事以月決，史本書月者。）

凡上有繫日之事，而下有不日之事，嫌於同日，則書是月，以明月例。（僖十六春，王正月，戊申，隕石，是月鷁退飛。）下有同日之事，嫌於不日，則再書其日，以明日例。（桓十二十一月，丙戌，公會鄭伯，盟。丙戌，衛侯卒。以下皆史法，特序于此，見春秋日月法其嚴如此，明先儒史有詳略之説不然。）苟二役爲一事，則蒙上事日。（僖二十八，盟于踐土，與朝王所同日。因會盟而有朝，故别書朝而蒙上日。）

凡一月有二事，俱合日，而前事赴在後者，則以往日附來日。（僖九，九月，戊辰，諸侯盟。甲子，晋侯卒。甲子在戊辰前四日。杜氏曰：「書在盟後，從赴。」）赴在後月者，則以其日繫後月。（成九，七月，丙子，齊侯卒。杜氏曰：「丙子，七月一日。書七月，從赴。」定四，王二月，癸巳，陳侯卒。杜氏曰：「癸巳，正月七日。書二月，從赴。」）

二，疑例。

凡同月事有兩，事皆合月者，則以下事蒙上事月。事不合月，而上有合月之事，則不得去上事之月。事不合月，而下有合月之事，則爲下事月。苟二後爲一事，則不爲下事月。（僖二十八，冬，會于温。天王狩于河陽。壬申，公朝于王所。壬申，十月十日也，有日無月，見非會諸侯，則無朝，故蒙上不月事。）皆以著例見之，此以下皆筆削之旨。

三，變例。

凡一役再有事，嫌以日事敵上事，則取下事之日加上事。（莊二十八，春，王三月，甲寅，齊人伐衛，衛人及齊人戰。史法日戰而月伐，經改正之，不使衛人得敵王命。）嫌以日事同下事，則取下事加日事之上。（宣十一，冬，十月，楚人殺陳夏徵舒。丁亥，楚子入陳。傳記楚子入陳後殺夏徵舒，經改正之，不以入陳累其討賊。）譏在上事，則取下事之。

四，例要。

凡日爲詳，則不日爲略。（天子崩，日，嗣王卒，不日。天子葬，以日爲恒，諸侯葬，以月爲恒。詳尊略卑。内夫人葬，日，外夫人不日。内女卒，日，王姬卒，不日。詳内略外。桓、文之盟，盛時則日，餘皆不日，詳重略輕。外裔滅國以君歸，日；自相滅，不日。詳内略外。）月爲詳，則不月爲略。（公侵，月。大夫侵，不月。詳尊略卑。執内大夫，月；外大夫，不月。外次伐我，月。凡次，不月。詳内略外。王人救衛，月。凡救，不月。詳重略輕。）

凡日爲詳，不日爲略，則不月爲彌略。（内刺公子，日。外殺我所納之子，不日。外殺大夫，不月。外裔爲中國討罪，日。入中國，不日。自相入，不月之類。）

凡不月爲略，月爲詳，則日爲加詳。（七月，雩，不月。八月、九月，雩，月。一月再雩，皆日。外災，不月。亡國、灾，月。外灾、夫人卒，則日之類。）

凡日爲恒，則不日爲變。（天王葬，日。不及禮，不日。諸侯、夫人卒，日。國亡，不日。）不日爲恒，則日爲變。（公即位，不日，不在正月則日。諸侯、大夫葬，不日。國亡則日之類。）

凡日爲恒，不日爲變，則以不月爲异。（烝、嘗有事皆日。用致夫人不日。從祀先公則不月。公及外大夫盟，日。及王卿士，不日。及外大夫，無君，則不月。諸侯卒，日。吊不以禮，不日。赴不以時，則不日之類。）

凡月爲恒，則不月爲變。（公狩，月。諱與讐狩，不月。來盟，月。國君來盟，不月之類。）不月爲恒，則月爲變。（盟主之會，不月，無成事則月之類。）

凡月爲恒，不月爲變，則以日爲异。（諸侯葬，月。不及禮，不月。僭禮則日。内取所争邑，月。凡取邑，不月。一舉取二邑則日之類。）

凡日爲重，則不日爲輕。（新宫灾，日。屋壞，不日。星變，日。鷁退飛，月之類。）

不月爲輕，則月爲重。凡執國君，不月，遂失國則月。大夫出奔，不月，必佚賊而後月之類。）

凡月爲輕，不月爲重，則以日爲异。（諸侯出奔，月。失國，不月。以臣出君則日。諸侯入歸，月；非出奔，不月；弑君以納君則日之類。）

凡日爲重，不日爲輕，則以不月爲异。（外參盟，日。有微者，不日。外裔之盟，不月之類。準此推之。）

五，灾祥類。

凡日食在正朔者，書日、書朔。（桓三、莊二十五、二十六、三十、僖五、文十五及成以後，唯襄十五年不書朔，餘皆書日、書朔。蓋周曆交朔之法於是始正。公羊傳曰：「曰某月、某日朔者，食正朔也。」）雖在正朔，而食於夜者，書朔、不書日。（桓十七，周人以夜半爲朔，故得言朔，日未出，故不言日。史記推合朔在夜，明旦日食而出，出而解，是爲夜食。案，穀梁傳以不言日、不言朔爲夜食，言日、不言朔爲晦食，於理未當，唯取夜食之説以足。公羊傳闕文。）食在朔後者，書日，不書朔。（隱三、僖十二、文元、宣八、宣十、宣十七、襄十五，公羊傳：「失之前者，朔在前。」何氏謂二日食。今案，雖非正朔，猶是此月所統之日，故書日。）食在朔前者，日、朔皆不書。（莊十八、僖十五。公羊傳曰：「失之後者，朔在後也。」何氏曰：「謂晦日食。」今案，日與月違，故日、朔皆不書。）

凡星變，日。（莊七）隕石，日。（僖十六）星孛，月。（文十四、哀十三）久則不月。（昭十七）

凡無氷，時。（三）雨木氷，月。（成十六）霜异，月。（僖三十三、定元）雨雪，月。（桓八）大雨雪，不月。（僖十）大雨雹，不月。（三。在時首書其月，不與例違。）大雨，震電，繼以大雨雪，俱日。震廟，日。（各一）

凡火災，日。（内災六）大室屋壞，不日。（非天災）

凡外災，不月。（莊二十、襄九）雖成周，不月。（宣十六）唯已滅之國，月。（昭九）外災、夫人卒，然後日。（襄三十）四國同日災，日。（昭十八）

凡地震，日。（自文至哀五）山崩，不月。（成五，梁山。）唯沙鹿崩，日。（僖十四。

公羊傳曰：「沙鹿者，河上之邑也。崩，襲邑也。」何氏曰：「襲者，陷入于地中。」今案，左氏不言沙鹿是山，但記卜偃曰：「期年將有大咎，幾亡國。」則沙鹿崩比山崩尤重可知，蓋地陷也。）

凡一時不雨，書時。（莊三十一）踰時不雨，書首月。（僖二、僖三。再書，皆以告廟故。）不雨而雨，書月。（僖三。亦以告廟故。且見至是月方雨。）踰三時不雨，書自某月不雨至于某月。（文二、文十、十三）

凡無麥苗、無麥禾，旱（二）、饑（三）。有年、大有年，皆時。（史本無月法）大水，時。（八）

凡有蜚、有蜮、多麋、鸜鵒來巢，皆時。（各一。見史本無月法）獲麟，時。（時田本不月）鶂退飛，月。

凡螽、螟，月。（螽七，螟二）唯秋初，不月。（螽三，螟一。據經無書七月螽者，凡秋螽，不月，皆七月也。螽始出，則爲災。災不止此一月，故不月。）蝝生，不月。（宣十五。蝝成螽乃爲災，災不在此月，故不月。穀梁傳曰：「甚則月，不甚則時。」其義未盡。）

六，郊廟類。

凡郊，日。（成十七、定十五、哀元。）不郊，猶三望，不日。（僖三十一、宣三、成七。）

凡卜郊，不從，月。（僖三十一、成十、襄七十一。）牛傷，月。（宣三、成七、定十五、哀元。）

凡雩，過祀節未遠者，不月。（七。據經不書七月雩。定七年秋，書三事繫時，方書大雩，又書一事，乃書九月大雩，知凡雩繫時者皆七月。傳曰：「龍見而雩。」謂建巳之月，爲嘉穀祈甘雨。周七月過雩月未遠，故不月，以別過時之甚者。）遠者月。（八月四，九月七）一月再雩皆日。（昭二十五。據書七月雩，止此一處，蓋譏在又雩。）過甚者則又不月。（昭七年，冬，大雩。）

凡日食、大水、用牲于社，各隨本事，不入例。

凡烝、嘗，日。（桓八，再烝。桓十四，嘗。）大事、有事、吉禘，皆日。（文二，因大事而躋僖公。宣八、昭十五，有事。閔二，吉禘。）猶繹，日。（宣八）用致夫人，不日。（僖八，禘于大廟，夫人已絶而祔。）考宫，非適，不日。（隱五，仲子。）從祀由陪臣，則又不月。（定八，陽虎所爲。）

凡作主，日。（文二）立武宫，日。（成六）立煬宫，由叛臣，則不日。（定元，季孫出君，嘗有禱于煬宫。）

凡丹楹、刻桷皆不月。（刻桷爲下葬月。）取郜大鼎，納于大廟，日。（桓二，宋督之賂。）

七，婚姻類。

凡逆女，不月。（卿爲君逆三，微者逆一。）雖公親迎，不月。（莊二十四）必國君送公，會之而後月。（桓三）

凡夫人至，不日。（三）必書入，然後日。（莊二十四）大夫宗婦覿，用幣，日。（莊二十四）

凡子生，日。（桓六）

凡逆后，不月。（襄十五）雖我主之，不月。（桓六）

凡來逆女，月。（隱二）内女來逆婦、求婦，皆不月。（各一，杞伯姬著例。）

凡女歸，月。（四來寧而歸一。）娣不與適俱行，月。雖國亡歸其邑，月。（紀叔姬來媵，不月。（三）

凡外女歸京師。（桓九）送王姬。（莊元）王姬歸。（莊元、十一）雖我主之，皆不月。（略於王史异内女）

凡大夫來逆妻，不月。（莊二十七，莒慶。宣五，齊高固。爲下事月。）

八，喪紀類。

凡天王崩，日。（凡至尊當謹，崩，日。吊禮不備，以求賻、求金見義。）嗣王未踰年卒，吊不備禮，不日。（王子猛卒，亂未弭，諸侯吊不以禮，可知。）王姬卒。雖魯主昏，不日。（外夫人禮殺於内女。）

凡公薨，日。（十一）嗣子未踰年卒，日。（待猶君，詳内事。）雖諱弒，猶日。（子般）必子弒母出而後不日。（子惡，特异其事）

凡夫人薨，日。（五）不稱夫人，亦日。（孟子、定姒尊同。）妾母稱夫人，日。（五）不稱夫人亦日。（君氏親同）

凡外諸侯卒，日。吊不備禮，不日。苟赴不以時，則又不月。（禮雜記：凡諸侯吊者，有介、有含者、有襚者。上介賵，執圭將命。上客臨，自稱一介老某。必大夫也。亦有既葬而吊者。檀弓言：「滕成公之喪，魯使子服敬叔吊，進書。」則君有吊書，其禮如此，而當時小大之國，貧富懸絶，交際不同，宜多不備。今考之經：齊君書卒者九，皆日；晋君書卒者十，書日者九，不月者一；楚君書卒者六，皆日。可見魯事盟主及大國，吊贈之禮，無敢不備。其不月者，晋侯夷吾踰年而後告喪，史即告時書之，自不容有月。然文公既非喪主，則吊禮必不用常制矣。宋公書卒者九，不日者二；衛侯書卒者九，皆日；陳侯書卒者十，不日者一；蔡侯書卒者六，不日者一，不月者一；鄭伯書卒者十，皆日。可見魯於齊等之國，往來有常，則吊贈無不備禮者。其不日者，皆有故也。其不月者，蔡服於楚，齊桓自侵蔡，蔡潰之後，問不及蔡，故赴不以時，而魯亦不吊也。苟非其國有他變，則魯亦安敢無故殺禮以犯不韙乎？其於小國，事體又异。曹君書卒者十一，書日者二。必吾君嘗親受其朝者。其來朝而不月者，卒于師也。檀弓記「曹宣公卒于會，諸侯請含，使之襲。」則凡卒于會者，不復以禮赴諸侯，諸侯亦不得備禮以吊可知，故卒于師、卒于會，皆不月。滕君書卒者七，不日者二，其先皆不名，則往來者素薄，又降而稱子，則玉帛之將者微。雖來朝，不得與曹比。自來奔喪後，乃遣卿會其葬，而卒無不日，葬無不會，則亦視施爲報也。杞書卒者七，不日者二。成與文魯人皆以私怒降其爵，其薄於吊贈，無足疑者。不月者一，悼卒于會。薛書卒者四，無朝魯者而書日一，則意如出君後致恭於宋之屬國也。邾書卒者七，不書日者三，邾雖後封，而彊次曹、莒，世有魯怨，五世不會其葬，則不日者，其常也。秦君書卒者六，不日者二，往來之禮薄也。不月者三，赴不以時也。許書卒者五，不月者三。穆卒于師，元國滅復封，赴不以時也。莒與吴皆從夷俗，禮有不得行。宿君書日卒一，魯、宋嘗盟于其國也。詳見第一篇。）

凡内女爲諸侯夫人卒，日。（二）來歸，卒，日。（子叔姬、杞叔姬）許嫁卒，日。（伯姬）唯國亡不日。（紀侯將去國，伯姬喪不成。叔姬吊葬如夫人禮，魯人以義起。）

凡夫人卒，日。（二十六）公不與小斂，則不日。（四。隱元年傳曰：「衆父卒，公不與小斂，故不書日。」杜氏曰：「禮：卿佐之喪，小斂、大斂，君皆親臨之，崇恩厚也。始死，情之所篤，禮之所崇，故以小斂爲文。至於但臨大斂及不臨喪，亦同不書日。」今案，大夫卒不日者四：公子益師、無駭、挾、叔孫得臣也。公實不臨喪而書日者六：公子牙實殺書卒。公孫敖、仲遂、公孫嬰齊卒于外。叔孫婼、叔倪卒時，公在外。皆勢不得臨，非君恩薄，故書日如常法。左氏所發春秋日月例，唯此一事，然先儒鮮從其説者。今以全經筆削之旨考之，知此法實魯史舊章，但左氏考之不詳。至聖人修春秋，凡所書之事，皆以日月爲例而權其輕重，則又非史法之所能及矣。其崩、薨、卒、葬例，與此同出魯史，無可疑者。蓋吊葬失禮，乃史氏所當謹也。唯事有异常，史法不足以盡其變，則非聖人莫能修。孔子蓋曰：「其義則某竊取之矣。」

凡王卿士卒，不日。（吊贈禮薄，王臣不外交，唯二子以義起。）

凡葬我君，日。（九）小君，日。（五）不成喪，亦日。（夫人一）妾母稱小君，日。（四。詳内事）

凡葬天王，日。（襄王）不及禮，不日。（四。禮：天子七月而葬，五重八翣。正棺、引、窆，執紼各千人，明器、衣服，遣車牢具凡役稱是，故天王葬得禮則日，不及禮不日，從周之義也。今考經，唯襄王合葬節，亦唯襄王書日。桓王七年而葬，匡王四月，簡王五月，景王三月。其不能葬至七年，則葬速者禮薄可知。襄王當晉文、襄之世，王室稍振，獨能備禮也。）

凡葬諸侯，月。苟不及禮，則不月。必厚葬踰禮而後日。（禮：諸侯五月而葬，三重六翣。上公四重，執紼五百人，遣車七乘，明器凡役稱是，不可更過矣。左氏內、外傳皆載晉文公請隧事。宋葬文公用蜃炭，益車馬，重器備，椁有四阿，棺有翰檜，雖華元、樂舉有不臣之譏。然檀弓記宋襄公葬其夫人，醯醢百甕，則厚葬之弊，有自來矣。然或大國多故，而小國削弱，則亦有不及禮者，如有若言晏子，遣車一乘，及墓而反，譏其不留賓客有事。則諸侯之儉者，亦此類也。今考經，齊葬九君，書日者四，皆孝公以前侈盛之時，不月者一，則公子光之不子也。晉葬六君，唯文公書日。宋葬六君，書日三，其一爲與夷葬穆公，其二皆華元爲之。衞葬入君書日者二，穆變禮，襄錫命，皆臣子之意，其一不月，則繼絶之文公也。蔡葬七君，書日者一。蔡季歸國而厚於先君，舍是，十一君葬無書日者矣。陳葬八君，皆不日、不月者三。鄭葬七君，皆不日、不月者三。秦葬三君，皆不日、不月者一。陳國貧，秦、鄭爵卑，故皆無僭禮。其不月者，則有故也。自餘小國多不月，則不月者爲禮不備，明矣。春秋於其踰禮，則存其日，比諸天子以明其僭，其不及禮者，則不月以見其薄。唯得常者，則月之。蓋天子以日爲常，則諸侯以月爲常，等哀之義也。崔氏曰：「凡大國、次國之葬，例月。其越禮而葬者，僭也，故加日以見之。其不及禮而葬者，偪也，故去月以見之。」傳稱宋華元、樂舉厚葬文公，今宋文之葬實日。衛文侯之儉也，今衛文之葬實不月，以類考之可知矣。古人以送死可當大事，故春秋以葬禮爲重，於其有過不及者，皆明著以見譏焉。是以大國之僭禮者多，而次國之僭禮者少。次國不及禮者多，而大國之不及禮者少。蓋唯天子無僭，而小國無偪爾。案，崔氏日月例，唯此與魯桓盟會得之，故特詳考經傳以申其説。）

凡葬畿内諸侯，不月。（劉文公，王卿士也，當時天子且不備禮，則王臣之葬禮薄可知。）

凡内女爲諸侯夫人，葬，不日。（宋共姬）唯國亡則日。（紀伯姬、紀叔姬。外葬以月爲常，則以日見异，姑姊妹之喪，公爲之服，故卒從内辭，實外夫人，故葬從諸侯之例。）

九，禍福類。

凡公即位不日。（七）即位不在正月則日。（定公。日食必在月朔，史猶書日。公即位，大事也。雖必在正月朔日，史法亦當書日以謹始。今皆不日者，蓋筆削之旨，略常以明變。昭、定之間，踰年無君，國家之大變也。）

凡天王居與入皆月。（昭二十三，秋，七月，天王居狄泉。上下有同月事又書。八月地震以下，冬十月入成周例之知二事皆月。）未成尊，則不月。（崔氏不知此義，遂疑王猛非正，謬甚。）苟出居則不月。（襄王蒙塵與敬王復辟异。）

凡公孫，日。（一。同以臣出君例）夫人孫，不日。（二。婦人非罪不出奔。）

凡公孫，反行，書至，書居，月。（一）自所居邑行，書至，書居，不月。（四：皆昭公。天王居與出居，皆以内辭書，與此同。）

凡内女爲夫人，來，不月。（杞伯姬三，一朝其子，求婦別見。）雖來歸，不月。（郯伯姬）苟非以罪出，則月。（杞叔姬不安於杞，杞伯來朝而告絶，既卒，又逆其喪以歸。

非罪出，故特月，明與郯伯姬异，可決學者千載之疑。）

凡諸侯出奔，不日。（出奔三，來奔二同僖二十八，衛侯。蒙上事月。）必以臣出君而後日。（襄十四，衛侯）苟遂失國，則又不月。（紀侯大、北燕伯欵、蔡侯朱、莒庚輿）未成君不月。（鄭忽、曹羈、莒展輿）

凡諸侯入，不日。（入國一：衛侯朔。入邑二：鄭伯突、衛侯。衛侯蒙上事月）復歸不日。（衛侯鄭）必弑君以納君而後日。（襄二十六，衛侯衎）苟非出奔，則又不月。（復歸一：僖二十八，曹伯襄。歸二：僖三十，衛侯鄭；成十六，曹伯。皆以見執得歸。）未成君，不月。（桓十五，鄭世子忽。傳六月，乙亥，昭公入。）歸而繼絶，不月。（昭十三：蔡侯廬、陳侯吴）

凡公子以篡歸，不月。（二。曹赤著例。）入，不月。（二。齊小白著例。案，獲麟後，衛世子蒯聵自戚入于衛，書日。）入而繼絶，不月。（許叔）

凡内大夫出奔，日。（三）苟有關於一國之大故，則不日。（三：慶父之亂，閔弑、僖出，歸父謀去三桓，公薨不遂，三家之勢所以成。公子憖寡謀妄動，昭公之所以終於出也，與禍福在一己者不同，故异之。）

凡外大夫、公子出奔，不月。（三十三，著例十九。）來奔，不月。（十一，著例八）雖王卿士，不月。（成十二，周公。）必佚賊而後月（王子瑕、尹氏、毛、召、子朝、宋萬）。作亂而出則月。（昭二十，宋華亥、向寧、華定。義同佚賊。案，獲麟後，宋向魋以叛出。衛子還成以伐公不果出。皆書月。陳轅買、衛公孟彄出，不書月。此成舊法。）叛而出，又不月。（昭二十二，華亥、向寗、華定。內因二司馬入國以叛，外有吳、楚之助諸侯救宋者，畏楚而出之，治不止佚賊。）

凡內大夫來歸（季子）、外大夫歸（五，三著例）、復歸（元咺著例）、入（良霄、欒大心）、復入（魚石、欒盈著例），皆不月。雖入以叛，不月。（入國一，入邑四）必歸弒君而後月。（楚公子比）

凡執國君，不月。（入著例三歸亦不月）雖三公，不月。（虞公）遂失國，則月。（僖十九，宋人執滕子嬰齊，以失國名。）執外裔之君，雖失國，不月。（昭四，楚人執徐子。）

凡執大夫，不月。（八。著例六）雖王卿士，不月。（可決單伯非內大夫）唯執吾大夫則

月。（三。季孫行父著例）執大夫于京師則月。（宋仲幾）執大夫使廢立則月。（鄭祭月）

凡臣弒君，日。（九）以篡首惡，不日。（楚公子比）弒未踰年君，不日。（齊舍別成君）苟庶孽見弒，則不月。（晉卓、齊荼）不稱君，不月。（晉奚齊）

凡稱國以弒，日。非當國者稱國，不日。（晉欒書、中行偃皆正卿，莒僕、吴光，事與之异。薛弒其君，不月，無可考。）

凡稱人以弒，日。非微者稱人，不日。（齊邴歜、閻職實微者，宋莒實非微者。）

凡世子弒君，日。所由來者异，不日。（蔡侯淫而不父，與楚子頵、許悼公不同。）

凡閽殺，不日。（賤刑人）非盜而稱盜則日。（蔡公孫翩以盜赴。）

凡外戕他國君，不日。（宣十八，鄫子）誘而殺之，日。（蔡侯般。穀梁傳曰：「外裔之君誘中國之君而殺之，稱時、稱月、稱日，謹之也。」案，日必有所繫時、月，不必合時、月，取義。）執而用之，日。（僖十九，鄫子）

凡内刺公子，日。（公子偃）苟以説大國，則又不月。（公子買）

凡外殺大夫、公子，不月。（三十五）雖殺嘗弒君者，不月。（里克、甯喜）相殺，不月。（宣十五年，王札子。昭八，陳招。昭十三，楚弃疾。文六，晉殺陽處父。昭十四，莒殺意恢。）盜殺，不月。（襄十，鄭。昭二十，衛。哀十三，陳。）雖殺世子，不月。（晉申生、宋痤）殺其弟，雖天王，不月。（佞父）必殺我所納應立之子而後月。（子糾）放大夫，不月。（二）

凡外殺簒立者，不月。（齊無知。陳佗不以罪討。）殺叛者，不月。（鄭良霄、晉欒盈）必討賊若衛人而後月。（州吁）

凡外裔相誘殺，不月。（楚子殺戎蠻子）殺他國大夫，不月。（三。皆爲上事月）必討賊若殺陳夏徵舒而後月。（特書討賊，繫月於入陳之上，比衛人殺州吁以與之。）

十，朝聘類。

凡公朝王，日。（二）諸侯來朝，不月。（三十六。著例二十二。以小事大，以弱服强，非邦交舊典，故去月以爲恒，略言之也。其爲下事月者，不與例違。）外裔來，不月。（介葛盧、白狄，觀魯公外如諸侯來朝與外裔來同不月之法，則經意可見矣。）内女使其夫來朝，則月。（鄫子）畿内諸侯來，則月。（祭伯、州公，王臣無外交，皆异其事）

凡公如，不月（十九）。雖以事往，稱其事，不月（三。皆略之）。必如京師而後月（异於列國）。必如楚而後月（二。异於中國）。苟如以四時首月，則書其月（八。非王事不敢廢王正與時首，兼存史法，見本書月。宣九、襄八、定三著例。）。

凡公如而至，不月。（十八）必嘗見止而後月。（成十一。下會至著例）必奔諸侯喪而後月。（宣十、成十一）必自楚而後月。（宣二十七、昭七，皆异常。）苟至以四時首月，則書其月。（文十四、昭五，其餘皆爲下事月）

凡會而至，不月。（二十六。會師盟戎同）必嘗見止而後月（僖十七）。以師行至，不月（伐十三、侵三、圍二、救一，成十六、十七，二至會同）。必會外裔伐中國而後月（哀十）。苟至以四時首月，則書其月。（至會三，至伐二，伐而至會一）

凡夫人如，不月（四）。其合禮而至，則月。（文九，夫人如不月。與公同而至，則月。與公異，雖歸寧得禮，亦謹其至，男女之別也。）苟如以王月，則書其月。（莊二十，不敢廢王月，略於君，婦人無外事。）

凡大夫如，不月。（如京師四，如陳二，如宋五，如衛一，如邾一，如齊十七，如晉二十五，如楚一，如莒一，如牟一）雖以事往，稱其事，不月。其執而至，亦不月。（降於君，據大夫如，多特繫時。又文六年秋，襄七年秋，二如，皆下書八月。九年夏下書五月，知本不書月。其昭二十三王正月，叔孫婼如晉。（爲下日卒月，餘皆爲下事月。）

凡諸侯相如，不月。（齊侯、鄭伯如紀。州公如曹。）雖以事來，稱其事，不月。（奔喪、會葬爲葬月。）苟來獻捷，則月。（失伯主之道，故齊人歸俘不月。楚使獻捷不月，可決此爲齊侯親來。）來逆出妻之喪，則月。（成九，杞伯）

凡列國來聘不月。（陳一、齊五、晉十一、宋四、衛四、鄭一、秦一、荆楚二、吴一）雖以事來，稱其事，不月。（二。及妻來一，稱人來六。）不言其事，不月。（齊仲孫）必來歸其助祭之邑而後月。（歸祊）必來歸所執吾女而後月。（齊子叔姬）必楚以聘報朝而後月。（襄三十，嫌與伯國同。）

凡王使來聘，歸脤、會葬，不月。（周官舊典）錫命（三，一著例）、歸賵、歸含、會葬、妾母來求（求車）皆月。（私恩失禮）來求，非王命，則又不月。（二。諒暗，譏不在天子。）王臣私交，不月。（祭叔）

十一，盟會類。

凡内離盟，日。（隱六，艾。文十七，穀。定十二，黄。）雖與伯國盟，日（莊二十三，扈。文三十三，襄三，皆及晋侯。）唯宜盟，則不日。（隱元，于蔑。閔元，落姑。）苟無成事，雖會伯主盟，不月。（莊十三，于柯，魯背盟。）

凡内參盟，雖有大夫，日。（僖二十五，洮。二十六，向。）苟無成事，則又不月。（昭二十六，鄟陵，謀納公，不克。）

凡外離盟，有關於諸侯之合散，不月。（隱三，石門，爲下事月。定七，于鹹、于沙。定八，曲濮。唯隱二，于密，闕文。）

凡外參盟，日。（隱八，瓦屋）有微者，不日。（僖十九，曹南。）君稱同微者，不日。（桓十一，惡曹。）

凡桓、文之盟，不日。（桓，幽、貫）雖公會，不日。（桓，幽、首止、甯母、洮、牡丘。）内諱公而外稱人，不日。（文，翟泉。）唯其盛時，則日。（桓，葵丘。文，踐土。）

凡晋主夏盟，恒日。（會諸侯十一。大夫主諸侯一。諸侯會而大夫盟三。）唯略不序諸侯，不日。（二，扈）盟不足以服貳，不日（成九，蒲）。盟而後執諸侯，不日（襄十九，祝柯）。晉不主盟，不日（定四，皋鼬）。大夫會之，不日（文二，垂隴。成十八，虚朾）。苟大夫會大夫稱人，則又不月（宣十二，清丘。諸侯不序不日，則大夫稱人宜降。）

凡公及外微者盟，日（隱八，浮來）。及大夫，雖諱公，猶日（齊高傒、晉處父、荀庚、郤犨、衛孫良夫、宋向戌）。唯及王卿士，不日（文十，蘇子）。苟不諱公而無成事，則又不月（莊九，于蔇）。

凡大夫與外大夫盟，日（二）。雖會微者盟，日（襄二十，向）。苟内外皆微者，則不日（隱元，宿）。

凡内大夫特盟諸侯，不月（三）。自參以上，不日（桓十一，折）。必見伐以賄盟，然後日（文十六，齊侯）。必伐其國，要之盟，然後日（哀二，邾子）。苟以遂事盟，則又不月（莊十九，公子結）。凡内涖盟，不月（四）。外來盟，不月（三）。雖國君，不月（襄二十九，杞子）。以輔纂來盟，則月。（文十五，宋司馬華孫。宋人将弑昭公。華孫，公子鮑之黨也。其來盟，實結魯爲援，非君命，故不稱使，嫌與齊高子同，故書月以异之。）荀來盟于師則日。（齊國佐敗績後請服。）

凡外裔之盟，不月。（僖二十，狄。三十二，狄。宣十一，辰陵。）雖來盟，不月。（屈完）與盟，不月。（于齊鹿上）必吾君大夫特與之盟而後日。（隱二、文八，皆戎。）以兵加中國公會之盟，日。（僖二十一，于薄。二十七，于宋。成二，于蜀。）兩主之，雖吾大夫及盟，日。（襄二十七，于宋。）

凡魯桓之盟，皆日。（六）唯盟戎，不日。（桓二。說見桓會下）

凡内離會，不月。（四）外會公，不月。（文十三，衛侯、鄭伯。）必參會而後月。（隱十、定十四。凡離會、離盟，皆兩國之志，自諸侯合而爲亂，始有參盟、參會，中丘爲魯合齊鄭之始，牽爲魯合齊、衛叛晋之始，故月以异之。）參會，有大夫，則不月。（哀十二，鄖）遇，不月。（三）

凡公會内女（莊二十七）、會師（定八）、夫人會齊侯（莊二，禚。莊七，防、穀；僖十七，卞。）、如師（莊五），皆不月。夫人享齊侯以王月，則書其月。（莊四）

凡外離會，不月。（定十四）雖參會，不月。（定十）唯始懼楚而會，則月。（桓二。凡諸侯來朝不月，則七月爲會鄧書。）遇，不月。（三）胥命，不月。（一）

凡盟主之會，不月。（四）雖公會之，不月。（十二）雖王卿士會之，不月。（單伯）必無成事而後月。（僖元年于檉，謀救鄭而不成救；十六年于淮，城鄫不果而還；襄七年于鄬，救陳，陳侯逃歸；二十四年、二十五年，二夷儀伐齊，一大水不克，蒙日食月，一受賂不討賊，蒙弒君月，皆以前例見之。）

凡大夫與大夫會，不月。（襄三十，澶淵；昭二十七，扈。）内大夫會之，不月。（十二）諸侯與大夫會，不月。（定十，安甫）伯主之會，亦不月。（莊十三，北杏；僖三，陽穀。）雖吾君會之，不月。（襄二十六，澶淵）内大夫會諸侯，亦不月。（四）

凡外裔與諸侯會，不月。（僖二十一，盂；昭四，申。）雖吾君特會之，不月。（隱二，潛；哀七，鄫，十二，橐皋。）吾君會諸侯及之，亦不月。（哀十三，黄池）會又會，亦不月。（襄十，柤）必會而及盟而後月。（成二，蜀）吾大夫會之，不月。（宣十五，宋；襄五，善道；昭九，陳；哀六，柤）必會又會而後月。（成十五，鍾離；襄十四，向）凡魯桓之會，皆月。唯不遇，不月。（十年。今案，日月有例，所以權事之輕重，而別其同异。桓内弑其君，而結鄭以定其位，取鼎以成宋亂，又與鄭突同惡相濟，雖昏于齊而不能爲紀求齊，身又卒死于齊，其六盟、十五會不出乎此，乃爲國君者之極惡奇變，在十二公中，無與爲比。非有輕重之可權，同异之可别，故從舊史恒法，一以施之，所以重社稷、尊宗廟，文不易而義愈深矣。盟戎獨不日者，桓之盟會既别治之與諸公异，故盟戎亦别之，不得與隱公同也。凡疆埸之交，所以繼好息民。隱二年，公會戎于潛。傳曰：「脩惠公之好也。」桓弑隱，非繼隱好，亦不得同隱盟書日，削其盟戎之日而二義皆成，書法神妙。蓋如此不遇、不月者异，成事從史文也。）

凡平，皆月。（宣四，平莒及郯，十五，宋人及楚人平；昭七，暨齊平；定十，及齊平。）有關魯與諸侯之合散，則不月。（隱六，鄭人來渝平；定十一，及鄭平。陳氏曰：「書鄭渝平，以志諸侯之合。書及鄭平，以志諸侯之散。」可謂深得經旨。不知經不書月，已特别而异之，然諸侯合散，經於離盟不月見義，陳氏已發不書之秘。此二平不月，則魯與諸侯之合散在焉，亦不可無辯。）

十二，戰爭類。

凡內侵，不月。（三）必公將而後月。（四。內犯大國書侵，故公將則月以甚之。）凡外侵，不月。（二十二）雖侵我，不月。（四）必內會伯主之師，若王臣合諸侯而後月。（僖四，公會齊侯侵蔡，公孫茲會齊侯侵陳；定四，公會劉子侵楚。）

凡內伐，不月（八）。雖公將，不月（十）。必三卿並將而後月。（昭十，伐莒；哀二，伐邾。征伐執詞，故君、大夫同不月。三家既分公室，有時並將俱出，則月以見异常。）

凡外伐，不月（七十八）。雖伐我，不月（二十）。唯伯者不能救與國而伐小國則月。（僖十五，齊師伐厲。傳曰：「以救徐也」。）唯納所屬公子、殺已立之君，則月。（僖十八，宋伐齊，納孝公。齊人殺無虧。）必伯主以王命討罪而後日。（莊二十八，齊人伐衛。説見第三篇，又見前）凡公會侵、伐，不月（十二）。唯會伯主若王臣伐諸侯，則月。（僖四，侵蔡、伐楚；定四，侵楚。）自京師遂會，則月。（成十三，伐秦）會太子稱君將伐國，則月。（成十，伐鄭。傳六月，丙午，晋侯卒。）

凡大夫會侵、伐，不月。（八）雖王臣會之，不月。（莊十四，單伯）唯會仇讎以逆王命，則月。（莊三，伐衛）會伯國侵與國，則月。（僖四，侵陳）

凡外裔侵、伐，不月。（七十一）雖侵、伐我，不月。（文七，狄；哀八，吴）雖公會伐，不月。（哀十、十一，一以月至見義，一爲戰月。）

凡魯桓會伐皆月。（二。義與盟會同）

凡公敗外師，不日。（三。略之國君，不以善將爲功。）甚之，則日。（隱十，敗宋于菅。臣會伐而又獨進敗之。莊十一，敗宋于鄑。宋方輔齊圖伯，魯再敗之。）大夫敗之，則日。（僖元，公子友；昭五，叔弓。皆敗莒却敵禦寇，皆臣子分所當爲，故從其恒法。）

凡外相敗，日。（僖三十三，晋及姜戎敗秦。）中國敗外裔，不月。（晋敗狄三）唯内大夫敗狄則日。（文十一，叔孫得臣。義與敗外師同。）

凡外裔相敗，不日。（定十四，於越敗吴。）苟敗其從中國者，則又不月。（楚人敗徐异相敗）雖敗中國，不日。（莊十，荆敗蔡；昭二十三，吴敗頓。胡、沈、蔡、陳、許爲胡子、沈子滅，日。）苟王師敗績，則又不月。（成元，王師天下莫得較，故异其事。）

凡戰皆日。（内外戰十九）拒王命而戰，則不日。（莊二十八，衛及齊戰。説見第三篇）外裔自相戰，則不月。（昭十七，楚及吴戰于長岸，略之，與中國异。）苟爲中國討罪，則日。（定四，蔡侯以吴子及楚人戰于柏舉。）

凡圍，不月。（内外圍國邑二十五，皆同。）雖公會圍，不月（僖六年，伐鄭，圍新城。）唯書同圍齊，月（襄十八）

凡公圍内邑，月。（定圍成）公在外，則又不月。（昭圍成）

凡外裔圍中國，不月。（十二）雖中國圍外裔，不月。（定五）

凡内入國，不日。（隱二，入極；桓二，入杞）必公將而後日。（隱十一，入許；哀七，入邾。）苟入其甥國，雖大夫將，日。（僖二十七，入杞。責來朝不敬，時伯姬尚存。）

廢祀易田，雖入邑，日。（隱八，入祊。）

凡外入國，不日。（隱二，莒入向；僖三十三，秦入滑；昭十八，邾入鄅。）雖君將不日。（哀八，宋入曹。）必伯主將而後日。（僖二十八，晋侯入曹。）討違王命，若叛中國，雖大夫將，日。（隱十，齊、鄭入郕，討不會王命；文十五，晋郤缺入蔡，討不會新城；襄二十五，鄭公孫舍之入陳，報其從楚見伐。）苟有以來之，則不月。（隱五，衛入郕，報其侵。十年，宋、衛入鄭，報其伐；僖二十，鄭入滑；文五，秦入鄀。皆討其貳。周禮大司馬：「比小事大，以和邦國。」孟子：「以小事大爲畏天。」）

凡外裔入中國，不日。（三）苟爲中國討罪，則日。（宣十一，楚子入陳，討弑君者。定四，吳入郢，爲蔡討楚。）其自相入，則又不月。（成七，吳入州來。定五、哀十三，於越入吳。）

凡入國以其君歸，不日。（哀八，宋入曹。）內入國以其君歸則日。（哀七，入邾）凡潰，不日。（僖四，蔡潰。文三，沈潰。昭二十九，鄆潰。）外裔潰中國則日。（成九，莒潰。）

凡滅國，不日。（莊十，齊滅譚；十三，滅遂。襄六，滅萊。）唯滅吾同宗之國，日。（僖二十五，衛侯燬滅邢。）因諸侯之會，遂滅小國，日。（襄十，諸侯會吳于柤，遂滅偪陽。）苟閒伯主有事而滅小國，則又不月。（僖十七，齊桓爲淮之會，魯滅項。襄六，晋悼列鄫人于戚之會，莒人滅鄫。譏在齊、晋。）凡外裔滅中國小國，不月。（楚滅弦，黃滅江，六狄滅温，吴滅巢。）會而遂滅，則月。（昭四，楚會伐吴，遂滅賴。）必滅大國而後日。（昭八，楚滅陳。十一，滅蔡。）雖大國之附庸，日。（宣十二，楚滅蕭，危及宋。）

凡外裔自相滅，不日。（莒人滅鄫。越滅吴。）外裔滅畿内國，不日。（狄滅温。僖十六年傳：「狄滅温，蘇子無信也。蘇子叛王即狄，又不能於狄，狄人伐之，王不救。蘇子奔衛。」疏云：不日，闕文。率意言之，宜少合也。）

凡滅國以其君歸，日（定四，蔡公孫姓滅沈。六年，鄭遊速滅許。）雖外裔滅中國以君歸，日（昭十一，楚師滅蔡。定十四，楚公子結滅頓。十五，楚子滅胡。）中國滅外裔以君歸，日（宣十五，晋師滅赤狄潞氏。）唯外裔相滅以君歸，不月。（僖二十六，楚滅夔。）

凡外取師，不月（隱十、哀九十三）。殲，不月（莊十七）。

凡内取田、邑，皆不月。（八。哀二，取漷東田、沂西田，爲三卿並出，月。宣四，伐莒、取向，爲平莒，月。）背盟、取邑，則月。（昭元，取鄆。叔孫豹會虢而取鄆，故月。）必一舉取二邑而後日。（隱十，取郜、取防。鄭取二邑勞公，與取地邑异。穀梁傳曰：「不正其乘敗人而深爲利、取二邑，歸諸己，故謹而日之也。」）

凡内取國，不月。（僖二十二，須句。宣九，根牟。成六，鄟。襄十三，邿。著例三。）遂滅其祀，則月。（昭四，取鄫。魯屬鄫而莒滅之。至是，鄫又叛莒而来依我，不能推亡固存，反乘急而兼之，故凡内取不月，此其月，异之也。）

凡外取邑，不月。（隱六，長葛。著例。隱四年，婁。爲下弑月。）雖取内邑，不月。（哀八，齊人取讙及闡。）必取以居公然後月。（昭二十五，齊侯取鄆。）取内所賂田，月。（宣元，齊人取濟西田。）

凡外取國，不月。（僖三，徐取舒。）襲國，不月。（襄二十三）

凡降國，不月。（莊八，郕）必伯主而後月。（莊三十，鄣）

凡救，不月。（八：閔、僖二。救邢上爲元年不書即位月。夷狄救四。）雖内救，不月。（三。僖十八，師救齊。著例。襄二十三，救晋。爲下日卒月。）會救，不月。（四。及救一。）遂救，不月。（僖六）必王人救列國而後月。（莊六，子突）

凡次，内外皆不月。（内次二，外次四，會次二，楚次一。聶北爲僖元年月。僖十五匡爲盟牡丘月。襄二十三雍榆爲日卒月。）雖公次，不月。（莊三著例。昭二十五，爲日孫月。）外次，必伐我而後月。（莊十）戍，不月。（僖二十八、襄五、襄十）

凡公追，不月。（莊十八、僖二十六）

凡遷邑，不月。（莊元，郱、鄑、郚）必遷國而後月。（莊十，宋遷宿。閔二，齊遷陽。）凡自遷其國以避外裔，月。（僖元，邢遷夷儀。三十一，衛遷帝丘。）叛中國而請遷於外裔，則不月。（成十五，許遷于葉。昭九，于夷；十八，于白羽。定四，于容城。）請遷于吴以避仇楚則月。（哀二，蔡遷州來。蔡既以吴入郢，其依吴避楚非得已，故得與邢、衛同書月。）

十三，師田類。

凡狩，不月。（哀十四，西狩時事。）唯火田，則日。（桓七，焚咸丘。譏盡物。）

凡公狩，月。（桓四，郎）諱與讎狩，則不月。（莊四，禚）觀魚，不月。（隱五，非務。）蒐不書公，不月。（昭八，紅）雖大蒐，亦不月。（四。三家分公室。据定十四年，比蒲，邾子來會公，見大蒐皆公在。昭八年，蒐于紅，傳「自根牟至于商、衛，革車千

乘」，則非時田可知。）必大閱治兵而後日。（桓六。莊八）

十四，賦税類。

凡軍制、作、舍，皆月。（成元、襄十一、昭五）賦税，不月。（宣十五、哀十二）

十五，興作類。

凡城、築，不月。（成二十三，築八）雖會城，不月。（襄二十九，城杞。傳言，六月。）雖城成周，不月。（昭三十二。傳十一月。）必伯者存亡國而後月。（僖元，城邢。二年，楚丘。）苟無成功，則又不月。（僖十四，緣陵。）

凡新，不月。（莊二十九，延廄）新作，不月。（僖二十，南門）必有僭制而後月。（定二，雉門、兩觀）凡墮邑毀臺，皆不月。（定十二，墮郈、費。文十六，毀臺）凡浚川，時。（莊九）

十六，眚盜類。

凡肆眚，月。（莊二十二）盜竊寶器，得寶器，皆不月。（定八、定九）

春秋屬辭卷十五

辭從主人第八

辭從主人者，謂從主人之辭也，語出永嘉陳氏。主人與公羊傳「主人習其讀、問其傳」之主人同，謂魯君也。春秋本魯史成書，雖孔子作經，亦必禀君命而後得施筆削，自非有所是正，皆從史氏舊文，然其所是正者，亦不多見，故曰「辭從主人」。蓋本孟子「其文則史」。而穀梁傳亦有「從史文」之云，實經之逸義也。當春秋成時，孔子恐門人不得其意，故告以制作之原，曰：「其事則齊桓、晋文，其文則史，其義則某竊取之矣」。此曾子以授子思，而孟子述之，實千萬世學春秋者之指南也。至公羊氏乃曰：「其辭則丘有罪焉爾。」又曰：「定、哀多微辭，主人習其讀而問其傳，則不知已之有罪焉爾。」又曰：「所見异辭，所聞异辭，所傳聞异辭。」其意以爲春秋製言之體，皆出聖人，而又不得其所以爲言者，故曲爲之説。夫策書之法，内惡諱之，而外事從告，與史氏雜志以訐爲直者不同。韓宣子，晋卿也，觀書而大史氏不隱者，以其文辭猶存成周舊典，非史氏私書比也。孔子非史官，亦非見大夫也，請修國史而時君、時相不以爲疑者，其事與文，皆仍魯史之舊，雖有筆削而無所增加也，則其辭何罪之云？定、哀之際，書事與隱、桓以後不殊，而亦何微之有？蓋孔子嘗曰：「知我者，其唯春秋乎！罪我者，其唯春秋乎！」非其辭之謂也。其言之所自出與孟子同，而口傳失真，則去之遠矣。蓋其所聞於不修春秋者，雨星不及地尺而復而已，則又安知魯史記之爲周禮哉？司馬遷有言，「孔子西觀周室，論史記舊聞，興於魯而次春秋。七十子之徒口授其傳，指爲有所刺、譏、褒、諱、抑、損之文辭，不可以書見也。」則由公羊之説而意其當然，然愈誕矣。自是以來，家自爲學，人自爲書，穿穴支離，傳會膠固，其甚者乃若法吏深文巧詆之爲，皆坐以春秋爲孔氏所創一家之言，而不知其本故也。穀梁以國地之异名者，謂之從史文，不能通諸全經。左氏所發多史例也，而記韓宣子之言，謂之周禮，且曰非聖人莫能脩之，則其失在不知有筆、有削而已。至永嘉陳氏，乃專主筆削求經，然猶以爵號名氏爲褒貶，誤指左氏所録即魯史舊文，而經之成言皆爲聖筆所脩，其所謂從主人之辭者，亦無幾焉，則猶惑於公羊，而於孟子所傳述者未嘗少致思也。故今特取陳氏語名篇以矯其失，凡天道、人紀、爵號、名氏、郊廟、師田、昏姻、朝聘，史氏之恒辭，皆以類發例，而赴告之情，策書之體，可得而論者，亦一二附見焉。

一，編年類。

凡君之首年曰元王之始，月曰正。（元者，首也。以吾君即位之首年，故曰元年。正者，長也。以時王所改一歲之長月，故曰正月。吴先生曰：「尊其在首，特立殊稱，故不曰一年，而曰元年。尊其在始，特立殊稱，故不曰一月，而曰正月。」）

二，災异類。

凡闕於所不見曰日有食之（不言爲月所食），曰星隕如雨（不言至地之形），曰隕石于宋五（不言隕星），曰六鷁退飛過宋都（不言風）。

凡常無曰有（有蜚、有蜮、有年、有星孛、有鸜鵒來巢）。常有曰無（無水、無麥

苗）。過常曰大（大雨雹、大雨雪、大旱、大水、大饑、大有年、大無麥禾、大雩、大蒐）。甚有曰多（多麋）。始出曰生（蝝生）

三，郊廟類。

凡除地祀天曰郊。（本天子孟春祈穀于上帝之祭。其禮於郊外掃地而行之，故名其祭爲郊。魯僭用之。僖三十一年始見經。）可否聽于神曰卜郊，有禱而爲曰用郊牛，卜吉日曰牲，不用曰免，望祭三方曰三望。（詳見第一篇）

凡設壇祈澤曰雩。用盛樂曰大雩。（禮：天子大雩，帝用盛樂。魯僭用之。）雩而得雨則書雩，雩不得雨則書不雨，爲災則書旱。（詳見第一篇）

凡三年大祭曰禘。（本天子之禮。魯僭用之。僖八年始見經。）譏在祭，則曰祭。譏不在祭，則大廟曰大事，略之曰有事。（詳見第一篇）逆祀曰躋，順祀曰從。（前言躋，則後爲降。後言從，則前爲逆。互文見義。）已絶而祔曰致，祭而安主曰考，得已不已曰猶，周公曰太廟，魯公曰太室。（從穀梁，世，「大」古字，通用。吴氏曰：「左、穀誤『世』爲『大』。」杜氏以爲大廟之室，諸儒多從之。夫廟制，中央一室，謂之大室，書·洛誥成王祭文王、武王，而曰「王入大室祼。」彼文、武廟亦有大室。若果大廟屋壞，當書大廟。）羣公曰宮，禰宮曰新宮。羣公以謚名宮，婦人以姓名宮。已毁更作曰立。

凡時祭，秋曰嘗，冬曰烝。（本公羊傳：「春曰祠，夏曰禴，秋曰嘗，冬曰烝。」與周禮合。不書祠、禴者，春、夏禮薄，鮮過。舉常事不書例，見後。）

四，名號類。

凡侯國之史，稱天王。（若王朝之史但稱王。）或曰天子。（錫成公命。劉氏曰：「臨諸侯曰天王，臨天下曰天子。」然名號當歸一，蓋特筆也，姑存之。）王不在辭端，不加天。（從王伐鄭。凡言天，以其無上，故不加於語中。）

凡王世子，不名。（首止，會惠王太子鄭。）王子稱字。（王季子來聘，頃王子。）必見殺若相殺而後稱名（弟佞夫，王札子）。争立，名（王子朝）。

凡王朝公卿不名，稱爵以配國邑。（僖九，宰周公孔；三十，宰周公閱。成十二，周公楚。隱元，祭伯；七，凡伯；僖十，温子、蘓氏。文元、文九。宣十五，毛伯衛。昭二十六，毛伯得。文五，召伯，昭公。宣十五，召伯，戴公。成八，召伯，桓公。昭二十六，召伯，莊公。成十六、十七，尹子，武公。莊元、十四，單伯。文十四，單伯。成十七，單子，襄公。襄三，單子，頃公。昭二十二，單子，穆公旗。昭十三，劉子，獻公摯。二十二，劉子蚠即定四劉子文公卷。吴氏曰：「王朝三公八命有封國，則從九命之爵稱公；六卿六命有封國，則從七命之爵稱伯；中下大夫四命有封邑，則從五命之爵稱子。爵止三等。」）必冢宰而後兼稱宰。（宰周公、宰渠伯糾）父在子襲其爵，則兼稱名。（渠伯糾）父老子代其使，則稱某人之子。（仍叔之子）舉其族稱氏。（昭二十三、二十六，尹氏）父卒，子未命，稱某氏子。（武氏子）

凡王朝大夫，未爵，稱字。（南季、仍叔、家父、榮叔、叔服。傳稱内史叔服。内史於周禮爲中大夫。吴氏曰：「王朝中下大夫，四命無封邑者，以字配氏。」）上士、中士稱氏、名。（宰咺、官師、劉夏、石尚）下士稱人。

凡王者之都，自諸侯言曰京師。（不敢斥其地，嫌若外辭。）自王者言，則以地舉曰成周、曰王城。（王者不自稱京師。）諸侯城王都，亦以地舉曰城成周。（王者有遷都之義，故城、築當以地舉，與城楚丘、城夷儀不言城衛、城邢同。）王所在曰王所。（不敢直言朝

王）自其家人而言曰王室。（不及外廷之辭）

凡諸侯内生稱公，葬稱我君（順吾臣子之辭）。外生稱爵（正周班也）。卒，稱爵、稱名（重王爵，謹世繫。）葬則舉謚稱公。（順彼臣子之辭。案，公食大夫。禮：五等諸侯同稱公。蓋國中臣庶不敢斥其君之爵，通得稱公，實周制也。）必見弒然後稱其君。（苟闇弒、盜殺，則不稱其君。闇與盜皆賤，不得以君臣之辭書之。）

凡嗣子，未葬，稱名。（莊三十二，十月，子般。閔元，六月，葬莊公。襄二十一，九月，子野。十月，葬襄公。）既葬，稱子。（文十八，十月，子卒。是年六月葬文公。公羊傳曰：「君在稱世子，君薨稱子某，既葬稱子，踰年稱君。」何氏曰：「緣民臣之義，不可一日無君，故稱子某，明繼父也。名者，尸柩尚存，猶以君前臣名也。既葬不名者，無所屈也。一年不二君，故稱子。踰年，稱公，不可曠年無君也。」此說合經意，必有所傳。左氏不知此義，於子卒曰：「諱之也」。杜氏謂魯諱弒，既葬不稱君，於「里克弒其君之子」曰：「未葬也」。爲左氏學者，遂以爲未葬稱子之例，而既葬稱君。據里克弒其君卓，不思奚齊稱其君之子，與在喪稱子文既不同。卓踰年見弒，自其恒稱，與在喪亦异。苟子惡宜稱君而諱之，則當如隱公稱公，薨亦不稱子卒，皆失其義類，非經旨，明矣。）會諸侯稱子。（僖九，宋子會葵丘，未葬。二十五，衛子盟于洮，既葬未踰年。定四，陳子會召陵，未葬。傳曰：「宋桓公卒，未葬而襄公會諸侯，故曰子。」此諸侯在喪，出會稱子之例。以其去喪，位無所屈，故雖未葬，不稱名。據衛成公既葬，未踰年稱子。文九年，春，毛伯來求金。雖踰年而未葬不稱王，可見必既葬又踰年，乃得稱君。杜氏之失明矣。）以師行稱爵。（桓十三，衛侯與戰，踰年未葬。成二，宋公、衛侯會伐鄭，踰年未葬。四年，鄭伯伐許，既葬未踰年。皆以其用軍禮變喪容，將兵出令，不可復冒喪主之稱，故稱爵。趙伯循曰：「凡諸侯在喪而有境外之事，以喪行者稱子，以吉行者稱爵，志惡之淺深也。」今考出外稱子，唯施于盟會，行師皆稱爵。其説未當。）未踰年遇弑，稱爵。（齊公子商人弑其君舍。禮記曰：「君薨，太子號稱子，待猶君也。」然則稱子者，乃嗣君在喪之號，臣子事之則猶成君也。故遇弑則稱君，所以正君臣之名，以明弑逆之罪。爲左氏學者，有既葬未踰年稱君之説，失一年不二君之義矣。穀梁又謂：「成舍之爲君，所以重商人之弑。」失待猶君之義矣。夫既曰待猶君，則不待春秋成之而商人之罪，亦豈待成之而後重哉？由膠於踰年稱君之説，而不知遇弑當變文以正名，此所以失也。）出奔，稱名。（鄭忽、曹羈、莒展輿，東者，嗣君在喪之稱，既失國，非復在喪之子，故不得比出會諸侯稱子也。）君戕國滅見執以歸稱世子。（蔡世子有。昭十一年，四月，楚子虔誘蔡侯般，殺之。楚公子弃疾帥師圍蔡。十一月，滅蔡。執蔡世子有以歸。用之。以楚人誘殺其君父，即進兵圍其國都，執有以歸，用之岡山。蔡無有孑遺矣。書曰世子，示不絶于蔡也。）外子卒不志。（衛載略外）

凡諸侯不生名，去國、辯二君，名。（鄭突辯於忽，衛朔辯於黔牟，蔡朱辯於子國，莒庚輿辯於郊公，邾益辯於革。齊侯將納簡公，晏子曰：「燕有君矣。」則其出不可無辯也。衛鄭使元咺奉叔武受盟，則非二君也。既而晋侯命叔武稱子，序莒子上，衛侯歸，卒殺叔武，則疑于二君矣。故歸自楚，名之。既又見執於伯主，而元咺立公子瑕，故再歸，名之。衛衎立二十一年，而大臣出之，代其位者，亦貴戚之卿也。臣無出君之義，無攝之之道，則非二君也。既而剽列於諸侯之會，則不可無辯矣，故書以名之。有謂書剽、書衎者，乃筆削之微辭，見衎之不禮大臣，至于失國，剽之不禀王命、立由甯喜者，俱非也。）

見納，不名。（頓子、北燕伯。諸侯不相名）復國、繼絶，名。（蔡侯廬、陳侯吴，從繼故例。）小國之君來朝，詳之，名。（穀伯綏、鄧侯吾離。傳言「賤之」。杜氏謂僻陋小國，禮不足故。今案，來朝唯附庸小國稱名，以其未爵命也。有降爵成禮者，滕杞薛之君是也。有以不敬見伐者，杞君是也。史皆不敢斥其名。穀、鄧遠於魯，素無交好，既以侯、伯成禮，復賤之而書名，非人情也。以當時事理推之，穀、鄧於魯交好不通事無本末。二年，蔡侯、鄭伯懼楚而會于鄧，穀、鄧二君亦以懼楚故，始來朝於上國，旋則亡滅，不復再見，故書名以詳之。）附庸之君，名。（介葛盧、郳黎來。以其未爵命于天子，不得從五等邦君例稱爵，而從卿大夫例稱名。）大者稱字。（邾本附庸，至儀父彊大，比於列國，魯人喜其來盟，不敢以名命之。蕭者，宋附庸。叔者，其君之字，蕭叔大心之後，邂逅朝公，亦不以名命之，皆從王朝命大夫例稱字。）凡諸侯朝會，降爵成禮，録其實。（滕子、杞子、杞伯、薛伯）諸侯世子來奔，逆以諸侯之禮，書爵。（郕伯。傳曰：「郕大子朱儒以夫鍾與郕邽來奔。公以諸侯逆之。」先儒多不信其説。今案，郕伯卒，郕人立君，而郕大子以地來奔。公以其宜爲君者，故以諸侯禮逆之，雖非禮，亦與他叛人不同，左氏非，妄孔氏曰：「史遂從公之意。不可反公之心。追言世子。」王氏曰：「若書朱儒以地來奔，則不見公以諸侯禮叛人之意。」）伯國立大子爲君，會諸侯，書爵。（成十，晉侯伐鄭。傳曰：「晉侯有疾。五月，晉立太子州蒲以爲君，而會諸侯伐鄭。」據傳晉人生立太子爲君，此後世内禪之禮所從起也，然非王制，則悖甚矣。劉侍讀謂經但言晉侯無以明之，若有其事，當書名，非也。州蒲既稱君以主諸侯，非爭國、失國，不當名之，亦無稱君、書名列會之法）諸侯之弟攝位受盟，稱子。（僖二十八，衛子從未成君之禮。）附庸世子攝君來朝，稱人。（郳、牟、葛）凡畿内諸侯卒，不稱爵。（王子虎、劉卷。孔氏曰：「有謚，必當有爵。不書爵者，畿内之國，不得外交其臣，不敢赴，必天子爲之赴，不言其爵也。」）葬則舉謚稱公同諸侯。（畿内諸侯，得置臣屬，治其國邑。）

凡夫人生，以姓配氏，卒以謚配姓，葬稱我小君。（順吾臣子之辭）内女以字配姓，字叔或加子。（孔氏曰：「文十二，子叔姬，杞桓夫人。十五，子叔姬，齊昭夫人。宣五，子叔姬，高固妻。成五有『杞叔姬來歸』，其娣也。娣亦字『叔』者，周之法積叔也。」今案，伯、仲、叔、季，唯可字四人，故字法或積叔。既積叔，故或加子以自异，如公孫嬰齊稱子叔嬰齊，其後叔老、叔弓、或稱子叔子。蓋欲别于叔孫氏也。大夫書名氏，故字不得見經。婦人唯書字，故從其加子以自异也。自趙伯循謂時君之女曰「子」，學者固謂齊子叔姬爲文公女，計其年，又謂非齊舍母，而杞伯來朝，謂絶叔姬等事，皆以爲非，由一字之義不明，而左傳有數處不可信矣。）

凡諸侯之子曰公子，公子之子曰公孫，公孫之子賜族稱氏。（隱八，無駭卒，羽父請謚與族。劉氏曰：「杜云：『無駭，公子展之孫。』非也。若無駭真公孫之子，當其繼大宗也，賜氏久矣，何待死而賜氏乎？且禮云公孫之子以王父字爲氏，非言其死而後氏之也，然則無駭固公孫也。無駭請族者，爲無駭之子請族也。子展稱公子，無駭稱公孫，無駭之子未有稱也，此其所以請之也，若公孫之子死然後賜族，則無駭爲終身無所氏也。杜氏不明于禮矣。」）公孫爲兄後，卒稱族。（成十五，仲嬰齊卒。公羊傳曰：「公孫嬰齊也。曷爲謂之仲嬰齊？爲人後者，爲之子孫，以王父字爲氏。歸父奔齊，魯人徐傷歸父之無後也。使嬰齊後之。」今案，歸父者，仲遂之子，嬰齊其弟也。弟無後兄之義，而昭穆無積法。爲人後者，爲之子，大典不可亂也，故嬰齊不得稱公孫，比叔肸之子而稱族。同叔老者，以其爲歸父後，則祖仲遂，從以王父字爲氏之法也。不稱仲孫者，以別於仲慶父之後與叔肹之後。不稱叔孫，以別於叔牙之後周。何氏謂，不書仲孫，明子不爲父孫，非也。子不得爲父孫，不待异文而後見。）

凡公子、公孫爲卿，書屬。（公子益師、公子買之類）非卿，稱名。（衛公子州吁、齊公孫無知、宋督、戴公孫）攝卿，稱名。（無駭與翬之類。傳荀林父曰：「攝卿以往可也。」隱不爵命大夫，故用攝禮。必爵命然後書屬。）録异恩，兼書字。（公子季友、仲遂、公弟叔肹）繼故，名之。（衛晋）爭國，名之。（鄭突、曹赤、齊小白、陽生之類。去屬，見非復臣子。）篡立未會諸侯，名之。（衛州吁、齊無知、陳佗、莒展輿。諸侯無定其位者，皆録實。）殺之，雖非卿，書公子。（諸侯公子不言大夫者）在位見殺，書其大夫。（君臣之辭，書屬，與氏同）外殺，若放，不言大夫。（非君臣）

凡母兄稱兄，母弟稱弟。（宣十七年傳例曰：「凡稱弟，皆母弟也。」此適庶貴賤之別，史得爲例，非謂庶公子非兄弟。陸氏駁之，過矣。杜氏曰：「庶弟不得稱弟，而母弟或稱公子。若嘉好之事，則仍舊史之文，唯相殺害，然後據例以示義。」「昭元年，陳公子招不稱弟者，與莊二十五年公子友同。」今案，杜説未當，故陳氏並傳例排之。凡稱兄弟者，或爲卿，或非卿，皆以恩寵録實，因見禍福所由故。先儒考諸稱弟鮮能善其後者，是以内唯叔肸卒稱弟。若季友，則内外异辭，任使之際，無謂稱弟。陳公子招，列序於諸侯大夫之間，亦不得獨异其文稱陳侯之弟。又宣十五年，天王使王季子來聘。公羊以爲天王母弟。孔氏亦推杜説言之。不知天子大夫例稱字，不可言天王使其弟某來聘，嫌斥尊也。稱王季子，則王弟可知，與諸侯來聘以稱弟爲貴者不同，史文各有攸當，以爲筆削之旨，尤非。）

凡諸侯之兄弟有謂得稱字。（祭叔爲祭公，來聘宗國，稱字。紀季以紀侯命分邑入齊，許叔復國繼絶，蔡叔攝君盟折，皆稱字。其季子蔡季，從許叔、蔡叔例，別以罪歸國者，有筆削之旨。）

凡大夫爲卿，二命、三命，皆稱氏、名。（舊説大夫三命書氏，二命書名，一命書人。案，傳言叔孫昭子「三命踰父兄」，則叔孫豹二命，豹二命書氏，則云二命書名者，非矣。小國之卿二命，然非接我不書。苟接我，雖非卿，亦名。則云一命書人者，亦非。又吴、楚皆子爵，而其臣書氏名，與中國公侯之大夫等。當時書法豈皆據周禮命數爲準？左氏所言卿大夫之等，與周官合，公、穀但據經文言之，書名、氏爲大夫，書人通謂之微者。）未賜族，稱名。（魯挾、桑、溺，鄭宛、詹，宋萬，秦術之類，皆异姓初爲卿者，卒乃賜族。啖氏謂：「未命不書族。非東遷，諸侯猶不請命其大夫，豈待請命者，皆其國自命之爾？自後世卿無不書族，可見矣。」）命於天子，稱字。（宋孔父嘉、陳女叔、鄭祭仲足。莊二十五年春，陳侯使女叔來聘。穀梁傳曰：「其不名，天子之命大夫也。」王制：「大國三卿，皆命於天子；次國三卿，二卿命於天子。」先儒推穀梁，知孔父、祭仲皆天子命大夫，從天子大夫例。）舉其族，稱氏。（宣十，齊崔氏）外卿以事來，不見公，不名。（齊仲孙高子不以使禮見公，無所屈。）主盟會，非卿，稱氏、名。（文二，晋士穀，晋司空，非卿，而書，尊伯國。傳言「堪其事」，非。孔氏曰：「成二年傳稱，魯賜晋三帥三命之服，司空、亞旅皆受一命之服，知司空非卿也。」）內大夫非卿，但志其事。（逆言逆，葬言葬，伐言伐，戍言戍之類，皆大夫往。）外大夫非卿，稱人。（諸大國非由貶責而稱人，如宋人盟宿，鄭人序邾人下者，皆其下大夫。）小國之卿稱人。（邾、莒、滕、薛、杞以下小國，盟會征伐稱人，皆其卿。穀梁謂：「曹、莒無大夫。」皆據經文書人，不見大夫名氏而言。啖氏謂：「無命大夫。」亦非。）接我，稱名。（莒慶、莒挐、邾快、邾畀我）以地來，雖微者，稱名。（邾庶其、黑肱，莒牟夷。傳皆曰：「非卿也。以地來，雖賤必書，重地也。」）楚卿，稱氏名，同大國。（自屈完始。啖氏謂：「楚嬰齊大會中國，教請玉命，所以自後亦書族。」楚既僭號，豈復通于周室？其失事實如此，安可輕訾左氏學者？）吴、楚始聘，稱名。（楚椒、吴札）必見殺若放而後書其大夫，已絶見討不言其大夫。（晉欒盈、鄭良霄之類。）盜殺不言其大夫。（與不言其君同義）非見殺而書大夫者，衆辭。（公及齊大夫盟于蔇，豹及諸侯之大夫盟之類。如文七年，公會諸侯、晉大夫盟于扈，乃聖筆所修，文同義异。）

凡大夫既卒，不名。（原仲、夷伯。禮：臣既卒，不名。）

凡大夫見執，稱行人。苟非專使，不稱行人。（行父、意如從公，祭仲見誘，轅濤塗在師，甯喜在會，宋仲幾在京師，唯鄭詹事不可考，蓋齊人以伯令召而執之。）專使，唯王卿士不稱行人。（單伯可決不稱行人非皆有罪。）

凡士作亂，稱盜。（襄十年，鄭尉止、司臣、侯、堵等五人皆士。傳曰：「書曰盜，言無大夫焉。」陽虎，家臣。齊豹奪司寇。吳先生曰：「不命，雖食禄，與庶人同，以庶人而竊物聚衆殺人，均之爲盜也。」蔡公孫翩從赴。）

凡外裔舉號，君臣同辭。（荆、吴、徐、越，本非外裔，以其僻陋弃禮，皆僭王竊號，故用外裔例書之。荆後稱楚，與中國盟會，故史書其君臣以見其實。若茅戎、北戎、山戎、赤狄、白狄之類，本皆外裔。舒鳩、舒庸亦其類也。蠻氏、潞氏皆稱子。潞，其國也，仍加赤狄者，以别他狄等也。）四裔大者曰子。（經書潞子、戎蠻子。傳記鼓子、肥子、陸渾子，正例也。史避吴楚僭號，亦以子稱，以其叛中國同諸外裔也。史記不言吴始封何爵。外傳謂「命圭曰吴伯」，武王褒大泰伯之後宜然。陸氏曰：「封吴子」，非也）

五，昏姻類。

凡納徵曰納幣，親迎曰逆女。（趙伯循曰：「昏禮有六：一納采；二問名；三納吉；四納徵，納徵即納幣也；五請期；六親迎，親迎即逆女也。史獨書其二，以納幣方契成，迎女爲事終，舉重之義也。」）

凡魯君親逆，稱逆女。至稱夫人某氏至自某。夫人不與公俱至，書入（録失禮）。

凡卿爲君逆，稱逆女。（禮無君使卿逆之文，故從君逆稱女。）至稱以夫人某氏至（稱以録其失禮）。有姑稱婦某氏（以婦禮至，如盥饋特豕於室之類。）微者逆，稱逆婦某于某。（禮不備，不書夫人至。）内女適諸侯曰歸（王女同）。來寧、反國曰歸（鄫季姬）。國亡，反其宗祀所在曰歸。（紀叔姬，皆從一之義。）適諸侯，逆稱字，歸稱字。（明齊）大夫稱所逆之字，姑逆稱婦。

凡卿爲君逆，不稱使。（逆女使卿，非禮，與來聘以使禮接者不同，故不稱使。）來，稱逆女。（曰女，從内辭，以別親迎。）

凡諸侯送女，稱某氏。（父母辭）

凡王臣爲天子逆，稱王后。（尊王命。杜氏曰：「天子無外，所命則成，故不言逆女。」）歸稱字。（明齊）

凡王臣送女，稱王姬。歸，稱王姬。（不稱字，尊王女。）

凡致女，内致外，曰致女。（父母辭）外致内，但言聘。

凡夫人歸寧曰如，出曰歸，内女歸寧曰來，出曰來歸。

六，喪紀類。

凡天子曰崩（上壞之形）。君夫人曰薨（上壞之聲）。未踰年君曰卒（降成君）。内女爲夫人書卒（爲之服）。許嫁書卒（成其喪）。王女書卒（主其昏）。大夫曰卒（終其事）。諸侯曰卒（别於内）。

凡天子崩不地（略於王史）。公薨必言地（詳内）。諱弑則不地（明變）。夫人薨不地（有常處，婦人無外事。），在外則地（明變）。大夫卒不地（降於君），在外則地（詳有事）。諸侯卒，不地（略外），卒于外則地（去國都。公羊傳「封内不地」，非是。），在會曰會，在師曰師（著其勞），在他國書其國（録失所）。吴、楚之君，雖卒于外，不地（吴子光、楚子軫略夷狄）。

凡夫人不赴於諸侯，不反哭于寢，不祔于姑，故不曰薨，不稱夫人，故不言葬。（隱三年傳爲君氏卒發例）赴而不反哭，稱夫人而不書葬。（子氏）反哭而不赴，書葬而不言小君。（定姒）妾母成喪祔廟稱夫人，薨書葬小君。（録實）

七，禍福類。

凡繼故言立。（衛、晋）篡言立。（王子朝）挈乎大臣，言以。（王猛、子朝，此所謂美惡不嫌同辭。二傳概云「不宜」。非也。）成尊不言以。（傳著敬王出入，亦曰以。）

凡公在他國曰在。（在楚、在乾侯）出在境内曰居。（居鄆）天王雖在畿外，亦曰居。（出居于鄭。王者無外。范大史脩唐鑑書帝在房陵，誤用諸侯出在他國之文也。）

凡遁赴曰奔。（君臣同辭）宥之他國曰放。（既無待放之禮，亦與虞書流放不同。穀梁傳曰：「放猶屏也。」）

凡自内曰出。（王者内京師，諸侯、大夫内其國。）在外不言出。（敬王自劉居狄泉，公孫敖在道奔，王子瑕、子朝皆叛在外。奔南里者，宋城内里名，故華、向以叛入，言出奔。）國滅不言出。（無所出）自其邑奔曰自某出。（曹公孫會）

凡拘之曰執。（君臣同辭）執之以去曰以歸，以歸王都曰歸于京師，彊致之曰歸之于，以詐致之曰誘，會滅不言以歸。（偪陽子、賴子文不便）獲不言以歸。（從可知）

凡執，恒稱人。（諸侯無相執之道，亦無執外臣之法，故略言之。）會而後執，别稱人。（會列諸侯，執由盟主，明非衆執，其變文，皆筆削之法。）

凡内大夫反國曰來歸。

凡反其君曰歸。（邾子益）潛反曰逃。（君臣同辭）見獲而反，不言歸。（晉侯不足言）

凡君、大夫反國，易曰歸（衛侯、曹伯，釋其罪。蔡侯廬、陳侯吴，復其封。鄭突挈乎蔡仲。曹赤歸在羈出後。趙鞅，有請於君而復之者。），難曰入（許叔因鄭亂。鄭伯、衛侯、莒去疾皆國有君。齊小白、陽生篡。鄭良霄、宋樂大心以惡入。）。國君已絶于位曰復歸。（出奔言復歸，位絶也。諸侯無出，出則絶矣。見執不言復歸，位未絶也。曹伯獨言復歸者，由叛中國見討，執，畀宋人，比之位絶者也。）大夫抗其君以歸，則曰復歸。（衛元咺、趙鞅以君命歸，故不言復。）賊其國，則曰復入。（宋魚石、晉欒盈連結仇敵，皆欲覆其本國。陸氏曰：「良霄不書復入，志在復讎，非謀害國，覸子産之言可見。」）

凡歸、入，必言所自。（著其挾外援）苟言故，則不言所自。（突歸于鄭，上言宋人執祭仲。）國逆而立之，不言所自。（齊小白、陽生）

凡興師以送之曰納。非專納，則言自某入、自某歸。（莒去疾，羣公子召之。陳公子黄、楚屈建從陳侯圍陳，不書。）苟言故，則不言所自。（赤歸于曹，上言戎侵曹。晉欒盈復入于晉，下言齊侯遂伐晉。）

凡大夫據邑書叛，苟大國納之，不書叛。（宋魚石、晉欒盈，以伐宋伐晉爲重）志復私讎，雖入國不言叛。（鄭良宵。原情定罪。）内微者以邑叛，不書其人。（據獲麟後書成叛）外邑叛，不書。

凡自賊其君曰弑，自外曰戕。（左氏傳例）

八，朝聘類。

凡公行未成禮曰如。（杜氏曰：「據内出，多有在道而復者，不果彼國必成其禮，故但言如。」）既成禮曰朝。（公朝于王所）非朝則直言其事。（納幣、觀社）夫人越境皆曰如。（如齊、如莒）以事往，直言其事。（享齊侯、會齊侯）大夫行，皆言如，以事往，直言其事。（葬原仲、致女、納幣、告糴。）

凡諸侯來朝，皆成禮而後書，故言朝。同時俱至，兼言之（滕侯、薛侯）。同時异至，殊言之（穀伯、鄧侯）。非朝，則直言其事。（獻戎捷、奔喪、會葬）畿內諸侯不言朝。（祭伯、州公，魯以王臣之禮接之，不二尊也。）外裔來，不言朝。（不能行朝禮）公在外，不言朝。（蕭叔）

凡王在外曰公朝于王所，公在外曰某君朝公，世子來朝曰某君使其世子某來朝，內女以其子來曰來朝其子。（代父行朝禮，故曰使來朝。卒不成朝禮，故曰朝其子。）

凡王臣來聘，皆稱使。在喪不稱使。（天子諒闇，聽于冢宰。）以事來者，直書其事。（求賻、求車、求金、錫命、會葬、歸脤、歸賵）以其私來，不稱使。（祭叔，寰內諸侯不外交。）

凡外臣來聘，皆稱使。（凡使，皆吾君以禮受之於廟。）以事來者，直言其事。（歸祊、獻捷、言田、言公）事不可書，但言來。不以使禮見君，不稱使。（齊仲孫、齊高子。吳先生曰：「皆季友以兩臣相見。」）以其私來，不稱使。（宋司馬華孫來盟，爲公子鮑結援。）微者，不稱使。（諸稱人來，皆不以賓禮接。）

凡致物曰歸。自外曰來歸。無專使，不言來。（公孫敖之喪、濟西田、讙、闡）受之

於會曰取。（郜大鼎）

凡與下曰錫，相與曰畀，借物曰假，輸物曰納，婉辭以徵曰求，直辭以請曰告，卑辭以請曰乞，諭意曰言，吊亡曰唁。

凡繼事曰遂，兼事曰且，不得已曰乃。

九，盟會類。

凡載書歃血曰盟，不相盟而結言曰胥命。

凡内特相盟，内爲志稱及，外爲志稱會。（傳例，君臣同辭）自參以上，皆稱會。（魯無專合諸侯之事。君臣同辭）公如伯國受盟稱及，公與外大夫盟稱及，與戎盟稱及，大夫與戎盟稱會，彼盟於我曰來盟，我盟於彼曰涖盟，聘而後盟曰及某盟，彼故不盟曰弗及盟，此不得盟曰不與盟。（皆説見第一篇）

凡伯者服貳曰同盟。（非爲諸侯之叛服而盟者，皆不言同。）請與曰乞盟，後期曰會盟，别盟稱及、又及。（襄十三，雞澤）

凡釋怨曰平，平亂曰成。内欲平曰及某平，外欲平曰暨某平，外相平曰某及某平，内平外曰平某及某。

凡以會禮相見曰會，不以會禮相見曰遇。

凡謀伐稱會。（如桓會伐鄭，莊會伐衛之類。）前定稱及。（桓十二，公會鄭伯盟于武父。十二月，及鄭師伐宋。既盟而後，伐不言會。十七年，秋，及宋人、衛人伐邾。微者受命于國，不言會。僖四年，秋，及江人、黄人伐陳。同受命於伯主，不言會。）

凡伯主避不敢主，言及以會。（公及齊侯會王世子于首止。桓公帥諸侯以會王世子，而不自主會，乃禮之宜，非是特設以尊王世子，亦非夫子特筆。）殊外裔，言會又會。（成十五，鍾離。襄十，柤。十四，向。此與及以會异者，晋君臣既以主會之禮會諸侯，而後會吴也。陳氏均謂之殊會，誤矣。）兩主之言會以及。（公會晋侯及吴子于黄池。）

凡諸侯會外裔曰會之。（宣十一，欑函。殊之，不使夷狄之君與諸侯序。）會其師曰及。（僖三十二，殽。杜説非義。同上）師與大夫不言及。（宣八，伐秦。成九，伐晋。不殊）便文稱人。（僖二十，盟于邢。襄五，會戚之類。）外裔自相會，如其序。（昭四，淮夷。此皆史氏所及，陳説誤。）

凡公在外，而諸侯會之，曰會公於某，公在内，而諸侯會之，曰某來會公，諸侯已會，而我獨見外，曰不見公，諸侯不期而及於會曰如會，不及會曰未見諸侯。（又案，桓十三年，公會紀侯、鄭伯及齊侯、宋公、衛人戰。傳曰：「不書所戰，後也。」凡諸侯之會，公不與，皆不書與會。傳皆曰後也。據經所書，是已以經合傳，以傳翼經，春秋但與其成事，亦不得復有异文，此三傳之例，所以互相發明者也。）非期會而與盟，曰會諸侯盟于某。（僖二十一，薄。二十七，宋。）外非期會而與盟，曰某會盟于某。（僖十九，鄫子）

凡魯君特會外君，不言故。自參以上必言故。（中丘，伐宋。稷，成宋亂。袲，伐鄭。曹，伐鄭。）唯伯主之會不言故。（不言者，皆從可知。）魯臣會外臣，苟非天下之事，則言故。（澶淵，宋災故）

凡特相會，往來稱地。（傳例曰：「讓事也。」杜氏曰：「會必有主，二人獨會，莫肯爲主，故但書地。」）自參以上，往稱地，來稱會。（傳例曰：「成事也。」）

凡因伐而會，致伐。（謀伐在會前。桓十六、成三，會伐鄭之類。）志不在伐，致會。（生事在會後。成十六，伐鄭，不成伐。大夫侵陳、蔡。）一出有二事，則致其重者。（僖四，侵蔡、伐楚，致伐楚。僖六，伐鄭、救許，致伐鄭。成七，救鄭，同盟。十七，伐鄭，同盟。皆至會。）一事偶，則以後事致。（僖二十九，會溫遂圍許，致圍許，及襄十一，會伐鄭、會蕭魚，致會之類。）

凡内地，不致伐，叛則致。（定十二，圍成。）

凡伐而戰，不致。（莊九，乾時。）敗之，不致。（僖元，于偃，邾地。）會戰，不致。（桓十三，會紀、鄭）會伐而戰，亦不致。（桓十二，及鄭師。哀十一，會吳。據傳皆公與戰。戰者，危國亡師之道。傳曰戰不必勝，雖勝亦未必全師而反。況公親戰，尤危事，凡師，公與戰，或此敗績，或彼敗績，或此敗之，其安危得失已著，舉其重者，故不書至。）

凡大夫，不致。（降于君）見執，則致。（季孫意如、叔孫婼，重事變。）公與之俱反，則亦不致。（季孫行父，大夫出入從公，不書。穀梁傳曰：「執者致，而不致，公在也。」）凡至彼而反曰還。（還者，事畢之辭，公還自晉，歸父還自晉之類。）未及彼而反曰復。（復者，事未畢之辭。公如晉，至河。公子遂如晉，至黄。此啖氏考經，正穀梁之失。）入其境曰至某乃復。（公子遂如齊）未入其境曰弗至而復。（公孫敖如京師）凡周班，諸侯序爵，爵均尚德。（據定四，祝佗告萇弘，德指始封之君而言。）王人序諸侯上。（僖八，王人，僖九，宰周公之類。何氏曰：「王人銜王命，會諸侯。諸侯當北面受之，故尊序于上。）寰内諸侯之師，序列國上，（僖二，虞師、晋師）大夫如其班。（隱五，伐宋。鄭人序邾人下。僖二十八，會温。秦人序邾人下。皆以大夫序卿下。莊十五，伐郳；十六，伐鄭；二十六，伐徐；僖二十一，鹿上；二十九，翟泉，皆宋人序齊人上。時齊卿猶不先宋。莊十九，伐我西鄙；二十八，救鄭；僖五，侵陳，皆齊人序宋人上。時宋非卿。文十七，伐宋，陳人序衛人下。傳曰：「衛孔達、陳公孫寧」杜氏曰：「寧位非上卿。」成二，蜀之盟。齊人序鄭人下。杜氏曰：「齊在鄭下，非卿。」襄二十七，會宋，陳孔奐序蔡公孫歸生、衛石惡下。昭元，會虢，陳公子招序衛齊惡下、蔡公孫歸生上。襄、昭以後，陳從楚，則陳侯序蔡侯下。其後，蔡從中國，則蔡侯序衛侯上。如大夫自如其班。周禮・大司馬「設議辨位，以等邦國。」春秋之初，魯以周班後鄭，而鄭怒，有郎之師。小國諸侯亦降爵來朝，不待伯者出而班序已亂矣。）

凡主會者所序，（公羊傳曰：「其序，則主會者爲之。主會，謂伯者。」）伯主序諸侯上。（齊桓創伯，自單伯會諸侯于鄄以後，齊侯恒序宋公上，唯遇梁丘序爵。蓋見禮相見，書如其班，與主會不同。晋自文公以後，終春秋序齊侯、宋公上。）齊侯序宋公上。（桓十三年，紀、鄭之戰。齊侯始序宋公上。外傳，齊僖於是乎小伯。其先宋，蓋以彊大爾。自桓伯以後，終春秋齊君序宋君上。）陳侯序衛侯上，衛侯序蔡侯上。（入春秋皆以蔡、衛、陳爲序。桓十六年，伐鄭。衛侯、陳侯序蔡侯上。杜氏以爲蔡後至，亦時衛彊，齊、宋皆以爲黨故也。自後，陳常先蔡。莊十五年，齊桓會鄄而後。陳侯復先衛。杜氏以爲陳介於齊、楚之間，爲三恪之客，故桓公進之。今案，時蔡已從楚，故桓公進陳以勉勵之。自後，陳當在衛上。至襄、昭之世，陳侯從楚，恒序蔡侯下，蓋楚人以蔡先服，故先蔡。至定四年，會召陵，侵楚，蔡侯始復從中國，故序衛侯上。）子男序侯伯上，男序子上。（莊十六年，同盟于幽。許男序滑伯上。僖四年，伐楚以後，恒序曹伯上。十六年，會淮，序邢侯上。成五年，同盟蟲牢。邾子序杞伯上。六年，同盟馬陵。莒子、邾子序杞伯上。以後，莒、邾恒在杞上。）世子序小國之君上。（晋悼之會。齊世子光恒序薛伯、杞伯、小邾子下。襄十年序滕子、薛伯上。十一年序莒子、邾子上。傳以爲先至。非也。齊，大國也，而每貳于晉，故悼公違禮進其世子以説齊。）在喪稱子，居本班或降其班。（僖九，葵丘。宋襄稱子，在本班。二十八，會温。陳共稱子，班鄭下。定四，會召陵。陳懷稱子，班鄭上。杜氏曰：「無義例。蓋主會者所爲。」）衛侯之弟攝位受盟，稱子，序鄭伯下。（僖二十八，踐土，衛叔武。）晉卿序齊、宋上。（僖二十九，盟翟泉。晉人序宋人、齊人上。以後晉卿恒序齊、宋卿上。）齊卿序宋卿上。（襄二，會戚。齊崔杼序宋華元上。以後，齊卿恒序宋卿上。）唯師以國序。（莊十，齊師、宋師。僖元，齊師、宋師。二十八，晉侯、齊師、宋師、秦師。襄二，晉師、宋師、衛甯殖）

凡楚主盟會，序諸侯上。（楚得諸侯，與中國伯主待與國不同。陳、蔡以下，服役僅同縣鄙，其序於所從諸侯上，史文之實録也。唯其能用諸侯禮交於中國，故史從周制，四夷大者稱子以紀事，而孫氏、陳氏皆有與楚以伯之説，蓋不知春秋辭從主人，而或以變文見義，策書大體自若也。）蔡從楚，序陳上。（説見上）秦卿序宋卿上。（成二，盟蜀，秦右大夫説序宋華元上。僖二十二，會盟翟泉，秦人序陳蔡下者，晉文以周班次之，秦伯爵，其臣不得先侯國之卿也。蜀盟，超宋卿上者，楚嬰齊主會，崇其與國，以形勢軋諸侯也。）

十，戰争類。

凡將尊師少稱將，將卑師衆稱師，將卑師少稱人，將尊師衆稱某帥師，君將不言帥師。（舉其重者，此公羊傳例。師重，與大夫等，故兼稱之。今考未經筆削之文，若邾人、鄭人伐宋，晉師、宋師、衛甯殖侵鄭之類，知此例實得當時史法。其君、大夫將而稱師、稱人者，皆筆削之法，不入例。趙伯循謂：「稱人以圍者甚衆，將卑師少何能圍國？」蓋不知春秋所謂師者，不可以二千五百人爲限，經言帥師固非一師，傳言師少，非不成師，其曰師衆、師少，皆以成師而言。將尊謂卿，將卑謂大夫之非卿者，何以不能圍國也？）

凡聲罪致討曰伐，潛師掠境曰侵。（胡氏例本左氏傳，例有鐘鼓曰伐，無曰侵，而辭意稍備。據春秋，稱伐者，或討其罪，或求其成，或致其戰，皆必鳴鐘鼓以警告之。若侵則但務俘掠而已，如傳言鄭伯侵陳，大獲之類是也。凡經書圍、書戰、書取、書滅，皆是伐國之事，則侵伐之例、左氏之説，未可全非也。啖氏排之太過。蓋不知鐘鼓之節，在軍禮爲尤重爾。狄師雖法不備，亦不可謂無鐘鼓也。）環而攻之曰圍，掩其不備曰襲，以兵守之曰戍，迎服曰降，盡殺曰殲。

凡兵破其國曰入，入郛、入邑義同。夷其社稷曰滅。非國不言滅。微國不絶其祀曰取。（内取根牟、鄟、邿，外取舒，皆微國不列于諸侯。）不祥滅之者曰亡，非其有而奪之曰取。（諸取田邑）受之於師曰取。（濟西田、汶陽田）凡戰稱將，敗稱師。（穀梁傳例，重衆也。）侵我稱人，追稱師。（人指將身，追逐其衆。僖二十六年，穀梁傳例非）

凡師，敵未陳曰敗某師，皆陳曰戰，大崩曰敗績，京師敗績曰王師敗績于某。（此左氏傳例。今以經考之，唯書敗例不合，蓋筆削之後，別有其義，非左氏所知，説見變文篇。）

凡國君戰而死曰滅，生得曰獲，大夫生、死皆曰獲。君獲、君滅、君敗績，不言師敗績。（晉侯、蔡侯獻舞、胡子、沈子、楚子，舉其重者。）唯大夫兼言之。（宋華元、齊國書，師重與大夫等。）

凡内師會伐，君、大夫將，皆言會。（以會禮合謀）唯微者言及。（微者各受成命于國，故但言及。如僖四，及江人、黄人伐陳，則又同受命于伯主也。宣七，傳例曰「凡師出與謀曰及，不與謀曰會。」豈有爲人出師而不與謀者？劉氏譏其例與事違。是也。）

凡會盟而後伐，書及某伐某。（桓十二）會侵而後伐，書遂伐某。（僖四）如京師而後會伐，書自京師遂會某伐某。（成十三，皆一役再有事之辭。）

凡諸侯會天子伐罪，言從。（啖氏曰：「不言會、及，臣從君之辭也。」）

凡諸侯已伐國，而王臣濟師，但書會伐某。（單伯重序，嫌再舉。）大夫已出師，而諸侯會之，但書會某師。（瓦與棐林，卿不會公侯，故舉師爲重。）

凡戰以主及客，以内及外，以中國及外裔，皆曰及某戰。（公羊傳例，伐人者爲客，被伐者爲主。孔氏曰：「令狐、河曲、彭衙、長岸、泓、韓之屬，皆以主及客也。乾時、升陘、及鞌，皆魯與人戰，以魯爲主。城濮、鄢陵與邲，外楚而内晋。柏舉内蔡而外楚。」今案，陸氏曰：「主人服，則客不戰，故戰由主人而成。」爲主客恒法言之也。若以内及外，以中國及外裔，則不得以受伐爲主。）内及伐，言戰于某。（桓十一，從内録，不得以受伐爲主）苟會外裔伐中國而戰，則從外辭。（哀十一，艾陵。）凡諸侯以兵屬外裔，不書，故會伐雖從内録，而戰則魯不序，還以齊主之，不以外裔先諸夏，二義皆通也。）

凡侵伐而不應但書侵伐。（趙氏曰：「主人不出戰，殺掠而還。」）侵伐而敗之，書其重者。（荆敗蔡師于莘，不書伐。諸侯之師敗鄭徒兵，不書敗之類。）應而敗之，但書敗。（不書侵伐，以應兵見之）勝敗相當，但書戰，必敗績而後言伐、言戰、言敗績。（大崩當詳言其故，凡不合者，皆筆削之旨。）非卿帥師，不言敗績。

凡中國與外裔不言戰。（穀梁傳例，如荆敗蔡師，以蔡侯獻舞歸，此戰也，而不言戰，又晋每書敗狄，不言戰。）必外裔稱將、稱師而後言戰。（楚子會盂伐宋，已稱爵。泓戰稱人，經變文。城濮稱楚師。）

凡徙國曰遷，自遷曰某遷于某。（衛遷帝丘）遷之而有其地，曰某人遷某。（宿、陽）雖有遷之者，而不失其地，文同自遷。（邢、許、蔡）

凡赴難曰救，躡敵曰追，用人之師曰以。

凡背君曰叛，民散曰潰。

凡兵得曰俘（器物同），兵囚曰捷。俘曰歸，捷曰獻。

凡外師加魯四境曰某鄙，直逼國都言伐我。

凡師所止，過信宿爲次，故案兵待事曰次，君行所止曰次。（君行師從）無成事則書。（如滑不成會，雍榆不成救之類。匡爲諸侯不親救，餘可推之。）

十一，師田類。

凡時田，春曰蒐，冬曰狩。（本左氏傳，春蒐、夏苗、秋獮、冬狩，與周禮合。不書苗獮者，夏、秋，五穀在野，其禮略，鮮過舉，故史不書。蒐、狩禮脩，而魯人每假蒐擇之義以治兵講武，故所書皆非時過禮之事。）過常曰大蒐，火田曰焚。凡譏在狩，書地。（郎非國内常狩之處）譏不在狩，不書地。（大野，國内狩地。杜氏曰：「古者民多地狹，必於封内擇隙地爲之。傳曰『鄭之有原圃，猶秦之有具囿』是也。」）譏在公，書公。（狩郎、狩禚）譏不在公，不書公。（蒐、大蒐，經書邾子來會公，見公在，不書。）

凡蒐軍曰大閱，習武曰治兵。

十二，興作類。

凡城邑備制曰城，不備制曰築。（傳例非）囿曰築，臺曰築，館曰築。

凡木工曰作，改制曰新作，易舊曰新。（凡脩舊不書，故大室但書屋壞，泮宮、公宮、長府宜皆不志。魯頌新廟，僖公廟也。「閟宮有侐」，吕氏謂推本之辭是也。）

凡自毁曰壞，故壞曰毁。毁城曰墮。

凡深川曰浚。界田曰疆。

十三，賦税類。

凡師衆曰軍，戰士曰甲，制軍曰作，毁軍曰舍。

凡田租曰税，田財曰賦。（本何氏）始税曰初，以田爲率曰用。

十四，内辭類。

凡君舉必書。（傳文如納幣、親迎、矢魚、觀社之類。）不成禮，不書。（不行即位禮，不書即位。不成喪，不書葬。改葬惠公，公弗臨，不書。衛侯來會葬，不見公，亦不書。大夫不以卿禮終，不書卒之類。）非公命，不書。（費伯帥師城郎，新作南門之類。以上皆隱元年傳發不書之例，實史例也。陳氏誤以爲筆削之法，非左氏本意。）常事不書。（公羊傳，時祭，常事不書。時田，常事不書。與左氏凡祀、過則書合。蓋田祭皆有常時、常禮，書之則不勝書，必過禮而後書，以防失禮、戒踰節，皆史法也。公羊誤以爲筆削之旨，蓋不知夫子所脩乃魯史成書。穀梁亦發親迎恒事不志之例，蓋知昏姻有常事不書者，而誤於親迎發例。今考于經，納幣不書，使卿則書，内女適大夫不書，公自主則書，内媵不與適俱行則書，外媵踰制則書。所謂常事不書，不過此三事，以其皆是常禮故也。後儒求之大過，又非二傳之失。）非卿不書。（下大夫名氏不登于策。内言其事，如會曰會、伐曰伐之類。外雖接我，不書，事不可没，但書人。小國之卿與大國下大夫等，故盟會征伐皆書人，必接我然後書名氏。）

凡崩、卒，吊則書葬，會則書。（天王崩、諸侯卒，不往吊，不書。崩、卒，不會葬，不書葬。二傳不知此義，遂爲君弑賊不討，不書葬之説。歐陽公作五代史，亦承以爲例，後世脩史，爲二傳所誤若此者，多矣。）葬外裔，不書葬。（當順彼臣子之辭。吴、楚僭王，避其號，不書。莒用夷禮，無謚，不書，同外裔。）

凡内諱弑，書薨。（夫人以罪殺同）未成君，書卒，奔曰孫。（杜氏曰：「使若自孫位而去。」）諱殺大夫，書卒。公子殺曰刺。（據周禮，三刺，小司寇以斷獄訟而已，大司寇凡諸侯之獄訟，以邦典定之，凡卿大夫之獄訟，以邦法斷之。春秋時，皆專殺大夫，在大司馬九法，爲犯令陵政，故内變殺言刺，以崇國體、示恭順，而外直斥殺以見其非，則文雖爲内諱，而實不可掩矣。）諱在外，則不書其事。（宣七傳曰：「晋人止公于會，盟于黄父，公不與盟，以賂免。故黑壤之盟不書，諱之也。」成十年，「公如晋，晋人止公，使送葬景公。公送葬，諸侯莫在。魯人辱之，故不書，諱之也。」傳發此，明皆魯史諱法，其筆削亦有諱義，然非史氏所及矣。左氏亦不能明也。啖氏曰：「諱者避辭，言之示尊敬也。」今案，諱有淺深，有全没其事者，則諱其耻也。有但避其名者，有辭雖諱而上下文猶有以見之者，其事不可全没也。由説者一概言之，故不通。）凡諸侯侵叛，不書。（爲王室諱，若衛師、燕師伐周之類。）外裔，犯京師，不書。（爲中國諱。若揚、拒、泉、臯、伊、洛之戎同伐京師之類。當襄王之世，無不告諸侯者。）交質子，雖内不書。（爲世道諱，事在成二年。）

凡内外恒异辭。（内大夫直言名氏，外大夫各繫其國。外微者稱人，内微者直言其事之類。）唯王人，則以内辭書之。（書會伐、書會、書執、書至、書卒，皆同内大夫，不得外王朝言周。啖、趙不達此義，誤謂單伯爲魯大夫。）伯令，則以内辭書之。（城楚丘，城虎牢，戍鄭虎牢，戍陳，書之，一如内事。叔孫豹、鄫世子如晉，仲孫蔑、衛孫林父會吴，皆不言及，以有伯令也。楚丘不繫衛，緣陵不繫杞，虎牢不繫鄭，取濟西田不繫曹，皆以伯令書。）

十五，從赴告類。

凡王師令，不及魯，不書。（隱元，伐衛。五年，伐曲沃。桓四，圍魏之類。成元年，王人來告敗。傳於此始發例。蔡、衛、陳從王伐鄭。蓋三國具其事來告。如隱九，鄭人以王命來告伐宋也。傳於隱、桓之世，每記王師，唯此二處發來告之例，明他皆不告也。）

伯主有事于諸侯，令不及魯，不書。（僖九傳例）

凡諸侯有命，告則書，不然則否。師出臧否，亦如之。雖及滅國，滅不告敗，勝不告克，不書于策。（隱十一，傳例。據隱五，邾人、鄭人伐宋，入其郛。宋人使來告命，公欲救之，以使者失辭而止。九年，鄭伯以王命伐宋，宋以入郛之役怨公，不告命。公怒，絶宋使。傳發此以明不告之例也。凡諸侯告命有恒，此以宋好中絶發傳。如鄭人以王命來告伐宋，亦爲告王命發傳爾。唯僖五年春，晉侯使以殺太子申生之故來告。十一年，晉侯使以丕鄭之亂來告。蓋欲見晉自獻公以來，告命始通于魯。凡僖以前傳所記晉事，皆不見于經，由晉不來告，策書所無也。又以見國君苟有討意於其臣子，雖自殺，以殺告故，策書一以君殺書之，雖用事者殺之，亦以殺告，故策書一以國殺志之。凡莊以前傳所記楚事不見于經者，亦由不告也。陳氏一切以爲聖人所削，非傳意明矣。）

凡崩、薨，不赴，則不書。禍福不告，亦不書。（文十四年，傳例曰：「懲不敬也」。襄二十八年，十一月，傳曰：「癸巳，天王崩，未來赴，亦未書，禮也。」例同。杜氏曰：「奔亡，禍也。歸復，福也。」）

凡赴以往日者，書往日。（平王）以來日者，書來日。（靈王、齊桓公、靈公）再赴而异日者，再書之。（陳侯鮑）不以時告者，即告時書之。（如成元年，三月，癸未，王師敗績于徐吾氏。秋，王人來告敗。史繫其事於秋。僖四年冬，十二月，戊申，晉太子縊于新城。五年春，來告。史繫其事於春。傳志此類甚多。蓋欲見赴告策書之體。晉惠公卒在僖二十三年九月，史書在明年冬。杜氏曰：「文公定位而後告。」又以僖九年九月戊辰，諸侯盟于葵丘。甲子，晉侯佹諸卒。甲子，九月十一日。戊辰，十五日也。又如成九年，齊侯無野。定四年，陳侯吴。皆以前月卒日繫來告之月書之，可見策書日法之嚴。）

凡諸侯同盟死，則赴以名，赴以名，則亦書之，不然則否。（僖二十三年傳例曰：「辟不敏也」。諸家皆不信此例，以未同盟而書名者多也。今考姻隣同姓諸大國，相與者素厚，當其身，雖不同盟而皆赴以名，所謂赴以名，則亦書之，謂未同盟也，其他小國自得從禮，唯秦先書名，後不書名，蓋其初不知赴告之法。）

凡諸侯之大夫違，告於諸侯，曰：「某氏之守臣某失守宗廟，敢告。」所有玉帛之使則告，不然則否。（宣十年傳例。據杜氏，謂奔者恩好不接，則不告。劉炫謂國家有玉帛交好之國皆告，非指奔者之身。今經所書列國大夫來聘、出奔名氏具可考，而二家之説如此，殊可怪也。如蔡與曹，何嘗聘魯？但通好命，同會盟，則皆告爾。）

凡弑君以賊赴者，稱名氏。（苟國有臣子則稱。弑者當國，亦赴以名。）微者稱人。（微謂非卿）閽稱閽，盜稱盜。（昭公四年，閽弑吴子餘祭。傳曰：「吴人伐越，獲俘焉，使守舟。吴子餘祭觀舟，閽以刀弑之。」定公四年，盜殺蔡侯申。傳曰：「蔡昭侯将如吴，諸大夫恐其又遷也。承公孫翩射而殺之。」）

凡殺大夫，以國討赴，稱國。（僖十一，晉告殺丕鄭父。宣十四，衛告殺孔達例。陳氏曰：「有司法守之辭也。凡書國殺者，皆同。」）衆殺稱人。（宋大夫司馬）討亂稱人。（陳御寇、公子過。晉先都、士穀）殺簒弑者稱人。（非有司所能治，必以國人討之。上討亂同）稱盜（衛齊豹，雖闕，當坐盜殺。）

十六，變例類。

凡夫人有不赴、不祔而稱夫人薨書葬小君者。（哀姜，僖公以齊桓爲魯討哀姜，特請其喪歸，備夫人禮以葬，欲從厚以説齊，史亦變文紀實。）大夫卒，有公不與小斂而書日者。（禮有所不得行）葬有不由魯會而書者。（齊侯葬紀伯姬。楚滅陳，葬陳哀公）來有不見公而書者。（僖二十九年，春，介葛盧來，公在會，亦書者，魯人喜能來遠人，特屢書之。魯頌所夸淮夷獻琛即是其事，可見時史之情。）滅國有非公命而書者。（僖十七，滅項。陳氏曰：「公猶在會，非公命也。」案，僖公雖在會，滅項恐猶是公意。自政在三家，非公命而書者多矣，皆國史變法以紀魯君失政、大夫擅國，不可以常例拘也。）外相如，有來告而書者。（外相如，本無來告得書之法。齊、鄭謀襲紀，紀人懼而來告，非實相朝。

州公如曹，度其國危，遂不復，爲將來魯，故以告焉。此二者所以得書于策。）獲有非卿而書者。（宋樂吕、齊公孫夏。非卿不書。公子友獲莒子之弟挐，傳曰：「非卿也。」嘉獲之也。）亂亡，有不由赴告而書者。（僖二十一年，冬，會陳人、蔡人、楚人、鄭人盟于齊。梁亡。昭二十二年，六月，叔鞅如京師葬景王。王室亂。傳曰：「叔鞅至自京師，言王室之亂也。」蓋國史承叔鞅之言而書，知書梁亡亦是此例。蓋大夫會于齊，于會聞之，歸以告公，公命國史書之，以其不由赴告，故但言亂而不言作亂者，言亡而不言見滅之人，亦辟不敏之意。魯君唯僖公稱賢，知閔亡國而録之爾。）外災有國亡而書者。（昭八，楚滅陳。九年，春，叔弓會楚子于陳。夏四月，書陳災時，楚已縣陳，必不以陳災告。蓋叔弓反自陳，言其事而書之。）

十七，無費辭類。

凡一事再見，前目後凡。前序諸侯，則後總言諸侯。（僖十三，公會齊侯、宋公、陳侯、衛侯、鄭伯、許男、曹伯于鹹。十四年春，諸侯城緣陵。二十八，公會晋侯、齊侯、宋公、蔡侯、鄭伯、陳子、莒子、邾人、秦人于温。諸侯遂圍許之類。）大夫曰諸侯之大夫。（僖十五，公孫敖帥師及諸侯之大夫救徐。襄三十，叔孫豹及諸侯之大夫及陳袁僑盟。）唯師從其恒稱。（僖元，齊師、宋師、曹師次于聶北，救邢。齊師、宋師、曹師城邢。）

凡一事再見，卒名之。（宣元，公羊傳例。逆女稱公子遂、叔孫僑如，以夫天至但稱遂、稱僑。如會稱叔孫豹，盟但稱豹之類。）有蒙上文者。（隱五年，冬，宋人伐鄭，圍長葛。六年，冬，宋人取長葛。間一年，不言鄭。蒙伐鄭之文。桓五年，州公如曹。六年春，正月，寔來。昭六年，冬，齊侯伐北燕。七年春，王正月，暨齊平。此二事，皆以正月無异事得蒙前年冬文。桓十一年，九月，宋人執鄭祭仲。突歸于鄭。莊二十四年，戎侵曹。曹羈出奔陳。赤歸于曹。不言鄭突、曹赤，蒙上文鄭、曹，見是一事。莊九年，公伐齊，納子糾。不言齊糾。僖二十八年，晋侯入曹，執曹伯，畀宋人。不別言晋侯，亦同。僖八年，禘于大廟，用致夫人。蒙上文夫人薨，葬我小君哀姜，從可知。二十一年，楚人使宜申來獻捷。不言宋捷，蒙上文伐宋，爲中國諱也。若齊侯獻戎捷，則直書之。成三年，晋使荀庚來聘。衛使孫良夫來聘。下及荀庚、孫良夫，盟不言晋、衛，餘可類推。）有並上文者。（鄭伯髡頑如曹，未見諸侯，卒于鄭，不言鄭伯髡頑，卒並上鄭伯，且見以如會卒。吴子遏伐楚，門于巢，卒不言吴子遏卒于巢，并上吴子，且見以門巢卒。）有並下文者。（僖元年，秋，夫人姜氏薨于夷，齊人以歸。不言以喪歸者，爲下文夫人氏之喪至自齊者文也。文十四年，納捷菑于邾。孔氏曰：「不言邾捷菑者，下有于邾之文。」凡諸侯卒于外書地，于會書師。僖四，會伐楚，次于陘。夏，許男新臣卒。應言卒于師，兹不言卒于師者，以下文楚屈完來盟于師，從可知。曰許男卒，爲下文于師之詞也。）

凡盟會以國地者，國主不序。（桓十四，會曹。僖十九，盟齊。二十，盟邢。皆國主與盟會，不復序，從可知也。唯隱五，盟宿。杜氏云：「宿亦與盟。」案，宿乃東平無鹽之小邑也，無與于宋、魯之故，何爲例之盟會，故説者不取。僖二十七年，公會諸侯盟于宋，宋方見圍，雖地以宋，不嫌與盟。）

凡微者，雖有諸侯之事，不序。（會于宋，邾、滕與會，而屬齊、宋，雖有諸侯之事，亦不序其人也。）

凡諸侯以兵屬夷狄，不序。（僖二十八年，城濮之戰，蔡、陳以兵從楚，不見經。成二年，蜀之盟，楚公子嬰齊帥師，蔡景公爲左，許靈公爲右，二君失位，亦不見經。下逮吴伐齊，郯子、邾子之類，皆是。餘可推類。）

凡美惡不嫌同辭。（凡以國事行，稱會；夫人以姦出，亦稱會；諸小國来朝，書来；四裔来朝，亦書来；衛、晋繼故言立，王子朝簒位亦言立，皆美惡同辭之文。）

十八，辭費以其故類。

凡不雨歷時總書，則不言雨。（文二、文十、十三，及得雨而後書，從此可知。）每時一書，則言雨。（僖二、三，徒以告廟書，不言六月雨，則不見其歷時不雨。）

凡不郊，猶三望，言免牲，不言不郊。（從可知）間有事，言不郊。（爲三望言故）言牛死，言不郊。（牛傷得再卜）

凡復之曰歸某于某。（歸邾子益于邾）致之曰歸于某。（晋侯執曹伯歸于京師。晋人執戎蠻子赤歸于楚。）不以道致之，曰歸之于某。（晋人執衛侯歸之于京師。晋侯使韓穿來言汶陽之田，歸之于齊。晋文公再會諸侯，致天子，専復衛侯，釋曹伯，乃以元咺之訴執衛侯，歸于京師。晋景公鞌之戰，命齊人反魯汶陽之田。既與齊好，又使魯歸汶陽之田于齊。故皆言歸之于者，明其歸之不以道也。）

凡會而後盟，閒有事，書諸侯盟于某。（襄十九，祝柯。二十五，重丘。定四，皐鼬。）閒無事，不書諸侯。（成七，馬陵。十七，柯陵。襄九，戲。十一，亳城北。昭十三，平丘。）有不盟者，雖閒無事，書諸侯盟于某。（僖五，首止）無主盟者，書公及諸侯盟于某。（定四，皐鼬）

凡會、盟同地，則地會、地盟。（僖九，葵丘）雖閒無异事，地會、地盟。（僖五，首止。昭十三，平丘。盟重於會）苟諸侯會而大夫盟，則地會不地盟。（襄三，雞澤。十六，溴梁。臣統于君，不再言地。）必大夫自爲會而盟，則地會、地盟。（襄二十七，宋大夫專盟，會與君同。）公特會楚大夫，又及列國大夫盟，則地會、地盟。（成二，蜀。會、盟异事。）

凡使不稱介。（僖二十六，東門襄仲、臧文仲如楚乞師。杜氏曰：「臧文仲爲襄仲副使，故不書。」）各以事行則列序之。（文十八，公子遂、叔孫得臣。定六，季孫斯、仲孫何忌）會，志親事（襄二十一，會城杞。傳：「鄭子大叔與伯石往。」杜註：「大叔不書，不親事。」昭三十二，會城成周。魏獻子屬役于韓簡子、原壽過，故魏舒不書。）並列于會，則列序之。（襄十四，季孫宿、叔老。哀二，叔孫州仇、仲孫何忌）將書元帥。（襄元，晋韓厥、荀偃帥諸侯之師伐鄭。杜註：「荀偃不書，非元帥。」定八，齊國夏、高張伐我西鄙。高張不書。）唯内卿悉書之。（成二，季孫行父、臧孫許、叔孫僑如、公孫嬰齊。成六，仲孫蔑、叔孫僑如。昭十，季孫意如、叔弓、仲孫貜。定六，季孫斯、仲孫何忌。定八，季孫斯、仲孫何忌。定十，叔孫州仇、仲孫何忌再見。哀二，季孫斯、叔孫州仇、仲孫何忌。哀三，季孫斯、叔孫州仇。又叔孫州仇、仲孫何忌。）

凡卿從公，不書。（成公，從京師。孟獻子從襄公如晋。孟獻子從會伐鄭。季武子從如楚，叔孫穆子從之類。）苟有故，則書之。（公孫敖帥師及諸侯之大夫救徐。晋人執季孫行父，舍之于苕丘。叔孫豹及諸侯之大夫及陳袁僑盟。公子慭出奔齊之類。）

凡君將，不言帥師，敗則稱師。

凡常事不書。（公、穀例，如婚姻、時祀、時田，有常禮。）爲下事言故則書之。（媵爲遂盟書。冬烝爲再烝書。有事爲仲遂卒、猶繹書。爲叔弓卒去樂。書衛人來媵，晋人來媵，爲下齊人來媵書。）

中外哲學典籍大全·中國哲學典籍卷
已出版書目

《讀禮疑圖》，〔明〕季本著，胡雨章點校。

《王制通論》《王制義按》，程大璋著，吕明烜點校。

《關氏易傳》《易數鉤隱圖》《删定易圖》，劉严點校。

《易説》，〔清〕惠士奇著，陳峴點校。

《易漢學新校注（附易例）》，〔清〕惠棟著，谷繼明校注。

《春秋尊王發微》，〔宋〕孫復著，趙金剛整理。

《春秋師説》，〔元〕黄澤著，〔元〕趙汸編，張立恩點校。

《宋元孝經學五種》，曾海軍點校。

《孝經集傳》，〔明〕黄道周撰，許卉、蔡傑、翟奎鳳點校。

《孝經鄭注疏》《孝經講義》，常達點校。

《孝經鄭氏注箋釋》，曹元弼著，宫志翀點校。

《孝經學》，曹元弼著，宫志翀點校。

《四書辨疑》，〔元〕陳天祥著，光潔點校。

《小心齋劄記》，〔明〕顧憲成著，李可心點校。

《太史公書義法》，孫德謙著，吴天宇點校。

《肇論新疏》，〔元〕文才著，夏德美點校。

《張九成集》，〔宋〕張九成著，李春穎點校。

《周易口義》，〔宋〕胡瑗著，白輝洪、于文博、［韓］徐尚賢點校。

《周易外傳校注》,〔清〕王夫之著，谷繼明校注。

《周易内傳校注》,〔清〕王夫之著，谷繼明校注。

《春秋集注》,〔宋〕張洽著，蔣軍志點校。

《春秋集傳》,〔宋〕張洽著，陳峴點校。

《錢時著作三種》,〔宋〕錢時著，張高博點校。

《涇皋藏稿》,〔明〕顧憲成著，李可心點校。

《周易玩辭》,〔宋〕項安世著，杜兵點校。

《高子遺書》,〔明〕高攀龍著，李卓點校。

《周易學》，曹元弼著，周小龍點校。

《春秋屬辭》,〔元〕趙汸著，張立恩整理。

更多典籍敬請期待……